京师哲学

BNU Philosophy

王安石学术思想研究

李祥俊 著

中国社会科学出版社

图书在版编目(CIP)数据

王安石学术思想研究 / 李祥俊著. —北京：中国社会科学出版社，2020.5
ISBN 978-7-5203-6255-9

Ⅰ.①王⋯　Ⅱ.①李⋯　Ⅲ.①王安石（1021—1086）—学术思想—研究　Ⅳ.①B244.55

中国版本图书馆 CIP 数据核字（2020）第 059436 号

出 版 人	赵剑英	
责任编辑	冯春凤	
责任校对	张爱华	
责任印制	张雪娇	

出　　版	中国社会科学出版社	
社　　址	北京鼓楼西大街甲 158 号	
邮　　编	100720	
网　　址	http://www.csspw.cn	
发 行 部	010-84083685	
门 市 部	010-84029450	
经　　销	新华书店及其他书店	
印　　刷	北京君升印刷有限公司	
装　　订	廊坊市广阳区广增装订厂	
版　　次	2020 年 5 月第 1 版	
印　　次	2020 年 5 月第 1 次印刷	
开　　本	710×1000　1/16	
印　　张	22.75	
插　　页	2	
字　　数	371 千字	
定　　价	138.00 元	

凡购买中国社会科学出版社图书,如有质量问题请与本社营销中心联系调换
电话：010-84083683
版权所有　侵权必究

编委会

主　　　编：吴向东
编委会成员：（按笔画排序）
　　　　　　田海平　兰久富　刘成纪　刘孝廷
　　　　　　杨　耕　李　红　李建会　李祥俊
　　　　　　李景林　吴玉军　张百春　张曙光
　　　　　　郭佳宏　韩　震

总序：面向变化着的世界的当代哲学

吴向东

真正的哲学总是时代精神的精华。进入21世纪20年代，世界的变化更加深刻，时代的挑战更加多元。全球化的深度发展使得各个国家、民族、个人从来没有像今天这样紧密地联系在一起。以理性和资本为核心的现代性，在创造和取得巨大物质财富与精神成就的同时，也日益显露着其紧张的内在矛盾、冲突及困境。现代科技的迅猛发展，特别是以人工智能为牵引的信息技术的颠覆性革命，带来了深刻的人类学改变。它不仅改变着人们的生产方式、交往方式，而且改变着人们的生活方式和价值观念。在世界历史背景下展开的中国特色社会主义的伟大实践，形成了中国特色社会主义道路、理论、制度、文化，意味着一种新型文明形态的可能性。变化着的世界与时代，以问题和文本的方式召唤着当代哲学家们，去理解这种深刻的变化，回应其内在的挑战，反思人的本性，重构文明秩序根基，塑造美好生活理念。为此，价值哲学、政治哲学、认知哲学、古典哲学，作为当代哲学重要的研究领域和方向，被时代和实践凸显出来。

价值哲学，是研究价值问题的哲学分支学科。尽管哲学史上一直有着强大的道德哲学和政治哲学的传统，但直到19世纪中后期，自洛采、尼采开始，价值哲学才因为价值和意义的现实问题所需作为一门学科兴起。经过新康德主义的张扬，现当代西方哲学的重大转向都在一定程度上蕴涵着价值哲学的旨趣。20世纪上半叶，价值哲学在西方达到一个高峰，并逐渐形成先验主义、经验主义、心灵主义、语言分析等研究路向。其中胡塞尔的现象学开辟了新的理解价值的进路；杜威建构了以评价判断为核心的实验经验主义价值哲学；舍勒和哈特曼形成系统的价值伦理学，建构了相对于康德的形式主义伦理学的质料伦理学，还有一些哲学家利用分析哲学进路，试图在元伦理学的基础上对有关价值的表述进行分析。当代哲学家诺奇克、内格儿和泰勒等，一定程度上重新复兴了奥地利价值哲学学派，创造了在当代有关价值哲学的讨论语境。20世纪70年代以后，西方价值理论的研究重心从价值的元问题转向具体的道德和政治规范问题，其理论直接与公共的政治生活和个人的伦理生活相融合。

中国价值哲学研究兴起于20世纪80年代，缘于"文化大革命"的反思、改革开放实践的内在需要，并由真理标准的大讨论直接引发。四十年来，价值哲学经历了从分析价值概念到探究评价理论，再到聚焦价值观和社会主义核心价值观研究的发展历程，贯穿其中的主要特点是理论逻辑和实践逻辑的统一。在改革开放的实践中，我们首先通过内涵价值的科学真理观解决对与错的问题，其次通过"三个有利于"评价标准解决好与坏的问题，最后通过社会主义核心价值观，解决"什么是社会主义，如何建设社会主义"的问题。同时，与马克思主义哲学研究的相互交融促进，以及与国际价值哲学的交流和对话，也是价值哲学研究发展历程中的显著特点。中国价值哲学在价值本质、评价的合理性、价值观的结构、社会主义核心价值观的内涵与逻辑等一系列问题上形成了广泛学术争论，取得了诸多的理论进展。就其核心而言，我认为主要成就可归结为实践论基础上的主体性范式和社会主义核心价值观的理论建构这两个方面。中国价值哲学取得的成就具有强烈的时代性特征和阶段性特点。随着世界历史的充分展开和中国改革开放的不断深入，无论是回应、解答当代中国社会和人类发展的新矛盾与重大价值问题，还是价值哲学内部的广泛争论形成的理论空间，都预示着价值哲学未来的发展趋向：完善实践论基础上的主体性解释模式，实现价值基础理论的突破；深入探究新文明形态的价值理念与价值原则，不仅要深度建构和全幅拓展以社会主义核心价值观为主导的中国价值，还要探求人类命运共同体的价值基础，同时对人工智能为代表的当代科学技术进行价值反思和价值立法，以避免机器控制世界的技术冒险；多学科研究的交叉与融合，并上升为一种方法论自觉。

政治哲学是在哲学层面上对人类政治生活的探究，具有规范性和实践性。其核心主题是应该用什么规则或原则来确定我们如何在一起生活，包括政治制度的根本准则或理想标准，未来理想政治的设想，财产、权力、权利与自由的如何分配等。尽管东西方都具有丰富的政治哲学的传统，但

20 世纪 70 年代以降，随着罗尔斯《正义论》发表才带来了规范性政治哲学在西方的复兴。其中，自由主义、共和主义、社群主义竞相在场，围绕正义、自由、平等、民主、所有权等一系列具体价值、价值原则及其理论基础相互论争，此起彼伏。与此同时，由"塔克—伍德"命题引发的马克思与正义问题的持续讨论，使得马克思的政治哲学思想在西方学界得到关注。新世纪以来，随着改革开放进入新的历史阶段，国内政治哲学研究开始兴起，并逐渐成为显学。这不仅表现在对西方政治哲学家的文本的大量译介和深入研究；更表现在马克思主义政治哲学研究的崛起，包括对马克思主义政治哲学的特征、基本内容等阐释以及对一些重大现实问题的理论回应等；同时也表现在对中国传统政治哲学的理论重构和现代阐释，以及从一般性视角对政治哲学的学科定位和方法论予以澄清和反思等。

无论是西方政治哲学的复兴，还是国内政治哲学研究的兴起，背后都能发现强烈的实践的逻辑，以及现实问题的理论诉求。面对当代实践和世界文明的裂变，政治哲学任重道远。一方面，马克思主义政治哲学本身并不是现成的，而是需要被不断建构的。马克思主义政治哲学有着自己的传统，其中人类解放，是马克思主义，也是马克思主义政治哲学的主题。在这一传统中，人的解放首要的取决于制度革命，制度革命其实包含着价值观的变革。所以，在当代理论和实践背景下讨论人的解放，不能离开正义、自由、平等、尊严等规范性价值，这些规范性价值在马克思主义政治哲学中需要被不断阐明。而在中国特色社会主义实践背景下建构当代中国马克思主义政治哲学，更应该是政治哲学研究的理论旨趣。另一方面，当代人类政治实践中的重大问题需要创新性研究。中国学界需要以马克思主义政治哲学为基本框架，综合各种思想资源，真正面对和回应当代人类政治实践中的矛盾和问题，诸如民粹主义、种族主义、环境政治、女性主义、全球正义、世界和平等等，做出具有人类视野、原则高度的时代性回答。

认知哲学是在关于认知的各种科学理论的基础上反思认知本质的哲学学科。哲学史上一直存在着关于认知的思辨的传统，但是直到 20 世纪中叶开始，随着具有跨学科性质的认知科学的诞生，认知哲学作为哲学的分支学科才真正确立起来，并以认知科学哲学为主要形态，涉及心理学哲学、人工智能哲学、心灵哲学、认知逻辑哲学和认知语言哲学等。它不仅处理认知科学领域内带有哲学性质的问题，包括心理表征、心理计算、意识、行动、感知等等，同时也处理认知科学本身的哲学问题，对认知神经科学、语言学、人工智能等研究中的方法、前提、范式进行哲学反思。随着认知诸科学，如计算机科学、认知心理学、认知语言学、人类学、认知神经科学等学科的发展，认知哲学的研究在西方学界不断推进。从图灵到西蒙、从普特南到福多，从德雷福斯到塞尔等等，科学家和哲学家们提出了他们自己各不相同的认知理论，共同推动了认知科学的范式转变。在认知本质问题上，当代的认知科学家和哲学家们先后提出了表征—计算主义、联结主义、涉身主义以及"4E+S"认知等多种理论，不仅深化了对认知的理解，也为认知科学发展清理障碍，提供重要的理论支持。国内的认知哲学研究与西方相比虽然有一定的滞后，但近些年来，与国际学界保持着紧密的联系与高度的合作，在计算主义、"4E+S"认知、知觉哲学、意向性、自由意志等领域和方向的研究，取得了积极进展。

  认知哲学与认知科学的内在关系，以及其学科交叉性，决定了认知哲学依然是一个全新的学科领域，保持着充分的开放性和成长性。在新的时代背景下，随着认知诸科学的发展和突破，研究领域中新问题、新对象的不断涌现，认知哲学会朝着多元化方向行进。首先，认知哲学对已经拉开序幕的诸多认知科学领域中的重要问题要进行深入探索，包括心智双系统加工理论、自由意志、预测心智、知觉—认知—行动模型、人工智能伦理、道德决策、原始智能的涌现机制等等。其次，认知哲学会继续对认知科学本身的哲学前沿问题进行反思和批判，包括心理因果的本质、省略推理法的效力、意识的还原策略、涉身性的限度、情境要素的作用、交叉学科的动态发展结构、实验哲学方法等等，以期在认知科学新进展的基础上取得基础理论问题研究的突破。再次，认知哲学必然要向其他诸般研究人的活动的学科进行交叉。由于认知在人的活动中的基础性，关于认知本身的认识必然为与人的活动相关的一切问题研究提供基础。因此，认知哲学不仅本身是在学科交叉的基础上产生的，它也应该与经济学、社会学、政治学、法学等其他学科相结合，将其研究成果运用于诸学科领域中的相关问题的探讨。在哲学内部，认知哲学也必然会与其他领域哲学相结合，将其研究成果应用到形而上学、知识论、伦理学、美学诸领域。通过这种交叉、运用和结合，不仅相关学科和问题研究会得到推进，同时认知哲学自身也会获得新的发展。

古典哲学，是指东西传统哲学中的典型形态。西方古典哲学通常是指古希腊哲学和建立在古希腊哲学传统之上的中世纪哲学，同时也包括18世纪末到19世纪上半叶以康德和黑格尔为主的德国古典哲学，在某种意义上来说，康德和黑格尔就是古希腊的柏拉图和亚里士多德。无论是作为西方哲学源头的古希腊哲学，还是德国古典哲学，西方学界对它的研究各方面都相对比较成熟，十分注重文本和历史传承，讲究以原文为基础，在历史语境中专题化讨论问题。近年来一系列草纸卷轴的发现及文本的重新编译推动着古希腊哲学研究范式的转换，学者在更广阔的视野中理解古希腊哲学，或是采用分析的方法加以研究。德国古典哲学既达到了传统形而上学的最高峰，亦开启了现代西方哲学。20世纪德国现象学，法国存在主义、后现代主义等思想潮流从德国古典哲学中汲取了理论资源。特别是二战之后，通过与当代各种哲学思潮的互动、融合，参与当代问题的讨论，德国古典哲学的诸多理论话题、视阈和思想资源得到挖掘和彰显，其自身形象也得到了重塑。如现象学从自我意识、辩证法、社会正义等不同维度推动对古典哲学误解的消除工作，促成了对古典哲学大范围的科学研究、文本研究、问题研究。以法兰克福学派为首的西方马克思主义，从阐释黑格尔总体性、到探究否定辩证法，再到发展黑格尔承认理论，深刻继承并发挥了德国古典哲学的精神内核。在分析哲学潮流下，诸多学者开始用现代逻辑对德国古典哲学进行文本解读；采用实在论或实用主义进路，讨论德国观念论的现实性或现代性。此外，德国古典哲学研究也不乏与古代哲学的积极对话。在国内学界，古希腊哲学，特别是德国古典哲学，由于其与马克思主义哲学的密切关系，受到瞩目和重视。在过去的几十年中，古典哲学家的著作翻译工作得到了加强，出版了不同形式的全集或选集。研究的领域、主题和视阈得到扩展，如柏拉图和亚里士多德的伦理学、政治哲学，康德的理论哲学、美学与目的论、实践哲学、宗教哲学、人类学，黑格尔的辩证法、法哲学和伦理学的研究可谓方兴未艾。中国马克思主义学者从马克思主义哲学与德国古典哲学关系的视阈对古典哲学研究也是独具特色。

中国古典哲学，包括先秦子学、两汉经学、魏晋玄学、隋唐佛学、宋明理学等，是传统中国人对宇宙人生、家国天下的普遍性思考，具有自身独特的问题意识、研究方式、理论形态，构成中国传统文化的核心，深刻影响了中国人的生活方式、思维方式和价值世界。在近现代社会转型中，随着西学东渐，中国传统哲学学术思想得到重新建构，逐渐形成分别基于马克思主义、自由主义、保守主义的不同的中国古典哲学研究范式，表现为多元一体的研究态势与理论倾向。其中胡适、冯友兰等借鉴西方哲学传统，确立中国哲学学科范式。以侯外庐、张岱年、任继愈、冯契为代表，形成了马克思主义思想指导下的研究学派。从熊十力、梁漱溟到唐君毅、牟宗三为代表的现代新儒学，力图吸纳、融合、会通西学，实现理论创造。改革开放以来，很多研究者尝试用西方现代哲学诸流派以至后现代哲学的理论来整理中国传统学术思想材料，但总体上多元一体的研究态势和理论倾向并未改变。在新的时代背景下，随着中国现代化进程进入崭新阶段，面对变化世界中的矛盾和冲突，中国古典哲学研究无疑具有新的语境，有着新的使命。一方面，要彰显中国古典哲学自身的主体性。扬弃用西方哲学基本问题预设与义理体系简单移植的研究范式，对中国传统哲学自身基本问题义理体系进行反思探索和总体性的自觉建构，从而理解中国古典哲学的本真，挖掘和阐发其优秀传统，使中华民族最基本的文化基因与当代文化相适应、与现代社会相协调。另一方面，要回到当代生活世界，推动中国古典哲学的创造性转化、创新性发展。以当代人类实践中的重大问题为切入点，回溯和重释传统哲学，通过与马克思主义哲学、西方（古典和当代）哲学的深入对话，实现理论视阈的交融、理论内容的创新，着力提出能够体现中国立场、中国智慧、中国价值的理念、主张、方案，从而激活中国古典哲学的生命力，实现其内源性发展。

价值哲学、政治哲学、认知哲学、古典哲学，虽然是四个相对独立的领域与方向，然而它们又有着紧密的内在联系，相互影响、相互交融。政治哲学属于规范性哲学和实践哲学，它讨论的问题无论是政治价值、还是政治制度的准则，或者是政治理想，都属于价值问题，研究一般价值问题的价值哲学无疑为政治哲学提供了理论基础。认知哲学属于交叉学科，研究认知的本质，而无论是价值活动，还是政治活动，都不能离开认知，因而价值哲学和政治哲学，并不能离开认知哲学，反之亦然。古典哲学作为一种传统，是不可能也不应该为思想研究所割裂的。事实上，它为价值哲学、政治哲学、认知哲学的研究与发展提供了丰富的思想资源。无论是当代问题的解答，还是新的哲学思潮和流派的发展，往往都需要通过向古典哲学的回溯而获得思想资源和理论生长点，古典哲学也通过与新的哲学领域和方向的结合获得新的生命力。总之，为时代和实践所凸显的价值哲学、政治哲学、认知哲学、古典哲学，正是在它们相互联系相互交融中，共同把握时代的脉搏，解答时代课题，将人民最精致、最珍贵和看不见的精髓集中在自己的哲学思想里，实现哲学的当代发展。

北京师范大学哲学学科历史悠久、底蕴深厚，始终与时代共命运，为民族启慧思。1902年建校伊始，梁启超等一批国学名家在此弘文励教，为哲学学科的建设奠定了基础。1919年设立哲学教育系。1953年，在全国师范院校率先创办政治教育系。1979年改革开放之初，在原政治教育系的基础上，成立哲学系。2015年更名为哲学学院。经过几代学人的辛勤耕耘，不懈努力，哲学学科蓬勃发展。目前，哲学学科形成了从本科到博士后系统、完整的人才培养体系，拥有马克思主义哲学、外国哲学等国家重点学科、北京市重点学科，教育部人文社会科学重点研究基地价值与文化中心，国家教材建设重点研究基地"大中小学德育一体化教材研究基地"，Frontiers of Philosophy in China、《当代中国价值观研究》《思想政治课教学》三种学术期刊，等等，成为我国哲学教学与研究的重镇。

北京师范大学哲学学科始终坚持理论联系实际，不断凝聚研究方向，拓展研究领域。长期以来，我们在价值哲学、人的哲学、马克思主义哲学基础理论、儒家哲学、道家道教哲学、西方历史哲学、科学哲学、分析哲学、古希腊伦理学、形式逻辑、中国传统美学、俄罗斯哲学与宗教等一系列方向和领域，承担了一批国家重大重点研究项目，取得了有影响力的成果，形成了具有鲜明京师特色的学术传统和学科优势。面对当今时代的挑战，实践的召唤，我们立足于自己的学术传统，依循当代哲学发展的逻辑，进一步凝练学科方向，聚焦学术前沿，积极探索价值哲学、政治哲学、认知哲学、古典哲学的重大前沿问题。为此，北京师范大学哲学学院、教育部人文社会科学重点研究基地价值与文化研究中心和中国社会科学出版社合作，组织出版价值哲学、政治哲学、认知哲学、古典哲学之京师哲学丛书，以期反映学科最新研究成果，推动学术交流，促进学术发展。

世界历史正在进入新阶段，中国特色社会主义已经进入新时代。这是一个社会大变革的时代，也一定是哲学大发展的时代。世界的深刻变化和前无古人的伟大实践，必将给理论创造、学术繁荣提供强大动力和广阔空间。习近平指出："这是一个需要理论而且一定能够产生理论的时代，这是一个需要思想而且一定能够产生思想的时代。我们不能辜负了这个时代。"北京师范大学哲学学科将和学界同道一起，共同努力，担负起应有的责任和使命，关注人类命运，研究中国问题，总结中国经验，创建中国理论，着力构建充分体现中国特色、中国风格、中国气派的哲学学科体系、学术体系、话语体系，为中华文明的伟大复兴贡献力量。

目　录

序言 ………………………………………………………… 周桂钿（ 1 ）
导言　二十世纪王安石学术思想研究回顾 ………………………（ 1 ）
　一　梁启超与 20 世纪王安石学术思想研究的兴起 ……………（ 2 ）
　二　民国时期的王安石学术思想研究 …………………………（ 5 ）
　三　十七年与"文革"时期的王安石学术思想研究 …………（ 9 ）
　四　改革开放以来的王安石学术思想研究 ……………………（14）
　五　台湾、海外的王安石学术思想研究 ………………………（21）
　六　余论：本书的研究角度和研究目的 ………………………（23）
第一章　王安石的经学思想 ………………………………………（26）
　第一节　王安石对经书、经学的总体理解 ……………………（26）
　　一　经书是圣王之政的记载 …………………………………（27）
　　二　经学的产生和传承 ………………………………………（31）
　　三　经学解释学 ………………………………………………（35）
　第二节　以《三经新义》为代表的王安石新经学 ……………（41）
　　一　王安石的《礼》学 ………………………………………（42）
　　二　王安石的《诗》学 ………………………………………（45）
　　三　王安石的《书》学 ………………………………………（49）
　　四　王安石的《易》学 ………………………………………（51）
　　五　王安石的《春秋》学 ……………………………………（53）
　第三节　王安石经学注解的宇宙论 ……………………………（57）
　　一　宇宙的本体和化生过程 …………………………………（58）
　　二　宇宙万物的属性与规律性 ………………………………（60）
　　三　天人关系论 ………………………………………………（67）

第四节　王安石经学注解的人生哲学 …………………………（74）
　　一　人性的本质 ……………………………………………（74）
　　二　道德修养与人生智慧 …………………………………（76）
　　三　人生追求 ………………………………………………（79）
　　四　人伦关系 ………………………………………………（82）
第五节　王安石经学注解的君道思想 …………………………（86）
　　一　君主的品德修养 ………………………………………（86）
　　二　君权至尊、君主独裁 …………………………………（92）
　　三　君权使用方术 …………………………………………（97）
第六节　王安石经学注解的君、臣、民关系论 ………………（101）
　　一　君臣关系 ………………………………………………（101）
　　二　君民关系 ………………………………………………（108）
第七节　王安石经学注解的治国之道 …………………………（114）
　　一　德政与力政、礼治与刑罚 ……………………………（114）
　　二　具体领域的政治指导思想 ……………………………（122）
第八节　王安石的经学经世思想 ………………………………（131）
　　一　对经学与经世关系的探讨 ……………………………（131）
　　二　以经学统一思想 ………………………………………（133）
　　三　以经学培养人才 ………………………………………（134）
　　四　以经学缘饰新法 ………………………………………（136）
附录　宋人对王安石经学的评价 ………………………………（141）
　　一　对王安石经学总体得失的评价 ………………………（142）
　　二　对王安石专经研究的评价 ……………………………（145）
　　三　对王安石以经学经世的评价 …………………………（151）

第二章　王安石的儒学思想 ………………………………………（160）
第一节　王安石对儒者、儒学的总体认识 ……………………（160）
　　一　儒者的定义 ……………………………………………（161）
　　二　儒学的宗旨 ……………………………………………（162）
　　三　王安石关于儒学的著述 ………………………………（164）
第二节　王安石对前代儒学人物的评价及其道统观 …………（167）
　　一　论孔子对圣王之道的传承及其在儒学统绪中的地位 ……（167）

二　对孟子、荀子两大儒的不同评价 …………………… (170)
　　三　对汉代诸儒的评价及对儒者人生困境的思考 ……… (173)
　　四　对唐代以降诸儒的评价及对儒学复兴的论述 ……… (177)
　　五　对儒者使命的自觉体认及对复兴儒学的自我承当 … (182)
　第三节　王安石对儒学性命之理的阐发 ……………………… (185)
　　一　对传统儒学人性理论的批评 ………………………… (185)
　　二　人性的本体 …………………………………………… (190)
　　三　人性的存在方式 ……………………………………… (194)
　　四　天命、人性与命运 …………………………………… (203)
　第四节　王安石对儒学内圣外王之道的发展与修正 ………… (212)
　　一　致一的内圣外王之道 ………………………………… (212)
　　二　尽性、循礼乐的修养方法 …………………………… (215)
　　三　圣、王合一的理想人格 ……………………………… (221)
　　四　推己及人、爱有差等的人伦践履模式 ……………… (223)
　第五节　王安石对儒学士人出处进退之道的体认 …………… (230)
　　一　出世与入世 …………………………………………… (230)
　　二　仕与隐 ………………………………………………… (232)
　　三　君臣之际 ……………………………………………… (236)
　第六节　王安石对儒学治国之道的创造性发展 ……………… (240)
　　一　礼乐刑政的价值 ……………………………………… (240)
　　二　尊王贱霸的政治统治方式 …………………………… (242)
　　三　义、利统一的理财观 ………………………………… (246)
　　四　经世致用的政教文学论 ……………………………… (250)
　附录　宋人对王安石儒学的评价 ……………………………… (253)
　　一　对王安石儒家人物评价的评价 ……………………… (253)
　　二　对王安石儒学典籍注解的评价 ……………………… (254)
　　三　对王安石儒学思想的评价 …………………………… (255)
　　四　对王安石在儒学道统中地位的评价 ………………… (257)

第三章　王安石的子学、佛学、道教思想 ……………………… (260)
　第一节　王安石对子学、佛学、道教的总体评价 …………… (261)
　　一　诸子之学的得失 ……………………………………… (261)

二　与佛教、佛学的因缘 …………………………………（265）
　　三　对道教的态度 ………………………………………（269）
第二节　王安石的老子思想研究 ………………………………（272）
　　一　对于老子宇宙论的解释和修正 ……………………（272）
　　二　对老子生存智慧的继承和发展 ……………………（277）
　　三　对老子治国之道的批评和深化 ……………………（280）
第三节　王安石的庄子思想研究 ………………………………（285）
　　一　对庄子人生哲学的继承和批评 ……………………（286）
　　二　对庄子政治思想的发微 ……………………………（289）
　　三　对庄子回归远古观点的批评 ………………………（292）
第四节　王安石论杨朱、墨翟、商鞅等人的思想 ……………（294）
　　一　对杨朱、墨翟思想的比较研究 ……………………（294）
　　二　对商鞅等法家学说的评价 …………………………（297）
第五节　王安石的佛学思想 ……………………………………（298）
　　一　对佛学世界观的理解 ………………………………（300）
　　二　对佛学人性论的体认 ………………………………（303）
　　三　对佛学人生生存方式的阐发 ………………………（305）

结语 ……………………………………………………………（308）
　　一　王安石学术思想的基本精神 ………………………（308）
　　二　王安石学术思想的学派属性 ………………………（310）
　　三　王安石学术思想的历史地位 ………………………（313）
　　四　王安石学术思想兴衰的现代启示 …………………（317）

附录　潘佑变法及其对李觏、王安石的影响 ………………（320）
　　一　潘佑的生平与变法 …………………………………（320）
　　二　潘佑、李觏、王安石的学术渊源 …………………（322）
　　三　潘佑、李觏、王安石的思想共识 …………………（325）

主要参考文献 …………………………………………………（329）

再版后记 ………………………………………………………（342）

序　言

周桂钿

　　过去研究学术思想史，按不同的历史时期概括学术特点为先秦诸子、汉代经学、魏晋玄学、隋唐佛教、宋明理学等。从宋明这个时代来说，概括为理学，也是正确的。朱熹哲学在中国宋元明清时代确实是占统治地位的思想。于是，在中国哲学史的教材中，对于宋明时代一般都只介绍二程与朱熹的哲学思想。有的著作介绍北宋五子（周敦颐、邵雍、张载、程颢、程颐）时，也是为朱熹哲学的出台作铺垫。一般都没有提到王安石。冯友兰在20世纪30年代写的《中国哲学史》就没有王安石的专章。1995年学林出版社出版由祝瑞开主编、众多学者撰写的论文集《宋明思想和中华文明》，共收入40多篇论文，没有一篇是研究王安石思想的。实际上，北宋时期，王安石的"荆公新学"与张载的关学、苏轼苏辙兄弟的蜀学、程颢程颐兄弟的洛学并起，形成了学术思想相互争鸣的局面，这几派学说都是汉唐以来儒、道、佛三教思想融合的产物，它们之间的矛盾斗争构成了这一时期学术思想演进的主要内容。王安石两度出任宰相，使用权力，结合改革，推行他的新学，"荆公新学"在当时的社会地位远在关学、蜀学、洛学之上。研究北宋哲学只讲二程洛学，不讲王安石"荆公新学"，是否捡了芝麻丢了西瓜？研究北宋哲学，对王安石哲学避而不谈或者作为次要人物给予轻描淡写，是否合适？我觉得需要加以研究。

　　学术界研究王安石的学术论著也不少，由于受到列宁的名言"王安石是中国十一世纪的改革家"的论断的影响，许多学者比较注重研究王安石的政治思想特别是改革思想。至于他的学术思想，则被多数学者所忽视。李祥俊同志的《王安石学术思想研究》一书以学术史为框架，从经学、儒学、子学及佛学、道教等方面对王安石的学术思想作了系统、全面的论述，有助于我们正确了解汉唐经学衰微之后、宋明理学兴起之前北宋思想发展的真实状况。

　　本书写作中严格遵循学术规范，首先系统总结前人的工作，发现其中存在的问题，然后运用新的理论和方法，在充分占有材料的基础上独立思考，在王安石学术思想研究上取得了重要成果。王安石的经学思想是本书的重点内容，过去的研究者由于主客观条件的限制，在这方面的论述较少且不全面，本书利用现代学者的辑佚成果，对以《三经新义》为代表的王安石经学注解以及王安石关于经学的其他论述加以系统的整理分析，从中概括出王安石的哲学、政治、经济思想，弥补了王安石研究中的薄弱环节。在关于王安石学术思想的学派属性、王安石的经学解释学以及王安石的内圣外王之道等方面，本书的论述也都颇有新见。

　　本书在资料搜集、梳理上用力甚勤，把论点建立在扎实的材料基础上，因此得出的结论很有说服力。关于王安石学术思想研究的资料，过去的研究者所依据的主要是《王文公文集》《临川先生文集》等，而且往往只是以其中一些重要论文为中心。本书取材则相当广泛，除了王安石的文集以外，还大量引证了王安石的经学注解、子学注解以及近百种文集、史书、笔记中与王安石学术思想有关的材料。本书对于20世纪的王安石学术思想研究也作了细致梳理，作者阅读了近三十种王安石研究专著、两百余篇王安石研究专题论文和大量的其他相关材料，因此能够比较准确地把握近现代王安石思想研究的问题所在与发展态势。

　　本书在体例安排上也颇有特色，既合乎传统学术分类，又给人以耳目一新之感。本书作者认为，中国传统思想的演进主要依靠对各学派经典知识的传授、解说、创新来实现的，知识与思想是矛盾的统一体，知识是固有思想的载体，也是新思想产生的前提与基础，从学术史演变的角度来分析古人思想实在是现代研究者的重要途径。而在中国古代思想发展历程中，不仅有理论理性的深化，同时还伴随着实践理性、道德判断的矛盾冲突，对于哲学、道德、政治等方面的同样问题，不同的学派往往持有截然不同的价值判断，问题的讨论离不开流派斗争。正是考虑到知识与思想、理论理性与价值判断之间的这种交织状态，本书按照经学、儒学以及子学、佛学、道教思想来分类，通过考察王安石对各派学术思想的评价、注疏来判定其本人的观点及其在该学派思想发展中的地位，然后总结出其学术思想的主导精神。

李祥俊同志从予问学，三年得硕士，又三年再得博士。他入学之前工作过很长时间，入学以后，十分珍惜学习深造的机会，对自己要求严格，虚心请教师长。原先学过文学，后来补哲学课，又补历史课。北师大的人文环境，有利于培养学术素养；哲学系的理论氛围，有助于提高理论水平。写出这本有较高学术水平的专著，可谓水到渠成、瓜熟蒂落。这是值得高兴的。如今，许多青年人急功近利，恨不得一步登天。有的不惜以粗制滥造的作品冒充文化成果，甚至还抄袭他人的作品装点自己的"专著"。而李祥俊同志没有随波逐流，急于求成，而是博览群书，埋头研究，寂寞守书斋，"六年不窥园"，终于拿出这么一部经过扎实研究的有分量的学术专著，更值得高兴！板凳需坐十年冷，文章不许一句空。李祥俊同志的治学精神庶几及此！我们有理由相信李祥俊同志在认真完成教学任务的同时，继续奋力研究，不断扩大成果，除了完成宋代学术史的研究之外，还要有更大的雄心，争取获得更精更多的学术成果。

2000 年 4 月 6 日
序于北京师范大学乐育楼

导言 二十世纪王安石学术思想研究回顾

王安石，字介甫，生于宋真宗天禧五年（1021年），卒于宋哲宗元祐元年（1086年），祖籍北宋江南西路抚州临川县（今江西省抚州市），是中国历史上著名的政治家、思想家和文学家。王安石在宋神宗熙宁年间曾两度拜相，主持了在宋代历史乃至中国历史上都具有深远影响的政治改革运动，史称"王安石变法"。王安石不仅是这次变法政治上的执行者，同时也是这次变法的理论家，是中国古代学者型政治家的典范，他的学术思想被后人称为"荆公新学"，在北宋后期的六十年间占据了思想界的统治地位，对后世也有很大影响。

"荆公新学"是伴随王安石变法而兴盛起来的，它成为王安石政治实践活动的理论依据，也成为王安石统一思想、培养人才的工具，在王安石及其党派得势时达到极盛状态。"荆公新学"融汇前代各种思想流派而试图建立一种新的思想体系，它和先后并起的以张载为代表的关学、二程为代表的洛学、苏轼为代表的蜀学一同构成北宋时期学术思潮的中坚。由于北宋王朝的灭亡，统治者委过于以王安石为代表的新党人士，王安石主持的变法遭到彻底否定。王安石的学术思想也不断遭到政治上的打击和学术思想上的围攻，最终被排斥出正统思想之列。从北宋到清末的一千多年里，古代社会的政治家和思想家们对于王安石变法和王安石的学术思想大多持否定态度，即便是像清代的李绂、蔡上翔等同情王安石的学者，也只是论证王安石本人人品高尚、其思想与正统的纲常名教不相抵牾而已。

对于王安石变法和王安石学术思想的研究和评价在20世纪发生了巨大的变化。经过近千年的沉寂之后，20世纪的一百年形成了王安石研究热，许多研究者站在不同的立场上，从不同的角度对王安石的政治实践、学术思想以及文学创作等方方面面都作了深入细致的研究，在研究成果和研究视野上都远远超过了前人。据笔者不完全统计，20世纪关于王安石的研究专著已经出版的有三十余种，而论文则有近千篇。这里，笔者试图回顾20世纪王安石学术思想研究的历史进程，概括各家各派的主要观点，分析其理论思维的得失和价值判断的标准，为进一步的王安石学术思想研究提供参考借鉴。

一　梁启超与20世纪王安石学术思想研究的兴起

梁启超是中国近代资产阶级的杰出政治家和思想家，戊戌变法的主要领导人物之一。梁启超一生的思想伴随着中国社会的变革和中国资产阶级的壮大而不断演进，他积极鼓吹、引进新的学术思想和新的研究方法，对于批判旧思想、建立新文化发挥了巨大的作用。梁启超写过很多历史名人传记，作于1908年的《王荆公》是其中的一篇杰作。在这本书里，梁启超一改古代史家和学者们对王安石的否定态度，以戊戌变法政治改革亲身参与者的身份对王安石变法作同情的了解，以西方的学术思想、政治思想来诠释王安石变法和"荆公新学"，从总体上为王安石其人、其政、其学翻案。

梁启超对于王安石的评价极高，誉其为"若乃于三代下求完人，惟公庶足以当之矣"[①]。对于历代否定王安石的论述，梁启超深表不满，他声称写作这部《王荆公》目的就是要恢复历史的本来面目，洗雪蒙在王安石身上的污泥浊水，把王安石其人及其政治改革中的真是真非梳理清楚。梁启超这部著作主要是对王安石生平和变法活动的记载，关于王安石学术思想的研究只是其中的一小部分，而且集中在对王安石学术渊源和政治思想的论述上。

在学术渊源上，梁启超认为，王安石"其学术集九流之粹"[②]，但在具体论述时，梁启超则着重肯定了王安石思想渊源于传统的经学。梁启超认为，在经学史上，王安石的成就可以和汉代的董仲舒、刘歆相媲美。梁启超特别重视经书的学习方法，他认为，王安石既不同于那些陷于经书章句之中的腐儒，也不同于那些抛弃经书的狂人，而是以自由的自我意志来

[①] 梁启超：《饮冰室合集》第七册《王荆公》，中华书局1989年版，第1页。
[②] 同上。

解读经书，不仅能读懂经书，更能发扬、发展经书中的义理。他说："夫后之儒者，既不得亲受口说于孔子若孔子之徒，则亦有独抱遗经，以意逆志，而自求其所谓大义而已。……以思想自由之故，性灵愈濬而愈深，或能发古人未发之奥，不特为六经注脚，且将为六经羽翼。其为功不更伟耶？吾以为生汉以后而治经学，舍此道末由矣。苟并此道而不取焉，则无异于谓当废经学而不许人以从事已耳。以此道治经者，创于先汉之董江都、刘中垒，而广大之者荆公也。"①

梁启超指出王安石的学术思想与其政治实践是一致的，他说："荆公之学术，内之在知命厉节，外之在经世致用，凡其所以立身行己与夫施与有政者，皆其学也。"② 在政治思想上，梁启超肯定了王安石的依法治国思想，又肯定王安石重视法制但并不忽视人才在政治上的作用。梁启超还指出，在变法问题上，秦汉以后，只有董仲舒可以和王安石相比，但在变法的内容和实践上王安石都远远超过董仲舒。对于王安石强调严格执法的问题，梁启超认为，王安石不是法家暴力专制和严刑峻法学说的信徒，他的政治实践是符合政治学的一般原理的，和古代的大政治家管子等人的思想是一致的。梁启超极力赞扬王安石的募役法，认为这是造福后世、使人民免受苦难的大好事。在论述王安石军事方面的举措时，梁启超指出王安石的根本目的是实现全民皆兵，他说："荆公者盖持国民皆兵之主义者也，欲达此目的，则必废募兵以为征兵，于是乎保甲法兴。保甲之性质有二，其一则为地方自治体之警察，其一则为后备兵及国民兵也。"③ 不过，梁启超也从历史演进的角度指出，王安石所采取的兵农合一制度完全模仿上古三代，在当时难以实行。

在论述王安石变法和王安石学术思想时，梁启超喜欢把它同西方的政治经济制度、思想进行比较。他曾将王安石新法与西方资本主义制度比附，认为："以吾所睹闻，今世欧洲诸国，其所设施，往往与荆公不谋同符。""甚且有近于国家社会主义。"④ 王安石变法的中心是理财，而梁启超也将王安石的理财思想与西方的经济思想进行比较，认为两者之间很相

---

① 梁启超：《饮冰室合集》第七册《王荆公》，中华书局1989年版，第188页。
② 同上书，第186页。
③ 同上书，第99页。
④ 同上书，第62、64页。

近，他在引用《与马运判书》评价王安石的理财思想时就说："呜呼！此其言何其与今世经济学、财政学原理相吻合之甚耶？"①

梁启超曾将王安石新法的内容与西方学说相互印证，并且用他所接受的西方学说来评价王安石的学术思想，从中可以看出他本人的思想倾向。在论述青苗法时，他说："青苗法者，颇有类于官办之劝业银行，荆公惠民之政也。""更平心以论之，青苗法者，不过一银行之业耳，欲恃之以摧抑兼并，其效盖至为微末，而银行之为业，其性质乃宜于民办而不宜于官办。……夫中国人知金融机关为国民经济之命脉者，自古迄今，荆公一人而已。"② 在论述市易法时，他说："市易实一银行也，青苗与市易二法皆与今世银行所营之业相近，青苗则农业银行之性质也，市易则商业银行之性质也。……夫笼天下之货而司以官吏，此近世社会主义派所主张条理之一种，顾彼有与之相辅者焉。盖从其说则以国家为唯一之资本家，为唯一之企业家，更无第二者以与之竞争。是以可行。然其果可行与否，犹未敢断言也。若在现今社会制度之下，欲行此制，云胡而可？现今之经济社会，惟有听其供求相剂，而自至于平。所谓自由竞争者，实其不可动之原则也。……若国家为唯一之兼并者而莫与抗焉，则民之憔悴，更安得苏也。凡此皆市易不可行之理由也。"③ 在这些论述中，梁启超直接用西方经济学理论来评价王安石的理财思想，其观点虽然有牵强附会的地方，但是，我们必须承认，他的见解是相当深刻的，抓住了王安石理财思想中以国家政治权力强制干预经济的核心内容。④ 同时，作为一个自由资产阶级的信徒，梁启超反对官办商业和国家垄断资本主义，主张自由竞争，这是

---

① 梁启超：《饮冰室合集》第七册《王荆公》，中华书局1989年版，第32页。
② 同上书，第67、74页。
③ 同上书，第78—79页。
④ 是以政治权力强行管制经济，还是让社会各阶层自由经营工商业，这是中国古代历史上的一个老问题，早在汉代桓宽的《盐铁论》中就有关于这两种意见激烈交锋的详细记载。实际上，这个问题不仅在封建社会里存在，在资本主义社会甚至社会主义社会里仍然以变换了的形式存在着，到了20世纪中国的"文革"时期，政府实行了最大限度的经济管制政策，卖一根针、一缕线也要由供销合作社经营，这种做法大概连主张政府的市易务可以卖果子之类小物品的王安石也要自叹弗如的。大致来说，在中国古代，代表皇权、政府官僚利益的人物主张政府管制经济，而代表社会上的富裕阶层、地方势力的人物则主张经营自由。当然，所有的政治家、统治者都会说自己是代表全民利益的，但是，我们在承认他们代表全民利益的消极前提下，也应该看到他们主要是代表某个特定阶层利益的。

时代潮流和个人信仰在他的王安石思想研究中的体现。

梁启超是20世纪初中国社会的风云人物，在学术界也有崇高的声望，他的《王荆公》一书是王安石研究的开风气之作，为以后的研究定下了基本的范式，在他的影响和带动下，许多学者加入王安石研究的行列，沿着他开辟的方向作了更加广泛、深入的研究，取得了丰硕的成果。

二　民国时期的王安石学术思想研究

民国期间，伴随着中国社会向资本主义的不断演进，西方文化以更大的规模传入中国，与中国传统文化的冲突、融合也达到了一个更高的层次，学术思想界呈现出多元并存的格局。民国时期的王安石学术思想研究也呈现出百家争鸣的态势，一大批学者继承梁启超会通中西的研究方法，从不同的研究角度和不同的评价标准出发，对王安石学术渊源、哲学思想、政治思想等方面进行了深入的探讨。

1. 学术渊源的梳理

民国时期，有关王安石学术思想的渊源问题成为许多学者关心的话题。王安石是大学问家、大思想家，但是，对于王安石的师承、学派等问题，历史上的论述就很少，梁启超在论述这个问题时，也只是笼统地说王安石"其学术集九流之粹"，继承了传统的经学。而在民国时期，以胡适为代表的一些学者，则将王安石学术思想与前代思想的渊源关系作了初步梳理。

胡适写有《记李觏的学说》一文，副标题就叫"一个不曾得君行道的王安石"，在这篇文章里，胡适指出，王安石与李觏思想接近，都推尊《周礼》，两人故里同为江西，虽然没有直接的证据能证明他们之间有交往，但是他们之间的确有弟子、朋友可以作为交往的中介。因此，胡适认为，王安石的学术思想可能受李觏的影响，李觏是"王安石的先导"[①]。

胡适关于王安石学术渊源的观点对后来学者影响很大，把李觏与王安石并称也为许多学者接受，吕振羽在《中国政治思想史》中把李觏称为王安石的前驱，谭丕模写有《李王的政治哲学》，也直接把李觏和王安石的政治思想联系起来考察。陈钟凡著《两宋思想述评》一书，则把欧阳

---

① 胡适：《记李觏的学说》，《胡适文存》二集卷1，黄山书社1996年版，第21页。

修、李觏、王安石统称为江西学派。

钱穆则在胡适论述的基础上，作了进一步的发挥，他从南北地域、风气、经济条件等方面的不同着眼，认为王安石新党代表南方兴起的一种新思想，而和代表保守思想的北方人士相冲突。在《国史大纲》中，钱穆写道："所以王安石新政，似乎有些处是代表著当时南方智识分子一种开新与激进的气味，而司马光则似乎有些处是代表着当时北方智识分子一种传统与稳健的态度。除却人事偶然方面，似乎新旧党争，实在是中唐安史之乱以后，在中国南北经济文化之转动上，为一种应有之现象。"[①] 钱穆的《国史大纲》出版于1940年，联系到当时中国的政治实际，显然，钱穆是在借古讽今，把蒋介石国民党政权推崇为南方兴起的新思想的代表。不过，如果我们撇开这一点来看的话，钱穆的观点在某些方面的确是发人深省的。

2. 哲学思想的分析与判教

民国时期，关于王安石哲学思想的研究达到了一个高峰，这主要应归功于现代著名哲学史家贺麟先生。贺先生在20世纪40年代连续写有《王安石的心学》《王安石的性论》和《陆象山与王安石》等文章，就王安石的哲学思想和学派属性发表了自己的见解。[②]

在《王安石的心学》和《陆象山与王安石》中，贺麟先生主要讨论了王安石哲学的主导精神，并就王安石哲学与陆九渊心学的关系作了探讨。贺先生认为："我们可以称安石哲学思想的出发点为'建立自我'。"[③] 在进一步诠释王安石的"建立自我"时，他提出了四条主要内容，概括起来说就是摆脱外在名利上的欲望、坚持真理、以内在良知主宰书本知识和顺应时势保持自由创造精神。以这样的理论分析为基础，贺先生证明王安石的哲学和陆九渊是一致的，都是强调主观创造力的心学。贺先生还有意识地将王安石与陆九渊的哲学思想联系起来考察，他说："因为他的基本思想在哲学上和陆象山最接近，而且在中国所有哲学家中也只有陆象山对于王荆公的人品与思想，较有同情而持平的评价。所以我就把陆（象

---

① 钱穆：《国史大纲》（下册）第六编第三十三章，商务印书馆1994年版，第586页。

② 贺麟的《王安石的性论》后与《王安石的心学》合并为《王安石的哲学思想》一文，与《陆象山与王安石》等都收入他的再版文集《文化与人生》，商务印书馆1988年版。

③ 贺麟：《文化与人生》，商务印书馆1988年版，第288页。

山）王（荆公）二人，在思想史上第一次加以相提并论。"他又列举了一些陆九渊推崇王安石的历史事例，并明确认定"王安石开陆王先河的心学"①。

在《王安石的性论》中，贺麟先生则集中讨论了王安石的人性论，在论述中，他着重将王安石的性论与早期儒学、宋明理学的性论作了比较研究。他认为，王安石关于性的正与不正的区分，"已包含有程伊川分别义理之性与气质之性的说法了"②。对于王安石性不可善恶论的观点，他解释说："他这种认性为超出心理上的善恶，而归结到人的本心、本性仍是善的根本思想，与王阳明晚年天泉证道的四句话：'无善无恶心之体，有善有恶意之动，……'真是同条共贯，可以互相发明。"③ 贺先生还从王安石的《文集拾遗》中找到一篇《性论》，在这篇文章中，王安石主张性善论，而和他其他文章中性无善无恶的观点均不相同，贺先生对此评论说："我们发现他另有一篇《性论》，便纯粹发挥孟子性善之说，无丝毫违异。其醇正无疵，不亚于程朱。"④ 贺先生关于王安石性论的结论是："他承继孔孟，调解孟扬，反对荀子的性论。他以性情合一论为出发点，以性善恶混之说为过渡思想，而归结到性善论。"⑤

贺麟先生以西方哲学的主观唯心论来解释王安石哲学与陆王心学，的确抓住了核心，特别是他将王安石性论中的性无善恶论与王阳明的四句教联系起来，看到了儒学中有人在人性论上已经突破伦理上的善恶评价而进入生命存在的本体论，认识到存在本身超越伦理之善恶，但存在本身即是善、且是真正的至善。另外，贺先生将王安石的哲学思想与陆王心学联系起来，那也是极有眼光的。不过，我认为，贺麟先生在关于王安石性论的论述中，站在儒学主流派的判教立场上，以一篇佚文中的观点来否定现存王安石大多数论文中的普遍共有的思想倾向，认为王安石是性善论者，这个结论的成见是明显的。另外，在人性论论述上超越伦理上的善恶而进入生命存在的本体论层次，无论是王安石还是王阳明，其思想都是从佛教哲

---

① 贺麟：《文化与人生》，商务印书馆1988年版，第293页。
② 同上书，第297页。
③ 同上书，第296页。
④ 同上书，第297页。
⑤ 同上书，第293页。

学借鉴来的,对此贺先生竟未置一词,殊觉不公。

3. 政治思想上的两种诠释模式

从历史实际看,王安石是一个政治家,并且是一个杰出的政治改革家,他对后世影响最大的不是他的学术著述、哲学思想,而是他主持的变法,因此,王安石政治思想的研究成为后世学者们讨论最多的话题。在民国时期,对于王安石政治思想的研究存在有两种主要的诠释模式:一种是梁启超以来的以传统价值标准和西方资产阶级学术思想为框架来评析;另一种则是以新兴的马克思主义学说来评析。

1933年,柯昌颐出版了《王安石评传》一书,这是继梁启超之后又一部全面系统的王安石研究专著。柯昌颐认为,王安石的政治言论与其政治实践中所表现出来的政治倾向是不一样的,就王安石早期的《上皇帝万言书》等文章来看,王安石坚持了传统儒家学说重视教化和贤才治国的思想,而就王安石变法实践来看,则主要采用了法家学说。柯昌颐和梁启超一样,也喜欢用西方资产阶级的政治、经济学说来比附王安石思想。[1]

稍后于柯昌颐,熊公哲也于1937年出版了《王安石政略》,这本书以王安石的政治改革实践为探讨对象,较为详细地论述了王安石变法中诸项新法的内容。熊公哲总结王安石政治思想的核心是:"彼其所持殆所谓极端中央集权说也,而又求详于法而不求详于人。"[2] 熊公哲也用西方学说来评析王安石的政治思想,在论述王安石新法中的"青苗法"和"市易法"时,他认为:"是故任公极推青苗一法为介甫善政,而以市易为最不可行,区区之意,则适与相反,以为市易为介甫最善之政,而青苗则或有未可卤莽者。""其与夫近世'社会主义'所谓'企业国营'者用意颇同,虽其用心不免太过干涉过甚,而固未尝或越乎'权制兼并''均济贫

---

[1] 柯昌颐:《王安石评传》,商务印书馆1933年版。邓广铭先生曾评价柯昌颐的《王安石评传》说:"如柯昌颐的《王安石评传》等,更属'邹郐以下',不足置论了。"如果就经济发展、政治改革角度研究王安石新法而言,这个评价大致不错,但如果从全面介绍王安石的事迹和学术而言,则柯昌颐的《王安石评传》自有"邹以外"的价值。参见邓广铭:《北宋政治改革家王安石·序言》,人民出版社1997年版,第5页。

[2] 熊公哲:《王安石政略》,商务印书馆1937年版,第171页。

乏'之本意也。"① 梁启超是自由资本主义的信徒，所以，他赞成类似现代银行的青苗法而反对国家垄断商业的市易法；而熊公哲则是国家资本主义的信徒，所以，他赞成国家垄断商业的市易法。熊公哲是当时国民党河南省的政府官员，他的思想实际上也间接地表现出，到了30年代末期，蒋介石政权主张实行压制小资本、发展垄断资本主义的经济政策。

民国时期出现了一股用马克思主义的阶级分析方法、社会革命理论来诠释王安石政治思想的新思潮，如果说早期的梁启超、柯昌颐等人只是将王安石政治思想与社会主义学说简单比附的话，那么，这一时期的研究者则对于马克思主义有了深入了解，并真正能够将其应用到对中国传统思想的分析之中去。

吕振羽在《中国政治思想史》中认为，王安石变法是政治上的改良主义，代表中小地主及中间诸阶层的利益，他概括王安石变法中新旧党争的实质是："'新党'为着和势力庞大的大地主作政争，便不仅联合大权旁落的皇帝，而且联合中小地主以及其他中间诸阶层。"② 谭丕模在《李王的政治哲学》一文中则认为王安石代表小地主，而和司马光代表的大地主阶层作斗争，他把李觏和王安石并称，认为："李觏是北宋小地主解放运动之理论大家——王安石是北宋小地主解放运动之前卫战士。"③ 张腾发在《王安石变法之史的评价》一文中，从五种社会制度递进理论出发，认为："中国自秦汉以后封建社会基本未变性质，只有改良，不能有革命。"④ 以此为依据，他认为，王安石变法是一种自上而下的改良运动，并断言："它的失败，尤其揭穿了改良主义的脆弱可怜，粉碎了一切想用平和的手段来改革社会底人们的迷梦，这是我们研究王安石变法的最大的意义。"⑤

三　十七年与"文革"时期的王安石学术思想研究

1949年中华人民共和国的成立，标志着中国历史掀开了崭新的一页，

---

① 熊公哲：《王安石政略》，商务印书馆1937年版，第53—54、56页。
② 吕振羽：《中国政治思想史》（下册），人民出版社1949年版，第499页。吕振羽此书初版于1937年，后又数次修订再版，但在内容上没有什么大的变化。
③ 谭丕模：《李王的政治哲学》，《师大月刊》1935年第十八期。
④ 张腾发：《王安石变法之史的评价》，《现代史学》第三卷第二期，1936年4月。
⑤ 同上。

就学术思想研究来说也有一个彻底的范式转换,从清末、民国时期相对自由、多元的学术争鸣转变为把马克思主义普遍真理与具体学科研究相结合的一元化时代。在新中国成立初的十七年时期的王安石学术思想研究中,研究者们以马克思主义的辩证唯物主义与历史唯物主义为指导,对于王安石的学术渊源、哲学思想、政治思想作了细致的分析、评价,都能自成一家之言。而到了"文革"时期,假马克思主义盛行、形而上学猖獗,王安石学术思想研究被简化以至丑化,成为现实政治斗争的工具。

1. 十七年时期的王安石哲学思想和学派属性研究

侯外庐先生是著名的马克思主义学者,他主编的《中国思想通史》第四卷于新中国成立后撰写,并于1959年出版,在这本书里,设立专章讨论了王安石的新学、变法思想和唯物主义哲学。这本书的观点是正统马克思主义学派的代表,其影响一直延续到现在的王安石哲学思想研究。

《中国思想通史》一书对王安石所开创的新学学派的主要人员、主要著作都作了考察,批评了封建时代学者贬低王安石学术思想的做法,肯定了王安石学术思想在历史上承前启后的作用,它写道:"《三经义》的反传注学风,自应有其历史地位。而道德性命之学,为宋道学家所侈谈者,在王安石的学术思想里,开别树一帜的'先河',也是事实。"[①]《中国思想通史》一书还考证了王安石与李觏的关系问题,它以《临川先生文集》卷七十七《答王景山书》为依据,证明王安石与李觏是有过交往的,认为"李觏、王安石在思想上有某些关联是完全可以肯定的"[②]。《中国思想通史》找到《答王景山书》,这在研究李觏与王安石关系上是一个重大突破。

《中国思想通史》一书重点论述了王安石的哲学思想。在世界观上,《中国思想通史》指出,王安石肯定物质是第一性的,认为天地万物是由五行构成的,而五行中的行不仅指一类物质元素,同时还指运行变化,即王安石认为世界是物质的,而且是发展变化的,发展变化的原因就在事物内部的"耦"之中。《中国思想通史》还指出,王安石认为物质世界的运

---

① 侯外庐主编:《中国思想通史》第四卷(上册),人民出版社1959年版,第423页。
② 同上书,第398页。

动遵循着一定的规律,这规律叫作"道",这个道是自然的,人们可以利用这个自然之道。显然,上面的这些结论都是作者用马克思主义的哲学范式分解王安石思想资料得出的。以马克思主义哲学原理为评判标准,《中国思想通史》也对王安石世界观上的缺陷提出了批评,这就是把宇宙的本体元气看成是静的、在人生观上追求无对的境界等。在认识论上,《中国思想通史》主要讨论的是王安石的人性论,它指出,王安石的特点是把人性作为单纯的心理能力来考察,与先秦时期告子的性无善无恶论有基本上的共同点,虽然仍然是一种抽象的人性论,但是"从伦理关系出发而建立的人性论,逊色于从生理和心理关系出发而建立的人性论"①。《中国思想通史》还指出,王安石论人性重视后天实践的作用,重视通过学习、通过感觉经验获取广博知识。这些论述都在一定程度上肯定了王安石人性论的价值。

陈正夫先生写有《王安石哲学思想研究》一文,继承《中国思想通史》中的观点,并作了进一步的发挥,较为全面地论述了王安石的自然观、认识论、人性论和历史进化观,指出王安石哲学思想存在的动摇于唯物与唯心、运动发展的辩证法与主静的形而上学之间的缺陷。在学术思想的渊源上,陈正夫认为:"王安石接受了以儒、道两家为主体的各家思想的影响,而李觏的思想则是王安石思想的先驱。"② 在学术思想的学派归属上,陈正夫认为,王安石是北宋唯物主义与唯心主义两条路线斗争中唯物主义阵营的代表,"王安石不仅在政治上同当时的守旧派对立,他的哲学思想同正在形成中的理学的代表人物如周敦颐、邵雍、司马光、程颢、程颐等的思想也是针锋相对的。"③

2. 十七年时期的王安石政治、经济思想研究

十七年时期,邓广铭先生和漆侠先生这一对师徒自觉地以马克思主义为指导来研究王安石变法,在经济史、政治史的具体事实上下了很大的考证、分析研究功夫,写出了功底深厚的王安石变法研究著作。他们的著作侧重于王安石变法实践的研究,但在实证的基础上也对王安石的政治、经

---

① 侯外庐主编:《中国思想通史》第四卷(上册),人民出版社 1959 年版,第 462 页。
② 陈正夫:《王安石哲学思想研究》,《江西大学学报》1963 年第 1 期。
③ 同上。

济思想作了评价。①

邓广铭先生在中华人民共和国成立后不久的 1953 年就出版了他的《王安石》一书,他认为王安石的政治思想是改良主义,而从经济思想上看,王安石主要是要通过发展生产来推动社会前进。在这本书里,邓先生提出"天变不足畏,人言不足恤,祖宗之法不足守"的所谓"三不足"说是王安石思想中的核心,这个观点邓先生一直坚持,直到他去世前一年即 1997 年第四次撰写的《政治改革家王安石》中仍然如此。

漆侠先生是邓广铭先生的学生,他的《宋代经济史》是宋史研究的扛鼎之作,他的王安石研究也是侧重从经济史的角度来展开论述的。漆先生于 1959 年出版了《王安石变法》一书,对王安石新法作了详细认真的探索,用历史事实证明王安石的新法起到了发展生产、推动社会进步的作用。在这本书的序言里,漆先生对胡适、钱穆、梁启超等学者的王安石研究提出了批评。在结论中他把王安石变法的性质定为:"所以在根本上说,这次改革是地主阶级的自救运动,用来对抗农民的阶级斗争的。这就是王安石变法的阶级实质,改良运动的实质。"② 漆侠先生认为,王安石的政治思想是改良主义,对于王安石侧重发展生产以解决财政困难的经济思想他则持赞同态度。

3. "文革"时期儒、法斗争角度的王安石学术思想研究

中国现代学者运用马克思主义研究王安石学术思想大概是从 30 年代开始的,最先集中论述的是在政治思想方面,到了 50 年代,开始进入对王安石哲学思想的剖析,随着时间的推移,研究愈来愈深入、愈细致。但是,在运用马克思主义的过程中,也存在着严重的教条主义,往往用政治斗争来代替对历史真实的研究,用阶级划分来代替学派归属,这种恶劣的研究风气在"文革"期间达到了顶峰。③ 不过,我们也应该承认,在"文革"时期的王安石学术思想研究中,也的确抓住了一些为过去和后来研究者所忽视或有意回避的问题,这是值得我们深思的。

---

① 邓先生和漆先生后来都曾对他们的著作作过修订,邓先生甚至四写王安石,他们的著作在王安石变法和王安石政治思想研究领域影响极大。

② 漆侠:《王安石变法》,上海人民出版社 1959 年版,第 227 页。

③ "文革"一般指 1966—1976 的十年,但实际上,1976 年以后一段时期在思想上与"文革"仍然一样,所以本段的论述在时间上只是采取大致的划分。

"文革"期间的1972年，毛泽东主席在接见日本首相田中角荣时，对于王安石不畏流言、敢于变法的精神大加赞赏，在那个时代，政治领袖变成了神，这件事遂成为引发王安石研究热的主要原因。"文革"时期的王安石学术思想研究集中在对其学派属性的划分问题上，总的特点是贯彻儒法斗争的理论框架，认为王安石是法家思想的代表。

发表于1974年第二期《红旗》上罗思鼎的《从王安石变法看儒法论战的演变——读〈王荆公年谱考略〉》是"文革"期间王安石研究的代表作品，它的发表标志着王安石研究热的出现，同时它也奠定了这个时期王安石研究的基调。在这篇文章里，作者把王安石作为法家思想的信奉者，认为王安石的思想是和儒家学说对立的，并且王安石变法可以作为儒法斗争史上的一个分水岭，前期法家学说在社会上相当有影响，儒家学说也没有取得至尊地位，而后期则尊法反儒的思想就很少了，这标志着地主阶级的日趋反动。在这篇文章中，作者将学术思想与政治实践结合，认为王安石的思想代表了中小地主的利益和意识，思想上的儒法斗争也就是政治上的大地主和中小地主斗争的反映。作者的基本观点是："汉代以后封建统治阶级内部革新和守旧的斗争，在思想领域里往往以儒法斗争的形式表现出来。在宋代，它直接反映为'荆公新学'和反动理学的对立。"[①]

把王安石学术思想定性为法家学说，大力鼓吹王安石尊法反儒成为这一时期研究的特色。一些学者竭力发掘王安石学术思想中的法家因素，并把王安石学术思想和同时的一些儒家学者的思想作比较评价。邓广铭先生发表了《王安石——北宋时期杰出的法家》一文，认为"王安石变法是在法家思想指导下进行的"[②]，"三不足"是王安石反儒、变法的战斗口号。邓先生还重新修订了他50年代出版的《王安石》，增加了儒法斗争的内容，并在这本书中否定了他50年代《王安石》一书中王安石变法是改良主义的观点，就王安石变法是政治上的改良而不是改良主义作了解说。而稍后漆侠先生在他的再版《王安石变法》中则针锋相对地重申了

---

① 罗思鼎：《从王安石变法看儒法论战的演变——读〈王荆公年谱考略〉》，《红旗》1974年第2期。

② 邓广铭：《王安石——北宋时期杰出的法家》，《光明日报》1974年7月7日。

王安石变法就是改良主义。① 邱汉生先生发表了《王安石〈诗义〉的法家思想》一文，认为王安石的"'三经义'以经书注解的形式，阐述了王安石的法家思想，为他的变法运动建立理论根据"②。邱先生通过对王安石《诗义》一书佚文的钩沉分析，论述了王安石在天人关系、政治思想等方面和法家学说的一致性。王兴业先生则写了《王安石和二程的激烈论战》，从学派归属、政治思想、哲学思想等方面比较了二者的不同，旗帜鲜明地褒王贬程。③

当时的研究者还竭力推崇王安石变法和王安石的政治思想，把王安石新学和其他学派的论争上升到政治上爱国与卖国的高度，无限上纲。北京大学、清华大学大批判组写的《论爱国主义者王安石》就认为："法家爱国，儒家卖国，这是一个带有规律性的历史现象。"④ 作者把王安石推崇为爱国的政治改革家，而把司马光等人贬为卖国的投降派。这种直接把古代思想和现实政治需要进行比附的方法，与真正的思想研究已经没有什么关系，只能得出荒唐的结论。

四　改革开放以来的王安石学术思想研究

1976年"文革"结束，中国的社会主义建设进入了一个新阶段，学术思想的研究也转入了一个新的百花齐放、百家争鸣的时代，而王安石学术思想研究也抛弃了"文革"时期僵死的教条主义重新焕发出生机。就王安石学术思想研究的方法来看，中国传统的思维模式、西方古典和现代的各种理论和马克思主义都被采用，呈现出回归民国时期学术研究范式多元化的趋向；就王安石学术思想研究的领域来看，涉及学术渊源、经学、哲学、政治经济思想、教育思想等多方面；就王安石学术思想研究的价值判断来看，也突破了过去主要持肯定态度的一边倒的潮流，呈现出各种不

---

① 参见漆侠《王安石变法》，上海人民出版社1979年版，第257—258页。实际上，改良是就政治运动的力度、方式而言的，而改良主义则是特指无产阶级运动中的妥协倾向，如果就历史实际说王安石变法是政治改良是不错的，但如果从马克思主义的评价标准看，说王安石变法没有触动当时社会的政治、经济基础是改良主义，那也是没有错的。个人由于站的角度、立场不同，在研究古人思想时得出不同的结论是自然的，这是以今释古、以论代史的常见情况。

② 邱汉生：《王安石〈诗义〉的法家思想》，《天津师院学报》1974年第1期。

③ 参见王兴业《王安石和二程的激烈论战》，《郑州大学学报》1974年第2期。

④ 北京大学、清华大学大批判组：《论爱国主义者王安石》，《北京日报》1974年8月17日。

同观点互相争鸣的局面。

1. 学术渊源与学派归属的判别

中国学者研究学术思想一向讲究辨章学术、考镜源流,通过对学术思想的正确定位来判别它的学术价值和历史影响。在王安石学术思想的研究中,梳理其学术渊源、判定其历史地位一直是研究者们关心的话题,从梁启超开始就已经作出了许多努力,改革开放以来的学者们在前人的基础上取得了更大的成绩。

邓广铭先生是新中国成立以来王安石研究的权威,他曾从史学角度对王安石变法作过深入研究,改革开放以来,他除了继续原来的研究外,在关于宋代学术思潮梳理、王安石学术思想定位等方面又作出了新的探索。邓先生不同意理学占据宋代学术界主导地位的成说,他提出了"宋学"来标志北宋时期兴起的融汇三教、复兴儒学的诸流派[1],而王安石的"荆公新学"和二程的理学等都只是其中的一个流派,在北宋时期,理学并没有多大影响,更没有占据思想界的主导地位,倒是王安石的"荆公新学"对于北宋后期的思想界影响巨大。邓先生还讨论了王安石学术思想与南宋以后兴起的理学思潮的关系,他认为,王安石吸收佛、道以及诸子的思想来充实和弘扬儒家的学说和义理,他的注重道德性命的学说对于理学是有影响的,但王安石的思想是内圣外王的统一体,与专讲个人道德修养之法的理学是大不相同的,因此也不能说是理学的宗祖。[2] 邓广铭先生的弟子陈植锷著有《北宋文化史述论》一书,继承邓先生的观点,把王安石的"荆公新学"看作宋学的主要思潮之一,并认为"荆公新学"在当时由义理之学向性理之学的转变中起着主导的作用,对后世影响深远。[3] 许怀林先生则写有《荆公晚年耽于佛屠辨》,论证王安石一生只是随顺世俗与佛教中人来往,并吸收佛学来发展儒学,并不存在皈依佛教的

---

[1] 邓广铭先生的弟子陈植锷曾对其师的"宋学"作过诠释,认为它的意思是指以新儒学为核心的赵宋一代的学术文化。参见陈植锷:《北宋文化史述论》,中国社会科学出版社1992年版,第5—7、151—182页。

[2] 参见邓广铭《王安石在北宋儒家学派中的地位——附说理学家的开山祖问题》,《北京大学学报》1991年第2期。

[3] 参见陈植锷《北宋文化史述论》,中国社会科学出版社1992年版,第225—235页。

问题。① 许先生的这个论点是要推翻传统的成说，但王安石晚年皈依佛教是事实，无法推翻，另外，皈依佛教并不是王安石的什么人生污点，从价值判断上说，也不必辨。

与讨论王安石学术思想与宋学关系等大问题不同，还有一些学者继续关注王安石思想的直接前驱问题。杨志玖先生写有《王安石与孟子》一文，论证王安石对于孟子的推崇和对孟子思想的继承，批驳了"文革"时期王安石尊法反儒的论点。② 姜国柱先生继承前代学者的论述，就王安石与李觏的关系又作了进一步的考察，他继承胡适、侯外庐等人的观点，又根据《直讲李先生门人录》转引《盱江旧志》的记载，证明曾巩是李觏的学生，这就为王安石与李觏有交往增添了新的证据。姜国柱先生还比较李觏与王安石的政治经济思想，得出结论："我们说王安石和李觏的思想确实是有着千丝万缕的联系，应该说李觏的改革主张为王安石提供了一定的借鉴，亦可以说开了王安石变法的先河。"③ 关于王安石的直接思想渊源问题，笔者在撰写博士论文期间也曾作过一些考证，我赞成王安石思想极有可能受到李觏的影响，同时，我通过对王安石《读江南录》一文以及其他一些史料的梳理，认为南唐时期的潘佑对于王安石变法及其政治改革思想可能更具有直接的影响，王安石学术思想实际上是包括潘佑、李觏在内的晚唐以来的南方文化的一个合理发展。

2. 经学角度的思想研究

王安石学术思想的主体是以经学的面貌出现的，要真正把握王安石的学术思想，不研究王安石的经学是做不到的。早在"文革"期间，邱汉生先生就致力于王安石《诗义》的辑佚工作，并写出了论王安石《诗义》的文章，值得提出的是，邱先生的文章虽然不可避免地打上了那个时代的印记，但仍不失为一篇严肃的研究文章，直到今天仍有参考意义。改革开放以来，研究者们继续打破现代学科划分的局限，通过分析研究王安石的经学来揭示王安石思想的本来面貌，虽然由于资料方面的限制，大多写得比较一般，但开创之功还是值得肯定的。

---

① 参见许怀林、吴小红《荆公晚年耽于浮屠辨》，《江西师范大学学报》1995年第3期。
② 参见杨志玖《王安石与孟子》，《社会科学战线》1979年第3期。
③ 姜国柱：《李觏思想研究》，中国社会科学出版社1984年版，第156页。

在王安石的经学中,《周礼义》一书占有中心的地位,刘坤太先生写有《王安石〈周官新义〉浅识》一文,就《周官新义》的写作背景、解释方法、思想内容以及流传情况作了简要的介绍。刘先生认为,王安石的《周官新义》在解释方法上"打破汉唐俗儒的烦冗传注,把先王精义明确地阐发出来"①。在思想内容上,《周官新义》着重阐发了因时变法的主张,并包含了许多法律、财政方面的知识,这本书的写作为王安石的政治改革提供了理论上的依据,又为培养通经致用的人才提供了学习的教科书。

王安石的《三经新义》在宋以后基本亡佚,只有保存在王安石文集中的《洪范传》一文完整地保留下来,成为研究王安石《书义》思想的宝贵资料。白敦仁先生写有《略论王安石〈洪范传〉及其熙宁"新学"的历史地位》一文,他认为,在对于《洪范》五行的解释上,王安石破除汉唐以来的迷信说法,把五行看作是处在运动变化中的五种物质元素,五行之间的相生、相克是物质运动的基本形式。在天人关系上,王安石批评了汉唐经学神秘的天人感应论,"强调了'天人不相干''天变不足畏'的科学战斗精神"②。白先生这里对于王安石《洪范传》的天人关系论理解过于简单,其实,王安石反对的只是讲一一对应的肤浅、机械的天人感应论,而对于天人之间根本的一致性、相互感应性,王安石是赞成的。

改革开放以来,中国传统的《易》学由于种种原因而兴盛一时,王安石的《易》学思想也受到研究者的关注。李之鉴先生曾多次撰文论述王安石的《易》学,侧重点在王安石《易》学中的政治思想。在《王安石程颐〈易·乾〉异说浅论》一文中,李先生通过比较王安石与程颐对《易·乾》九三爻和九四爻的解说后指出,王安石遵循辩证发展的规律,肯定君臣之间的关系是可以变化的;而程颐固守纲常名教,坚持君臣关系是不可逾越的,作为臣子只能效忠君父,而不能有丝毫的僭越之心,更不能有僭越的行为。③ 耿亮之先生最近发表了《王安石易学与其新学及洛学》一文,对王安石的易学思想作了较为全面的论述。他认为,王安石

---

① 刘坤太:《王安石〈周官新义〉浅识》,《河南大学学报》1985年第4期。
② 白敦仁:《略论王安石〈洪范传〉及其熙宁"新学"的历史地位》,《成都大学学报》1992年第2期。
③ 参见李之鉴《王安石程颐〈易·乾〉异说浅论》,《河南师范大学学报》1996年第3期。

在易学思想中，阐发了内圣外王并重、权变应时和致一入神等思想，他进一步提出，王安石是以《易》来整合儒、释、道三教的，声称："不知王安石易学，不晓新学之性命之理，视《三经义》特别是《周礼义》为新学主干，与舍本求末者何异哉！"① 就王安石本人学术思想的演化来说，他早年对《易》十分推崇，后来则倾心于道、学、政合一的圣王之政，撰写《诗》《书》《周礼》三经注解，而对《易》少有研究，耿先生不解此点，从过分推崇《易》的角度得出的这个观点是偏激的，未能表现出王安石思想发展的进程。

3. 哲学思想研究的进展

与王安石变法、王安石政治经济思想的研究相比，从事王安石哲学思想的研究者人数一直比较少，但在研究的深度上却并不逊色，当代的一些著名哲学史家如贺麟、侯外庐、邱汉生等人都曾致力于此。改革开放以来，仍然有一些学者继承前辈学者的思路和成果，把王安石哲学思想的研究继续向前推进。

马振铎先生著有《政治改革家王安石的哲学思想》一书，就王安石的世界观、人性论、认识论、历史观等方面作了较为全面的论述，是目前为止探讨王安石哲学思想最详细的著作。在世界观上，马先生认为，王安石把元气作为世界的本体，天道是遵循自然规律运行的而不以人的意志为转移，整个世界是运动变化、新旧相除的。不过，马先生也指出，王安石关于宇宙本体的元气是主静的。这些论述基本上都是对前代学者观点的继承。在人性论上，马先生从性与形气、性有无品级、性与善恶、性与情、性与礼乐、性与命等方面作了详细的阐述，认为王安石把物质性的形气作为人性的基础，"把人性看作是肉体这种具有特殊结构的物质的属性，而不可能在肉体之外，去为人性寻找根据"②。马先生还指出王安石不同于传统儒学以善恶、品级等论人性，而是认为"人性之所以不可以善恶言，原因就在于性只是一种好恶本能"③。马先生在论述王安石人性论时看到了其受佛学影响的成分，认为王安石的人性本质只是一种好恶本能，这种

---

① 耿亮之：《王安石易学与其新学及洛学》，《周易研究》1997 年第 4 期。
② 马振铎：《政治改革家王安石的哲学思想》，湖北人民出版社 1984 年版，第 112 页。
③ 同上书，第 123 页。

观点应该说比贺麟先生认为王安石持性善论的观点合理。在认识论上，马先生把王安石强调后天学习、以形气作为人性基础等观点看作是唯物主义的反映论，而把王安石关于穷理尽性、致一等的论述看作是唯心主义。在历史观上，马先生认为，王安石的观点是一种圣人创造历史的唯心史观。

李之鉴先生也是改革开放以来王安石哲学思想的热心研究者，他写有多篇论文，对王安石的本体论、人性论、历史观等方面都作了探讨。在论述王安石的本体论时，李先生和以前的研究者不同，他通过对王安石相关论述的重新解释，否定了王安石的宇宙本体主静的旧说，在《王安石"道有体有用"思想评论》一文中，李先生指出，王安石讲"道有体有用，体者，元气之不动"时，这个不动的意思不是指静止，而是指不改变，元气之不动就是说宇宙的本体元气"它永恒存在，不生不灭"①。这是李先生在王安石哲学思想研究上的一个新见，虽然有牵强之处，但也自成一说。李先生由此进一步认定，"王安石哲学在前人提供的思想资料基础上，向前跨进了一大步，从而初步地确立了朴素唯物主义与辩证法结合的新体系"②。

4. 政治、经济思想研究中的两种价值判断

王安石变法与王安石政治思想一直是王安石研究中的热点。在中华人民共和国成立前后的王安石政治思想研究中，虽然存在着两种诠释模式的差异，但对于王安石变法和王安石政治思想绝大多数研究者都是持肯定态度的。但是，改革开放以来，对于王安石变法和王安石政治思想的评价却发生了分化，肯定和否定两种价值判断并立，并且持否定态度的一派有占上风的趋势。同时学术上的争论往往与王安石、司马光的故里直接联系，江西的研究者扬王抑马，山西的研究者扬马抑王，呈现出褒扬乡贤的意气之争的格局。

一些研究王安石的老一辈学者，如邓广铭、漆侠、谷霁光等先生对王安石的政治、经济思想继续持肯定态度。邓广铭先生在改革开放以来撰写了相当数量的王安石研究论文，对他以前的观点作了进一步的深化。在《王安石统一中国的战略设想及其个人行藏》一文中，邓先生认为，王安

---

① 李之鉴：《王安石"道有体有用"思想评论》，《平原大学学报》1989 年第 3 期。
② 同上。

石变法的目的是要通过变法来富国强兵，解除北方的契丹、西北方的西夏对宋王朝的威胁，进一步则要实现恢复汉唐旧境、统一中国的战略设想，对此邓先生给予了高度的评价。① 漆侠先生写有《关于王安石变法研究中的几个问题》一文，对改革开放以来否定王安石的思潮提出批评，他仍然坚持王安石代表中小地主利益的观点，认为王安石变法推动了社会生产的发展，同时还重申，王安石对于当时的社会危机的解决办法远远高于同时代的司马光等人，王安石已经"从解决国家财政问题而深入到经济领域进行改革，不单单限于解决财政困难了"②。谷霁光先生也是一位研究王安石思想几十年的老学者，在改革开放以来，他继续撰文肯定王安石的历史进化观、经济思想和法治思想。③

1980年，王曾瑜先生在《中国社会科学》上发表了《王安石变法简论》一文，开了改革开放以来否定王安石变法及王安石政治、经济思想思潮的源头。王先生认为，王安石在政治上并不代表下层民众的利益，他的新法只是通过搜刮民众来富国，并没有起到发展生产、推动社会进步的作用。④ 汪圣铎先生是研究宋代经济史的学者，他认为王安石的理财言论和新法实践是不一致的，王安石的新法加剧了对民众的掠夺。⑤ 顾全芳是山西一位年轻的研究者，她从王安石与司马光比较的角度写过多篇论文，指出过去认为司马光政治思想保守的观点是错误的，而王安石的政治改革却脱离实际、过于冒进。⑥

5. 教育思想研究的新开展

改革开放以来，一些学者就过去相对薄弱的王安石的教育思想作了研究。罗传奇、吴云生两位先生出版了《王安石教育思想研究》一书，在这本书里，就王安石教育思想的哲学基础、教育理论、教育改革主张等作了详细的论述，并将王安石教育思想与同时代的著名教育家作了比较。

---

① 参见邓广铭：《王安石统一中国的战略设想及其个人行藏》，《传统文化与现代化》1997年第2期。
② 漆侠、郭东旭：《关于王安石变法研究中的几个问题》，《中国史研究》1989年第4期。
③ 参见谷霁光：《试论王安石的历史观及其经济改革》（上、下），《争鸣》1987年第1、2期。
④ 参见王曾瑜：《王安石变法简论》，《中国社会科学》1980年第3期。
⑤ 参见汪圣铎：《王安石是经济改革家吗》，《学术月刊》1989年第6期。
⑥ 参见顾全芳：《评王安石变法》，《晋阳学刊》1985年第1期。

该书从教育学的角度来阐发王安石的哲学思想，在论述王安石的天人关系论和形神关系论时指出："他以唯物主义天人观和形神观的思想，阐述了教育是一种社会化的精神活动，需要建立在一定的物质生产的基础之上，也就是必然要受到社会物质生产条件的制约。"① 在论述王安石的人性论时，也指出王安石"强调任何人都可以通过后天环境和教育的习染而产生变异，得到改造"②。在论述王安石的教育理论时，该书认为，王安石的教育目的就是要为中央集权封建制国家培养经世致用的人才，并详细介绍了王安石关于人才培养的教、养、取、任之道。该书还辟专章讨论了王安石的道德教育思想。教育改革思想的研究也是该书的重点，它较为详细地论述了王安石关于科举改革、学校制度改革以及教育内容改革的思想。该书还将王安石的教育思想与李觏、曾巩、二程、朱熹、陆九渊等人加以比较，就他们的哲学基础、教育目的、教育方法之间的异同给予了分析评价。

五　台湾、海外的王安石学术思想研究

1949年新中国成立，大陆和台湾、海外的中国古代学术思想研究呈现出不同的面貌，大陆学者遵循马克思主义来分析传统文化，而台湾、海外的研究则基本持续民国时期的研究格局。就王安石的学术思想研究而言，台湾和海外的一些学者也作出了深入的研究，有些研究成果相对于前人有明显的超越。

谢善元先生写有《李觏之生平及思想》一书，他对前人关于李觏与王安石关系的各种说法作了回顾并提出自己的看法，他说："虽然我们没有正面的证据，我们有强烈的理由推论，他们之间一定有意见上的沟通，因为他们有许多可以传达意见的机会，而他们之间的意见重覆又重覆地类同。"③ 他甚至推测祖无择最有可能是李觏和王安石之间的牵线人。

夏长朴先生写有《李觏与王安石研究》一书和其他一些相关论文，对王安石的学术渊源、哲学思想、政治思想都作了论述。在《近人有关

---

① 罗传奇、吴云生：《王安石教育思想研究》，江西教育出版社1991年版，第41页。
② 同上书，第61页。
③ 谢善元：《李觏之生平及思想》，中华书局1988年版，第181页。这里的"重覆"两字可能是印刷错误，也可能原文就是这样，笔者一仍其旧，不加改动。

李觏与王安石关系诸说之商榷》一文中,夏先生对李觏与王安石的关系作了详细的分析,指出了胡适、侯外庐、姜国柱等人观点的缺陷。他认为,胡适提出李觏和王安石都讲《周礼》,都是江西人,这不能得出李觏的思想必然影响王安石的结论。侯外庐主编的《中国思想通史》曾找出《临川先生文集》中的《答王景山书》一文,作为李觏与王安石有直接交往的铁证,但夏先生考证后认为,侯先生主编的《中国思想通史》中所引用的《临川先生文集》本子中的《答王景山书》和《王文公文集》本子中的《答王景山书》在字句上有差别,根据《王文公文集》则只能说明王安石知道李觏其人,而不能说明两人有过来往。至于姜国柱提出的《盱江旧志》中所记载的曾巩为李觏学生的说法,夏先生则考证其不可靠。对于李觏与王安石关系这个问题,夏先生的结论是:"胡适、侯外庐及姜国柱等学者所提出的李觏与王安石之间有思想渊源的看法,就他们所掌握的文献资料而言,仍然是一个证据不够充分的假设而非定论。"[1] 夏先生还对王安石与孟子思想的同异作了比较研究,认为王安石在王霸论、圣人论上继承并发展了孟子的观点,而在人性论上,王安石早年反对孟子的性善论,晚年则回归孟子的观点。夏先生关于王安石与孟子人性论关系的看法显然是接受了民国时期贺麟先生的观点。[2]

蒋义斌先生著有《宋代儒释调和论及排佛论之演进——王安石之融通儒释及程朱学派之排佛反王》一书,探讨王安石学术思想的学派属性和历史地位是其中心内容。在这本书里,蒋先生将王安石的学术思想归为儒、释调和论者,是广义上的"杂家"。他认为,在宋代存在两种学术思潮,一种是继承从汉末到五代的调和儒、释的思想倾向,一种是排斥佛学、复兴传统儒学的思想倾向,王安石的"荆公新学"是调和论的代表,而程朱理学则是排佛论的代表,反对王安石的"荆公新学"成为理学中人的共同目的,促使他们能够团结起来,可以说,程朱理学之所以能够成为一个大学派在很大程度上得益于反王安石学术思想所形成的凝聚力。[3]

1973年,帅鸿勋先生出版了《王安石新法研述》一书,和同时代大

---

[1] 夏长朴:《近人有关李觏与王安石关系诸说之商榷》,《台大中文学报》1989年第3期。
[2] 参见夏长朴《李觏与王安石研究》,大安出版社1989年版,第211—212页。
[3] 参见蒋义斌《宋代儒释调和论及排佛论之演进——王安石之融通儒释及程朱学派之排佛反王》自序,台湾商务印书馆1988年版。

陆学者的研究方式不同，他主要是采用实证的方式，对王安石新法的具体内容、实施过程作了认真而详细的梳理，并罗列当时各派人物对新法的观点，加以分析、评价，说明王安石新法的合理性。帅先生对王安石的人品推崇备至，对王安石的新法也基本上持赞同态度，他认为，王安石的政治思想符合时代需要，对北宋王朝起到了振兴的作用。[①]

王安石是宋代历史上的一位伟人，他的政治实践和学术思想在后世产生了深远的影响，历代史家、学者都曾详加评论，考其终始，究其得失，以求鉴戒，不仅中国的学者研究王安石，国外的学者也研究王安石。国外学者研究王安石最早的要数日本学者，早在19世纪就已经开始了，他们着重的是对王安石新法的研究，在学术思想上的研究较少，大多认为王安石具有平等思想，王安石的新法类似于社会主义。美国、西欧也有一些学者研究王安石变法和王安石学术思想，代表人物有美国的刘子健、英国的威廉逊等人，他们大多将王安石的学术思想与西方思潮进行比附，认为王安石具有理想主义的官僚政治等思想。

六　余论：本书的研究角度和研究目的

中国现代的思想史研究者们往往是用现代的学科划分，即从哲学思想、政治思想、经济思想、教育思想等方面来诠释古人思想，其实，就古代思想的实际来看，古人往往是以对前人思想、前人著作的解说形式来表达自己的观点，而且其中夹杂复杂的流派斗争。如果我们将古人思想实际与现代研究者的理论研究加以比较的话，那么就会看到在学术与思想、流派与问题之间存在的一种张力，即古人侧重的是学术上的传承，而现代人侧重的是思想的解剖；古人关心的是学术流派的判教和归属，而现代人关心的则是从现代的理论框架出发带着问题去分析古人的思想材料。这是中国文化在西方文化冲击处于劣势文化的大环境下，古与今、史料与理论视角、前人价值观的提出和后来者的事实分析之间必然会存在的隔阂。中国佛教的华严宗讲世界是重重无尽的因缘之网，现代西方的解释学讲文本与成见的循环，无论是因缘还是循环，两者之间的张力需要研究者以自己的生命去磨合，合则双美，离则两伤。

---

① 参见帅鸿勋《王安石新法研述》，正中书局1973年版。

就王安石学术思想来看，他的主要著作就是经学注解的《三经新义》，以及大量的关于儒学、子学、佛学、道教的论述。这些著述从内容上讲都是包罗万象的，是融我们今天所说的哲学、政治、经济、教育等思想于一体的。如果完全按照现在的学科划分来研究，很可能会将王安石的学术思想肢解，不成体系。正是基于这样的考虑，笔者就以学术史为框架来进行思想史研究，以王安石对于各种学术的评价、注疏、论述为研究资料，从中概括出王安石本人的学术思想。笔者的研究角度就是以王安石本人的内在思路为框架，以现代的理论去具体分析他的每一种学术中所蕴含的思想内容，采取的是"我注六经"的解释方法。

本书主体部分分为三章，分别探讨王安石的经学思想、儒学思想以及王安石关于子学、佛学、道教思想的论述。经学思想的探讨以王安石的《三经新义》和《易》学、《春秋》学方面的论述为主，参考王安石关于经书、经学的总体论述以及与其经学有关的其他资料。儒学、子学、佛学、道教思想的探讨则以王安石对于该学派的人物评价、著作注解、思想阐发等为资料。写作的目的是通过分析王安石对于各派学术思想的解说，从中揭示出王安石本人的学术思想及其在该学派思想发展中的地位。再进一步，通过王安石对各派学术思想的阐释，考察其学术思想的根本宗旨和学术归属，揭示其在宋代思想史以至中国古代思想史上的地位。

需要特别加以解释的是，传统的观点是把经学作为儒学的一个部分来看待的，所以经学与儒学是不分的，笔者认为，如果仅说汉唐时代的儒家经学是儒学的一个部分那是不错的，但就中国古代学术思想发展过程的历史来看，经书、经学与儒学是有所不同的。其实，在古代正史经、史、子、集的四库分类中，儒家学派也是列于子学之中，而把经学单列，只是宋以前，正史中的经学是包括孔子的著述的，宋以后，又把孟子的著述升格为经。笔者则是将孔、孟皆置于子学类的儒家之中。笔者之所以采取这样的分类方式，是从学术思想演进的真实历史和王安石本人的学术史观实际出发作出的选择。首先，经学是以五经为依据的文本解释学，而儒学、子学和佛学等则分别指的是一种学术流派，是一种解释学上的成见，尽管传统观点认为只有儒学是正统的经学解释方式，但文本研究与解释方式毕竟不同，从这个角度上讲，经学与儒学不能混为一谈。其次，我们今天主要接受宋明理学以来的观点，认为经学就是儒学，其实这只是理学以四书文本取代五经文本后产生的结果，就古代学术史来看，经书代表的是上古、三代的思想，包括《四书》在内的先秦儒学代表的是孔子、孟子等儒家学派在上古、三代思想基础上创造的新思想，汉唐的经学代表的是三代思想与先秦儒学、汉唐儒学思想的混合物，而宋明理学代表的则是先秦儒学与宋明思想的混合物，虽然其间有交叉、混合的成分，但大体上的区别还是明显的，所以，从思想内容上看，经书、经学、儒学也是各不相同的。再次，就王安石本人的学术史观看，他推尊的是上古、三代的圣王之道，认为孔孟儒学只是继承了圣王之道而已，以经书为文本的经学是儒学的依托和宗祖。基于以上的理由，笔者把王安石的经学和儒学分别加以论述，希望能够更清楚地阐释王安石的学术思想及其学术史观。此外，笔者在文中还论述了王安石的子学思想，这里的子学指的是儒家以外的先秦诸子的学说，主要包括道、法、墨、杨朱等家。

王安石其人、其政、其学包含着丰富的思想内涵和历史积淀，对它们加以分析研究可以使我们更准确地了解中国历史的发展和中国思想史的演变过程。王安石的学术思想上承汉魏以来中印文化交流融合的大趋势，下启统治元、明、清三代近千年的理学思潮，在中国思想史上占有重要地位。今天，我们又处在中西文化交流融合的大趋势下，汲取前代的历史教训和思想成果，对于中华民族的崛起和中华文化的复兴将是极有裨益的。人类创造历史，而历史又与人类同在，过去、现在、未来是一个完整的大化之流，从这个角度讲，王安石学术思想研究是极有价值的，也是历久弥新的。

第一章　王安石的经学思想

经学是中国古代社会官方法定的意识形态载体。汉代大一统社会建立以后，先秦时代学者们所崇奉的几本教科书成为全社会遵守的经典，而对经典的学习和解说便形成了经学。从汉代到近代的两千多年里，经学始终受到历代统治阶级的尊崇。经学虽然保持着相对稳定的核心内容，但其具体形态却随着社会发展而呈现出不同的面貌，古代的政治家和学者们往往通过对经书的重新阐释来表达自己的思想，由此而导致了经学史上复杂的流派之争。

王安石是北宋中后期政治舞台上的一位杰出人物，他一生在政治、哲学、文学等领域都有重要的成就，尤其是他领导的熙宁变法运动，对于宋王朝的兴衰以至以后的中国历史都产生了深远的影响。王安石是中国古代学者型政治家的典型，对于传统经学有深入研究，他把经学和经世紧密结合起来，通过对传统经典的解释来为自己的现实政治举措提供理论依据，在主持变法期间，他及其弟子训释了《周礼》《诗》《书》三经，作为官方的经学教材，这就是著名的《三经新义》。对于《易》和《春秋》，王安石也有注解和论述之作。在王安石的经学注解和相关的诗文、言谈之中，他广泛吸收诸子、三教以及各方面的思想营养，为古代经书作出了新的阐释，初步建立了自己新的思想体系。他所创立的以《三经新义》为代表的"荆公新学"统治北宋思想界近六十年，在中国经学史和中国思想史上都占有一席之地。

第一节　王安石对经书、经学的总体理解

经学是以经书为依托的，一般认为，经书"是指由中国封建专制政

府'法定'的以孔子为代表的儒家所编著书籍的通称"①，但这仅是一综括的说法，历代学者对于经书的数量、作者和宗旨的观点是各不相同的，解释经书的方式也各有特点。王安石对于经书的宗旨有自己的看法，对汉唐以来以章句传注为特点的经学提出批判，并且在总结经书学习经验的基础上提出了自己的经学解释学。

一 经书是圣王之政的记载

经学史上主要的流派可粗略地分为今文经学、古文经学和宋学三大派。以汉代《春秋》公羊学为代表的今文经学多重视孔子的地位，认为经书都经过孔子修改删定，并且在其中赋予了"微言大义"。而古文经学则多持"六经皆史"的观点，把经书看成是先王之政的记载，把孔子看作是古代文化的继述者。以程、朱等理学家为代表的宋学派把尧、舜、禹、汤、文、武、周公等圣王与圣人孔子打成一片，但实质上重视孔子，重视内圣。分析这三种观点，古文经学实际是认为经书所代表的是上古、三代圣王时代的思想，今文经学则认为经书代表的是儒家祖师孔子的思想，至于理学则以四书文本取代五经文本，代表的是孔子及其以后的儒家学派的思想。②

王安石处于汉唐以降、经学式微的时代，他注重探讨经书中的义理和经学的经世问题，这近似于今文经学，但他在对待经书的作者问题上却和古文经学家同调，即把经书看作是圣王之政的记载，而孔子有德无位，与圣王是大不相同的，孔子只是继承了圣王之道，是"述而不作"。并且，把经书看作是圣王时代的产物，也是当时人的共识。③

---

① 周予同：《"经"、"经学"、经学史》，《周予同经学史论著选集》，上海人民出版社1996年版，第650页。

② 笔者这里是按照三种学派把握经书所代表的时代精神的不同来划分的，当然不排除其他的划分方法，而且只有从多种角度加以分析，才能搞清古代学派的真实思想倾向。关于经学史上的流派划分可以说是纷纭复杂，就笔者个人的见解，要真正梳理清楚经学史上不同流派的同异得失，核心问题在于言意之辨，语言的分析是解决这个问题的金钥匙，否则只纠缠于具体的政治思想倾向、政治制度模式等是得不到要领的。

③ 据叶梦得记载："熙宁初，吕申公、王荆公为翰林学士，吴冲卿知谏院，皆兼侍讲，始建议以六经言先王之道，讲者当赐坐，因请复行故事。"叶梦得：《石林燕语》卷1，中华书局1984年版，第13页。

王安石在《周礼义序》中说："惟道之在政事……盖其因习以崇之，赓续以终之，至于后世，无以复加。则岂特文、武、周公之力哉？犹四时之运，阴阳积而成寒暑，非一日也。"① 在王安石看来，《周礼》是历代圣王文、武、周公等长期政治经验的积累和升华，已经达到了后世难以企及的高度。而文、武、周公之政和后世不同的是，它是有道之政，是政、道合一的，而文、武、周公等先王也是德与位一致、圣与王合一的。按照王安石这样的说法，《周礼》自然与孔子没有什么关系，如果说有什么关系的话，那就是圣王的《周礼》是孔子学习的文本。

关于《尚书》，王安石也同样认为是圣王之政的记载，他在《书义序》中说："惟虞、夏、商、周之遗文，更秦而几亡，遭汉而仅存，赖学士大夫诵说，以故不泯，而世主莫或知其可用。"② 《尚书》是虞舜和三代的遗文，记载着圣王之政，只是秦汉以来经学不明，后世君主不知其妙用了。王安石作《尚书新义》，进《洪范传》，目的就是要在宋王朝再现古代的圣王之治，他曾在给神宗皇帝讲经时提议罢讲《礼记》而改讲《尚书》，据《续资治通鉴长编》记载："壬寅，诏讲院权罢《礼记》，自今讲《尚书》。先是王安石讲《礼记》，数难记者之非是，上以为然。曰：'《礼记》既不当法言，择其有补者讲之如何？'安石对曰：'陛下欲闻法言，宜改它经。'故有是诏。"③ 《尚书》是"虞、夏、商、周之遗文"，那时候孔子还没有生下来，自然与孔子也没有什么关系。

对于《诗经》的理解，王安石也同样强调它是圣王时代的遗影。《诗》并不全是美颂之作，还包含许多讥刺之作，但《诗》的美固然是对有道之政的颂扬，就是刺也是以有道之政来纠正现实谬误，所以，总起来说，《诗》仍然是大时代的遗物，而非后代所可比拟。王安石在《诗义序》中说："《诗》上通乎道德，下止乎礼义。考其言之文，君子以兴焉。循其道之序，圣人以成焉。"④ 《诗经》中蕴含有指导人成仁成圣的道理。王安石在《杂咏八首》之七中写道："召公方伯尊，材亦圣人亚。农时惮

---

① 王安石：《王文公文集》（上册）卷36，上海人民出版社1974年版，第426页。
② 同上书，第428页。
③ 《续资治通鉴长编拾补》卷3下，李焘：《续资治通鉴长编》（附拾补），上海古籍出版社1986年版，第5册第43页。
④ 王安石：《王文公文集》（上册）卷36，上海人民出版社1974年版，第427页。

烦民，听讼甘棠下。嗟今千室长，已耻问耕稼。弹琴高堂上，欲以世为化。"① 在《寓言十五首》之二中也写道："周公歌《七月》，耕稼乃王术。宣王追祖宗，考牧与宫室。甘棠能听讼，召伯圣人匹。后生论常高，于世复何实。"② 在这些诗中，王安石都把《诗》看作是对古代圣君贤臣周宣王、周公、召公等人政事的记载。

从上面王安石对《周礼》《尚书》《诗经》的理解可以看出，王安石把经书看作是对有德、有位的虞舜、夏、商、周时代圣王之政的一种记载，经书的作者可以说就是古代的圣王和执政的大臣，以这个标准来衡量，能够配得上经书称号的古代典籍是很少的。

自汉武帝"罢黜百家、独尊儒术"开始，《诗》《书》《礼》《易》《春秋》五部古代典籍就成为封建国家的统治思想，成为只能遵循、不能违背的经典，并且变成了儒家学派的专有品。但从这几部书籍产生的历史实际来看，它们都是对上古时代社会生活的记载，早在儒家学派创始人孔子诞生以前就已经存在了。孔子与经书关系密切这是事实，先秦儒家学派重视经书的传习这也是事实，但如果说在先秦时期经学即儒学，这就不太准确了。在先秦时期，除了儒家之外，至少墨家也是推崇经书的，《墨子》中就经常引用《书》《春秋》来论证自己的观点。《庄子·杂篇·天下》中认为古人有一个完备的内圣外王之道，它写道："其在于《诗》《书》《礼》《乐》者，邹鲁之士、缙绅先生多能明之。其数散于天下而设于中国者，百家之学时或称而道之。"③ 按照这里的说法，《诗》《书》《礼》《乐》中包含着古人的大道，邹鲁缙绅之士能够理解其中的道理，诸子百家的学者们也能发挥其中的一部分内容。这里的邹鲁缙绅之士一般认为指的是儒家学者。《庄子》认为经书是儒家和诸子共同的思想源头，但比较起来儒家更重视保存古代文化。后来的历史发展也表明，儒家学派的确是更多地继承了古代传统，并逐渐将《诗》《书》《礼》《乐》变成自己学派的独有经典，在经书的流传、解释过程中使其打上了自家的烙印，强宗夺祖，这也是很自然的事情。

---

① 王安石：《王文公文集》（下册）卷50，上海人民出版社1974年版，第564—565页。
② 同上书，第568页。
③ 陈鼓应：《庄子今注今译》，中华书局1983年版，第855页。

汉武帝独尊儒术、推尊经学时，除《乐》经亡佚外，《诗》《书》《礼》均被推尊为经，当时的儒家学者认为孔子对这几部经书都曾加以修改，在其中赋予了"微言大义"，而传为三圣伏羲、文王、孔子所作的《易》和孔子所修的《春秋》也被抬上了经书的宝座。这样，古代的经书和儒家学派的义理著作纠缠在一起，圣王与圣人被合成一片。后来的历代王朝在法定的经书数量上虽时有变化，但总的趋向是，越往后儒家学派著作的地位比古代经书越占上风，孔子、孟子的语录也逐渐被尊为经书。到了宋代，集理学之大成的朱熹更将《论语》《孟子》与由《礼记》中抽出的《大学》《中庸》合为《四书》，逐渐取代《五经》的地位，这实质上是尊圣人而淡化圣王，以做"人"之学取代做"王"之学，重视古圣王经书的汉唐儒家经学进一步转化成为宋明以降完全重视儒家学派著作的新儒学了。

王安石生活在程朱理学兴起的前夜，他对经书的看法不仅不同于宋儒，也不同于汉儒，而是近似于《庄子·杂篇·天下》中的观点，即认为经书是古代圣王的遗迹，儒家学者只是经书的研习者，而非经书的作者，即使是儒家学派的创始人孔子也没有作经书的资格，因为他有德无位。在《谢除左仆射表》中，王安石写道："窃以经术造士，实始盛王之时……然孔氏以羁臣而与未丧之文，孟子以游士而承既没之圣。"[①] 显然，在王安石看来，孔子、孟子也只是古代圣王之道的继承发扬者。王安石对经书的这种看法既有可能是受了《庄子》的影响，也和早期儒家学者的观点是一致的。《礼记·中庸》即明言："非天子，不议礼，不制度，不考文。"[②] 孟子对于孔子作《春秋》一事也持极慎重的态度，《孟子·滕文公下》中说："世衰道微，邪说暴行有作，臣弑其君者有之，子弑其父者有之。孔子惧，作《春秋》。《春秋》，天子之事也，是故孔子曰：'知我者其惟《春秋》乎！罪我者其惟《春秋》乎！'"[③] 在《孟子》一书中，也只是认为《春秋》与孔子有关，至于《诗》《书》，孟子则明确认为是对上古时代历史的记载。

---

① 王安石：《王文公文集》（上册）卷18，上海人民出版社1974年版，第207页。
② 朱熹：《四书集注》，中国书店1994年版，第34页。
③ 杨伯峻：《孟子译注》，中华书局1960年版，第155页。

王安石把经书看作是古代圣王之政的记载，道即在政之中，先王是圣与王合一的理想人格，经书是道与政合一、理与事合一、知与行合一的宝典。以此为标准，不仅秦汉以后儒家所增补的《论语》《孟子》《春秋三传》等不能算作经书，就是《五经》中的《易》与《春秋》作为完美的经书也勉为其难，因为《春秋》是孔子所修，只是圣人以意为之，未曾施之于政事，而《易》也是伏羲、文王、孔子三圣人所为，也是偏于言理而未见之于施事，皆非道政合一、理事圆融之作。王安石一生中曾经对儒家所尊奉的多种典籍作过注解，但在熙宁变法期间，他只是将《诗》《书》《周礼》三经新义颁布天下，作为学校养士和科举取士的范本，这是和他对经书的理解相一致的。

二 经学的产生和传承

王安石把经书作为圣王之政的记载，而圣王之政是有道之政，圣王的时代已成为过去，具体的圣王之政已不存在，但普遍的、一般的圣王之道却仍可以从经书中求得。在《答吴子经书》中，王安石写道："若欲以明道，则离圣人之经，皆不足以有明也。"[①] 王安石又认为圣王之道就是古代圣王发自内心的性命义理之学，在《虔州学记》中，他写道："余闻之也，先王所谓道德者，性命之理而已。其度数在乎俎豆、钟鼓、管弦之间。……先王之道德，出于性命之理，而性命之理出于人心。《诗》《书》能循而达之，非能夺其所有而予之以其所无也。经虽亡，出于人心者犹在，则亦安能使人舍己之昭昭，而从我于聋昏哉？"[②] 在王安石看来，古代圣王修身、齐家、治国、平天下的性命之理就蕴含在经书中，《诗》《书》等只是这种性命之理的表达媒介，而性命之理出于人心，人同此心，心同此理，后人与古圣王在性命之理上是相通的。

所谓经学，就是通过学习经书去体会古代圣王的性命之理。按王安石的理解，经学并不是产生于三代以后，经书产生的同时经学也就产生了，经书既是古代圣王之政的记载，同时又是古代圣王用以教化百姓、修身治

[①] 王安石：《王文公文集》（上册）卷7，上海人民出版社1974年版，第88页。
[②] 王安石：《王文公文集》（上册）卷34，上海人民出版社1974年版，第401—402页。

国的有效工具。在古圣王的时代,经学可以用来统一全社会的思想意识,稳定社会等级秩序,在《进字说表》中,王安石写道:"窃以书用于世久矣,先王立学以教之,设官以达之,置使以谕之,禁诛乱名,岂苟然哉!凡以同道德之归,一名分之守而已。"① 经学也可以用来培养人才,在《谢除左仆射表》中,王安石写道:"窃以经术造士,实始盛王之时。"② 经学还可以用来教化民众,在《谢手诏索文字表》中,王安石写道:"切以百王之道虽殊,其要不过于稽古,六艺之文盖阙,其教犹足以犯民。惟其测之而弥深,故或习焉而不察。绍明精义,允属休辰。"③ 王安石在《虔州学记》中描述古圣王时代的政教之效时说:"故当是时,妇人之所能言,童子之所可知,有后世老师宿儒之所惑而不寤者也;武夫之所道,鄙人之所守,有后世豪杰名士之所惮而愧之者也。尧、舜、三代,从容无为,同四海于一堂之上,而流风余俗咏叹之不息,凡以此也。"④ 古圣王之时,经学渗透到社会各个阶层和各个角落,整个社会风尚和谐美好,这就是王安石所向往的治世。

王安石把经学盛行和圣王之治看作一体,古圣王时代道、政、学是合一的。但是,随着时衰世降,古圣王的治世去而不返,古代的经学也面临失传的危险,只是有赖于孔子、孟子等儒家学者的继承,记载古圣王之道的经书方能代代承传。在《谢除左仆射表》中,王安石写道:"窃以经术造士,实始盛王之时,伪说诬民,是为衰世之俗。盖上无躬教立道之明辟,则下有私学乱治之奸氓。然孔氏以羁臣而与未丧之文,孟子以游士而承既没之圣,异端虽作,精义尚存,逮更煨烬之灾,遂失源流之正,章句之文胜质,传注之博溺心,此淫辞诐行之所由昌,而妙道至言之所为隐。"⑤ 在这段话里,王安石肯定孔子、孟子得到了古代圣王的道统,但他也同时指出了孔子、孟子之后经学所面临的两方面危机。经学危机的一个方面来自于昏君暴主的摧残,即文中所说的"逮更煨烬之灾,遂失源流之正",这主要是指秦始皇"焚书坑儒",王安石在《虔州学记》中对

---

① 王安石:《王文公文集》(上册)卷20,上海人民出版社1974年版,第236页。
② 王安石:《王文公文集》(上册)卷18,上海人民出版社1974年版,第207页。
③ 王安石:《王文公文集》(上册)卷20,上海人民出版社1974年版,第233页。
④ 王安石:《王文公文集》(上册)卷34,上海人民出版社1974年版,第402页。
⑤ 王安石:《王文公文集》(上册)卷18,上海人民出版社1974年版,第207页。

此说得更清楚："周道微，不幸而有秦，君臣莫知屈己以学，而乐于自用，其所建立悖矣，而恶夫非之者。乃烧《诗》《书》，杀学士，扫除天下之庠序。"① 构成经学危机的另一个方面则是儒家学派的章句传注之学对圣王之道的遮蔽，即上文所提到的"章句之文胜质，传注之博溺心，此淫辞诐行之所由昌，而妙道至言之所为隐"。王安石肯定了孔子、孟子的儒学与古代圣王的经学的一致性，又指出了汉代以来的儒学与古代圣王经学的不一致性。根据王安石的思想推断，经学和儒学的关系应该是宗祖和子孙的关系，如果儒学能够准确地理解经书中的圣王之道的话，那么儒学即经学，如果儒学不能得到经书中的圣王之道，那么，这样的儒学就不是经学。经学与儒学既有时代上的先后传承的一致性关系，又有正确与可能发生错误的不一致性关系。

  王安石揭示了经学传承过程中两个方面所带来的危机，特别是对汉代以来儒家的章句传注之学给予了激烈的攻击。在《书洪范传后》一文中，王安石写道："孔子没，道日以衰熄，浸淫至于汉，而传注之家作。为师则有讲而无应，为弟子则有读而无问。非不欲问也，以经之意为尽于此矣，吾可无问而得也。岂特无问，又将无思。非不欲思也，以经之意为尽于此矣，吾可以无思而得也。夫如此，使其传注者皆已善矣，固足以善学者之口耳，而不足善其心，况其有不善乎？宜其历年以千数，而圣人之经卒于不明，而学者莫能资其言以施于世也。"② 在《杖策》一诗中，王安石又写道："董生只被《公羊》惑，肯信捐书一语真。"③ 这是讥刺《公羊传》和董仲舒均未得经学真谛。王安石对于汉代以来的经学的攻击是相当激烈的，在他看来，汉代以来的传注之学本身未能得到经书中的圣王之意，而且他们的传授方法也不正确，从而造成经学不明、不能经世致用的后果。

  在经学上王安石否定汉唐以来的传注之学，这实际上代表了北宋经学的时代思潮，皮锡瑞在《经学历史》一书中把宋代定为"经学变古时代"④，当时的学者群起对儒家经典及其传注展开质疑。宋初的孙复等人

---

① 王安石：《王文公文集》（上册）卷34，上海人民出版社1974年版，第402页。
② 王安石：《王文公文集》（上册）卷33，上海人民出版社1974年版，第400页。
③ 王安石：《王文公文集》（下册）卷76，上海人民出版社1974年版，第810页。
④ 皮锡瑞：《经学历史》，中华书局1959年版，第220页。

继承唐代啖助、赵匡、陆淳等人的观点，已经有怀疑传注、自作新解的著作问世，和王安石大致同时的欧阳修、刘敞等人也都有同样的思想倾向。王安石则明确提出《春秋》三传不可信，在《答韩求仁书》中他写道："至于《春秋》三传，既不足信，故于诸经尤为难知，辱问皆不果答，亦冀有以亮之。"① 汉唐旧注不可信，则在经学上自然就会有"舍传求经"的特点，在《大理寺丞杨君墓志铭》中，王安石写道："治《春秋》，不守先儒传注，资它经以佐其说，超厉卓越，世儒莫能难也。"② 在这里，王安石对杨忱舍传求经的方法大加赞赏。

王安石对章句传注之学的批评是相当严厉的，但在某种程度上也肯定其接近于圣王之道，比起追逐利欲之徒，章句之儒还是值得鼓励的，但更好的还是通过学习经书把握其中的圣人之道。在《答姚辟书》中，王安石写道："今衣冠而名进士者，用千万计。蹈道者有焉，蹈利者有焉。蹈利者则否，蹈道者则未离章绝句，解名释数，遽然自以圣人之术殚此者有焉。夫圣人之术，修其身，治天下国家，在于安危治乱，不在章句名数焉而已。而曰圣人之术殚此，妄也。虽然，离章绝句，解名释数，遽然自以圣人之术殚此者，皆守经而不苟世者也。守经而不苟世，其于道也几，其去蹈利者，则缅然矣。观足下固已几于道，姑汲汲乎其可急，于章句名数乎徐徐之，则古之蹈道者，将无以出足下上。"③

经学是通过经书探求圣王之意，再以之经世治国，先儒旧注不可信，那么正确的解经方法就是舍弃传注直接从经书本身探求义理。在《书洪范传后》中，王安石写道："呜呼！学者不知古之所以教，而蔽于传注之学也久矣。当其时，欲其思之深、问之切而后复焉，则吾将孰待而言耶！孔子曰：'予欲无言。'然未尝无言也，其言也，盖有不得已焉。孟子则天下固以为好辩，盖邪说暴行作，而孔子之道几于熄焉，孟子者不如是不足以有明也。故孟子曰：'予岂好辩哉？予不得已也。'夫予岂乐反古之所以教，而重为此哓哓哉！某亦不得已焉者也。"④ 在这里，王安石以孔子、孟子自比，以经学、道统之传人自居，要在经学衰蔽千年之下，通过

---

① 王安石：《王文公文集》（上册）卷7，上海人民出版社1974年版，第81页。
② 王安石：《王文公文集》（下册）卷90，上海人民出版社1974年版，第948页。
③ 王安石：《王文公文集》（上册）卷8，上海人民出版社1974年版，第94页。
④ 王安石：《王文公文集》（上册）卷33，上海人民出版社1974年版，第400页。

"思之深、问之切"来复经学之盛。在《赠司空兼侍中文元贾魏公神道碑》中,王安石写道:"公于传注训诂,不为曲释,至先王治心守身经理天下之意,指物譬事,析毫解缕,言则感心。"① 王安石所理解的真正的经学是能够用来治心、治身、治世的。王安石及其弟子、门人撰写《三经新义》,正是要用自己的新经学来替代汉唐旧经学,并以之经世治民。王安石经学经世的理想虽未完全实现,但他的新经学却有其经学史、思想史上的价值,周予同先生认为经学史上的宋学派"它应从欧阳修、王安石等开始"②,这个观点是比较中肯的。

三 经学解释学

经书产生于远古的尧、舜、三代之时,与王安石所处的北宋时代已有千年以上的时间距离,不仅所载事实、典章制度早有变化,就是语言文字也有着很大的隔阂,因此,理解经书就需要讲求方式方法。王安石扫除传统的章句传注之学,欲复经书之原貌,他提出了自己的一套解经方法,在《答曾子固书》中,他写道:"然世之不见全经久矣,读经而已,则不足以知经。故某自百家诸子之书,至于《难经》《素问》《本草》、诸小说,无所不读,农夫女工,无所不问,然后于经为能知其大体而无疑。盖后世学者,与先王之时异矣,不如是不足以尽圣人故也。扬雄虽为不好非圣人之书,然于墨、晏、邹、庄、申、韩,亦何所不读,彼致其知而后读,以有所去取,故异学不能乱也。惟其不能乱,故能有所去取者,所以明吾道而已。"③ 从这段引文中可以看出,王安石认为读经不能局限于经书的文句之中,要广泛吸取各方面的知识,要向农夫女工的生活实践学习,更重要的是要心中有主,不被错误的学说迷惑,这样才能抓住经书中的圣王之道。在这里,王安石只是笼统地说心中有主,并没有提到处理好德性信仰与理性知识、已有知识和未知知识的关系等问题,这是王安石经学思想粗疏的地方,也是他的经学思想最终未能形成严密体系而只是一种调和派思

---

① 王安石:《王文公文集》(下册)卷83,上海人民出版社1974年版,第887页。
② 周予同:《中国经学史讲义》中编第六章之三,《周予同经学史论著选集》,上海人民出版社1996年版,第896页。
③ 王安石:《临川先生文集》卷73,中华书局1959年版,第779页。此文《王文公文集》未收。

想的根本原因。

在解释经典上，王安石虽然舍弃传统的章句传注之学，但也并非无所依傍，而是有他自己的一套深奥义理为基础。综括王安石的经学解释方法，大致可分为文外求解和文内求解两大类，前者着眼于探讨经学解释的哲学基础，后者则着眼于文本之间内容的分析、比较。下面，我们将分别从这两方面加以剖析。

1. 文外求解法

经书产生于古代，是圣王之政的记载，其中蕴含着圣王之道，后代的人要理解圣王之道，必须通过经书这个文字媒介，但文字是死的，它有待于理解者的创造性心灵去唤醒，要正确理解经书，就要处理好心与理、今与古、理与事、言与意的关系。

王安石认为经书中的圣王之道出于圣王之心，而人同此心，心同此理，所以可以即心而求理，这是经学能够存在的基础。在《虔州学记》中，王安石写道："先王之道理，出于性命之理，而性命之理出于人心。《诗》《书》能循而达之，非能夺其所有而予之以其所无也。"[①] 王安石认为，经书中圣王的性命之理出于人心，《诗》《书》只是人心固有的性命之理的表述，既然人同此心，心同此理，则后人通过经书来理解圣王之道，就是使自己内在的性命之理显明起来，并不是由外而强行灌输人心中所没有的东西。《续资治通鉴长编》记载王安石与宋神宗讨论佛学时写道："安石曰：'臣观佛书乃与经合，盖理如此则虽相去远，其合犹符节也。'上曰：'佛西域人，言语即异，道理何缘异？'安石曰：'臣愚以为苟合于理，虽鬼神异趣，要无以易。'上曰：'诚如此。'"[②] 王安石强调人心中固有此理，且此心此理人、佛、鬼、神皆无不同，这和后来陆九渊讲"心即理"是相通的，但王、陆二人也有区别，王安石重视读经书来明心中之理，而陆九渊更强调通过内省来明心中之理，一主外求，一主内求，但在人同此心、心同此理上却是观点一致的。

---

① 王安石：《王文公文集》（上册）卷33，上海人民出版社1974年版，第402页。
② 李焘：《续资治通鉴长编》（附拾补）卷233，上海古籍出版社1986年版，第2册第2171页。

在处理经学解释中的古、今差异时，王安石提出了以今考古的方法。在《周礼义序》中，王安石写道："自周之衰，以至于今，历岁千数百矣。太平之遗迹扫荡几尽，学者所见，无复全经。于是时也，乃欲训而发之，臣诚不自揆，然知其难也。……以所观乎今，考所学乎古，所谓见而知之者，臣诚不自揆，妄以为庶几焉，故遂冒昧自竭，而忘其材之弗及也。"① 用今天所见的事理来推论古代，这不失为一种可行的经学解释方法，但王安石在即心求理的基础上，又进一步以今考古，这就更加重了他解释经书中的主观性倾向，王安石经学之所以被人讥为穿凿附会，这应是主要的原因之一。

王安石在解释经书时，经常联系生活实际来加以印证，在《答曾子固书》中就说过"农夫女工，无所不问"。据洪迈记载："王荆公《诗新经》'八月剥枣'解云：'剥者，剥其皮而进之，所以养老也。'毛公本注云：'剥，击也。'陆德明音普卜反。公皆不用。后从蒋山郊步至民家，问其翁安在，曰去扑枣，始悟前非，即具奏乞除去十三字，故今本无之。"② 由此也可以看出王安石解经的审慎和从善如流的心态。

圣王之道保存在经书中，后学者通过对经书的学习、研究，从中体会出圣王之意，这是读书学经的一般过程。在这个过程中，实际上存在着三个部分和两个过程。三个部分是圣王之意、经书和后学者。两个过程分别是圣人用言辞表达旨意的过程和后学者通过言辞体会圣人旨意的过程。前一个过程是由意到言，后一个过程是从言得意；前一个过程存在着言尽意和言不尽意的问题，即经书能否完全展现圣人之意，后一个过程存在着能否得意的问题，即后学者能否借助经书的语言中介再现古人旨意。在前一个过程中，作为制经的圣人苦于言不尽意，在后一个过程中，作为解经的学者苦于意不尽言。并且这两个过程又是相互关联的。所以，正确处理言意关系便成为经学中的核心问题，而言意之辨也构成王安石经学解释学的

---

① 王安石：《王文公文集》（上册）卷36，上海人民出版社1974年版，第426页。
② 洪迈：《容斋续笔》卷15，《容斋随笔五集》，商务印书馆1959年版，第143页。《王文公文集》中《乞改三经义札子》记载："臣近具札子奏乞改正《经义》，尚有《七月》诗'剥枣者，剥其皮而进之，养老故也'十三字谓亦合删去。如合圣心，亦乞付外施行。"可以作为洪迈所记故事的辅证。见《王文公文集》（上册）卷20，上海人民出版社1974年版，第241页。

重要内容。①

在经学史上，古文经学派侧重言意关系协调的一面，重视言辞的考辨，力图客观再现古人的原意。今文经学派则兼顾言意关系矛盾的一面，重视经书中的微言大义和言外之意，力图从古代经典中找到解决现实问题的药方。宋学派则侧重把握经书中的一般性义理，甚而以一般性义理去怀疑、删改古代经典，皮锡瑞就说："至宋儒乃以义理悬断数千年以前之事实。"② 王安石在言意关系上调和今、古文经学派，而又启宋学派之先河，即既重视言辞的考辨，又重视追求言外之意，最终目的则是要达到对古代圣王性命之理的总体把握。在《诗经·周南·关雎》的注解中，王安石探讨了圣人之意与经书的关系，他写道："言也，声也，以文为主，则非其至。故其动天地、感鬼神者，为近而已。"③ 王安石认为，语言和道、圣人之意是近似的关系，即言能表意但又不能完全尽意。由于经书和圣王之意不能完全等同，这就影响到后人通过经书理解古圣王之意的过程，对此，王安石在《庄周下》一文中说："孟子曰：'说《诗》者，不以文害辞，不以辞害意，以意逆志，是为得之。读其文而不以意原之，此为周者之所以讼也。'"④ 王安石赞同孟子的说法，即不执着于语言的文采而着重把握其代表的意义。这种不滞于文辞又不离于文辞的观点还是比较中肯的。同时，王安石还看到了经书中言意关系矛盾、相反的一面，在《答韩求仁书》中，他写道："孔子曰'管仲如其仁'，仁也。杨子谓'屈原如其智'，不智也。犹之《诗》以不明为明，又以不明为昏。考其辞之终

---

① 在言意之辨问题上，对于言不尽意的一面古今学者多有论列，但对于意不尽言的一面尚未得到应有的重视，即传统的观点往往忽视中介语言作为独立的文化存在物的价值。笔者认为，就人类作为文化传承的社会历史存在本体而言，意不尽言比起言不尽意来更符合实际。而就中国传统文化中经学传承和艺术创造这两个核心部分来说，都存在着意不尽言的问题。在经学传承中，每一个经学学者都必须预设圣人所作之言是自己的意所不能完全理解的，这是经学之所以能够存在的前提。而在艺术创作中，真正的艺术家总是不满足已有的审美趣味和表现技巧，他们企求新的打动自己的形象语言，实际上就是在寻求意外之言，意外之言是超越艺术家固有思维模式的，他必须借助于偶然机缘的触发达到灵与肉的极限状态，然后才能实现自我的超越，对于艺术家的突发性创新，柏拉图称为迷狂，一些人称为灵感，按照我的理解，这就是他们找到了自己的意外之言。

② 皮锡瑞：《经学历史》，中华书局 1959 年版，第 234 页。
③ 邱汉生：《诗义钩沉》，中华书局 1982 年版，第 8 页。
④ 王安石：《王文公文集》（上册）卷 27，上海人民出版社 1974 年版，第 312 页。

始,则其文虽同,不害其意异也。"① 同样的文辞竟然表示完全相反的意义,对于这种经学解释上的困难,王安石提出了"考其辞之始终"的解决办法,这就从言意关系的层面又回到了经书文本本身。

王安石在《答曾子固书》中提出"读经而已,则不足以知经"的观点,但在经过心与理、今与古、理与事、言与意关系的探讨之后,又重新回到了以经解经的老路。这种解释学上的循环,王安石并没有自觉地意识到,实际上,如果不是用社会实践来发现、检验真理,而是试图以经学经世,以理想规范现实,知先行后,这种解释学循环就是不可避免的。

2. 文内求解法

对于经书文本本身的研习,王安石是下了很深的功夫的,对于经书的内容和语言文字,他十分熟悉,并力图在经书文本本身找到理解经书内容的钥匙。在经学注解的实践中,王安石积累了丰富的经验,在对经书文本的解释中,分别使用了由字通经、依据上下文语境和经书文本互证等方法。

经书是用文字写成的,要想理解经书中蕴含的圣王之道,首先就必须正确地弄清字词的意义。王安石著有《字说》一书,是他在创作《三经新义》的过程中所作,以备学者阅读经书时参考。王辟之《渑水燕谈录》记载:"荆国王文公,以多闻博学为世宗师,当世学者得出其门下者,自以为荣,一被称与,往往名重天下。公之治经,尤尚解字,末流务为新奇,浸成穿凿。"② 这部书专从会意的角度来解释文字,抛开自东汉许慎《说文解字》以来以六书解字的传统,从文字学上说是颇为牵强附会的,但这部书实际上是一部用来解释经书意义的字典,不能完全以语言学上的语源考证来苛求。这部书实际反映了王安石本人的哲学、政治、伦理思想,用它来解释经书,自然就会把王安石自己的思想加入到他所解释的经书中去。③

---

① 王安石:《王文公文集》(上册)卷7,上海人民出版社1974年版,第79页。
② 王辟之:《渑水燕谈录》卷10,《渑水燕谈录 归田录》,中华书局1981年版,第126页。
③ 王安石的《字说》一书早已亡佚,但在宋人的笔记、野史以及后代的一些书籍中尚保存有零星的材料。现代一些学者曾做过《字说》辑佚工作,民国时期,柯昌颐著《王安石评传》,其中就收集了几十条《字说》材料。据说上海老学者胡道静先生也有《字说》辑佚本,但在"文革"中不幸散失。另外,浙江著名学者张宗祥先生生作有目前为止最完备的《字说》辑佚本,共收字625个,题名为《熙宁字说辑》,现收藏在浙江图书馆,笔者曾托朋友打听,意欲借观或复印,因经费困难而作罢,深感遗憾。笔者就自己能力所及,辗转抄写了一百多条《字说》佚文,作为研究王安石学术思想的参考资料。

理解了文字，并不能保证一定能准确把握经书的意义，有时候同样的文字在不同的语境中会有完全不同的意义，这就需要联系上下文来考察。王安石在《答韩求仁书》中提出了"考其辞之终始"的方法，这个方法和由字通经结合起来就能够更加准确地理解经书文本。

王安石博览群经，对古代典籍十分熟悉，在注解经书时，充分利用了文本互证的方法，其中包括经内文互解、经与经互解、经与儒家著作互解、经与诸子著作互解等，从这些地方可以看出王安石学问的广博。下面分类介绍王安石的各种文本互证方法。

第一，经内文互解。在《卦名解》中，王安石写道："此其文皆在《系辞》，或《彖》《系》所不言，以其所言反求其所不言，则知其所以然也。"① 在这里，王安石提出可以用《易》中已经说清楚的去帮助理解没有说清楚的言辞，从而搞清其义理。这种经内文互解的方法，王安石在解释《尚书》时也加以运用，在《洪范传》中，他写道："'月之从星，则以风雨'，何也？言月之好恶不自用而从民，则治教政令行而王事立矣。《书》曰：'天听自我民听，天视自我民视。'夫民者，天之所不能违，而况于王乎，况于卿士乎？"② 《洪范》是《尚书》中的一篇，这里是以《书》解《书》。

第二，以经解经。在《答吴子经书》中，王安石写道："又子经以为《诗》《礼》不可以相解，乃如某之学，则惟《诗》《礼》足以相解，以其理同故也。"③ 在这里，王安石把义理相同作为经与经互相训解的基础，这种方法在王安石的经学中得到了大量的运用。在《周礼·天官·外府》的注解中，王安石写道："《诗序》曰：'古者长民衣服不贰，从容有常，以齐其民，则民德归一矣。'"④ 这是以《诗》解《礼》。在《诗·大雅·崧高》的注解中，王安石写道："《易》曰：'地上有水，《比》，先王以建万国，亲诸侯。'盖既立万国，又在乎有以亲之。今宣王'能建国，亲诸侯'，以褒赏申伯之功，此《崧高》所以美之也。"⑤ 这是以《易》解

---

① 王安石：《王文公文集》（上册）卷30，上海人民出版社1974年版，第349页。
② 王安石：《王文公文集》（上册）卷25，上海人民出版社1974年版，第294页。
③ 王安石：《王文公文集》（上册）卷7，上海人民出版社1974年版，第88页。
④ 程元敏：《三经新义辑考汇评（三）——周礼》（上），"国立"编译馆1987年版，第151页。
⑤ 邱汉生：《诗义钩沉》，中华书局1982年版，第264页。

《诗》。在《诗·大雅·緜》的注解中，王安石写道："'质蹶成'者，质其争讼也。'成'，与《周官》所谓'书其刑杀之成'同。'文王蹶厥生'……生，与《易》所谓'观我生'同义。"① 这里是同时用《周礼》与《易》来解《诗》。在《洪范传》中，王安石写道："'凡厥庶民，有猷、有为、有守，汝则念之，不协于极，不罹于咎，皇则受之，而康而色，曰予攸好德，汝则锡之福，时人斯其惟皇之极。'……《诗》曰：'载色载笑，匪怒伊教。'康而色之谓也。"② 这是以《诗》解《书》。在同篇另一处又写道："'沉潜刚克，高明柔克。'……《易》曰：'道有变动，故曰爻；爻有等，故曰物；物相杂，故曰文；文不当，故吉凶生焉。'"③ 这是以《易》解《书》。

第三，以儒家、诸子之书解经。在《答韩求仁书》中，王安石写道："求仁所问于《易》者，尚非《易》之蕴也。能尽于《诗》《书》《论语》之言，则此皆不问而可知。"④ 这里提出除了可以用《诗》《书》解《易》外，还可以用《论语》解《易》。在同篇另一处又写道："孟子所谓'市廛而不征，法而不廛'者，先儒以国中之地谓之廛，以《周官》考之，此说是也。"⑤ 这里是用《孟子》与《周官》互解。王安石在论庄子的《九变而赏罚可言》一文中写道："尧者，圣人之盛也，孔子称之曰'惟天为大，惟尧则之'，此之谓明天；'聪明文思，安安'，此之谓明道德；'允恭克让'，此之谓明仁义；……"⑥ 在这段话中，"惟天为大，惟尧则之"出于《论语》，"聪明文思，安安"和"允恭克让"出于《尚书》，王安石将《庄子》《论语》《尚书》综合比较，互相解证。

第二节 以《三经新义》为代表的王安石新经学

王安石批评了秦汉以来的章句传注之学，他及其弟子、门人重新注解

---

① 邱汉生：《诗义钩沉》，中华书局1982年版，第230页。
② 王安石：《王文公文集》（上册）卷25，上海人民出版社1974年版，第285页。
③ 同上书，第289页。
④ 王安石：《王文公文集》（上册）卷7，上海人民出版社1974年版，第81页。
⑤ 同上书，第80页。
⑥ 王安石：《王文公文集》（上册）卷28，上海人民出版社1974年版，第325页。

古代经书，试图复兴古圣王时代经学的全盛状态，实现道理、政事、学术的一体化。王安石的新经学得到了宋神宗的大力支持，熙宁六年三月，宋政府正式设置经义局，训释《诗》《书》《周礼》三经义，王安石提举经义局，吕惠卿、王雱等人参加修撰工作。在王安石第一次罢相期间，经义局的工作仍然进行，熙宁八年二月，王安石复相，同年六月，王安石奏进所撰写的《诗义》《书义》《周礼义》，宋神宗即命令颁行天下，作为学校的教材和科举考试的标准，号曰《三经新义》。除此以外，对于《易》和《春秋》王安石也有注解和论述。

王安石的《三经新义》在北宋后期占据思想界的统治地位，影响极大，《宋史纪事本末》记载："一时学者无不传习，有司纯用以取士。……自是先儒之传注悉废矣。"[①] 王安石的新经学打破汉唐注疏的章句之学，而着重从义理上阐发经书中的圣王之道，顺应了宋初学术发展的潮流，再加上王安石以行政权力推行新经学，更加扩大了这种新学风的影响。南宋王应麟《困学纪闻》卷8中说："自汉儒至于庆历间，谈经者守训故而不凿。《七经小传》出而稍尚新奇矣。至《三经新义》行，视汉儒之学若土梗。"[②] 王安石主观上力图恢复经学的原始面目，但是他的舍弃先儒传注而直接探求性命之理的解经方式反而助长了经学的变异，客观上促进了经学史上的宋学的发展。

一　王安石的《礼》学

五经中《礼》经较为特殊，它包括《周礼》《仪礼》《礼记》三种。《仪礼》是经历秦火之后由汉儒传承下来的一部记载古代礼仪的典籍，西汉时期通行的《礼经》指的就是《仪礼》，今传《仪礼》属于今文经学。而《周礼》则属古文经学，由王莽时刘歆定名，"出自山崖屋壁"[③]，今文经学家认为它出于刘歆的伪造。《周礼》由刘歆提倡后，到了东汉末，郑玄注《三礼》，以《周礼》居首，《周礼》作为经书的地位才确立下来，并一直为后世沿袭。至于《礼记》则主要是战国至秦汉以来

----

① 陈邦瞻编：《宋史纪事本末》卷38，中华书局1977年版，第1册第374—375页。
② 转引自皮锡瑞《经学历史》，中华书局1959年版，第220页。
③ 贾公彦《序周礼废兴》引马融语，《十三经注疏》，中华书局1980年版，第635页。

经师对《礼经》大义的解说，其中也杂有逸礼，既称为《记》，则其本非经书。

王安石对于《仪礼》没有什么著述。朱熹曾说："前此《三礼》同为一经，故有《三礼》学究。王介甫废了《仪礼》，取《礼记》，某以此知其无识。""祖宗时有《三礼》科学究，是也。虽不晓义理，却尚自记得。自荆公废了学究科，后来人都不知有《仪礼》。"① 由此可见，王安石对《仪礼》是不重视的。关于《礼记》，据赵希弁《郡斋读书志》附志卷五上著录有王安石《礼记要义》二卷，今已亡佚。《朱子语类》卷62、卷64和《朱熹集》卷55《答潘谦之书》等处都记载有对王安石解《礼记》中"高明""中庸"观点的反驳，认为王安石"高明处己，中庸处人"之说分心、迹为二不合道理。但总起来说，王安石对《礼记》是不太重视的，《续资治通鉴长编拾补》记载："先是王安石讲《礼记》，数难记者之非是，上以为然。"②

王安石对于《三礼》中的《周礼》却是极为重视的，《三经新义》是王安石在其弟子、门人的协助下写成的，其中也只有《周礼义》完全为王安石亲撰。③ 在《周礼义序》中，王安石写道："士弊于俗学久矣，圣上闵焉，以经术造之，乃集儒臣，训释厥旨，将播之学校，而臣安石实董《周官》。"④ 相反，对于非议《周礼》的人，王安石则表示反感，《续资治通鉴长编》记载王安石与宋神宗谈话时说："如欧阳修文章于今诚为卓越，然不知经不识义理，非《周礼》、毁《系辞》，中间学士为其所误，

---

① 朱熹：《朱子语类》卷83、87，中华书局1986年版，第6册第2176、2225页。
② 《续资治通鉴长编拾补》卷3下，李焘：《续资治通鉴长编》（附拾补），上海古籍出版社1986年版，第5册第43页。
③ 据蔡絛记载："王元泽奉诏修《三经新义》，时王丞相介甫为之提举，盖以相臣之重，所以假命于其子也。吾后见鲁公与文正公二人，相与谈往事，则每云：'《诗》《书》盖多出元泽暨诸门弟子手，至若《周礼新义》，实丞相为笔削者。'及政和时，有司言天府所籍吴氏资居检校库，而吴氏者王丞相之姻家也，且多有王丞相文书，于是朝廷悉命藏之秘阁。用是吾得见之，《周礼新义》笔迹，犹斜风细雨，诚介甫亲书，而后知二父之谈信。"蔡絛：《铁围山丛谈》卷3，中华书局1983年9月第1版，第58页。需要说明的是，蔡絛这里说的"王元泽奉诏修《三经新义》，时王丞相介甫为之提举，盖以相臣之重，所以假命于其子也"不能理解为《三经新义》是王雱写的，实际是王雱等人依据王安石的意思、在王安石经筵讲义的基础上撰写出《诗义》和《书义》的。
④ 王安石：《王文公文集》（上册）卷36，上海人民出版社1974年版，第426页。

几至大坏。"①

　　王安石所撰写的《周礼义》一书按《周礼义序》记载为："谨列其书为二十有二卷，凡十余万言。"② 此书在宋代几经兴废，宋以后逐渐散亡，到了清初已难得一见。清初修《四库全书》时，修撰人员从明代的《永乐大典》中辑出十六卷，后来钱仪吉、陈寿祺等人也继续加以增补，近台湾程元敏先生在前人基础上有新的《周礼义》辑本。

　　王安石特别重视《周礼》一经是有其特殊缘故的。在五经之中，《周礼》是制度之书，和《诗》《书》《易》《春秋》比较起来，更具有可操作性。在《三礼》之中，《仪礼》记的是宗法制度、社会风俗习惯，《礼记》则侧重论述各种礼节中的抽象义理，而《周礼》谈的是政治制度，这自然会更受作为政治改革家的王安石的欣赏。《周礼》一书提出了一套理想国的模式，今文经学家讥之为"战国阴谋之书"，③ 而古文经学家认为它是"周公致太平之迹"。④ 王安石对《周礼》推崇备至，认为非一时一人之作，而是历代圣王之政的总结，在《周礼义序》中，他写道："盖其因习以崇之，赓续以终之，至于后世，无以复加。则岂特文、武、周公之力哉？犹四时之运，阴阳积而成寒暑，非一日也。"⑤

　　在《周礼义》的注解中，王安石以自己的经学解释学为指导，打破汉唐经师烦冗琐碎的名物考证，而以阐发古代的圣王之道为解经目的。王安石认为《周礼》一书对治国之道记载最详细，在《周礼义序》中，他写道："惟道之在政事，其贵贱有位，其先后有序，其多寡有数，其迟数有时。制而用之存乎法，推而行之在乎人。其人足以任官，其官足以行法，莫盛乎成周之时；其法可施于后世，其文有见于载籍，莫具乎《周官》之书。"⑥《周礼》一书的主体思想是以对周代官制的记载来描述作者心目中的理想的国家政权模式，其中有丰富的治官、治民、理财思想，

---

① 李焘：《续资治通鉴长编》（附拾补）卷 211，上海古籍出版社 1986 年版，第 2 册第 1965 页。
② 王安石：《王文公文集》（上册）卷 36，上海人民出版社 1974 年版，第 427 页。
③ 贾公彦《序周礼废兴》引何休语，《十三经注疏》，中华书局 1980 年版，第 636 页。
④ 贾公彦《序周礼废兴》引刘歆语，《十三经注疏》，中华书局 1980 年版，第 636 页。
⑤ 王安石：《王文公文集》（上册）卷 36，上海人民出版社 1974 年版，第 426 页。
⑥ 同上书，第 426 页。

王安石在《答曾公立书》中就说:"一部《周礼》,理财居其半,周公岂为利哉?"①《周礼》的这些思想在王安石的《周礼义》中都得到了继承和发挥,成为王安石以经学统一思想、造就人才的有益借鉴。

二 王安石的《诗》学

《诗经》是我国最早的诗歌总集,共收诗三百零五篇,反映了从周初到春秋中叶的社会生活。《诗经》在今天看来主要是一部文学作品集,但在古代,它作为五经之一,与当时的政治、伦理等结下了不解之缘,历代统治者和经学家们都把它作为宣传政教的工具。王安石在执政前对于《诗经》已有研究,这可以从《答韩求仁书》等文中看出,执政以后,从以新经学统一思想的目的出发,王安石对《诗经》加以注解,作为官方定本,这就是《三经新义》中的《诗义》一书。王安石在《诗义序》中说:"《诗》三百六篇,其义具存,其辞亡者六篇而已。上既使臣雱训其辞,又使臣安石等训其义。"②《续资治通鉴长编》记载:"辛未,王安石言臣子雱奉诏撰进《诗义》,臣以当备圣览。故一一经臣手乃敢奏御。"③由此看来,《诗义》是王安石父子、门生合撰而成的,主要由王雱执笔,但主要思想是王安石的,并经过王安石亲手修订,因此,把它作为王安石《诗经》学来研究是可以的。《诗义》一书宋以后亡佚,今人邱汉生先生辑有《诗义钩沉》二十卷,近台湾程元敏先生也有《诗义》新辑本。

《诗经》产生于上古,距离王安石的时代已逾千年,其间时事的变迁、语言的演变都给解释《诗经》带来困难。在《诗义序》中,王安石讲到《诗》学传承时写道:"然以孔子之门人,赐也、商也,有得于一言,则孔子说而进之,盖其说之难明如此,则周衰以迄于今,泯泯纷纷,岂不宜哉?"④王安石的《诗经》学既继承前人思想,又有自己的发挥,在《诗经》学史上有一定的影响。

关于《诗序》问题。《诗经》古本有无序,今天已不可知,现在流传

---

① 王安石:《王文公文集》(上册)卷8,上海人民出版社1974年版,第97页。
② 王安石:《王文公文集》(上册)卷36,上海人民出版社1974年版,第427页。
③ 李焘:《续资治通鉴长编》(附拾补)卷268,上海古籍出版社1986年版,第3册第2526页。
④ 王安石:《王文公文集》(上册)卷36,上海人民出版社1974年版,第427页。

的诗序一般指《毛诗序》。《诗经》学在汉代今文经学有齐、鲁、韩三家立于学官,而古文经学派的毛氏《诗经》学不得立,但汉魏以降,今文三家《诗》学湮灭,独《毛诗》传衍不息。按照《毛诗》的体例,每首诗前都有一段解说性文字,通称"小序";而在第一首《周南·关雎》前则有一篇较长的文字,全面解说有关诗与《诗经》的各方面问题,通称"大序"。对于《诗序》的作者和解经价值,历代学者议论纷纭。王安石是极其推崇《诗序》的,在《答韩求仁书》中,他写道:"盖序《诗》者不知何人,然非达先王之法言者,不能为也。故其言约而明,肆而深。要当精思而熟讲之尔,不当疑其有失也。"① 关于《诗序》的作者,在《诗经·周南·关雎》的注解中,王安石写道:"世传以为言其义者子夏也。观其文辞,自秦汉以来诸儒,盖莫能与于此。然传以为子夏,臣窃疑之。《诗》上及于文王、高宗、成汤,如《江有汜》之为美媵,《那》之为祀成汤,《殷武》之为祀高宗。方其作时,无义以示后世,则虽孔子亦不得而知,况于子夏乎?"② 王安石把《诗序》的作者推到孔子、子夏之前,而清代范家相《诗渖》卷二引王安石语认为《诗序》出于"诗人自制"。③

关于《诗经》的编次问题。在《诗经·周南·关雎》的注解中,王安石写道:"于风言始,则知雅、颂之为终。于风言王化之基,则知雅为王政之兴,而颂为王政之成也。"④ 这是以王道政治的形成顺序作为风、雅、颂编次顺序的依据。《诗经》中的"国风"部分分为十五国,每一国诗如《周南》下亦分为许多篇,王安石对于它们的先后编排顺序也都作出了自己的解释。在《国风解》一文中,王安石分别将《周南》《召南》等十五国风与所在国君主德行和政治的盛衰结合起来,认为国风的编次是以道德的高下来排定的,他最后总结说:"昔者圣人之于《诗》,既取其

---

① 王安石:《王文公文集》(上册)卷7,上海人民出版社1974年版,第77页。
② 邱汉生:《诗义钩沉》,中华书局1982年版,第11页。王安石把诗序作者推到孔子之前,则在王安石思想里,《诗》的作者地位、时代更远非孔子所能及,从这里可以进一步看出,王安石对于古代圣王与圣人孔子关系的看法与后世推崇孔子为古今唯一圣人的做法大相径庭,孔子只是圣王之道的继述者而已。
③ 转引自吴鸥《诗经学》,中华孔子学会编辑委员会组编:《国学通览》,群众出版社1996年版,第580页。
④ 邱汉生:《诗义钩沉》,中华书局1982年版,第10—11页。

合于礼义之言以为经，又以序天子、诸侯之善恶而垂万世之法，其视天子、诸侯，位虽有殊，语其善恶则同而已矣。故余言之甚详，而十有五国之序不无微意也。呜呼！惟其序善恶以示万世，不以尊卑小大之为后先，而取礼之言以为经，此所以乱臣贼子知惧而天下劝焉！"① 在《周南诗次解》一文中，王安石则认为《周南》诗的编次是按照君主齐家、治国、平天下的顺序排列的，他说："王者之治，始于齐家。家之序，本于夫妇正。夫妇正者，在求有德之淑女，为后妃以配君子也。故始之于《关雎》。夫淑女所以有德者，其在家本于女工之事也。故次以《葛覃》。有女工之本，而后妃之职尽矣，则当辅佐君子，求贤审官。求贤审官者，非所能专，有志而已。故次之以《卷耳》。有求贤审官之志，以助治其外，则于其内治也，其能有嫉妒而不逮下乎？故次之以《樛木》。无嫉妒而逮下，则子孙众多。故次之以《螽斯》。子孙众多，则致国之妇人亦化其上，则男女正，婚姻时，国无鳏民也。故次之以《桃夭》。国无鳏民，然后好德，贤人众多。故次之以《兔罝》。好德，贤人众多，是以室家和平，而妇人乐有子，则后妃之美具矣。故次之以《芣苢》。后妃至于国之妇人乐有子者，由文王之化行，使南国江汉之人，无思犯礼，此德之广也。故次之以《汉广》。德之所及者广，则化行乎汝坟之国，能使妇人闵其君子，而勉之以正。故次之以《汝坟》。妇人能勉君子以正，则天下无犯非礼，虽衰世公子，皆能信厚，此《关雎》之应也。故次之以《麟之趾》焉。"②

关于《诗经》的风、雅问题。《毛诗序》最早提出风、雅、颂、赋、比、兴的"六义"说，古今较为通行的说法是，风、雅、颂指诗的体裁，而赋、比、兴则指诗的创作方法。王安石在解释《诗经》时，把风、雅紧密地与政治教化结合起来。在《诗经·周南·关雎》的注解中，他写道："风，风也，教也。风以动之，教以化之。"③ 这里指出风就是政治教化。在《答韩求仁书》中，王安石又写道："所谓《小雅》《大雅》者，《诗》之《序》固曰：'政有小大，故有《小雅》焉，有《大雅》焉。'

---

① 王安石：《王文公文集》（上册）卷30，上海人民出版社1974年版，第351页。
② 同上书，第352页。
③ 邱汉生：《诗义钩沉》，中华书局1982年版，第7页。

然所谓《大雅》者，积众小而为大。故《小雅》之末，有疑于《大雅》者，此不可不知也。"① 在这里，王安石则是以政事的大小来定义大雅、小雅。

关于《诗经》的美、刺问题。《诗经》中的有些诗对于当时的政治是有善恶评价的，但并非篇篇如此，而以《诗序》为代表的经学解释者却多把每一首诗都看成是对政治的评价。王安石推崇《诗序》，也是深信《诗经》的美刺说的。在《国风解》一文中，王安石写道："或曰：'《国风》之次，学士大夫辨之多矣，然世儒犹以为惑。今子独美刺序之，何也？'"② 在《答韩求仁书》一文中，王安石写道："凡《序》言刺某者，一人之事也，言刺时者，非一人之事也。刺言其事，疾言其情。或言其事，或言其情，其实一也。何以知其如此？'《墙有茨》，卫人刺其上也'，而卒曰'国人疾亡而不可道也'，是以知其如此也。刺乱为乱者作也，闵乱为遭乱者作也。何以知其如此？平王之《扬之水》，先束薪而后束楚，忽之《扬之水》，先束楚而后束薪。周之乱在上，而郑之乱在下故也。乱在上则刺其上，乱在下则闵其上，是以知其如此也。管蔡为乱，成王冲幼，周公作《鸱鸮》以遗王，非疾成王而刺之也，特以救乱而已，故不言刺乱也。言刺乱、刺褊、刺奢、刺荒，序其所刺之事也。言刺时者，明非一人之事尔，非谓其不乱也。"③ 在这里，王安石就《诗经》中的具体作品来分析其中的美刺笔法，力图总结出一些普遍性的义例来。

《诗经》主要是上古时代各阶层人士描写社会生活方方面面的文学作品的汇集，但王安石遵循以《诗序》为代表的解经方向，把它理解为一部移风易俗、造就人才的政治教科书。王安石在《诗义序》中说："《诗》上通乎道德，下止乎礼义。考其言之文，君子以兴焉。循其道之序，圣人以成焉。"④ 王安石训解《诗经》，就是要用它来统一全社会的思想，培养能够为变法实践服务的通经致用的人才。

---

① 王安石：《王文公文集》（上册）卷7，上海人民出版社1974年版，第77页。
② 王安石：《王文公文集》（上册）卷30，上海人民出版社1974年版，第351页。
③ 王安石：《王文公文集》（上册）卷7，上海人民出版社1974年版，第78页。
④ 王安石：《王文公文集》（上册）卷36，上海人民出版社1974年版，第427页。

三　王安石的《书》学

《书》又称《尚书》，是战国以前流传下来的上古官方文告和君臣谈话记录的汇编集，其中所记大多是有关政治的言论和史实。王安石早年对《尚书》就有研究，在入朝执政前即撰有《洪范传》一文，专释《尚书·周书·洪范》篇。至于系统的《尚书》学著作，则自然首推《三经新义》中的《书义》了。

在《书义序》中，王安石写道："熙宁二年，臣安石以《尚书》入侍，遂与政。而子雱实嗣讲事。有旨为之说以献。八年，下其说太学班焉。又命其义，兼明天下后世，而臣父子以区区所闻，承乏与荣焉。"[1] 由此可知，《书义》是在王安石父子经筵讲稿的基础上撰写成的，把《书义》作为研究王安石经学的材料也是没有什么问题的。《书义》宋以后亡佚，宋人黄伦的《尚书精义》中引有一些《书义》的注解，在《河南程氏经说》和《朱子语类》《朱熹集》等书中也有若干关于《书义》的记载。另外，在王安石文集中的《第问十道》等文中也保留了一些王安石《尚书》学资料。近台湾程元敏先生遍搜群书，作有较为完善的《书义》辑本。

王安石的《书义》在对《尚书》的训诂、编次排定上都有精深的研究。朱熹在《答潘子善》中说："'王若曰'以下固是告群后之辞，兼叙其致祷之辞，亦与《汤诰》相类。但此词却无结杀处，只自叙其功烈政事之美，又书戊午癸亥甲子日辰，亦非诰命之体，恐须是有错简。然自王氏、程氏、刘原父以下，所定亦各不同。"[2]《朱子语类》也记载："问'武成'一篇，编简错乱。曰：'新有定本，以程先生、王介甫、刘贡父、李叔易诸本，推究甚详。'""因论点书，曰：'人说荆公穿凿，只是好处亦用还他。且如"剡惟若畴，圳父薄违，农父若保，宏父定辟"，古注从"父"字断句；荆公则就"违""保""辟"绝句。复出诸儒之表。'道夫曰：'更如先儒点"天降割于我家不少延"，"用宁王遗我大宝龟"，皆非

---

[1]　王安石：《王文公文集》（上册）卷36，上海人民出版社1974年版，第428页。
[2]　朱熹：《朱熹集》卷60，四川教育出版社1996年版，第6册第3136—3137页。

注家所及。'曰:'然。'"①

王安石对于《尚书》所记载的古代政治经验极为重视,并誉之为"法言"。在《书义序》中,王安石写道;"惟虞、夏、商、周之遗文,更秦而几亡,遭汉而仅存,赖学士大夫诵说,以故不泯,而世主莫或知其可用。"②《续资治通鉴长编拾补》记载:"壬寅,诏讲院权罢《礼记》,自今讲《尚书》。先是王安石讲《礼记》,数难记者之非是,上以为然。曰:'《礼记》既不当法言,择其有补者讲之何如?'王安石对曰:'陛下欲闻法言,宜改它经。'故有是诏。"③ 王安石在注解《尚书》时,自觉地发挥其中有益于现实政治的内容,在政治哲学和政治制度方面都发表了自己的见解。《书义》在当时的确起到了以经学推进新法的作用。

伴随王安石新党一派政治上的失势,新学遭到反对派的猛烈批评,《书义》一书几乎完全失传。王安石解释《尚书·周书·洪范》篇的专文即《洪范传》一文却完整地保存下来,成为后人了解王安石《书》学的好材料。《尚书·周书·洪范》一篇在古代颇受重视,相传为箕子向周武王传授的治国安邦之道,王安石早年即对《洪范》深有研究,据陆佃《傅府君墓志》记载:"淮之南,学士大夫宗安定先生之学,余独疑焉。及得荆公《淮南杂说》与其《洪范传》,心独谓然。"④ 王安石执政后,即将所作《洪范传》上进宋神宗,《续资治通鉴长编》记载:"安石尝进所著《洪范传》,上手诏答之。"⑤ 王安石把《洪范》看作是一部讲求帝王大略的内圣外王之术的书,在《进洪范传表》中,他写道:"臣闻天下之物,小大有彝,后先有伦。叙者天之道,叙之者人之道。天命圣人以叙之,而圣人必考古成己,然后以所尝学措之事业为天下利。苟非其时,道不虚行。臣中谢。优惟皇帝陛下德义之高,术智之明,足以黜天下之鬼琐,而兴其豪杰,以图尧、舜太平之治。而朝士未化,海内未服,纪纲宪

---

① 朱熹:《朱子语类》卷79,中华书局1986年版,第5册第2040、2057页。
② 王安石:《王文公文集》(上册)卷36,上海人民出版社1974年版,第428页。
③ 《续资治通鉴长编拾补》卷3下,李焘:《续资治通鉴长编》(附拾补),上海古籍出版社1986年版,第5册第43页。
④ 陆佃:《陶山集》卷15,《全宋文》,巴蜀书社1994年版,第50册第242页。
⑤ 李焘:《续资治通鉴长编》(附拾补)卷216,上海古籍出版社1986年版,第2册第2013页。

令，尚或纷如。意者殆当考箕子之所述以深发独智，趣时应变故也。"①在《书〈洪范传〉后》中，王安石又写道："予悲夫《洪范》者，武王之所以虚心而问，与箕子之所以悉意而言，为传注者汩之，以至于冥冥也，于是为作传以通其意。"② 王安石注解《洪范》，集中发挥其中的帝王之术，希望宋神宗能够汲取其中的精要，做一个大有作为的君主。

四　王安石的《易》学

《易》本卜筮之书。自《易传》出，给《易》以新的解释，方使它走出迷信的藩篱，而变为谈哲理之书。王安石早年对于《易》是非常推崇的，在《答徐绛书》中，他写道："自生民以来，为书以示后世者，莫深于《易》。"③ 王安石对于《易》的研究在其学术生涯中是比较早的，据宋人彭乘《墨客挥犀》一书记载，王安石在知常州时，席上思《咸》《常》二卦，"豁悟微旨，自喜有得"，不觉发笑。④ 现存《王文公文集》中的《答韩求仁书》《答徐绛书》《答史讽书》等文都记载了王安石与人切磋《易》学的情况。王安石中年时期撰有《易解》一书，晁公武《郡斋读书志》卷一上记载："介甫三经义皆颁学官，独《易解》自谓少作未善，不专以取士。"⑤ 此书今已亡佚。现存王安石的文集中尚有《易泛论》《卦名解》《河图洛书义》《易象论解》《大人论》《致一论》《九卦论》等篇论《易》的作品。

关于《易》一书的作者问题，王安石是赞同人更三圣说的。在《答徐绛书》中，王安石写道："文王以伏羲为未足以喻世也，故从而为之辞。至于孔子之有述也，盖又以文王为未足。"⑥ 在《大人论》中，王安石又写道："孔子曰：'显诸仁，藏诸用，鼓万物而不与圣人同忧，盛德大业至矣哉。'"⑦ 这里所引的"孔子曰"一段见于《易·系辞传》，由此

---

① 王安石：《王文公文集》（上册）卷 20，上海人民出版社 1974 年版，第 244—245 页。
② 王安石：《王文公文集》（上册）卷 33，上海人民出版社 1974 年版，第 400 页。
③ 王安石：《王文公文集》（上册）卷 7，上海人民出版社 1974 年版，第 87 页。
④ 转引自高克勤：《王安石著述考》，《复旦学报》1988 年第 1 期。
⑤ 同上。
⑥ 王安石：《王文公文集》（上册）卷 7，上海人民出版社 1974 年版，第 87 页。
⑦ 王安石：《王文公文集》（上册）卷 29，上海人民出版社 1974 年版，第 339 页。

看出王安石是直认《易传》为孔子所作的。

在《易》的来源问题上，王安石认为是取法于天地。在《河图洛书义》中，王安石写道："此皆天地自然之意，而圣人于《易》所以则之也。"① 在《字说序》中，王安石又写道："文者，奇偶刚柔，杂比以相承，如天地之文，故谓之文。字者，始于一，而生于无穷，如母之字子，故谓之字。其声之抑扬开塞，合散出入，其形之衡从曲直，邪正上下，内外左右，皆有义，皆出于自然，非人私智所能为也。与伏羲八卦，文王六十四，异用而同制，相待而成《易》。"② 这也是认为《易》象与文字一样都是来源于天地自然之象。

从现存王安石的几篇论《易》文章中，可以看出他对《易》学中的许多问题都作了深入的探讨。《易象论解》一文着重解释六十四卦的排列次序，大致是对《易传》中的《序卦》一文的发挥。《卦名解》则解释每一卦卦名的由来以及彖辞、象辞的主要意义，大致是对《易传》中的《系辞》《杂卦》的发挥。《易泛论》一文中把象和义结合起来互相训解，并对许多《易》中出现的名词、物象加以解释，大致是对《易传》中的《说卦》一文的发挥。

王安石研究《易》，主要目的是在用《易》来指导现实的人生和政治。早年在江宁守父丧时所写的《上蒋侍郎》一文中，王安石即以《易》中《晋》卦、《比》卦的义理来指导自己的出处进退。在《九卦论》一文中，王安石则借对《易·系辞传下》中"三陈九卦"的发挥，表达了自己处困不惊、乐天安命的人生哲学。在《大人论》一文中，王安石把《孟子》和《周易》结合起来，认为理想的人格应该是集道德与事业于一身的人物。在《致一论》中，王安石发挥《易》的"致一"之理，强调安身、崇德、利用的一致性。在《秦始皇》一诗中，王安石写道："举世不谈《易》，但以刑名称。蚩蚩彼少子，何用辨坚冰。"③ 这是讽刺秦帝王不懂《易》中的治国之道，一味信奉暴力，最终自取灭亡。《续资治通鉴长编》记载王安石与宋神宗论《易》学时说："又谈至亨而后革，安石曰

---

① 王安石：《王文公文集》（上册）卷30，上海人民出版社1974年版，第353页。
② 王安石：《王文公文集》（上册）卷36，上海人民出版社1974年版，第428页。
③ 王安石：《王文公文集》（下册）卷38，上海人民出版社1974年版，第444页。

革已曰乃孚，革然后亨，若既亨则安用革耶。"① 在这里，王安石则是借用对《易·革卦》的解释，来为自己改革现实、谋求国家长治久安的变法活动作辩护。

和《诗》《书》《周礼》相比较，《易》为谈理之书，而尚未达到理事圆融、道政合一，因此，王安石执政时所颁行的《三经新义》即不列《易》，这是王安石道、政、学合一思想的反映。就王安石本人学术思想的演化来说，他早年对《易》十分推崇，后来则少有研究。有的学者不解此点，从过分推崇《易》的角度，认为"王安石多次强调教化为本而政教刑政为末，不知王安石《易》学，不晓新学之性命义理，视《三经义》特别是《周礼义》为新学主干，与舍本求末者何异哉！"② 这个观点是偏激的，未能表现出王安石思想发展的进程。

五 王安石的《春秋》学

在五经之中，王安石对于《春秋》所作的研究工夫最少。《宋史·艺文志》著录有王安石的《左氏解》一书，是对《春秋》三传中的《春秋左氏传》的注解，陈振孙《直斋书录解题》记录此书"专辨左氏为战国时人，其明验十有一事。王安石撰，其实非也"③。陈振孙认为作者不是王安石，他没有提到任何理由，也是出于臆测。这本《左氏解》今已亡佚，不过王安石还有一些关于《春秋》的论述散见于《答韩求仁书》《石仲卿字序》《大理寺丞杨君墓志铭》《读江南录》《复仇解》等文中。

自宋以来，一直流传着王安石认为《春秋》是"断烂朝报"之说，《宋史》王安石本传记载："黜《春秋》之书，不使列于学官，至戏目为'断烂朝报。'"④ 这个说法早见于苏辙的《春秋集解》引言、周麟之的孙觉《春秋传》跋语和胡寅的《斐然集》卷二十五《先公行状》。就实际情况来说，王安石对《春秋》既有赞同又有批评，对经、传的态度又有区别，涉及面相当复杂，不可以"断烂朝报"一语概之。

---

① 李焘：《续资治通鉴长编》（附拾补）卷 215，上海古籍出版社 1986 年版，第 2 册第 2009 页。

② 耿亮之：《王安石易学与其新学及洛学》，《周易研究》1997 年第 4 期。

③ 转引自高克勤：《王安石著述考》，《复旦学报》1988 年第 1 期。

④ 《宋史》卷 327，中华书局 1977 年版，第 30 册第 10550 页。

王安石对于《春秋传》的看法前后是有变化的。王安石早年颇相信《春秋传》的说法,在作于皇祐元年(1049年)的《石仲卿字序》中,王安石写道:"字之为可贵焉,孔子作《春秋》,记人之行事,或名之,皆因其行事之善恶而贵贱之,二百四十二年之间,字而不名者十二人而已。人有可贵而不失其所以贵,乃尔其少也!"① 这是赞同《春秋传》所宣扬的《春秋》笔法的。在《读江南录》一文中,王安石又写道:"故散骑常侍徐公铉奉太宗命撰《江南录》,至李氏亡国之际,不言其君之过,但以历数存亡论之。虽有愧于实录,其于《春秋》之义,箕子之说,徐氏录为有得焉。"② 这也是赞同《春秋》有褒贬笔法的。在《复仇解》一文中,王安石则提到:"《春秋传》以为父受诛,子复仇,不可也。此言不敢以身之私,而害天下之公。又以为父受诛,子复仇,可也。此言不以有可绝之义,废不可绝之恩也。"③ 这里王安石是引录了《春秋公羊传》中的说法。但是,王安石后来逐渐改变了观点,而对《春秋传》持怀疑态度。在作于嘉祐八年(1063年)的《大理寺丞杨君墓志铭》中,王安石写道:"治《春秋》,不守先儒传注,资它经以佐其说,超厉卓越,世儒莫能难也。"④ 这里王安石肯定了"舍传求经"的解《春秋》方法,对《春秋传》明显表示了不信任。而在作于治平元年(1064年)的《答韩求仁书》中,王安石则认为:"至于《春秋》三传,既不足信,故于诸经尤为难知。"⑤ 这是明确地批评《春秋传》。《续资治通鉴长编》记载王安石与宋神宗等人讨论《春秋》时写道:"冯京等人曰,汉儒初治《公羊》后乃治《谷梁》,《左氏》最后出。上曰:'汉儒亦少有识见者。'"⑥ 看来,宋神宗也认同了王安石不信《春秋传》的观点。

王安石批评了有关《春秋》的传注,但他对于《春秋》经却从未正面加以批评,只是认为它难以理解。王安石是赞同孔子修《春秋》之说

---

① 王安石:《王文公文集》(上册)卷36,上海人民出版社1974年版,第437页。
② 王安石:《王文公文集》(上册)卷33,上海人民出版社1974年版,第394页。
③ 王安石:《王文公文集》(上册)卷32,上海人民出版社1974年版,第384页。
④ 王安石:《王文公文集》(下册)卷90,上海人民出版社1974年版,第948页。
⑤ 王安石:《王文公文集》(上册)卷7,上海人民出版社1974年版,第81页。
⑥ 李焘:《续资治通鉴长编》(附拾补)卷247,上海古籍出版社1986年版,第2册第2316页。

第一章　王安石的经学思想

的，在《原性》一文中，他写道："孔子作《春秋》，则游、夏不能措一辞。"① 但是《春秋》过于简略，无传注难以自明，而有关的《春秋》传注又不足信，所以《春秋》一经最难解，在《答韩求仁书》中，王安石写道："至于《春秋》，三传既不足信，故于诸经尤为难知，辱问皆不果答，亦冀有以亮之。"② 《续资治通鉴长编》记载王安石与宋神宗讨论《春秋》时也写道："上曰：'卿尝以《春秋》自鲁史亡，其义不可考，故未置学官。敦礼好学不卷，于家亦孝友，第未知此意耳。敦礼但读《春秋》而不读传，《春秋》未易可通。'"③ 君臣二人同样认为《春秋》不易理解。王安石改革科举制度时，未将《春秋》列入考试科目，这对于《春秋》经的研究和传播打击是很大的。王安石对于《春秋传》是不相信的，但王安石对于《春秋》经的态度则不明朗，后来学者就此展开了激烈的辩论，一派认为王安石不薄《春秋》，只是因其难通而不置学官，而另一派则认为王安石非圣无法，废《春秋》而致纲纪大乱。前者以王安石的门人弟子以及清代的李绂、蔡上翔等人为代表，后者以两宋之际的《春秋》学世家胡安国父子为代表。

王安石的弟子陆佃在《答崔子方秀才书》中说："荆公不为《春秋》，盖尝闻之矣。公曰《三经》所以造士，《春秋》非造士之书也。学者求经，当自近者始，学得《诗》然后学《书》，学得《书》然后学《礼》，三者备，《春秋》其通矣。故《诗》《书》，执礼，子所雅言，《春秋》罕言以此。"④ 笔者认为这段引文中自"学者求经"以下可能为陆佃语，陆佃认为王安石不解《春秋》是因其难解，只要理解了《诗》《书》《礼》，《春秋》也就可以读懂了。理学诸子对于王安石废《春秋》也是颇为同情的，二程的门人杨时在序孙觉作的《春秋传》时说："熙宁之初，崇儒尊经，训迪多士，以为《三传》异同，无所考正，于《六经》尤为难知，故《春秋》不列于学官，非废而不用也。而士方急于科举之司，遂阙而

---

① 王安石：《王文公文集》（上册）卷27，上海人民出版社1974年版，第317页。
② 王安石：《王文公文集》（上册）卷7，上海人民出版社1974年版，第81页。
③ 李焘：《续资治通鉴长编》（附拾补）卷247，上海古籍出版社1986年版，第2册第2316页。
④ 转引自蔡上翔《王荆公年谱考略》卷11，詹大和、顾栋高、蔡上翔：《王安石年谱三种》，中华书局1994年版，第395页。

不讲耳。"① 林希逸也说:"尹和靖言介甫未尝废《春秋》,废《春秋》以为断烂朝报,皆后来无忌惮者托介甫之言也。韩玉汝有子宗文上介甫书,请《六经》之旨,介甫皆答之,独于《春秋》曰:'此经比诸经尤难知,盖《三传》皆不足信也。'"② 杨时、尹焞皆为二程的门人,他们都认为王安石不废《春秋》。朱熹则另是一种观点,即他认为王安石废《春秋》废得好,《朱子语类》记载:"包显道言科举之弊。先生曰:'如他经尚是就文义上说,最是《春秋》不成说话,多是去求言外之意,说得不成模样,索性废了,较强。'"③

和上述观点相反,胡安国父子等人认定王安石废《春秋》,并大加抨击。胡安国之子胡寅在为胡安国作的《先公行状》中写道:"初王安石以《字说》训释经义,自谓千圣一致之妙,而于《春秋》不可以偏傍点画通也,则诋为断烂朝报,废之不列于学官。下逮崇宁,防禁益甚。公自少留心此经,每曰:'先圣亲手笔削之书,乃使人主不得闻讲说,学士不得相传习,乱伦灭理,用夷变夏,殆由此乎!'"④ 胡安国甚至把王安石废《春秋》看作是招致宋朝国势衰亡的原因。与胡安国同时代的陈瓘在《尊尧集表》中也表达了同样的观点。与胡安国、陈瓘等人从政治上攻击王安石废《春秋》有所不同,周麟之在孙觉《春秋传》跋语中则从人格上对王安石废《春秋》加以攻击,他说:"荆公欲释《春秋》以行于天下,而莘老之传已出,一见而有惎心,自知不能复出其右,遂诋圣经而废之,曰此断烂朝报也,不列于学官,不用于贡举。"⑤ 周麟之的说法近于小说家言,实不可信。

有关王安石与《春秋》的议论在宋代较为热烈,而宋以后,王安石非圣无法、废《春秋》之说则占上风,几成定论,只有清代的李绂和蔡上翔、沈钦韩等人曾详加辩白,为王安石曲意回护。

---

① 转引自蔡上翔《王荆公年谱考略》卷11,詹大和、顾栋高、蔡上翔:《王安石年谱三种》,中华书局1994年版,第394页。
② 同上书,第391页。
③ 朱熹:《朱子语类》卷109,中华书局1986年版,第7册第2697页。
④ 胡寅:《斐然集》卷25,《崇正辩 斐然集》,中华书局1993年版,第552页。
⑤ 转引自蔡上翔《王荆公年谱考略》卷11,詹大和、顾栋高、蔡上翔:《王安石年谱三种》,中华书局1994年版,第392页。

笔者认为上述两大派有关王安石与《春秋》关系的论述皆不确当。认定王安石废《春秋》并导致国势衰亡，这是无中生有的恶意诽谤；而认为王安石不废《春秋》，仅以其难解而加以悬置的说法也未能把握住王安石的真意。要解决这个问题，必须联系到王安石对经书、经学的总体看法，即必须从经学与政治的关系的角度看待这个问题。王安石认为经书是古代圣王之政的记载，是道、政、学一体化状态下的产物。五经中《诗》《书》《周礼》都是理、事圆融之作，是理想见之于行动的产物。而《易》与《春秋》却与以上三经有别，《易》是纯理之书，未尝措之于事业，并且作《易传》的孔子有德无位，不可与古代圣王尧、舜、禹、汤、文、武、周公相比；《春秋》则是衰世之作，《孟子·离娄下》中就说："王者之迹熄而《诗》亡，《诗》亡，然后《春秋》作。"① 并且删述《春秋》的圣人孔子也并非圣王。从道、政、学合一的角度讲，《易》与《春秋》是不能与《诗》《书》《周礼》相提并论的。正是由于这个原因，王安石训解《诗》《书》《周礼》三经作为官方教本，而舍弃《易》与《春秋》。王安石的弟子陆佃在《答崔子方秀才书》中所说的"荆公不为《春秋》，盖尝闻之矣。公曰三经所以造士，《春秋》非造士之书也"这段话正可为上述观点作注脚。《春秋》只是孔夫子就历史事实加以删订而已，并且文字简单，结构凌乱，难以理解，确是"非造士之书"，它不适合培养通经术、明时务、复兴古代圣王之政的变法人才的需要，这才是王安石废罢《春秋》的根本原因。

第三节　王安石经学注解的宇宙论

中国传统的经学是以《诗》《书》等几部古代典籍为文本的，就这几部典籍本身来说，它反映的是上古三代的思想意识，而历代的思想家们却通过对这几部典籍的不同注解来表达自己的思想，为现实的社会人生服务，中国经学思想史甚至中国古代思想史在很大程度上就是由历代经学家们的注解构建起来的。王安石是著名的经学家，他主持撰写的《三经新义》以及其他一些经书注解，通过对古人思想的新解释，阐发了新的时

---

① 杨伯峻：《论语译注》，中华书局1980年版，第192页。

代精神，构成其学术思想的主干。下面，我们就以王安石的经学注解为主体，并综合参考其他相关材料，对王安石经学注解中所反映的哲学、伦理、政治等方面的思想加以分析阐释。这一节先探讨王安石经学注解中的宇宙论。

中国传统宇宙论所涉及的问题是多重层面的，它包括宇宙万物是否真实存在、宇宙的本体是什么、宇宙存在的状态是怎样等等，对于这些问题的解答，各个时代、各个学派的思想家们的回答是各不相同的，而不同的宇宙论往往也会导致出不同的人生哲学和政治哲学。以《诗》《书》《周礼》等经书为代表的上古时代的主导精神是天命论，对于宇宙的认识还处于零散和迷信的阶段。王安石经学注解的宇宙论肯定宇宙的实存性，又融合了先秦诸子的思想，把气、阴阳、五行作为宇宙的本体，详细论述了宇宙间万物的属性和规律，在天人关系上，既肯定二者的统一性，又强调二者的相对分别。王安石经学注解的宇宙论主要继承了先秦阴阳家和汉代经学的思想，没有形成圆满的体系，这一点是毋庸讳言的。

一　宇宙的本体和化生过程

构成宇宙万物和人类的本体是什么，这是中国传统哲学宇宙论的基本问题。对于这个问题，王安石的解答是比较模糊的，他把气作为宇宙的本体，又强调气与阴阳、五行共同化生宇宙万物和人类，并探讨了气、阴阳、五行之间的相互联系，但在论述时，尚未使这三者得到完善的统一。

在经学注解中，王安石把气作为宇宙的本体。在《周礼·春官·占梦》的注解中，王安石写道："人之精神与天地同流，通万物一气也。易曰：'乾道变化，各正性命，保合太和，乃利贞。'故占梦掌其岁时，观天地之会，辨阴阳之气，以日月星辰占六梦之吉凶。"[①] 在这里，王安石把气作为万物的共同本体，正因为本体同为一气，所以人与万物才能相互感应。同时，王安石还把气分为阴阳之气，在《尚书·虞夏书·舜典》的注解中，他写道："魂气归于天，故谓之徂；体魄降于地，故谓之

---

① 程元敏：《三经新义辑考汇评（三）——周礼》（上），"国立"编译馆1987年版，第357页。

落。"① 这是认为构成人的形体的也是气。

王安石把气作为宇宙本体,气又有阴阳之分,而阴阳之气又是五行形成的渊源,在《洪范传》一文中,他写道:"'水曰润下,火曰炎上,木曰曲直,金曰从革,土爰稼穑',何也?北方阴极而生寒,寒生水,南方阳极而生热,热生火,故水润而火炎,水下而火上。东方阳动以散而生风,风生木,木者,阳中也,能变,能变,故曲直。西方阴止以收而生燥,燥生金,金者,阴中也,故能化,能化,故从革。中央阴阳交而生湿,湿生土,土者,阴阳冲气之所生也,故发之而为稼,敛之而为穑。"② 按照王安石这段话的意思,正是由于阴、阳的动静变化,产生了寒、热、风、燥、湿,又进一步演化为水、火、木、金、土五行,这就把五行和阴阳结合起来了。

王安石还把天地和阴阳联系起来,认为天是阳、地是阴,在《周礼·春官·典同》的注解中,他写道:"夫天,阳也;地,阴也。东南方,阳也;西北方,阴也。然阴阳之中,复有阴阳焉。"③ 把这段话和上述《洪范传》中的话联系起来,所谓的阴阳变化产生五行,也可以说就是天地变化产生五行,而在《洪范传》中,王安石也的确得出了这个结论,他说:"'五行,一曰水,二曰火,三曰木,四曰金,五曰土',何也?五行也者,成变化而行鬼神,往来乎天地之间而不穷者也,是故谓之行。天一生水,其于物为精,精者,一之所生也。地二生火,其于物为神,神者,有精而后从之者也。天三生木,其于物为魂,魂,从神者也。地四生金,其于物为魄,魄者,有魂而后从之者也。天五生土,其于物为意,精、神、魂、魄具而后有意。自天一至于天五,五行之生数也。以奇生者成而耦,以耦生者成而奇;其成之者皆五。五者,天数之中也,盖中者所以成物也。"④ 在这段话里,王安石用了一些机械的数字来表示天地化生万物的过程,但他认为天地是五行、万物的根源的意思还是很清楚的。而万物则是由五行构成的,五行的实质也就是把宇宙万物分为五

---

① 程元敏:《三经新义辑考汇评(一)——尚书》,"国立"编译馆1986年版,第21页。
② 王安石:《王文公文集》(上册)卷25,上海人民出版社1974年版,第282页。
③ 程元敏:《三经新义辑考汇评(三)——周礼(上)》,"国立"编译馆1987年版,第345页。
④ 王安石:《王文公文集》(上册)卷25,上海人民出版社1974年版,第281页。

大类。

如果将上面的几段综合起来,王安石经学注解中关于宇宙本体与化生过程可以描述如下,即气是宇宙的本体,气分为阴阳二气和天地,阴阳和天地进一步演化为五行和万物。这是一个比较朴素的宇宙论,应该属于一种肯定现实万物存在的存有论。[①] 不过,值得提出的是,古人的存有论只是承认宇宙的实存性,和我们今天的唯物论所思考的角度是不一样的,存有论是就宇宙存在与非存在而言的,而唯物论是就物与心何者是宇宙本原而言的。中国传统哲学所论述的宇宙本体一般都是包含心、物二者的,近似于物活论和泛神论,王安石的观点也是这样,所以他说"人之精神与天地同流,通万物一气也",并把水、火、木、金、土和精、神、魂、魄、意直接比附,也正是由于持这种观点,中国传统哲学才会得出天与人、群与己、心与物可以合一的结论。同时,古人在论述宇宙论时,其思想中往往包含生成论和本体论,而没有明确的表述,王安石也是这样,他的气既是宇宙生成的本原,又是含蕴在万物之中的本体,本原和本体是同一个气。也正是由于持有这样的观点,中国传统哲学才会得出古与今可以合一的结论,才要通古今之变。

二 宇宙万物的属性与规律性

王安石提出了一个以气为本体、阴阳五行为骨架的宇宙论,同时,他还对气、阴阳、五行的根本属性进行了分析,试图总结出宇宙和人生的基本规律,为现实的人生、政治服务。

在中国古代哲学中,标志实体和标志属性的概念之间没有明确的分化,有些概念是兼有多重意义的,其中,阴阳这一对概念就是如此。在王安石的论述中,阴阳就既是标志实体的阴阳之气,又是标志属性、规律的阴阳之道、阴阳之理。王安石认为道是宇宙的根本规律,而这个道的具体

---

① 综合前代思想成果,构建新的宇宙图景,这是北宋时期兴起的各派新儒学的共同目标。和王安石大致同时,宋明道学的奠基人物周敦颐也以太极、阴阳、五行为基本范畴,构建了一个宇宙图景。稍后于王安石的邢恕说:"茂叔闻道甚蚤,王安石为江东提点刑狱时,已号为通儒,茂叔遇之,与语连日夜,安石精思,至忘寝食。"由此可见,王安石、周敦颐等人在构建各自的思想体系时,彼此可能都受到了对方的影响。参见蔡上翔《王荆公年谱考略》卷8,詹大和、顾栋高、蔡上翔:《王安石年谱三种》,中华书局1994年版,第345页。

内涵就是一阴一阳。在《周礼·春官·司服》的注解中，王安石写道："盖一阴一阳之谓道，道之在天，日月以运之，星辰以纪之；其施于人也，仁莫尚焉，无为而仁者，山也；仁而不可知者，龙也；仁藏于不可知，而显于可知者，礼也；礼者，文而已。"① 按照王安石这段话的意思，一阴一阳之道是贯通天人的，日月星辰固然是按照道来运行的，就是人类的仁、礼之类的道德也是一阴一阳之道的体现。在《诗经·豳风·七月》的注解中，王安石就明确地写道："阴阳往来无穷，而与之出入作息者，天地万物性命之理，非特人事也。"② 可以说，在王安石那里，道、一阴一阳、性命之理是一致的。

在王安石的宇宙本体论和生成论中，五行占有很重要的作用，是本原之气到万物之间的基本中介，一阴一阳是宇宙的根本规律，他也同样把这个规律贯穿到五行的属性和演化之中。在《洪范传》中，王安石写道："道立于两，成于三，变于五，而天地之数具。其为十也，耦之而已。盖五行之为物，其时、其位、其材、其气、其性、其形、其事、其情、其色、其声、其臭、其味，皆各有耦，推而散之，无所不通。一柔一刚，一晦一明，故有正有邪，有美有恶，有丑有好，有凶有吉，性命之理、道德之意皆在是矣。耦之中又有耦焉，而万物之变遂至于无穷。其相生也，所以相继也；其相克也，所以相治也。"③ 王安石这段话主要讲的是宇宙生成中的根本原因和规律，他所说的"两"指的是阴阳，"五"指的是五行，五行中含蕴着"两"，这就是"耦"。耦体现在五行所构成的万物的时、位、材、气、形、事、情、色、声、臭、味等之中，表现为柔与刚、晦与明以及价值判断的正与邪、美与恶、丑与好、凶与吉，这个耦既是宇宙生成的动力，又是宇宙的根本规律，还是人类社会价值判断的根基。

王安石把一阴一阳作为宇宙的根本规律，但他并未停留于此，他还从一般规律与特殊规律、一般规律与具体事物、自然规律与社会法则、心理与外物、人与道理之间的关系等角度对一阴一阳之道作了深刻、细致的解剖，深化了人们对宇宙和人生的规律性认识。

---

① 程元敏：《三经新义辑考汇评（三）——周礼（上）》，"国立"编译馆1987年版，第317页。
② 邱汉生：《诗义钩沉》，中华书局1982年版，第115页。
③ 王安石：《王文公文集》（上册）卷25，上海人民出版社1974年版，第281页。

关于一般规律与特殊规律、一般规律与特殊事物的关系。王安石把一阴一阳作为宇宙的根本规律,这可以称为最普遍、一般的规律,同时,他又对这个一般规律与具体事物、具体规律的关系进行了论述。在《洪范传》中,王安石写道:"道者,万物莫不由之者也。器者,道之散;时者,命之运。"① 这里指出,道是宇宙万物所必须共同遵守的一般规律,而器则是道的分解,是特殊的、具体的事物。在《周礼·天官·小宰》的注解中,王安石又说:"又言以法,则亦不豫道揆故也。"② 在这里,王安石进一步将一般规律与特殊规律作了区分。南宋的魏了翁在评论王安石这段注解时说:"荆公常以道揆自居,而元不晓道与法不可离。如舜为法于天下,可传于后世,以其有道也;法不本于道,何足以为法?道而不施于法,亦不见其为道。荆公以法不豫道揆,故其新法皆商君之法,而非帝王之道。所见一偏,为害不小。"③ 一般规律与特殊规律是有同有异的,王安石强调两者的差别,魏了翁强调两者的相同,各有一得。人们常常囿于一般寓于个别之中的观点,而忽视个别有一般所包含不了的部分这个事实,这种思维偏见在强调和合的中国传统哲学中更为普遍,所以,王安石这种分离一般与特殊的观点常常受到不应该的指责。实际上,重视一般而忽视个别的思维倾向对于现实的生产、生活、政治、科学的发展都存在有极大的阻碍作用,只有重视对个别事物、规律的研究才能使人类的认识深化。④

王安石重视对特殊规律与一般规律的区别,他认为一般的道高于特殊的规律,但并不忽视对特殊规律的探讨,他就试图对五行中由每一行统帅的事物所具有的属性进行总结,得出一些规律性的东西。他认为五行都具有时、位、材、气、形、事、情、色、声、臭、味等属性,在《洪范传》中,他又作了进一步解说:"'水曰润下,火曰炎上,木曰曲直,金曰从

---

① 王安石:《王文公文集》(上册)卷25,上海人民出版社1974年版,第281页。
② 程元敏:《三经新义辑考汇评(三)——周礼(上)》,"国立"编译馆1987年版,第63页。
③ 转引自同上书,第64页。
④ 在一般与个别关系问题上,往往存在着一个误解,这就是人们论述一般和个别关系时实际讨论的只是一般之理和个别之理的关系,而一般和个别的关系还包括一般之理和个别事物的关系,就前一重关系而言,只涉及理之间的关系,就后一重关系而言则涉及理与事的关系。对这两重关系不加甄别,就会在世界观、人生观、政治哲学上掩盖许多实际存在的问题和矛盾。

革，土爰稼穑'，何也？……润者，性也。炎者，气也。上下者，位也。曲直者，形也。从革者，材也。稼穑者，人事也。冬，物之性复，复者，性之所，故于水言其性。夏，物之气交，交者，气之时，故于火言其气。阳极上，阴极下，而后各得其位，故于水火言其位。春，物之形著，故于木言其形。秋，物之材成，故于金言其材。中央，人之位也，故于土言人事。水言润，则火熯，土溽，木敷，金敛，皆可知也。火言炎，则水冽，土蒸，木温，金清，皆可知也。水言下，火言上，则木左，金右，土中央，皆可知也。推类而反之，则曰后，曰前，曰西，曰东，曰北，曰南，皆可知也。木言曲直，则土圜，金方，火锐，水平，皆可知也。金言从革，则木变，土化，水因，火革，皆可知也。土言稼穑，则水之井洫，火之爨冶，木、金之为器械，皆可知也。……所谓木变者何？灼之而为火，烂之而为土，此之谓变。所谓土化者何？能熯，能润，能敷，能敛，此之谓化。水因者何？因甘而甘，因苦而苦，因苍而苍，因白而白，此之谓因。所谓火革者何？革生以为熟，革柔以为刚，革刚以为柔，此之谓革。金亦能化，而命之曰从革者何？可以圜，可以平，可以锐，可以曲直；然非火革之，则不能自化也，是故命之曰从革也。夫金，阴精之纯也，是其所以不能自化也。"[①] 在这段话里，王安石总结出五行的一些根本属性来，按照他的说法，水的性是润、位是下，善于因顺他物，可以用来饮用、灌溉，以此类推，其他四行也有各自的根本属性。[②]

　　探讨宇宙万物的一些较为特殊的属性、规律，这是王安石思想中的一个特别之处，因为特殊规律和一般规律比较起来，实用性更强，而王安石讨论宇宙万物规律的目的也的确是为现实服务的。在《洪范传》中，王安石写道："'润下作咸，炎上作苦，曲直作酸，从革作辛，稼穑作甘'，何也？寒生水，水生咸，故润下作咸。热生火，火生苦，故炎上作苦。风生木，木生酸，故曲直作酸。燥生金，金生辛，故从革作辛。湿生土，土生甘，故稼穑作甘。生物者，气也；成之者，味也。以奇生则成而耦，以

[①] 王安石：《王文公文集》（上册）卷25，上海人民出版社1974年版，第282—283页。
[②] 在中国思想史上，像王安石这样对宇宙万物作如此细致分析的并不多见，这种思维方式近似于佛学的名相分析，也和西方思想重分析的传统相合。古希腊的亚里士多德就用本体、数量、性质、关系等十大范畴来指称宇宙万物，后来康德更提出十二范畴作为认识外在事物的知性纯粹概念。王安石的思想相对来说很粗糙，但思路是可取的，可惜后继无人。

耦生则成而奇。寒之气坚，故其味可用以软；热之气软，故其味可用以坚。风之气散，故其味可用以收；燥之气收，故其味可用以散。土者，冲气之所生也，冲气则无所不和，故其味可用以缓而已。气坚则壮，故苦可以养气；脉软则和，故咸可以养脉；骨收则强，故酸可以养骨；筋散则不挛，故辛可以养筋；肉缓则不壅，故甘可以养肉。坚之而后可以软，收之而后可以散；欲缓则用甘，不欲则弗用也。古之养生、治疾者，必先通乎此，不通乎此而能已人之疾者，盖寡矣。"① 在这段话里，王安石认为，人们可以利用五行所具有的各种属性来为人们的生产、生活服务。王安石还用五行之间的变化发展来为自己的政治改革辩护，在《洪范传》中，他写道："盖天地之用五行也，水施之，火化之，木生之，金成之，土和之。施生也柔，化成以刚，故木桡而水弱，金坚而火悍，悍坚而济以和，万物之所以成也，奈何终于挠弱而欲以收成物之功哉？"② 宇宙万物的成长还需要刚强和柔弱兼济，那么人类也应该有所作为，不能一味提倡柔弱。这是用宇宙论来作为政治思想的哲学基础。

关于天道与人道的关系。王安石从宇宙统一性的角度是肯定天道与人道一致的，但二者之间毕竟分属自然与社会两大领域，各有特定内容，在《诗经·秦风·蒹葭》的注解中，王安石写道："降而为水，升而为露，凝而为霜，其本一也。其升也、降也、凝也，有度数存焉，谓之时。此天道也。畜而为德，散而为仁，敛而为义，其本一也。其畜也、敛也、散也，有度数存焉，谓之礼。此人道也。"③ 按照王安石这里的意思，天道的内容是自然界事物的变化规律，人道的内容是人类社会仁、义、礼之类的道德法则，两者确有不同，但两者都是"有度数存焉"，即两者都表现为同样的规律性，这个规律性就是一阴一阳之道。天道与人道的关系是既有分又有合。

天道与人道关系问题一直是中国传统哲学争论的焦点之一，从历史上看，除了极少数人外，大多数思想家都是主张天道与人道一致的，但在一致于哪一点上是各不相同的，就中国古代影响最大的儒、道两家来说，道

---

① 王安石：《王文公文集》（上册）卷25，上海人民出版社1974年版，第283页。
② 同上。
③ 邱汉生：《诗义钩沉》，中华书局1982年版，第95页。

家学派重自然无为，而儒家学派重伦常道德。王安石继承《易传》用一阴一阳来合一天道与人道，但一阴一阳之道仍然有一个是侧重表示纯粹事实判断、自然规律还是侧重表示价值判断、伦常道德的差别，这是儒家学派与非儒家学派之间的根本不同之一，而恰恰在这一点上，王安石的观点是模糊的，并且从总体上是偏向道家天道自然论的。

在《周礼·冬官考工记·匠人》的注解中，王安石认为："朝，阳事；市，阴事，故前后之次如此。"① 这个观点和《易传》、汉儒的阳尊阴卑的理论是一致的，从这种阳尊阴卑的观点出发，自然可以推导出人类社会君臣、父子、夫妇的纲常伦理关系，这一点正是秦汉之际儒者将儒家伦理、政治思想与阴阳五行学说结合起来的理论创造，弥补了先秦儒学缺少形上学的缺陷。但王安石对于这种赋予自然规律以价值判断的做法论述极少。在《诗经·小雅·谷风》的注解中，王安石写道："风之于草木，长养成就之，则风之德亦大矣。然不能不终以萎死，则风有所不能免也。孰为此者乎？天地也。天地苟然，而况人乎？"② 这里所描述的天地之道显然是自然规律，从这种纯粹的事实判断中是推导不出来儒学所提倡的纲常名教的。在《诗经·郑风·子衿》的注解中，王安石写道："人之行，莫大于孝。此乃人道，未至于天道。"③ 这是一种把天道和人道相对分别的思想，他把天道置于人道之上，认为在儒家学派所竭力提倡的伦常道德之外有更加值得追求的人生价值，这是正统儒学所不能同意的。宋代的李樗在评论王安石这段注解时就说："夫子衿之所刺，盖伤人伦之废。其于人道、天道分而为二，尽子道则人伦之道尽矣，尽人道不能尽天道，则天道果何物哉？学者虽多，徒亦赘矣。"④ 李樗正是站在儒家学派合天道、人道于伦理纲常的角度立论的，尽人道就是尽天道，不能有凌驾于纲常名教之上的价值存在。在这一点上，王安石吸收了道家的思想，而对于儒学的价值观有所偏离。

---

① 程元敏：《三经新义辑考汇评（三）——周礼（下）》，"国立"编译馆1987年版，第612页。
② 邱汉生：《诗义钩沉》，中华书局1982年版，第186页。
③ 同上书，第73页。
④ 转引自程元敏：《三经新义辑考汇评（二）——诗经》，"国立"编译馆1986年版，第76页。

王安石在论述宇宙普遍规律的道时，往往是与人的内在心理联系在一起的，藏于人心变幻莫测的是道、形而上，而外在事物有形有象就是器、形而下。心与物的关系与一般与特殊的关系交织在一起。在《诗经·大雅·思齐》的注解中，王安石写道："'刑于寡妻'为形而上者，则有'道'存焉。'以御于家邦'为形而下者，则有度数存焉，是故谓之御也。"①"刑于寡妻"指的是修身养性的内在心理，"以御于家邦"指的是安邦治国的具体政治行为、措施，这实际上是用心与物来标志道与器。在《诗经·卫风·淇奥》的注解中，王安石又说："夫盛德之至，有刚有柔，而其化无方。或锐或圆，而其成不易。其化无方，则所以为道也。其成不易，则所以为义也。"② 这是说人内在的道德心理是具有无限可能性的，就像道一样，而由它表现出来的具体行为则是特定的现实性，义就是这样的特定的道德行为。在这里，王安石实际上是用人的道德心理和具体的道德行为来标志道与器。在《尚书·商书·仲虺之诰》的注解中。王安石写道："懋昭大德，所以极高明、所以处己也。建中于民，所以道中庸、所以用人也。"③ 按这里的高明指的是内在的心理，而中庸指的是外在的为人处事的准则，王安石强调高明与中庸的区别，也就是强调心理与行为的区别，而这正是强调天人合一、群己合一、心物合一的正统儒学所不能接受的。王安石的这种观点曾受到朱熹等人的严厉批评。在《答潘谦之》一文中，朱熹说："中庸者，理之所当然也；高明者，理之所以然也。圣人处己应物固无二道，然处己而尽其理之当然者，所以为中庸也；知处己所以当然之理，则高明也。应物而尽其理之当然者，所以为中庸也；知应物所以当然之理，则高明也。王氏判而为二固非矣，而杨氏又浑然无所区别，则亦不察中庸、高明所以得名之实也。"④ 按这里的高明、中庸可注释为心中之理与外在事物之理的关系，王安石强调心与物、内与外的差别，而杨时强调两者的同一，朱熹的观点是心中之理与外在事物之理既有一致处又有差别处，不能说两者有差别，也不能说两者同一。

　　道是宇宙的普遍规律，个人作为宇宙中的一个分子，他理所当然应当

---

① 邱汉生：《诗义钩沉》，中华书局1982年版，第232页。
② 同上书，第52页。
③ 程元敏：《三经新义辑考汇评（一）——尚书》，"国立"编译馆1986年版，第78页。
④ 朱熹：《朱熹集》卷55，四川教育出版社1996年版，第5册第2758—2759页。

遵循道，但人又是不同于万物的特殊存在物，他还具有反思自身存在的能力，所以，除了遵循道以外，他还能自觉地认识道、利用道，这就是道与人的关系问题。在这个问题上，王安石把人划分为百姓与君子两大类，一般的百姓没有知识，只是不知不觉地顺应道，而君子却能够掌握道，宰制万物。在《洪范传》中，王安石写道："由于道、听于命而不知者，百姓也；由于道、听于命而知之者，君子也。道万物而无所由，命万物而无所听，唯天下之至神为能与于此。夫火之于水，妻道也；其于土，母道也。故神从志，无志则从意。志致一之谓精，唯天下之至精为能合天下之至神。精与神一而不离，则变化之所为在我而已。是故能道万物而无所由，命万物而无所听也。"[①] 在这段话里，王安石用了五行相生的说法来说明精神专一的重要，他认为，人只要做到精神专一就能够达到与道合一的神明境界，就能够宰制万物，无所不利。

王安石认为，大部分百姓是无知无觉地顺应道，少数君子才能够先知先觉利用道，他自己自然居于先知先觉之列，是真理在手，而对于那些与他意见不同的人则斥之为不知道理，加以批评。《续资治通鉴长编拾补》记载王安石与宋神宗谈话时说："上因论及台谏官，言不可失人心。安石曰：ّ所谓得人心者以为理义，理义者，乃人心之所悦，非独人心，至于天地鬼神亦然，先王能使山川鬼神亦莫不宁者，以行事有理义故也。苟有理义，即周公致四国皆叛不为失人心，苟无理义，即王莽有数十万人诣阙颂功德不为得人心也。'"[②] 王安石认为人数的多少不能说明意见的正确与否，这是不错的，因为真理往往是掌握在少数人手里的。但他以理义至上而相对忽视人心的说法，则过于武断霸道，没有离开人和社会的超越真理，特别是在社会政治领域，忽视人心，唯理是尚，常常导致教条主义和暴政，这是历史所反复证明的。

三 天人关系论

在中国传统的宇宙论中，天人关系论占据着核心地位，人们讨论宇宙

---

① 王安石：《王文公文集》（上册）卷25，上海人民出版社1974年版，第281—282页。
② 《续资治通鉴长编拾补》卷7，李焘：《续资治通鉴长编》（附拾补），上海古籍出版社1986年版，第5册第109页。

的目的本来就是为人类社会生活服务的，特别是为政治活动服务的。在中国哲学史上，天与人可以算得上是一对历时最久、影响最大的范畴，如果将中国传统哲学中有关天、人的论述加以罗列，则其含义也是极为宽泛的，其中天的含义主要有神、天象、规律、必然性、万物的本性、自然界等，人的含义主要有人类、人类社会、人的本性、人的智慧、人的努力、人道原则等，由这些不同含义交叉而形成的天人关系论更是多种多样。但是，就天人关系的主要宗旨来说，它是示作为实践主体的人、特别是作为政治实践主体的统治者与外在事物的关系。

关于天人之间的关系，中国古代的哲学家们大多认为天与人从宇宙本原上讲是同一的，但接下来的论述就发生了歧义：有些人认为天、人不仅在本原上是同一的，而且在分化开以后相互间仍然存在着感应等关系；而另外一些人则认为，天、人分化开以后相互间不会再发生感应关系。在肯定天人之间存在感应关系的情况下，有的人认为这种感应关系是必然、一一对应的，有的人则认为这种感应关系是从总体上讲的，天人之间有相对分离的一面。在天人关系论上，王安石从总体上是赞同天人感应的，他肯定人和人以外的万物是一个本性相同的统一体，人在宇宙中，他的思想和行为都和外物休戚相关，人的所作所为可以影响天地万物，而天地万物又可以反过来影响人，整个宇宙是一个互相感应的有机整体。但他并不认为天人之间的感应关系是一一对应的，特别是汉代经学所宣扬的那种天能够对统治者的政治行为直接赏善罚恶的天人感应论则是王安石所不能同意的。

王安石从总体上是肯定天人之间的统一性的，在《郊宗议》一文中，他说："所谓天者，果异于人邪？所谓人者，果异于天邪？故先王之于人鬼也，或以天道事之，萧合稷黍，臭阳达于墙屋者，以天道事之也。呜呼，天人之不相异，非知神之所为，其孰能与于此？"[1] 因为天人是相通的，所以人对天、神可以通过祭祀等活动相互沟通。王安石把一阴一阳作为宇宙的根本规律，所以，他认为可以通过以阴感阳、以阳感阴的方式来感动天地，在《周礼·春官·女巫》的注解中，他写道："女，阴物；舞，阳事；舞女以助达阴中之阳，用巫则以接神故也。国大旱，则旱大

---

[1] 王安石：《王文公文集》（上册）卷31，上海人民出版社1974年版，第358页。

矣，又遍国焉，故司巫帅舞旱暵则不至是也，故女巫舞之而已。"① 这里的通过阴阳达到天人感应的方式迷信色彩相当浓厚，和汉代大儒董仲舒的相关论述极为接近。②

王安石关于天人之间相互感应的论述中，认为个人的修养可以感通天地。在《周礼·天官·膳夫》的注解中，王安石详细描述了通过精神专一达到神明境界的方法，他写道："孔子齐必变食者，致养其体气也。王齐日三举，则与变食同意。孔子之齐，不御于内，不听乐，不饮酒，不膳荤，丧者、则弗见也，不蠲、则弗见也，盖不以哀乐欲恶贰其心，又去物之可以昏愦其志意者，而致养其气体焉；则所以致精明之至也，夫然后可以交神明矣。然此特祭祀之齐，尚未及夫心齐也。所谓心齐，则圣人以神明其德者是也。故其哀乐欲恶，将简之弗得，尚何物之能累哉？虽然，知致一于祭祀之齐，则其于心齐也，亦庶几焉。"③ 这是一种近似神秘的修养方法，尽管王安石用了孔子的名字，但他这种修养方法实际上是来自于庄子的"心斋"与"坐忘"。在《尚书·商书·说命上》的注解中，王安石又写道："古之人齐三日以致其思，必见其所为齐者，况于恭默思道致一而深思？则感格上帝，梦赍良弼，盖无足怪者。浅陋之人，不知天人之际、至诚可以感通如此。"④《尚书·商书·说命上》记载商高宗武丁在梦中见到贤人傅说的事情，王安石认为从天人感通的角度看这并不奇怪。从天人感通的角度出发，王安石甚至认为占梦之类都是可信的，在《周礼·春官·大师》的注解中，他写道："一体之盈虚，通于天地，应于物类；故占之以梦卜，眠之以浸象，听之

---

① 程元敏：《三经新义辑考汇评（三）——周礼（上）》，"国立"编译馆1987年版，第373页。
② 董仲舒《春秋繁露》中《求雨》、《止雨》等文就充斥着这种通过阴阳相互感应达到天人感应的描述，详细内容参见钟肇鹏、于首奎、周桂钿：《春秋繁露校释》卷16，山东友谊出版社1994年12月第1版，第789、807页。值得注意的是，王安石的经学主张往往与他的经学注解中表现出来的思想大不相同，比如，他对汉代经学持批判态度，但在思想上却和董仲舒等人有很多共同之处。又比如王安石废《春秋》，可是他在《三经新义》中所用的解释方法就和牵强比附的《春秋》笔法如出一辙，以至被讥为"凿"。
③ 程元敏：《三经新义辑考汇评（三）——周礼（上）》，"国立"编译馆1987年版，第88页。
④ 程元敏：《三经新义辑考汇评（一）——尚书》，"国立"编译馆1986年版，第93页。

以同律，皆得其祥焉。"① 王安石的这种天人感应论已经流于迷信。

王安石的天人感应论还重点论述了统治者的政治行为可以感通天地，这也是汉代以来儒家经学的传统观点，这种意义上的天往往有浓厚的神秘意味。在《诗经·大雅·抑》的注解中，王安石写道："昊天孔明，于人善恶，无所不察。无所不察，则王为如此，必致祸罚，故我生靡乐。"② 这里的天就是神，他能够对人间帝王的政治行为直接给予赏罚。王安石还继承了汉代经学天人感应论中的祥瑞、灾异思想，认为天对人的赏罚是通过异常的天象、事物等表现出来，在《诗经·小雅·十月之交》的注解中，王安石写道："'日月告凶，不用其行'，则以'四国无政、不用其良'故也。月食，非其常也，然比日食，则以阳侵阴，犹为常也。"③ 这是说帝王用人不当会导致日食。在《诗经·大雅·云汉》的注解中，王安石写道："旱能致饥馑，而曰'天降丧乱'者，天欲平治天下，则时和岁丰以应之。"④ 这是说天用庄稼的歉收、丰收和人间政治的治乱相感应。而在《周礼·春官·保章氏》的注解中，王安石又写道："五云之物，或兆吉凶，或兆水旱；兆水旱，故以其物降丰荒之祲象，使人知而为备。气祥谓之祲，形本谓之象，以风察天地之和，和则无事矣；不和也，则命乖别之妖祥焉，乖别在人，而妖祥先见于风，则亦人与天地同流通、万物一气故也。"⑤ 这是说风、云等物都是天意对于人间政治的感应标志。在上述这些天人感应论中，王安石都把气、阴阳之气作为感应的中介物，这也是汉代经学天人感应论的老调子。

因为天人之间存在着感应关系，所以王安石认为统治者应该观察天意，敬天、畏天。在《尚书·周书·洪范》的注解中，王安石写道："君子之于人也，故当思其贤，而以其不肖者为戒。况天者固人君之所当取象也，则质诸彼以验此，固其宜也。"⑥ 在《尚书·周书·无逸》的注解中，

---

① 程元敏：《三经新义辑考汇评（三）——周礼（上）》，"国立"编译馆1987年版，第343页。

② 邱汉生：《诗义钩沉》，中华书局1982年版，第258页。

③ 同上书，第170页。

④ 同上书，第261页。

⑤ 程元敏：《三经新义辑考汇评（三）——周礼（上）》，"国立"编译馆1987年版，第380页。

⑥ 程元敏：《三经新义辑考汇评（一）——尚书》，"国立"编译馆1986年版，第121页。

王安石又写道："貌严、行祇、心敬也，其畏天也，岂徒然哉！"① 以董仲舒为代表的汉代儒者提倡这种天人感应论，其目的是在君主专制集权的制度下，用天的权威来制约君权，上天赏罚的依据就是看人间的君王是否实行了儒家经学的政治主张，思想家的眼光往往比现实的政治家长远，况且，儒学的集体智慧也远远高于个别君王，而当出现昏君暴主时，天人感应论又是臣下批评时政的工具。所以，天人感应论虽然有着浓厚的神学色彩，但其在政治上却可以起到维护社会长治久安的作用。王安石继承汉儒的这种天人感应论，其目的也正是要制约君主的非理行为。在《赠司空兼侍中文元贾魏公神道碑》一文中，王安石写道："太平兴国寺灾，公以《易》《春秋》进戒，因言近岁屡灾观寺，天意盖有所在，今此独可勿缮治，以称陛下畏天威、爱人力之意。"② 这是用畏天威来要求君主爱惜人力。据《续资治通鉴长编》记载："上又论：'人有才，不可置之闲处。'因言汉武亦能用人才。王安石曰：'武帝所见下，故所用将帅止卫、霍辈，至天下户口减半，然亦不能灭匈奴。'……上曰：'汉武帝至不仁，以一马之欲，劳师万里，侯者七十余人，视人命若草芥，所以户口减半也。人命至重，天地之大德曰生，岂可如此？'安石曰：'不仁如此，非特人祸，阴阳之报，亦岂可逃也！'"③ 宋神宗和王安石君臣也是肯定了天地、阴阳对于帝王政治活动具有的反馈、调节作用。

我们通过对王安石的经学注解进行分析，可以看出，在天人关系上他基本上是属于天人感应论的一派，而不同于天人相分论。但王安石在历史上却是因反对天人感应论闻名的，这其中是需要作具体分析的。在笔者看来，王安石是在承认天人感应论的前提下强调天人之间的相对分别的，所以他既不同于天人相分论者，也不同于完全的天人合一论者、一一对应的天人感应论者。后代的儒家学者大多持天人合一论点，不能容忍天人之间的相对分离，所以他们才会批评王安石。

王安石论述天人关系是和他的变法实践紧密相连的，在当时，很多保守派人士用天降灾异之类来攻击新法的实施给国家带来了祸害。据《续

---

① 程元敏：《三经新义辑考汇评（一）——尚书》，"国立"编译馆1986年版，第190页。
② 王安石：《王文公文集》（下册）卷83，上海人民出版社1974年版，第888页。
③ 李焘：《续资治通鉴长编》卷233，上海古籍出版社1986年版，第2册第2170页。

资治通鉴长编拾补》记载:"己未,上谕安石曰:'闻有三不足之说否?'王安石曰:'不闻。'上曰:'陈荐言外人云今朝廷为天变不足惧,人言不足恤,祖宗之法不足守。昨学士院进试馆职策专指此三事,此是何理,朝廷亦何尝有此,已别作策问矣。'安石曰:'陛下躬亲庶政,无流连之乐,荒亡之行,每事惟恐伤民,此亦是惧天变。……'"① 保守派抬出的天人感应论,是中国传统思想的主流意识,也是王安石本人的宇宙论中的应有结论,所以他不敢也不能从正面加以反对,这就迫使他必须对于天人关系进行深入的理论探讨,一方面要阐明新法的实际效益,另一方面又要批评保守派把灾异和新法的政治实践一一对应的浅薄、神秘的天人感应论。

王安石分别从道理和历史事实方面批驳了保守派那种新法实施导致天降灾异的说法。在《策问十道》中,他写道:"圣人之为道也,人情而已矣。考之以事而不合,隐之以义而不通,非道也。《洪范》之陈五事,合于事而通于义者也,如其休咎之效,则予疑焉。人君承天以从事,天不得其所当然,则戒吾所以承之之事可也,必如传云人君行然,天则顺之以然,其固然邪?'僭常旸若','狂常雨若',使狂且僭,则天如何其顺之也?尧、汤水旱,奚尤以取之邪?意者微言深法,非浅者之所能造,敢以质于二三子。"② 在这段话里,王安石用推理的形式说明,过去人们把《尚书·周书·洪范》中关于帝王之道的内容理解为天人感应是错误的。作为帝王的确要按照天意行事,但并非帝王的所有行为都会招致天意的感应。《续资治通鉴长编》记载王安石的话说:"臣等伏观晋武帝五年,慧实出轸又出孛,而其在位二十八年,与乙巳占所期不合。盖天道远,先王虽有官占而所信者人事而已,天文之变无穷,人事之变无已,上下傅会,或远或近,岂无偶合,此其所以不足信也。周公、召公岂欺成王哉,其言中宗所以享国日久,则曰严恭寅畏天命,自度治民不敢荒宁,其言夏商所以多历年所,亦曰德而已。裨灶言火而验,及欲禳之,国侨不听,则曰:'不用吾言,郑又将火。'侨终不听,郑亦不火,有如裨灶未免妄诞。况今星工岂足道哉!所传占书又世所禁,眷写讹误尤不可知。伏惟陛下盛德

---

① 《续资治通鉴长编拾补》卷7,李焘:《续资治通鉴长编》(附拾补),上海古籍出版社1986年版,第5册第112页。
② 王安石:《王文公文集》(上册)卷30,上海人民出版社1974年版,第355页。

至善，非特贤于中宗，周召所言则既阅而尽之矣，岂须愚瞽复有所陈。然窃闻两宫以此为忧，臣等所以彷徨不能自己，伏望陛下以臣等所陈开慰太皇太后、皇太后，臣等无任兢惶恳激之至。"① 在这里，王安石通过对历史事实的回顾，证明天人感应并非可靠，往往出于无知之人的附会，真正的有道明君总是注重实际的政事，用人事的努力来消除灾害。《续资治通鉴长编》记载："上以久旱忧见容色，每辅臣进见未尝不叹息恳恻欲尽罢保甲、方田等事，王安石曰：'水旱常数，尧舜所不免。陛下即位以来累年丰稔，今旱暵虽逢，但当益修人事以应天灾，不足贻圣虑耳。'"② 在这里，王安石也是用历史上尧、舜等有道明君为例，劝说宋神宗不要把新法和天气反常现象联系起来，而应当致力于政事活动来消除灾害。

王安石在天人关系上的总的看法是，天人之间的感应关系是确实存在的，但天象、灾异之类并非和现实政治的每一件措施一一对应，作为执政者，主要的着眼点应该是现实的人事。在《洪范传》中，王安石批评了自西汉以来注解中的天人感应的附会之论，系统地阐述了自己在这个问题上的观点，他写道："孔子曰：'见贤思齐，见不贤而内自省也。'君子之于人也，固常思齐其贤，而以其不肖为戒，况天者固人君之所当法象也，则质诸彼以验此，固其宜也。然则世之言灾异者，非乎？曰：人君固辅相天地以理万物者也，天地万物不得其常，则恐惧修省，固亦其宜也。今或以为天有是变，必由我有是罪以致之；或以为灾异自天事耳，何豫于我，我知修人事而已。盖由前之说，则蔽而葸；由后之说，则固而怠。不蔽不葸、不固不怠者，亦以天变为己惧，不曰天之有某变，必以我为某事而至此，亦以天下之正理考吾之失而已矣，比亦'念用庶征'之意也。"③ 王安石把"天下之正理"作为最高的衡量标准，既反对天象人事一一对应的肤浅感应论，又反对割裂天人、主客辩证关系的形而上学的观点，确是高出时人。这个"天下之正理"也就是宇宙的规律和人类社会的法则。应该说王安石的天人关系论虽然因袭了汉儒的很多说法，但的确摆脱了那

---

① 李焘：《续资治通鉴长编》（附拾补）卷269，上海古籍出版社1986年版，第3册第2539—2540页。

② 李焘：《续资治通鉴长编》（附拾补）卷252，上海古籍出版社1986年版，第2册第2366页。

③ 王安石：《王文公文集》（上册）卷25，上海人民出版社1974年版，第293页。

种粗浅的宇宙论模式,而在更高的层面上探讨了天与人之间既统一又相对分离的关系。

第四节　王安石经学注解的人生哲学

人生在世,如何看待自身存在的本质,如何修养自己的道德和智慧,如何在纷繁复杂的人际交往和社会活动中处理好群己关系,追求什么样的人生目的,这都是中国传统人生哲学所关心的问题。王安石经学注解的人生哲学,在人性论、人伦关系和人生追求等方面基本以儒家学派的思想为主导,但也吸收诸子百家的智慧,在重视个性、处理生存境遇等问题上提出了自己的独特见解。

一　人性的本质

中国传统的各派人生哲学往往都奠基在各自不同的人性论基础之上,对人性的本质持什么定义,则在人生的追求和人伦关系的处理上也会持相应的态度。在这一点上,王安石也是如此。王安石经学注解的人性论继承了儒家学派特别是孟子的观点,但他又强调人性中智性因素的重要性,并且重视人的个性,这与强调共性、群体性的儒学传统有所不同。

王安石继承了孟子以羞恶、恻隐之心等道德感情作为人性的性善论观点,在《诗经·郑风·溱洧》的注解中,王安石写道:"羞恶之心,莫不有之。而其为至于如此者,岂其人性之固然哉。兵革不息,男女相弃,而无所从归也,是以至于如此。然则民之失性也,为可哀;君之失道也,为可刺。"[1] 在这里,王安石和孟子一样把羞恶之心作为人性中固有的,而把不道德的行为看成是失性的表现。在《诗经·小雅·小弁》的注解中,王安石写道:"兔见迫逐而投人,人宜利而取之也,乃或先之使得辟逃。行路之死人,人宜恶而违之,乃或墐之,使免暴露者,恻隐之心,人所宜有故也。"[2] 在这里,王安石和孟子一样把恻隐之心作为人性中固有的东西。从这两段话可以看出,王安石经学注解的人性论基本上是赞同孟子的

---

[1] 邱汉生:《诗义钩沉》,中华书局1982年版,第74页。
[2] 同上书,第179页。

第一章　王安石的经学思想

性善论的。在《尚书·商书·西伯戡黎》的注解中，王安石又写道："不虞天性，能度天性而行则义矣。"① 这也是肯定仁义之类的道德品德植根于人性之中，只要顺应人的本性发展，自然就会表现出道德行为来。

在人性论上，王安石既肯定人性中有道德属性，同时又提出人性中有智慧属性，在《尚书·周书·召诰》的注解中，他写道："哲者，性也。吉凶者，事也。历年者，数也。性在我，事在物，数在时，君子修其在我者，不责命于天也。"② 哲是明智的意思，这里是说人在生活中，能够发挥本性中固有的智慧，掌握自身的命运。

王安石经学注解的人性论将善看作是人性的正常状态，而把不善看作是人性的不正、非常的状态。在《尚书·商书·汤诰》的注解中，王安石写道："善者，常性也；不善者，非常性也。"③ 在《诗经·大雅·皇矣》的注解中，王安石写道："人心未尝不正也。有所'畔援'，则不得其正。有所'歆羡'，则不得其正。无'畔援''歆羡'，则使之正其心也。"④ 王安石这两段话实际上是在人性论上将儒家道德主义与道家自然主义相结合的尝试。早期儒学讲人性善，也提到为善要出自真诚而不能出于私欲而为善，如孟子说的"以力假仁者霸"和"以德行仁者王"，《中庸》中也有"自诚明"和"自明诚"的提法。如果从人性本善、天赋道德的前提推衍下去，得出自然、真诚就是善也是符合逻辑的，但这种推衍存在着滑向道家自然主义以至纵欲主义的危险，强调善是天赋、自然的，反过来很容易得出天赋、自然就是善，而对于天赋、自然各家各派的理解是大相径庭的，儒学史上所争论不休的王守仁的四句教就集中体现了这种悖论。认定人生、宇宙的存在本身即是善，这已经进入信仰的领域，而不是理智所能解说的。王安石在人性论上的这种取向，是他兼采子学、佛学的结果，也使他的思想自觉不自觉地偏离了正统儒学。

王安石在注解《易》时，曾讨论过物性问题，间接地是论述了人的个性与天地万物的共性之间的关系。程颐说："介甫解'直方大'云：'因物之性而生之，直也；成物之形而不可易，方也。'人见似好，只是

---

① 程元敏：《三经新义辑考汇评（一）——尚书》，"国立"编译馆1986年版，第98页。
② 同上书，第176页。
③ 同上书，第79页。
④ 邱汉生：《诗义钩沉》，中华书局1982年版，第234页。

不识理。如此，是物先有个性，坤因而生之，是甚义理？全不识也。"①这段话的核心在于"是物先有个性"这句话，王安石肯定物有自性，天地只是因顺物的这个自性而促进它的生长。程颐完全不能接受王安石的这种观点，因为传统儒学的观点是"天命之谓性"②，不管是人、是物皆是天赋予性的，决不允许个性、自性先于天命、天理，这是儒学和佛教、道教、墨子、杨朱的根本区别所在。王安石与二程的分歧就在于在一般与个别的关系上，王安石重视个别、个性，而二程重视一般。几千年来的中国正统思想都是在天命、天理的名义下维护君主、家长利益，以国家、宗族、家庭的名义压制个体的人，而王安石在本体论、人性论上强调个体先于一般，这是对纲常名教的严重偏离，也是"荆公新学"最终被宋明理学思潮战胜的根本原因之一。

二 道德修养与人生智慧

王安石肯定人性善，他十分重视人的道德修养。在《诗经·鄘风·蝃蝀》的注解中，王安石写道："男女之欲，性也；有命焉，君子不谓之性也。今也从欲而不知命有所制，此之谓'不知命也'"。③ 在《诗经·小雅·雨无正》的注解中，王安石写道："世虽昏乱，君子不可以为恶，自敬故也，畏人故也，畏天故也。"④ 这都是要求人们克制自身欲望，遵循天命，去恶从善。在《诗经·小雅·桑扈》的注解中，王安石写道："戢则不肆，难则不易。肆则放逸，易则傲慢，动不以礼，非所以受福。故戢而难，然后受福多也。"⑤ 这是要求人们按照礼的规定行事，要平和、恭敬，不要放纵欲望、傲慢无礼，这样才能最终获得幸福。

王安石在经学注解中还提出了修养个人道德的方法，即从日常的容貌、语言、视觉、听觉、思维下手，发挥人心的主观能动性，达到圣人的境界。在《尚书·周书·多方》的注解中，王安石写道："操则存，舍则

---

① 程颢、程颐：《河南程氏遗书》卷19，《二程集》，中华书局1981年版，第1册第251页。
② 《礼记·中庸》，朱熹：《四书集注》，中国书店1994年版，第17页。
③ 邱汉生：《诗义钩沉》，中华书局1982年版，第47页。
④ 同上书，第174页。
⑤ 同上书，第205页。

亡，其'心'之谓欤！思曰睿，睿作圣，操其心以思，所谓'念'也。罔念，虽圣可以作狂，故克念则狂亦可以作圣。"① 在《洪范传》中，王安石又写道："'五事，一曰貌，二曰言，三曰视，四曰听，五曰思。貌曰恭，言曰从，视曰明，听曰聪，思曰睿。恭作肃，从作乂，明作哲，聪作谋，睿作圣'，何也？恭则貌钦，故作肃；从则言顺，故作乂；明则善视，故作哲；聪则善听，故作谋；睿则思无所不通，故作圣。五事以思为主，而貌最其所后也，而其次之如此，何也？此言修身之序也。恭其貌，顺其言，然后可以学而至于哲。既哲矣，然后能听而成其谋。能谋矣，然后可以思而至于圣。思者，事之所成终而所成始也，思所以作圣也。既圣矣，则虽无思也、无为也，寂然不动，感而遂通天下之故可也。"② 王安石提出的这种作圣人的道德修养方法，和孔子、孟子讲的是一样的，《孟子·告子上》中就说："孔子曰：'操则存，舍则亡；出入无时，莫知其乡。'惟心之谓与？"③ 但从内容上说，王安石注重的是个人如何达到明智的境界，对于伦常道德的仁义之道谈得很少。

在经学注解中，王安石还对决定人生境遇的原因提出了自己的看法。在《尚书·周书·洪范》的注解中，王安石写道："夫物有吉凶，以其位与数而已。六五阳位矣，其位九四所难者，数不足故也。九四得数矣，其位六五所制者，位不当故也。数衍而位当者吉，数耗而位忒者凶。此天地之道，阴阳之义。"④ 在这里，王安石通过《易》学中爻的变化来阐发自己的人生智慧，他认为，决定人的吉凶的因素有"位"和"数"，"位"指的是人在社会中所处的等级，"数"指的是人的实力，定位正确、力量强大的人就会吉利，定位错误、力量弱小的人就会不利。这是一种讲求实效的人生观，和"明其道不计其功"的儒家道德人生观是有所不同的。

王安石还十分重视机遇在人生中的作用。在《尚书·商书·说命中》的注解中，王安石写道："事固有善而非时所宜者；善如裘葛之良，时如寒暑之时。时非葛裘，虽善何施？惟未动、审于虑善，将动、审于时宜，

---

① 程元敏：《三经新义辑考汇评（一）尚书》，"国立"编译馆1986年版，第196页。
② 王安石：《王文公文集》（上册）卷25，上海人民出版社1974年版，第283—284页。
③ 杨伯峻：《孟子译注》，中华书局1960年版，第263页。
④ 程元敏：《三经新义辑考汇评（一）——尚书》，"国立"编译馆1986年版，第119页。

然后事顺理而当，其可矣。不顾可否，于时而动，非聪明也。"① 在这段话里，王安石认为，人的行为要把善良的愿望和恰当的时机结合起来，只有这样才能把事情办好。在《上蒋侍郎书》一文中，王安石则通过对《周易》中《晋》卦和《比》卦爻辞的注解，阐发了士人的出处进退之道应该掌握住恰当的时机，既不要躁进，也不能迟缓，他写道："某尝读《易》，见《晋》之初六曰：'晋如摧如，贞吉。罔孚，裕，无咎。'此谓离明在上，已往应之。然处卦之初，道未章著，上虽明照而未之信，故摧如不进，宽裕以待其时也。又《比》之上六曰：'比之无首，凶。'此谓九五居中，谓上下之主，众皆亲比，而己独后期，时过道穷，则人所不与也。斯则圣人赜必然之理，寓卦象以示人事，欲人进退以时，不谓妄动。时未可而进，谓之躁，躁则事不审而上必疑；时可进而不进，谓之缓，缓则事不及而上必违。诚如是，是上之人非无待下之意，由乎在下者动之不以时，干之不以道，不得中行而然耳。"② 考察王安石对时机的论述，可以看出这是一种德性与智性并重的人生观。

人生在世难免会遇到困境，在困境中如何安身立命是中国古代士大夫阶层所面临的一个切身问题，也是最能看出一个人道德修养和生存智慧的时候。王安石写有《九卦论》一文，通过注解《易》中九卦的形式，提出了自己对这个问题的看法，他写道："处困之道，君子之所难也，非夫智足以穷理、仁足以尽性，内有以固其德而外有以应其变者，其孰能无患哉？古之人有极天下之困而其心能不累、其行能不移、患至而不伤其身、事起而不疑其变者，盖有以处之也。处之之道，圣人尝言之矣。《易》曰：'履以和行，谦以制礼，复以自知，恒一以德，损以远害，益以兴利，困以寡怨，井以辨义，巽以行权。'此其处之之道也。……且君子之行大矣，而待礼以和，仁义为之内，而和之以礼，则行之成也。而礼之实存乎谦。谦者，礼之所自起；礼者，行之所自成也。故君子不可以不知履，欲知履，不可以不知谦。夫礼，虽发乎其心而其文著乎外者也。君子知礼而已，则溺乎其文而失乎其实，忘性命之本而莫能自复矣。故礼之弊，必复乎本，而后可以无患，故君子不可以不知复。虽复乎其本，而不

---

① 程元敏：《三经新义辑考汇评（一）——尚书》，"国立"编译馆1986年版，第95页。
② 王安石：《王文公文集》（上册）卷2，上海人民出版社1974年版，第25—26页。

能常其德以自固，则有时而失之矣，故君子不可以不知恒。虽能久其德，而天下事物之变相代乎吾之前，如吾知恒而已，则吾之行有时而不可通矣，是必度其变而时有损益而后可，故君子不可以不知损益。夫学如此其至，德如此其备，则宜乎其通也，然而犹困焉者，则向所谓困于命者也。困于命，则动而见病之时也，则其事物之变尤众，而吾之所以处之者尤难矣，然则其行尤贵于达事之宜而适时之变也。故辨义行权，然后能以穷通。而井者，所以辨义，巽者，所以行权也。故君子之学至乎井巽而大备，而后足以自通乎困之时。"[1]

按照王安石这篇文章的意思，不管处于什么样的环境下，人的行为准则就是遵循以仁义为内容的礼，如果这样做仍然处于困境的话，那就不是人力所能解决的，而应归属于天命，一切安于命运的安排好了。这段话里关于人的行为准则的论述有两个最重要的观点，这就是"辨义行权"，"辨义"就是按照礼义行事，"行权"则是在特殊情况下突破既有礼义的约束，方便从事。"辨义"是常态下的行为方式，"行权"则是变态下的行为方式。实际上，"行权"可以达到何种程度，"行权"是否违反"辨义"，这都是十分重要而难以处理的问题，王安石只是提出了这两种方式，但对这两种方式本身之间的关系尚未能论及。

三 人生追求

人生的目的是什么，应该追求什么样的生活方式，这也是人生哲学所关注的内容。王安石在经学注解中曾就德与福、济世与逍遥等问题提出了自己的观点，其观点和孟子大致相同。

在《洪范传》一文中，王安石写道："'五福，一曰寿，二曰富，三曰康宁，四曰攸好德，五曰考终命'……或曰：'孔子以为"富与贵人之所欲，贫与贱人之所恶"，而福极不言贵贱，何也？'曰：'五福者，自天子至于庶人，皆可使慕而欲其至；六极者，自天子至于庶人，皆可使畏而欲其亡；若夫贵贱，则有常分矣。使自公侯至于庶人，皆慕贵，欲其至，而不欲贱之在己，则陵犯篡夺之行日起，而上下莫安其命矣。《诗》曰："肃肃宵征，抱衾与裯，裯命不犹。"盖王者之世，使贱者之安其贱如此。

---

[1] 王安石：《王文公文集》（上册）卷30，上海人民出版社1974年版，第346—347页。

夫岂使知贵之为可慕而欲其至,贱之为可畏而欲其亡乎?'"① 按照这里的意思,王安石认为人生应当追求长寿、富裕、健康安宁、乐善、善终等五种幸福,但是,王安石也特别指出,人们对于社会等级上的贵贱却不能有所企图,而应当安于各自不同的贵贱身份。这里所讨论的五福基本上属于个人生活,而贵贱则涉及社会政治等级,王安石实际是只允许人们在承认现实政治秩序基础上追求个人幸福,而决不允许有违反等级制度的犯上作乱行为。王安石给予人的只是个人生活和经济上的相对自由追求,而决不允许人们有政治上的自由追求。

实际上,王安石对于人们经济生活上的追求也是置于社会政治等级的标准之下的,据《续资治通鉴长编》记载,王安石在与宋神宗谈话时就说:"舜卿曾为朝廷了荆湖蛮事,以身亲矢石定一方之难,又在西方领兵亦有劳,今以病去职为观察使,月请料钱二百千,故不敢当,乞换文资。虽世俗所见,亦以为舜卿须换文资,不可坐受重禄。如舜卿以身殉国,亦粗有劳,更请观察使料钱,闲坐二十年,亦不过数万贯,然人情皆以为厚禄,非安坐所当享。今一州一县,便须有兼并之家,一岁坐收息至数万贯者,此辈除侵牟编户齐民为奢侈外,于国有何功而享以厚奉,然人情未尝以为此辈不当享此厚奉者,习所见故也。天命陛下为神明主,驱天下士民,使守封疆、卫社稷,士民以死徇陛下不敢辞者何也?以陛下能为之主,以政令均有无,使富不得侵贫、强不得凌弱故也。今富者兼并百姓乃至过于王公,贫者或不免转死沟壑,陛下无乃于人主职事有所阙,何以报天下士民为陛下致死?"② 在王安石看来,社会上每个人的生活是否富裕、幸福,都应当由君主按照其对国家的贡献、政治上的等级来决定,这是一种极端的官本位论,也是以政治强力干预经济的贵富一致论。其实,社会如果真的都像王安石所设想的那样,这已经不是一个社会,而是一座大监狱了。中国历史上的专制君主、官吏总是想达到这个目标,而且往往是以抑制贫富分化、为民造福的面目出现,从宋代的宋神宗、王安石到明代的朱元璋、张居正以至清代的雍正、乾隆等等无不如此,好在他们总是不能

---

① 王安石:《王文公文集》(上册)卷25,上海人民出版社1974年版,第294—296页。
② 李焘:《续资治通鉴长编》(附拾补)卷240,上海古籍出版社1986年版,第2册第2242页。

如愿。

王安石经学注解中的人生幸福观是片面的，同时，对于这种片面的幸福，他也不太重视，而是十分强调个人内在的道德修养，把德置于福之上。在《诗经·大雅·文王》的注解中，王安石写道："足乎己，无待于外之谓德。以德求多福，则非有待于外也。"① 就是说，人们的幸福应该通过自身的修养得到，而不能依靠外在的赐予。在《洪范传》一文中，王安石还谈到人的内在之德与外在之福不一致的情况，他的意见是以修养德性为主，至于外在的祸福则听天由命好了，个人不必加以计较，他写道："或曰：'世之不好德而能以令终与好德而不得其死者众矣，今曰好德则能以令终，何也？'曰：'孔子以为"人之生也直，罔之生也幸而免"，君子之于吉凶、祸福，道其常而已，幸而免与不幸而及焉，盖不道也。'"②

在中国古代社会，作为一个士人，与一般百姓只能追求个人生活上的幸福不同，他们作为潜在的官吏，必须为社会、君主尽力，在政治上有所作为，但并非每一个士人都有出仕的机会，即使出仕了，也会遇到各种挫折，这就需要处理好独善其身与兼济天下的关系。王安石对这个问题十分重视。在《诗经·邶风·柏舟》的注解中，王安石写道："国乱而君昏，则小人众而君子独，君子忧而小人乐。君子之忧者，忧其国而已。忧其国则与小人异趣。其为小人所愠，固其理也。"③ 在《诗经·小雅·鱼藻》的注解中，王安石又写道："忧在天下，不为小己之得失，故谓之君子。"④ 在这两段话里，王安石都强调，作为君子应该抛弃自己的个人私利，而心系国家、天下的安危。王安石又强调心忧天下应该是出于公心，而不是为了求取个人的功名，在《诗经·王风·兔爰》的注解中，他写道："'我生之初'，'尚无为'，'尚无庸'，非志于功名者也。非志于功名，而忧在于天下，故谓之君子。"⑤

王安石反复申述君子应该忧在国家、忧在天下，这反映了他本人积极

---

① 邱汉生：《诗义钩沉》，中华书局1982年版，第224页。
② 王安石：《王文公文集》（上册）卷25，上海人民出版社1974年版，第295页。
③ 邱汉生：《诗义钩沉》，中华书局1982年版，第28页。
④ 同上书，第212页。
⑤ 同上书，第61页。

进取的人生哲学，也反映了北宋时期士大夫阶层共同的心理，当时，范仲淹、欧阳修、苏轼等人都抱有和王安石同样的进取精神。不过，王安石虽然提倡积极进取，但他并不是一个一味肯定入仕的人，他同时又强调，作为一个士大夫，要有自己的独立人格，在其位则谋其政、忧其政，不在其位则不谋其政、不忧其政，在《与王逢原书七》之一中，他写道："《诗》三百，如《柏舟》《北门》之类，有忧也。然仕于其时，而不得其志，不得以不忧也。仕不在于天下国家，与夫不仕者，未始有忧，《君子阳阳》、《考槃》之类是也。"① 王安石的这种思想和范仲淹的"先天下之忧而忧，后天下之乐而乐"是显然不同的，也和正统儒学有所不同。《孟子·万章下》中曾经探讨过圣之清者、圣之任者、圣之和者和圣之时者，尽管孟子也有独善其身的思想，并且反对过分关心世事，但他和王安石的观点还是不一样的，他论人的行为准则的标准是礼义。王安石十分推崇孟子，大概是想要做孟子所讲的"圣之时者"，但不管是独善其身还是兼济天下，王安石实际都是从自我出发的，这是道家、杨朱学派思想在王安石身上自觉不自觉的反映，而和尽忠、孝于君父而忘我的儒学是不一致的。在王安石身上，缺少孔子"君子无终食之间违仁，造次必于是，颠沛必于是"和范仲淹"先天下之忧而忧，后天下之乐而乐"的献身精神。

四 人伦关系

人生在世，处在社会群体关系之中，除了个人的生活追求外，每一个人都必须处理好自身与他人的关系，在中国古代社会，君臣、父子、夫妇、兄弟、朋友是最主要的人际关系，叫作五伦，而五伦之中又以君臣、父子、夫妇为主，称为三纲。在这几种关系中，君臣关系属于政治关系，其他几种则属于伦常关系。王安石在经学注解中对于伦常关系也作了论述，既继承了传统儒学孝、友等道德思想，同时又有所修正，他将孝德的地位降低，又区分伦理关系与政治关系的不同。

对于子女对父母的孝德，王安石是大力提倡的，并且他认为孝不仅指赡养父母，同时还要做到真心诚意，要发自内心地尽最大力量去供养父

---

① 王安石：《临川先生文集》卷75，中华书局1959年版，第790页。此文《王文公文集》未收。

母。在《诗经·唐风·鸨羽》的注解中,王安石写道:"木欲静而风不停,子欲养而亲不待,此皆孝子之心。其爱亲也勤,思亲也笃,故汲汲于爱日以事亲,惟恐失之。故愿为人兄,不愿为人弟。其爱日也如此。今以征役之故,不特废其温清定省之礼,又且无以为卒岁奉养之备,其情岂不伤哉。"① 在《周礼·天官·笾人》的注解中,王安石又写道:"孝子之事其亲,欲致其养;其养也,欲致其盛。既盛,以为未足,则欲备其细;细既备矣,以为是养而已,弗敬不足以为孝,则又欲致其敬;既备且致其敬,斯可以已矣。乃若孝子之心,则又欲致其难,且致其美。夫致其难,且致其美,是亦有力者所易也,则又欲自致焉;服其勤而致新以进之,则所以自致也。"② 王安石的这些观点是直接承继孔、孟思想的。③

在经学注解中,王安石还论述了兄弟、朋友之间的相处之道。在他看来,兄弟之间的关系自然远远亲于朋友之间的关系,兄弟之间应该互相友爱、保持和睦,不能只顾自身和妻子、儿女,否则的话,就是自身也是难保的。在《诗经·小雅·常棣》的注解中,他写道:"古者朋友之丧,则视兄弟,视兄弟则急难寇仇何为而不豫?曰:莫不有君而为之臣,莫不有父而为之子,莫不有师而为之弟子,莫不有兄弟而为之兄弟,则吾急难寇仇之所当致力也,博矣。又推而致之朋友,则吾有所不暇。而无礼以节之,则吾之忧无穷,而人之责无已。盖古之道如此。而后世之士犹有以恩望朋友而至于离绝者矣。然则世之致力于朋友者,非欤?曰势足以振之,力足以周之,而无伤于义,则邻里乡党不可以不勉也。而况于朋友乎?……人情皆知保其室家,私其妻子,而罕知厚其兄弟,然兄弟不和,

---

① 邱汉生:《诗义钩沉》,中华书局 1982 年版,第 89—90 页。
② 程元敏:《三经新义辑考汇评(三)——周礼(上)》,"国立"编译馆 1987 年版,第 131 页。
③ 《论语·为政》中记载:"子游问孝。子曰:'今之孝者,是谓能养。至于犬马,皆能有养;不敬,何以别乎?'"孔子认为孝的核心是发自真心的对父母的敬爱。《孟子·离娄上》中说:"曾子养曾晳,必有酒肉;将彻,必请所与;问有余,必曰,'有。'曾晳死,曾元养曾子,必有酒肉;将彻,不请所与;问有余,曰,'亡矣。'——将以复进也。此所谓养口体者也。若曾子,则可谓养志也。事亲若曾子者,可也。"孟子也同样强调孝不仅要尽最大努力满足父母的物质上的需求,更要使父母在精神上得到最大满足。参见杨伯峻《论语译注》,中华书局 1980 年 12 月第 2 版,第 14 页;杨伯峻:《孟子译注》,中华书局 1960 年版,第 179 页。

以至毁其室家，危其妻子者，有之矣，管蔡是也。"① 王安石把兄弟关系置于朋友关系之上，这是符合儒学爱有差等、家族本位精神的。不过，王安石也指出，朋友之间虽然做不到像兄弟那样的亲密，但也应该以礼相待，互相周济，只是不能过度期求。

值得注意的是，在王安石关于人伦关系的论述中，他没有把孝德作为最高的价值，而认为有更高的人生价值。在《周礼·春官·大司乐》的注解中，王安石写道："中、庸，三德所谓至德；和，六德所谓和；孝，三德所谓孝；祗，则顺行之所成；友，则友行之所成也。行自外作，立之以礼；德由中出，成之以乐；立之以礼，则为顺行、友行；成之以乐，则为祗德、友德。盖事师长所以成敬，不言敬而言祗，则敬之在乐，必达而为祗故也。中所以本道之体，其义达而为和，其敬达而为祗，能和能祗，则庸德成焉。庸言之信，庸行之谨，在易之乾所为'君德'，故继之以孝。孔子曰：'圣人之德，又何以加于孝乎？'友则乐德所成终始，圣人之德，无以加于孝，则孝与圣何以异？曰：圣人之于人道也，孝而已；圣人之于天道，则孝不足以言之。此孝与圣所以异。圣人之德，无以加于孝，而孝于三德为下，则三德之孝，以知逆恶而已；乐德之孝，成于乐者也，诸侯之孝不豫焉，非特以知逆恶而已也。"② 在这段话里，王安石论述了中、庸、和、孝、祗、友六种德行，认为德行是合内在道德意识和外在道德行为于一体的。这段话的特别之处在于王安石认为孝德只是人道，而尚未达到天道的境界，是较低层次的道德。这种思想是正统儒学所绝对不能接受的，儒学是由父子关系中的孝德推衍到所有人伦关系，再由人伦关系推广到天人关系，孝德就是人道，也就是天道，是最高的道德准则。王安石在孝德之外寻找更高的人伦道德，势必要冲破儒家学派以宗法制度为依托的血缘伦理，也和处于自然经济状态、宗法制度盛行的古代社会的中国国情相背离，其受到批评的命运是注定的。

除了在人伦道德观上不满宗法伦理的局限外，王安石还将伦理关系与政治关系加以区分，肯定政治关系高于伦理关系。在《复仇解》一文中，

---

① 邱汉生：《诗义钩沉》，中华书局1982年版，第126—128页。
② 程元敏：《三经新义辑考汇评（三）——周礼（上）》，"国立"编译馆1987年版，第330页。

王安石写道："或问复仇，对曰：非治世之道也。明天子在上，自方伯、诸侯以至于有司，各修其职，其能杀不辜者少矣。不幸而有焉，则其子弟以告于有司；有司不能听，以告于其君；其君不能听，以告于方伯；方伯不能听，以告于天子，则天子诛其不能听者，而为之施刑于其仇。① 乱世则天子、诸侯、方伯皆不可以告。故《书》说纣曰：'凡有辜罪，乃罔恒获。小民方兴，相为敌仇。'盖仇之所以兴，以上之不可告，辜罪之不常获也。方是时，有父兄之仇而辄杀之者，君子劝其势，恕其情而与之，可也。故复仇之义，见于《春秋传》，见于《礼记》，为乱世之为子弟者言之也。《春秋传》以为父受诛，子复仇，不可也。此言不敢以身之私，而害天下之公。又以为父受诛，子复仇，可也。此言不以有可绝之义，废不可绝之恩也。《周官》之说曰：'凡复仇者，书于士，杀之无罪。'疑此非周公之说。曰：凡所以有复仇者，以天下之乱，而士之不能听也。有士矣，不使听其杀人之罪以施行，而使为人之子弟者仇之，然则何取于士而禄之也？古之于杀人，其听之可谓尽矣，犹惧其未也，曰：'与其杀不辜，宁失不经。'今书于士则杀之无罪，则所谓复仇者，果所谓可仇者乎？庸讵知其不独有可言者乎？就当听其罪矣，则不杀于士师，而使仇者杀之，何也？故疑此非周公之法也。"②

在这篇文章里，王安石通过解说《春秋传》《礼记》和《周礼》的形式，阐述了自己对子为父复仇的看法，从政治关系高于伦理关系的立场出发，王安石反对子为父复仇，他认为诛杀有罪之人是政府的事情，个人没有权力直接采取杀人行为。王安石也承认在特殊情况下，子可以为父复仇，但那是在政治混乱、没有法治的时候。在复仇问题上，王安石肯定政治关系高于伦理关系，这是他作为一个政治家和实际执政者的自然偏向，也是他对儒学伦常关系的又一有意识的修正。正统儒学是坚持伦理关系高于政治关系的，即使他们承认在平常情况下，子不可擅自为父复仇，但也不会直接宣扬子不可为父复仇的观点。

---

① 此处标点原为"不幸而有焉，则其子弟以告于有司，有司不能听；以告于其君，其君不能听；以告于方伯，方伯不能听；以告于天子，则天子诛其不能听者，而为之施刑于其仇"。如果联系文中"明天子在上，自方伯、诸侯以至于有司，各修其职，其能杀不辜者少矣"这样的标点明显有误，故以己意改正。

② 王安石：《王文公文集》（上册）卷32，上海人民出版社1974年版，第383—384页。

第五节　王安石经学注解的君道思想

在王安石的学术思想中，与儒学、子学、佛学思想的侧重点不同，经学注解最主要的是对政治思想的阐发。王安石所着重训释的《诗》《书》《周礼》三经中，《书》本来就是上古、三代的政治活动记录，《周礼》则是关于政治制度建设的，《诗》的本义虽不全是关于政治的，但自从《诗序》以来的注解者就一直把它看作是政治教科书。王安石作为政治改革家，他很自然地也是通过经学注解来挖掘古人的政治经验，阐发自己的政治理想。

由于中国古代政体基本上都是君主专制制度，君权至上，君主代表国家，所以君主个人的品德以及君主驾驭臣民的方法往往成为政治理论中的核心问题，王安石在经学注解中，对这个问题有丰富的论述，他广泛吸收儒、道、法各家的政治智慧，在君主个人道德修养、君主权力的保有和使用方法上都提出了自己独到的见解。

一　君主的品德修养

王安石在经学注解中对于君主的个人品德修养十分重视，提出了君主应该具备的一些优良道德，也对一些习以为常的德性作了具体分析，提出了与众不同的见解。同时，王安石还从内圣外王的角度对君主的道德修养途径作了论述。

王安石认为，作为君主要具有谦逊的品德，要听得进不同意见。在《尚书·虞夏书·大禹谟》的注解中，王安石写道："矜有执持之意，伐有夸大之意，故以矜言能，以伐言功；伐甚于矜也。能过天下而不矜，故天下愈服其能；功高天下而不伐，故天下愈服其功。"[①] 意思是说，君主的功德越高，在态度上就应该表现得越谦恭，只有这样，天下人才会越推崇君主，君主的地位也才会更牢固。在《诗经·大雅·荡》的注解中，王安石写道："女为人君，以'秉义类'为事，乃'强御多怼'。有忠告

[①] 程元敏：《三经新义辑考汇评（一）——尚书》，"国立"编译馆1986年版，第32页。

善道，则以流言对。所为如此，非所以'秉义类'也。"① 在《尚书·商书·太甲下》的注解中，王安石又写道："有人之言，虽于汝心为逆，必于道理中求之；恐其合于道而有益也。有人之言，虽于汝志为顺，必于非道理中求之；恐其不合于道而有损也。"② 在这两段话里，王安石认为，作为君主要虚心，对于别人的意见，不管顺耳、不顺耳，都要根据事理来判断，要以义行事，不能把别人的话都当作不可信的流言。

在王安石主持变法期间，反对派人士指责王安石是"人言不足恤"，《续资治通鉴长编拾补》记载王安石在答对宋神宗的辩解中说："陛下询纳人言，无小大惟言是从，岂是不恤人言。固有不足恤者，苟当于义理，则人言何足恤！故传称礼义不愆何恤于人。言郑庄公以人之多言亦足畏矣，故小不忍致大乱，乃诗所刺，则以人言为不足恤未过也。"③《续资治通鉴长编》又记载："安石曰：'陛下以道揆事，则不窥牖见天道，不出户知天下，若不能以道揆事，但问人言，浅近之人何足以知天下大计，其言适足沮乱人意而已。'"④ 在这些地方，王安石都认为人言的正确与否要由义理、道来决定，听取别人的意见是应该的，但并不是跟着别人的话跑，至于一般庸人的意见则没有什么价值。这个观点有一定的合理性，坚持真理，不畏流言，这是作为政治家应该具有的风范。但是，王安石所说的义理并不能作为检验真理的标准，如果不注意社会实践和世道人心的演变，一味地宣称自己是义理的持有者，则很容易导致理论上的教条主义和实践上的独断专权。

王安石还特别重视君主勤劳的品德，在《诗经·鄘风·定之方中》的注解中，王安石写道："盖人君先辨方正位，体国经野，然后可以施政事云。古人戴星而出，戴星而入，必是身耐劳苦，方能率得人。"⑤ 在《周礼·冬官考工记·玉人》的注解中，王安石又写道："天子平旦而栉

---

① 邱汉生：《诗义钩沉》，中华书局1982年版，第255页。
② 程元敏：《三经新义辑考汇评（一）——尚书》，"国立"编译馆1986年版，第84页。
③ 《续资治通鉴长编拾补》卷7，李焘：《续资治通鉴长编》（附拾补），上海古籍出版社1986年版，第5册第112页。
④ 李焘：《续资治通鉴长编》（附拾补）卷223，上海古籍出版社1986年版，第2册第2081页。
⑤ 邱汉生：《诗义钩沉》，中华书局1982年版，第46页。

冠，日出而视朝；一物不应，乱之端也；宜兢兢业业以致其谨焉，故执此以为之戒。"① 在这两段话里，王安石认为君主是天下的主宰，责任重大，必须勤劳政事，也只有这样才能为天下人拥戴。在《诗经·大雅·公刘》的注解中，王安石通过周王朝先祖创业的艰难，说明君主要勤于政事才能建功立业，他写道："周之有公刘，言乎其时则甚微，言乎其事则甚勤。称时之甚微以戒其盈，称事之甚勤以惩其逸，盖召公之志也。"②

王安石在经学注解中还讲到，作为君主要正直无私、博爱天下，不要耍阴谋，在《诗经·小雅·小旻》的注解中，他写道："王者隆宽博爱，以得天下之心，而天下乐告以善道，则无所事于'疾威'，天下之善众至。如至诚由直道以图天下之事，有余裕矣，则无所事乎'回遹'"。③ 在《洪范传》中，王安石反复阐明了王道正直的重要性，他说："'无偏无陂，遵王之义；无有作好，遵王之道；无有作恶，遵王之路；无偏无党，王道荡荡；无党无偏，王道平平；无反无侧，王道正直；会其有极，归其有极。曰皇极之敷言，是彝是训，于帝其训。'何也？言君所以虚其心，平其意，唯义所在，以会归其有中者。其说以为人君以中道布言，是以为彝、是以为训者，于天其训而已。夫天之为物也，可谓无作好，无作恶，无偏无党，无反无侧，会其有极，归其有极矣。荡荡者，言乎其大；平平者，言乎其治。大而治，终于正直，而王道成矣。无偏者，言乎其所居；无党者，言乎其所与。以所居者无偏，故能所与者无党，故曰'无偏无党'；以所与者无党，故能所居者无偏，故曰'无党无偏'。偏不已，乃至于侧；陂不已，乃至于反。始曰'无偏无陂'者，率义以治心，不可以有偏陂也；卒曰'无反无侧'者，及其成德也，以中庸应物，则要之使无反侧而已。路，大道也；正直，中德也。始曰'义'，中曰'道'，曰'路'，卒曰'正直'，尊德性而道问学、致广大而尽精微、极高明而道中庸之谓也。"④ 王安石认为，王道的正直不仅表现为公正无私、遵循义理，而且更重要的是君主要做到不作好、不作恶，即不要作意，要像天

---

① 程元敏：《三经新义辑考汇评（三）——周礼（上）》，"国立"编译馆1987年版，第602页。
② 邱汉生：《诗义钩沉》，中华书局1982年版，第246页。
③ 同上书，第175页。
④ 王安石：《王文公文集》（上册）卷26，上海人民出版社1974年版，第287—288页。

地一样广大，自然而然，达到神秘莫测的境界。《洪范》中的这段话本来就有兼容儒、道、法的思想，王安石也是着意发挥其中王道自然、神妙的一面，和儒学讲求仁政、性善的政治哲学是有所不同的。

值得特别注意的是，王安石在论述君主的品德时，在节俭问题上提出了和传统观点不同的见解。一方面，王安石赞同勤俭是君主应有的美德，在《尚书·虞夏书·皋陶谟》的注解中，王安石认为，天子作为最高统治者，必须以身作则，勤俭治国，给臣下树立榜样，百姓生活才会安宁，他写道："天子当以勤俭率天下，诸侯不当以逸欲教有邦。盖天子逸欲于上，则诸侯化之，亦将肆其逸欲以盘乐怠傲于下。使有邦者皆肆其逸欲，则生民之受祸，可胜计哉！而其源则自夫上之人以逸乐导之也。诚使为天下者澹然无营，清心寡欲，举天下之声色货利曾不足以动其心，彼诸侯者其敢肆其逸欲于下哉！"① 但是，在另一方面，王安石认为，作为君主，治理国家要有常规、常法，一味俭朴并不是好办法，在《诗经·魏风·园有桃》的注解中，他写道："资园桃以为殽，赖园棘以为食，非特俭啬而已，又不能用其民。"② 在治理国家、管理民众的政治活动中，一定的花费是必要的，过分的俭朴反而是坏事。在《诗经·小雅·鸳鸯》的注解中，王安石写道："君子之于物，取有时，用有节，所以宜其禄，而福之遐，尤在乎使万物得其性也。"③ 按照王安石的意思，治理国家的用度要适宜，使方方面面都满意，不是一味节俭能解决的。

王安石甚至认为，作为君主，如果他能够以道治国，那么，他按照礼的等级规定享受富贵而不俭朴，那也是应该的，无可厚非。在《诗经·大雅·凫鹥》的注解中，王安石就说："以道守成之诗，役使群众，泰而不为骄；宰制万物，贵而不为侈，孰敢敝敝然以爱为事？"④ 在《周礼·天官·兽人》的注解中，王安石又写道："以为王者仁民爱物，其施如是，然后可以兼百姓之奉，备万物之养，以足其燕私玩好之欲也。"⑤ 在《汉

---

① 程元敏：《三经新义辑考汇评（一）——尚书》，"国立"编译馆1986年版，第36页。
② 邱汉生：《诗义钩沉》，中华书局1982年版，第82页。
③ 同上书，第206页。
④ 同上书，第246页。
⑤ 程元敏：《三经新义辑考汇评（三）——周礼（上）》，"国立"编译馆1987年版，第108页。

文帝》一诗中，王安石还对以俭朴著名的汉文帝深表不满，认为小恩小惠对治理国家没有什么好处，反而会留下后患，他写道："露台惜百金，灞陵无高丘。浅恩施一时，长患被九州。"① 王安石的这种思想和荀子的有关论述比较接近②，也反映出王安石本人强调以法治国而反对片面的以恩德治国的思想。

　　王安石这种反对俭朴的态度受到儒家学者的批评，《宋史》记载杨时的话说："昔神宗尝称美汉文惜百金以罢露台，安石乃言：'陛下若能以尧、舜之道治天下，虽竭天下以自奉不为过，守财之言非正理。'曾不知尧、舜茅茨土阶，禹曰'克俭于家'，则竭天下以自奉者，必非尧、舜之道。其后王黼以应奉花石之事，竭天下之力，号为享上，实安石有以倡之也。其释《凫鹥》守成之诗，于末章则谓：'以道守成之诗，役使群众，泰而不为骄；宰制万物，贵而不为侈，孰敝敝然以爱为事？'《诗》之所言，正谓能持盈则神祇祖考安乐之，而无后艰尔。自古释之者，未有泰而不为骄、贵而不为侈之说也。安石独倡为此说，以启人主之侈心。后蔡京辈轻费妄用，以侈靡为事。安石邪说之害如此。"③ 杨时批评王安石，反映了侧重道德教化和侧重遵循法度两种治国之道的矛盾，至于他把后来蔡京、王黼等人的罪行归咎于王安石，则过于牵强附会，出于政治上党派斗争的偏见。

　　在关于廉的问题上，王安石也发表了与传统观点不同的见解，在《诗经·郑风·有女同车》的注解中，他写道："娶大国贤女，以其有助，则无国家之难矣。忽不务此，而辞之以为廉，终至于公子互争而兵革不息，国人皆不得保其室家也。……忽之小廉，适足以致大乱也。此诗所以刺之也。"④ 在这里，王安石提出君主的行为要从国家、民众利益的大局着眼，不能纠缠于个人品德上的廉洁与否，有的时候，追求个人品德上的

---

　　① 王安石：《王文公文集》（下册）卷38，上海人民出版社1974年版，第444页。
　　② 《荀子·富国》篇中说："知夫为人主上者不美不饰之不足以一民也，不富不厚之不足以管下也，不威不强之不足以禁暴胜悍也。故必将撞大钟、击鸣鼓、吹笙竽、弹琴瑟以塞其耳；必将雕琢刻镂、黼黻文章以塞其目；必将刍豢稻粱、五味芬芳以塞其口；然后众人徒、备官职、渐庆赏、严刑罚，以戒其心。"参见蒋南华、罗书勤、杨寒清：《荀子全译》，贵州人民出版社1995年版，第184页。
　　③ 《宋史》卷428，中华书局1977年版，第36册第12742页。
　　④ 邱汉生：《诗义钩沉》，中华书局1982年版，第69页。

完善反而会铸成大错。这里，王安石实际上是将责任伦理与意图伦理作了区分，而中国传统的伦理学基本都是重视动机、心术的，在这一点上，王安石的思想是深刻的，特别是对于政治家、统治者来说，责任伦理是更为重要的。

王安石理想中的君主是道德完善的典型。在《诗经·大雅·文王》的注解中，王安石写道："皇，有道之君也。王，有业之君也。皇之多士，则有道之士也。王之国，则有业之国也。以有道之士，佐有业之国，则其兴也，莫之能御矣。"① 这是说理想的君主是既有道德、又有功业。在《尚书·虞夏书·大禹谟》的注解中，王安石写道："乃圣乃神，所以立道；乃武乃文，所以立事。"② 这是说理想的君主能文能武。在《周礼·夏官·节服氏》的注解中，王安石又写道："盖中而不可不高者，德也；节而不可不积者，礼也。由礼之升而藏焉，则为道之一，为德之高；由道之降而显焉，则为礼之节。建常以象道，服衮以象德者，外王之礼也。若夫内圣之道，则荡然无执，而人以维之，道之所以不散也。"③ 这是说理想的君主是内圣与外王的合一，内圣就是有德，外王就是有礼，礼是德的体现，礼有一定的标志，而德则是神妙莫测的道在人身上的体现。

王安石描述了理想的君主道德，同时，他也对如何达到这种境界提出了两种主要的修养方法，一种是顺应天道，一种是穷理尽性。在《洪范传》中，王安石写道："五行，天所以命万物者也，故'初一曰五行'。五事，人所以继天道而成性者也，故'次二曰敬用五事'。五事，人君所以修其心、治其身者也，修其心、治其身而后可以为政于天下，故'次三曰农用八政'。"④ 按照这里的说法，君主的道德来源于对天道的继承，是从天道到人道，再从人道到治道。在《洪范传》中，王安石又写道："'人之有能、有为，使羞其行，而邦其昌'，何也？言有能者，使在职而羞其材，有为者，使在位而羞其德，则邦昌也。人君孰不欲有能者羞其材，有为者羞其德，然旷千数百年而未有一人致此，盖聪不明而无以通天

---

① 邱汉生：《诗义钩沉》，中华书局1982年版，第223—224页。
② 程元敏：《三经新义辑考汇评（一）——尚书》，"国立"编译馆1986年版，第29页。
③ 程元敏：《三经新义辑考汇评（三）——周礼（下）》，"国立"编译馆1987年版，第429页。
④ 王安石：《王文公文集》（上册）卷26，上海人民出版社1974年版，第280页。

下之志，诚不至而无以同天下之德，则智以难知而为愚者所诎，贤以寡助而为不肖者所困，虽欲羞其行，不得也。通天下之志，在穷理；同天下之德，在尽性。穷理矣，故知所谓咎而弗受，知所谓德而锡之福；尽性矣，故能不虐茕独以为仁，不畏高明以为义。如是则愚者可诱而为智也，必不使之诎智者矣；不肖者可革而为贤也，虽不可革而为贤，必不使之困贤者矣。夫然后有能、有为者得羞其行，而邦赖之以昌也。"① 按照这里的说法，君主要想平治天下必须做到人尽其才、重用贤士，而做到人尽其才、重用贤士又要求君主能够穷理尽性。这里的尽性指的是知己，穷理则指的是知人。如果将王安石的两种修养方法结合起来，他理想中的君主是一天人、合内外的。

综观王安石的两种王道修养方法，从天道到人道是汉唐以来儒家经学的老办法，穷理尽性则是宋明以降新儒学的主要思路，王安石处于从前者到后者的过渡阶段，对两者自然是兼收并蓄。实际上，汉唐时代主要侧重以天道证明人道但也有修身养性的内容，而宋明以后虽主要讲穷理尽性但也不抛弃天人感应，因为这两者对于君主专制制度都是有用的。

二 君权至尊、君主独裁

和一般的儒家学者重视道德教化、轻视政治事务大不相同，王安石身居宰相、位极人臣，是一个实际的执政者，十分重视君主对国家政权的独裁，并且为君主独裁提供了许多方法。维护君主专制、独尊皇权，这是中国古代政治思想的主流，但是，王安石在这个问题上的观点比一般的儒家学者、文人士大夫更为极端，他鼓吹君主独裁和君主驾驭臣民的法术，大量吸收法家、道家学派的观点。王安石变法本身就是一场自上而下的政治改革，他把宋神宗作为自己的靠山，鼓吹君主独裁也就是加强变法的力度，使新法能够得到有效的推行，并能够有力地打击反对派。君主独裁固然有利于一时的政治改革，但它的负面影响却是极大的，从中国政治思想史上看，北宋时期正处于从开明专制到君主独裁制度的过渡阶段，王安石的政治思想实际是起到了促进这一过渡的作用。如果从政治思想上民主与开明的角度加以评价的话，王安石关于君主权力的思想落后于讲天人感应

---

① 王安石：《王文公文集》（上册）卷26，上海人民出版社1974年版，第286页。

的汉代经学，也落后于其后的宋明理学。

在经学上，王安石对汉代以来的章句传注之学深表不满，对汉代大儒叔孙通、董仲舒等人也持批评态度，但在君权神授、君权至尊上他却沿袭了汉儒的说法。在《尚书·周书·洪范》的注解中，王安石写道："有极之所在，吾安所取正？取正于天而已。我取正于天，则民取正于我。道之本出于天，其在我为德；皇极，我于庶民所同然也，故我训于帝，则民训于我矣。"① 意思是说，君主的权力来源于上天，君主服从天，而百姓则要服从君主，这是天意。王安石的这种说法和董仲舒的观点是一脉相承的，甚至在语言上也很相似。董仲舒在《春秋繁露·玉杯》中说："《春秋》之法，以人随君，以君随天。……故屈民而申君，屈君而申天。"② 王安石的尊君思想比董仲舒更极端，董仲舒还强调"屈君而申天"，而王安石只看到君权神授、君权至尊的一面，而相对忽视以天意限制君权的一面。

从君权神授、君权至尊的立场出发，王安石反复劝说宋神宗在政治上要独裁，以强权制服臣下。《续资治通鉴长编》记载王安石的话说："譬如天以阳气兴起万物，不须物物浇灌，但以一气运之而已，陛下刚健之德长则天下不命而自随，若陛下不能长刚德则流俗群党日强，陛下权势日削，以日削之权势欲胜日强之群党必不能也。"③《续资治通鉴长编》又记载："安石因论当奖用功实，变移风俗，又言：'乾，君道也，非刚健纯粹不足以为乾。'曾公亮言：'当兼用道德。'上曰：'今一辈人所谓道德者非道德也。'安石曰：'乡愿似道德而非道德也。'上曰：'其间亦有是智不能及者。'安石曰：'事事苟合流俗以是为非者，又岂尽是不能也。'"④ 在这里，王安石劝说宋神宗采用强权改革现实，而对以道德治国持怀疑态度，把当时人的道德斥之为乡愿。王安石鼓吹君权至尊，以至于认为君主的行为非臣下所可议论，在《周礼·天官·膳夫》的注解中，

---

① 程元敏：《三经新义辑考汇评（一）——尚书》，"国立"编译馆1986年版，第116页。
② 钟肇鹏、于首奎、周桂钿：《春秋繁露校释》卷1，山东友谊出版社1994年版，第38—39页。
③ 李焘：《续资治通鉴长编》（附拾补）卷214，上海古籍出版社1986年版，第2册第1993页。
④ 同上书，第2册第1998页。

王安石写道:"所谓不会,非不会其出,不为多少之计而已。王与后之膳禽饮酒及服皆不会者,至尊不可以有司法数制之。"① 王安石的这种君权至尊、君主独裁理论和韩非等人的法家学说已没有什么两样。

王安石在论述君主独裁时,除了强调君主权力的神圣与至尊以外,还认为赏罚、用人、行政、立法等权力统统应当由君主独裁。君主也只有将这些权力牢牢掌握在自己手里,才能实现君权的至尊与稳固。

王安石主张君主独掌赏罚大权,在《尚书·周书·洪范》的注解中,他写道:"惟辟作福,惟辟作威,荀子曰:'擅生杀之谓王,能利害之谓王。'义如此。"② 就是说只有君主才有作威作福的权力,王安石还引了荀子的话来说明君主必须掌握生杀大权。在《洪范传》中,王安石则对君主独掌赏罚大权作了进一步的阐述,他写道:"'惟辟作福,惟辟作威,惟辟玉食。臣无有作福、作威、玉食。臣之有作福、作威、玉食,其害于而家,凶于而国,人用则颇僻,民用僭忒。'何也?执常以事君者,臣道也;执权以御臣者,君道也。三德者,君道也。作福,柔克之事也;作威,刚克之事也。以其侔于神天也,是故谓之福。作福以怀之,作祸以威之,言作福则知威之为祸,言作威则知福之为怀也。皇极者,君与臣民共由之者也。三德者,君之所独任而臣民不得僭焉者也。有其权,必有礼以章其别,故惟辟玉食也。礼所以定其位,权所以固其政,下僭礼则上失位,下侵权则上失政,上失位则亦失政矣。上失位失政,人所以乱也。故臣之有作福、作威、玉食,其害于而家,凶于而国,人用则颇僻,民用僭忒也。侧颇僻者,臣有作福、作威之效也;僭忒者,臣有玉食之效也。民侧颇僻也易,而其僭忒也难。民僭忒则人可知也,人侧颇僻则民可知也。其曰'庶民有淫朋,人有比德',亦若此而已矣。"③ 按照王安石的意见,赏罚大权只能掌握在君主手里,君主应该享受富贵,这是君主的天赋权力。天道对于所有人都是一样的,但作威、作福、享受富贵的权力却只能由君主独掌,如果臣下也有赏罚他人的权力,那就会造成权力下移,上下

---

① 程元敏:《三经新义辑考汇评(三)——周礼(上)》,"国立"编译馆1987年版,第95页。
② 程元敏:《三经新义辑考汇评(一)——尚书》,"国立"编译馆1986年版,第116—117页。
③ 王安石:《王文公文集》(上册)卷26,上海人民出版社1974年版,第289—290页。

攀比，朋党蜂起，国家就会混乱。

　　王安石强调君主独掌赏罚大权，但有时他将这种权力夸大到极端，达到无法无天的地步。在《周礼·夏官·司士》的注解中，他写道："赐出于王之恩，恩有厚薄，赐有多寡，又何常之有？且赐而有常，则辟无以作福矣。"① 就是说，君主的赏赐应当完全出于君主心意，不受限制，也正是这种不受限制的赏罚大权方才显示出君权的至尊。王安石还用自己的这种理论劝说宋神宗，据《续资治通鉴长编》记载："安石曰：'人主作威福，若使人臣各自较量厚薄，操券以责人主，恐人主不可胜责。故太祖责川班援例求赏，尽诛之，所以销人臣悖慢之气而长人主威权，若能如汉高祖收赵子弟，即人臣有觎望为乱者，厚赏令众诛之而已。'上极以为然。"② 这是一种推崇独裁与暴力的政治权术，王安石的观点和韩非、李斯的法家学说没有什么两样，而且这种公开劝说皇帝诛杀臣下的行为也是文学之臣所罕有的。

　　王安石主张君主在用人上要完全独断，在《周礼·天官·宰夫》的注解中，他写道："此官府之八职也，故治至于要而止。若夫会，则正之所掌也，而王治之矣。故大宰受百官府之会，而诏王废置；废置在王，则王治之矣。"③ 就是说，政府要对各级官吏的业绩进行考核统计，而官吏的任免、赏罚最终要由王决定。在《尚书·商书·仲虺之诰》的注解中，王安石又写道："用人惟己，己知可用而后用之。如此则是果于自任，而不从天下之所好恶也。王者心术之真，大抵如此。改过不吝，言己有过则改之，无复吝惜，若所谓'过则勿惮该'也。用人惟己，则善者无不从；改过不吝，则不善者无不改：此所以能合并为公，以成其大也。其发而为政，又能宽以居之，仁以行之，盖所谓'以不忍人之心，行不忍人之政'也。"④ 就是说，君主用人完全以自己的心意为标准，不必顺应天下人的

---

① 程元敏：《三经新义辑考汇评（三）——周礼（下）》，"国立"编译馆1987年版，第423页。
② 李焘：《续资治通鉴长编》（附拾补）卷242，上海古籍出版社1986年版，第2册第2271页。
③ 程元敏：《三经新义辑考汇评（三）——周礼（上）》，"国立"编译馆1987年版，第69页。
④ 程元敏：《三经新义辑考汇评（一）——尚书》，"国立"编译馆1986年版，第75—76页。

愿望，自己认为该用的就用，自己认为错了的就改正，这就是行仁政。如果王安石所说的这一套也叫仁政的话，仁政和暴政也就没有什么区别了。在《尚书·虞夏书·尧典》的注解中，王安石又写道："尧固已闻舜矣，然且谓岳'汝能庸命，巽朕位'，然则尧之出此伪欤？曰：非然也。……此尧稽于众，舍己从人，不敢自用其耳目之聪明也，比待四岳师锡己以舜而后征庸之耳。然则四岳何以不蚤举舜欤？曰：阴虽有美含之，以从王事，必待上之唱也然后发，故四岳虽知舜，必待尧之唱也然后锡。"① 这段话看起来和上面所讲的君主用人独断相矛盾，其实两者的着眼点不同，听取别人意见是谋划阶段的事情，而用人独断是决定时候的事情，两者是相辅相成的。王安石在《字说》一书的文字解释中，也同样表现出他的独裁主张，在解释"置"和"罢"这两个字时，他写道："直者可置，使无贰适，唯我所措而已；能者可罢，使无妄作，惟我所为而已。"② 意思是说，对于正直可用的人要把他放在合适的位置上，使他听从我的指派不要有贰心；对于那些有才能而不听我的指派的人也要果断地罢免他们的官职，使他们不能妨害我的事业。这种不管是直还是能，一切从是否符合我的意愿的用人政策，实在是独断到了极点。

  王安石还主张君主要独掌立法权。在《周礼·春官·内史》的注解中，王安石写道："夫上下之分，有道揆，有法守；太宰有八柄诏王驭群臣者，明道揆于上，而所掌者，非特法守而已。内史掌王八枋之法，以诏王治者，谨法守，而下而道揆有不与也。谓之八枋之法，则其所掌者法而已，谓之王之八枋之法，则法当自王出故也。"③ 意思是说，臣下是按照法度行事的，而道揆则掌握在君主手里，揆是把柄的意思，法出于道，君主掌握道，就是掌握着立法权。

  王安石还主张君主要掌握行政决断权，政府的措施不可能做到使所有的人都满意，如果必要的话，君主可以违反众人的愿望采取果断的行为。

---

① 程元敏：《三经新义辑考汇评（一）——尚书》，"国立"编译馆1986年版，第13—14页。
② 转引自张文涤、胡炎祜：《论〈字说〉和〈字说辨〉的斗争》，《安徽师大学报》1976年第1期。但该文中王安石"直者可置"部分的解释有误，王安石的意思是直者可以把他放在合适的位置上，而该文作者理解为直者也可以让他靠边站。
③ 程元敏：《三经新义辑考汇评（三）——周礼（上）》，"国立"编译馆1987年版，第381页。

在《尚书·商书·汤诰》的注解中，王安石写道："汤始伐桀，商人皆咎汤不恤我众，然汤升自陑，告以必往，至于孥戮誓众，无所疑难也。及夫天下已定，乃曰'慄慄危惧，若将陨于深渊'，盖有为之初，众人危疑，则果断之以济功；无事之后，众人豫怠，儆戒所以居业。其异于众人也远矣，此其所以为汤也。若夫事未济则从而惧，事已济则喜而怠，则是众人也，岂足以制众人哉！"① 在这里，王安石举了历史上商汤讨伐夏桀的史实，证明人性常常是好逸恶劳的，有为的君主可以强迫甚至通过杀戮的手段驱使群众。《续资治通鉴长编》就记载了王安石以商汤、周武王的事例劝说宋神宗大胆有为、果断行事："安石曰：'……若任其自来则谁肯向前用命，若以法驱之则又非人情愿。若止欲任情愿即何必立君而为之张官置吏也。且汤、武革命名为应天顺人，然汤众皆以谓汤不恤我众，而汤告以必往，誓之以孥戮，汤其所以为顺人者亦不须待人人情愿然后使之也。'"② 王安石的这种论述是直接为他的变法服务的，在新法受到来自各方面指责的情况下，王安石希望通过宋神宗的专制皇权来强制推行新法，所以他不惜鼓吹强权和暴力。即使我们承认王安石是利用皇权打击官僚和士绅阶层为下层民众谋福利，那么他鼓吹君主强权的后果也是有害的，不加限制的君主独裁会比官僚、士绅的腐败政治更坏，宋神宗后期的对内酷政和对外战争的失利就很好地说明了这一点。

三　君权使用方术

先秦的法家学派提出法、术、势相结合的政治思想，法指的是国家的法律、制度，术指的是君主驾驭臣下的方法，势指的是权势，对于这三点，王安石都作了全面继承。王安石提倡君主独裁、君主独掌权力，但是，要使权力稳固地掌握在君主手里，就必须讲求方法，这也就是法家学派所说的驾驭臣民的术。这个术和公开的法不同，它隐藏于君主的心意之中；术又与以暴力为基础的权势不同，它侧重君主的智性因素。术又被称为道术、法术等等，君主使用术的目的就是要巩固自己的权势，避免发生

---

① 程元敏：《三经新义辑考汇评（一）——尚书》，"国立"编译馆1986年版，第80页。
② 李焘：《续资治通鉴长编》（附拾补）卷235，上海古籍出版社1986年版，第2册第2195页。

权力转移。

王安石把君主掌握术看作是政事顺利的必要条件,《续资治通鉴长编拾补》记载:"戊申,王安石独对上曰:'陛下知今日所以纷纷否?'上曰:'此由朕置台谏非其人。'安石曰:'陛下遇群臣无术,数失事机,别置台谏官,恐但如今日,措置亦不能免其纷纷也。'"① 同时,君主只要驾驭臣下有法度,就能预防各种可能的臣下专权现象,君权就会稳固,《续资治通鉴长编》记载王安石的话说:"纲纪修,视听不蔽,则人主权自然归一,不然则枢密亦能专权,如史洪肇之徒是也。"② 王安石的经学注解中有许多关于君权使用方术的论述,综合起来可以分为两类:一类侧重论述君主利用权势驾驭臣下;一类侧重论述君主利用臣下之力巩固权势。

在《洪范传》一文中,王安石就所谓"三德"作了详细的发挥,集中阐发了君主利用权势驾驭臣下的方术,他写道:"'三德,一曰正直,二曰刚克,三曰柔克',何也?直而不正者有矣,以正正直乃所谓正也;曲而不正者有矣,以直正曲而所谓直也。正直也者,变通以趣时,而未离刚柔之中也。刚克也者,刚胜柔者也;柔克也者,柔胜刚者也。……君君臣臣,适各当分,所谓正直也。若承之者,所谓柔克也;若威之者,所谓刚克也。盖先王用此三德,于一颦一笑未尝或失,况以大施于庆赏刑威之际哉,故能为之其未有也,治之其未乱也。'沈潜刚克,高明柔克',何也?言人君之用刚克也,沈潜之于内;其用柔克也,发见之于外。其用柔克也,抗之以高明;其用刚克也,养之以卑晦。沈潜之于内,所以制奸慝;发见之于外,所以昭忠善。抗之以高明,则虽柔过而不废;养之以卑晦,则虽刚过而不折。《易》曰:'道有变动,故曰爻;爻有等,故曰物;物相杂,故曰文;文不当,故吉凶生焉。'吉凶之生,岂在夫大哉?盖或一颦一笑之间而已。"③ 按照王安石的解释,所谓君主的正直、刚克、柔克"三德"就是驾驭臣下的三种方法。正直是在正常状态下对臣下所采取的态度,因为这时候君君、臣臣的等级制度稳定,只要顺其自然就可以

---

① 《续资治通鉴长编拾补》卷7,李焘:《续资治通鉴长编》(附拾补),上海古籍出版社1986年版,第5册第110页。

② 李焘:《续资治通鉴长编》(附拾补)卷211,上海古籍出版社1986年版,第2册第1966页。

③ 王安石:《王文公文集》(上册)卷25,上海人民出版社1974年版,第288—289页。

了，所以采用正直的方法。刚克指的是君主用强力制服臣下，柔克则指的是君主用顺应的方式制服臣下。王安石还特别指出，采用刚克的方法时，君主要深藏不露；采用柔克的方法时，君主要尽量表现出自己的高明、善良。正直、刚克、柔克这三种方法归结起来就是君主要刚柔相济以驾驭臣下。王安石十分重视这三种方法对于维护君权的重要性，他认为君主在任何情况下，即所谓"一嚬一笑"之间也不能放松对臣下的驾驭，因为是吉是凶往往就在这"一嚬一笑"之间发生。王安石这种君臣关系论和韩非讲的"上下一日百战"实在差不多①，是明显地用法家学说解释经书。

王安石为了维护君权，向君主提供了所谓的驾驭臣下的"三德"，但君主拥有至尊权力并不是目的，权力只是达到管理国家、控制民众的手段，而君主要想实现对国家和民众的管理，光靠孤家寡人是办不到的，他必须利用官僚机器的力量来辅助自己。要利用官僚机器，就必须有一定程度的管理权上的君臣分权，这和君主专权是一对矛盾，不搞君臣分权，君主只是拥有一个僵死的最高权力，而搞分权，又有可能造成对君主权力的威胁。对于这个矛盾，王安石是主张君臣分权的，他的理想是，臣下尽力，各尽其能，而君主利用臣下之力达到治国的目的，臣下的职责是出力为君主效劳，而君主的职责是选择、任用臣下为己效劳，王安石把这叫作君臣各自不同的职分。在《尚书·周书·立政》的注解中，王安石写道："君道以择人为职，上必无为而用天下，下必有为而为天下用，此君臣之分也。"② 王安石的这种思想实在是对先秦诸子政治智慧的继承，法家的申不害、韩非，道家的《庄子》，杂家的《吕氏春秋》，都有关于君主无为、臣下有为的论述。

王安石曾反复阐述臣下尽力而君主总其成的观点，在《尚书·虞夏书·益稷》的注解中，他用大禹的史实来论证君主利用臣下之力，他写道："精敷五教，司徒掌之，岂非左右有民？稷掌阻饥，皋治奸宄，岂非宣力四方？夷作秩宗，岂非制衣服？夔典乐，岂非察音声？然彼皆各治一官，禹则总百官而治之者也。帝兼举四事，而寄以股肱耳目，盖如此。"③

---

① 《韩非子·扬权》，《韩非子校注》，江苏人民出版社1982年版，第69页。
② 程元敏：《三经新义辑考汇评（一）——尚书》，"国立"编译馆1986年版，第201页。
③ 同上书，第41页。

在同篇的注解中，他又写道："皋陶以为人君不必下侵臣职以求事功，但委任而责成功尔。'率作兴事'者，分职授任，如咨命二十二人是也。'屡省乃成'，则三载考绩、三考黜陟是也。能如是则可谓之明君。君明则臣不敢欺，而思尽其职，庶事自各就绪矣。苟为不然，而欲下侵众职，则元首丛脞而股肱懈怠。天下之事岂一人所能办哉？万事之堕，固其宜矣。"① 这是劝说君主不可陷于日常的烦琐事务之中，不能越俎代庖去做应该由臣下去做的事情，君主的职责是抓大体、监督臣下的工作。

王安石将这种君臣分权的观点运用到现实政治中，他曾据此反复劝说宋神宗利用臣下之力，在管理国家时，要抓大体而不要陷于具体事务之中。《续资治通鉴长编》记载："安石曰：'陛下及此甚善，人主于众事安能尽察，付之众人耳目心力，而以赏罚毁之使各自尽，即无遗策，何事不成。'"②《续资治通鉴长编》又记载："甲辰，上患边臣观望朝廷意度为缓急，不肯竭情了事。王安石曰：'此在陛下，陛下诚能御群臣以道，使各尽力济务，莫敢为欺，则陛下可不劳而天下治。若不能为此，徒役两耳目聪明夙夜忧勤于上，而臣为陛下尽瘁于下，恐终不能致治。'"③

王安石还对君臣分权做了辩证的说明，在他看来，分权固然使臣下得到了建功立业的机会，但从总体上看，臣下的权力来源于君主，功业也应该归于君主，分权的结果是君主的权力变得更加稳固。在《诗经·周颂·烈文》的注解中，王安石写道："先王之戒诸侯也，欲其竞，竞则中国强矣。欲其显，显则中国尊矣。欲其'四方训之'，'百辟刑之'，则欲其各以德善胥训胥效也。内则百僚师师，外则诸侯胥训胥效，则能以天下为一家，中国为一人矣。而先儒以谓先王不欲诸侯名誉出境，是乃力征经营天下，惴惴恐天下轧己之私意，何足以语先王也。盖所谓德者，以至诚出于仁义也。未有仁而遗其亲，未有义而后其君。苟能使人至诚出于仁

---

① 程元敏：《三经新义辑考汇评（一）——尚书》，"国立"编译馆1986年版，第45—46页。
② 李焘：《续资治通鉴长编》（附拾补）卷220，上海古籍出版社1986年版，第2册第2050页。
③ 李焘：《续资治通鉴长编》（附拾补）卷223，上海古籍出版社1986年版，第2册第2083页。

义，则其强也，其显也，是乃吾之所保也。"① 在这里，王安石不同意那种认为臣下有功会损害君主的说法，而认为只要君臣相处以仁义之道，则臣下的功业会加强君主的权威。王安石写有《夔》一文，也是从臣下功业归于君主的角度，劝说君主任用贤臣，通过君臣分权以实现君权的稳固，他写道："夫击石拊石，而百兽率舞，非夔之所能为也，为之者，众臣也。非众臣之所能为也，为之者，舜也。……借使禹不能总百揆，稷不能富万民，契不能教，皋陶不能士，垂不能共工，伯夷不能典礼，然则天下乱矣。天下乱，而夔欲击石拊石，百兽率舞，其可得乎？故曰为之者众臣也。使舜不能用是众臣，则是众臣亦不能成其功矣，故曰非众臣之所能为也，为之者，舜也。夫夔之所以称其乐之和美者，岂以为伐耶？盖以美舜也。孔子之所谓'将顺其美'者，其夔哉！"②

第六节　王安石经学注解的君、臣、民关系论

在中国古代社会里，从政治等级上看，社会成员可以分为君、臣、民三大类，其中君主是国家的政治元首，是政治权力的所有者；臣指的是各级官吏，他们掌握着实际的行政权力，是君主管理民众的必要中介；所谓民，是指与君、臣相对的处于社会等级最下层的广大庶民。君、臣、民是国家存在的基础，正确认识他们在国家中的不同地位和不同作用，尤其是正确处理好君与臣、君与民之间的关系，是中国传统政治思想的核心，也是关系到现实政治兴衰成败的关键性因素。在王安石的经学注解中，对于君臣、君民关系都有详细的论述，而作为一个实际的执政者，王安石又对君主如何管理官吏、民众提出了一些具体的方法。

一　君臣关系

臣是君与民之间的必要中介，作为君主，要实现对国家和民众的管理是片刻也离不开臣下的，就中国古代君主专制制度的政治实际看，以文官集团为主体的官员是社会的真正统治者，这个群体的好坏往往直接决定国

---

① 邱汉生：《诗义钩沉》，中华书局1982年版，第279页。
② 王安石：《王文公文集》（上册）卷26，上海人民出版社1974年版，第297—298页。

家的兴衰。从治理国家的角度讲，君与臣是协作的关系，治理国家、民众是君臣的共同职责；而从政治等级上说，臣是君主的下属，他们的权力来自君主，他们必须向君主负责，君主对于臣下有监督和赏罚的权力。因此，君臣相处之道和君主对官吏的管理就构成了君臣关系的两个主要内容。王安石在经学注解中继承传统儒学君臣相处以礼的观点又有所发挥，而在君主对官吏的管理上则继承了法家学派循名责实的思想。

1. 君臣相处之道

君臣相处以什么为标准，对于这个问题，中国古代各派学说的看法是不同的，就其中影响最大的儒、法两家而言，儒家强调礼义，法家强调利益，王安石的经学注解继承了儒学的观点。在《诗经·小雅·采菽》的注解中，王安石写道："君子所乐，乐王能以义揆之也。君子事王以义而已。若王无义以揆之，则诞或见信，忠或见疑，以是为非，以非为是，则君子有忧而无乐矣。"[①] 就是说君臣之间相处的标准是义，如果不以义作为标准的话，君臣之间就容易产生矛盾。在《诗经·郑风·清人》的注解中，王安石写道："未有义而后其君者也。高克既好利，不顾其君，文公恶而欲远之，又不能也。于是使将兵而御狄于竟。翱翔河上，久而不召。惟以此为去高克之上策。故公子素恶高克事其君不以礼，而文公去其臣不以道，所以致师散而将奔。是乃亡国亡师之本，故作是诗也。"[②] 在这里，王安石通过对历史事实的解说，说明君臣之间不以礼义相处就会带来祸患。

王安石所说的君臣相处以义，这个义是有特定内容的，那就是君尊臣卑，臣下效忠君主，君主体恤臣下，从而达到一种君臣融洽的境界。在《诗经·召南·羔羊》的注解中，王安石写道："朝夕往来，出公门、入私门，出私门、入公门而已，终无私交之行也。"[③] 这是说，臣下要一心效忠君主，不谋私利，不结朋党。在《诗经·小雅·天保》的注解中，王安石写道："君恩至重，臣虽有犬马之劳，不足以上答，唯称其福禄以报之，此出于欢心而不强以为者也。"[④] 这也是要求臣下为君主尽忠。在

[①] 邱汉生：《诗义钩沉》，中华书局1982年版，第213页。
[②] 同上书，第66—67页。
[③] 同上书，第24页。
[④] 同上书，第129页。

《尚书·周书·洛诰》的注解中，王安石就历史上周公是否为王的问题对荀子、《礼记》的观点进行了辩正，认为周公只是因成王年幼而摄政，并没有以臣下的身份称王，他写道："先儒谓：成王幼，周公代王为辟，至是乃反政于成王，故曰'复子明辟'。荀卿曰：'以枝代王，而非越也；君臣易位，而非不顺也。'以书考之，周公位冢宰、正百工而已，未尝代王为辟，则何君臣易位、复辟之有哉？如《礼·明堂位》曰：'昔者周公朝诸侯于明堂之位，天子负斧扆，南乡而立。'又曰：'武王崩，成王幼弱，周公践天子之位以治天下。'则是周公正天子之位以临万国。"① 王安石这样说的潜在意思就是，君尊臣卑，君臣之间是不能易位的。

王安石要求臣下效忠君主，这只是君臣相处之道的一个方面，在另一方面，君主也必须体恤臣下。在《诗经·小雅·采薇》的注解中，王安石写道："人情所患，莫切于行役之劳，饥渴之害。故中心伤悲而莫有知其哀者，则几于不得其所而无所告诉。今歌诗遣之，述其勤苦，则人不知其哀，上知之。此君子能尽人之情，故人忘其死也。"② 而在《上执政书》一文中，王安石在论君臣关系时十分注意维护臣子的权益，他认为，君主在使用臣子时，要考虑到臣子的才能、志趣、需求，使人尽其才，这样，君主的统治也才能稳固，他写道："盖闻古者致治之世，自瞽矇、昏聩、侏儒、籧篨、戚施之人，上所以使之，皆各得尽其才，鸟兽鱼鳖，昆虫草木，所以养之，皆各得尽其性而不失也。于是《裳裳者华》《鱼藻》之诗作于时，而曰：'左之左之，君子宜之；右之右之，君子有之；性其有之，时以似之。'言古之君子，于士宜左者左之，宜右者右之，各因其才而有之，是以人人得似其先人。又曰：'鱼在在藻，依于其蒲；王在在镐，在那其居。'鱼者潜逃深渺之物，皆得其所安而乐，王是以能那其居也。"③

王安石在论述君臣关系时，继承了儒家学派君臣相处以礼义为标准的思想，但和那些把君尊臣卑看作僵死的规范、一味要求臣下尽忠君主的学者不同，他认为，就臣子的角度而言，道高于君。在《诗经·邶风·北

---

① 程元敏：《三经新义辑考汇评（一）——尚书》，"国立"编译馆1986年版，第179页。
② 邱汉生：《诗义钩沉》，中华书局1982年版，第132页。
③ 王安石：《王文公文集》（上册）卷2，上海人民出版社1974年版，第21页。

门》的注解中,王安石写道:"人臣事是君为容悦者,其北门大夫之谓乎?若有道之士,道合则从,不合则去。"① 就是说臣下对于君主有一定的选择性,君臣之间要以道相从,至于那种一味讨好君主的臣子则是可鄙的。王安石还认为对于道德高尚的臣下,君主不能以势相压,而应该以礼相待,在《虔州学记》一文中,他写道:"若夫道隆而德骏者,又不止此,虽天子,北面而问焉,而与之迭为宾主,此舜所谓承之者也。"② 王安石还主张,在特殊情况下,臣下甚至可以诛杀无道昏君,在《尚书·商书·汤誓》的注解中,他写道:"以常情言之,以臣伐君,疑于乱矣。以天命言之,汤所谓'天吏',非称乱也。"③ 这里的意思是说,商汤讨伐夏桀,从常理上讲,是以臣伐君,违反君臣之道,但商汤的行为是符合天命的,是替天行道,所以无可厚非。

王安石关于道高于君的有关论述是对先秦儒家,特别是孟子思想的继承发挥,但却为后世维护宗法社会等级制度、视纲常名教为天理的儒家学者所诟骂。据《邵氏闻见后录》记载陈瓘的话说:"臣伏见治平年中,安石唱道之言曰:'道隆而德骏者,虽天子北面而问焉,而与之迭为宾主。'自安石唱此说以来,几五十年矣,国是渊源,盖兆于此。臣闻天尊地卑,乾坤定矣,定则不可改也,天子南面,公侯北面,其可改乎?今安石性命之理,乃有北面之礼焉。夫天子北面以事其臣,则人臣南面以当其礼,臣于性命之理,安得而不疑也。"④ 又据《宋史》记载:"绍兴二十六年,高宗谓辅臣曰:'陈瓘昔为谏官,甚有谠议。近览所著《尊尧集》,明君臣之大分,合于《易》天尊地卑及《春秋》尊王之法。王安石号通经术,而其言乃谓"道隆德骏者,天子当北面而问焉",其背经悖理甚矣。瓘宜特赐谥以表之。'谥曰忠肃。"⑤ 作为皇权的代表,宋高宗自然赞赏尊君卑臣的理论,王安石受到批判,陈瓘受到加封,这是很自然的事情。

北宋理学的代表人物二程也对王安石主张的臣下革君主之命极为不满。程颐说:"'反复道也',言终日乾乾往来,皆由于道也。三位在二体

---

① 邱汉生:《诗义钩沉》,中华书局1982年版,第38页。
② 王安石:《王文公文集》(上册)卷34,上海人民出版社1974年版,第402页。
③ 程元敏:《三经新义辑考汇评(一)——尚书》,"国立"编译馆1986年版,第73页。
④ 邵博:《邵氏闻见后录》卷23,中华书局1983年版,第180页。
⑤ 《宋史》卷345,中华书局1977年版,第31册第10964页。

之中，可进而上，可退而下，故言反复。'知至至之'，如今学者且先知有至处，便从此至之，是'可与几也'。非知几者，安能先识至处？'知终终之'，知学之终处而终之，然后'可与守义'。王荆公云：'九三知九五之位可至而至之。'大煞害事，使人臣常怀此心，大乱之道，亦自不识汤、武'知至至之'，只是至其道也。"① 这里是讨论对《周易》中乾卦九三爻的理解问题。王安石认为九三爻处于乾卦下体之上，更进一步则可升至上体之中九五爻的位置，而九五爻在《易》中是君位，这就好比汤、武伐夏、商而取代桀、纣成为王一样。程颐认为王安石的这个解释违反君臣大义，大逆不道，道是完美的人伦、宇宙秩序，是天理，人就是要体会这个天理，并在这个天理秩序中正确地给自己定位，认同自己的社会角色，所以人要"由于道"，要"知终终之"，要"守义"，从而学做大人、圣人，即做一个安分守己的良民。作为名教纲常的君臣大义绝不可违，九三爻的臣子绝不可有非分之想去取代九五爻的君主之位。《河南程氏粹言》又记载："介甫以武王观兵为九四，大无义理，兼观兵之说亦自无此事。如今日天命绝，则今日便是独夫，岂容更留三年？今日天命未绝，便是君也，为人臣子，岂可以兵胁其君？安有此义？"② 这是就乾卦九四爻的注解来探讨君臣关系问题。王安石把九四爻理解为力量强大将要取代处于九五王之位的商纣王的周武王，"武王观兵"就是窥探商纣王的实力，并借以炫耀自己的力量。程颐对于王安石的这种解释大为不满，认为君臣大义绝不可亵渎，作为臣子绝不可向君主示威，只有在君主天命已绝成为独夫的情况下，臣子才可以杀之。程颐把君主的废立从君臣现实的矛盾关系中跳出来而归之于天命，这实际上是对君主权力的最大程度的肯定。维护君权、维护纲常名教，这是以程颐为代表的理学的根本价值取向，从这里也可以看出，理学最终能够战胜"荆公新学"是有其政治原因的。

2. 君主对官吏的管理

君臣相处之道讨论的是君臣之间的政治地位和权力制衡关系，而君主对臣下的管理则构成国家的日常政治事务。臣下是代表君主管理人民，而

---

① 程颢、程颐：《河南程氏遗书》卷19，《二程集》，中华书局1981年版，第1册第248页。《河南程氏粹言》卷1《论书篇》中也有大致相同的记载，参看上书第4册第1203—1204页。

② 程颢、程颐：《河南程氏遗书》卷19，《二程集》，中华书局1981年版，第1册第250页。

对臣下的管理则是君主的职责。就北宋以至中国古代社会的政治实际来看，君主管理臣下也是依靠宰相为主的高层官僚的，君主对官吏的管理，实际变成了高级官吏对中低级官吏的管理。王安石作为实际的执政者，位居宰相之职，管理各级官吏是他的主要工作之一，他在经学注解中阐发了自己对于吏治的一些观点，这些观点对他主持的变法也有直接的影响。

王安石十分重视对官吏政绩的考核、奖惩，在他对《周礼》的注解中，这方面的内容特别多。《周礼·天官·大宰》中提出以所谓的官属、官职、官联、官常、官成、官法、官刑、官计"八法治官府"，以所谓的爵、禄、予、生、夺、置、废、诛"八柄诏王驭群臣"，对于这些君主管理官吏的方法，王安石在注解中都有详细的解说。① 在《周礼·天官·小宰》的注解中，王安石写道："所谓弊群吏之治者，治弊之谓也。善其行谓之善，善其事谓之能，能直内谓之敬，能正直谓之正，能守法谓之法，能辨事谓之辨。廉者，察也；听官府、弊吏治，察此而已。"② 就是说要从德行、能力、执法、明察等多方面考察官吏。在《周礼·天官·司书》的注解中，王安石写道："所谓大计群吏之治，则计其所治民财器械之数孰备孰乏；田野夫家六畜山林川泽之数，孰治孰废孰登孰耗而已。故大计群吏之治，则以知民之财器械之数，以知田野夫家六畜之数，以知山林川泽之数；凡在民者，皆知其数，然后知群吏征令有当否；知其有当否，然后可得而治正也。"③ 这里强调从发展生产、增殖户口等实际治理成果上考察官吏的好坏。

君主控制官吏就是通过考察其政绩给予奖惩来实现的，王安石在《徐师回等改官》中就说："《诗》曰：'不解于位，民之攸塈。'盖吏能夙夜不懈于其职事以无过失，然后民得以服勤，而有劝功乐业之意。吾所以制为禄位以待天下之吏，以时论其功状而进退之，凡以为民也。尔等久列于朝，而久于其职。序迁尔位，惟是勉哉！"④ 不过，王安石在官吏的升迁上有一个特别的观点，就是升级而不改变职务，在《尚书·虞夏书·舜典》的注解中，他写道："唐虞以三考黜陟幽明，而其所命之官，

---

① 参见程元敏《三经新义辑考汇评（三）——周礼（上）》，"国立"编译馆1987年版，第20、27页。
② 同上书，第61页。
③ 同上书，第153页。
④ 王安石：《王文公文集》（上册）卷13，上海人民出版社1974年版，第138页。

或终身于一职，然则其所谓'陟'者，特爵服之加而已。"① 王安石是从有利于政府管理的角度考虑的，是一种培养技术官僚的路子，但在中国古代官位与实际利益紧密相连的情况下，王安石的观点是不现实的。②

　　王安石的吏治思想中还有一点十分特出，就是他企图实现吏士合一，这也是他的社会改造工程中的一个重要方面。在王安石所理想的社会里，君主是内圣与外王的合一，官吏是有道德学问的士大夫与能干的吏员的合一，而民众则是财富的生产者和军队的战士的合一。王安石希望用有教养、信奉圣王之道、熟读经书的士人充当各级吏员，或者是把胥吏变成有教养的士人，他在主持变法中曾经作过这种努力，在他的经学注解中，也有这方面的论述。在《周礼·天官冢宰一》的注解中，王安石写道："府史胥徒虽非士，而先王之用人无流品之异，其贱则役于士大夫而不耻，其贵则承于天子而无嫌。"③ 这是肯定胥吏在国家政治中的地位。在《上皇帝言事书》中，王安石以孔子为例，证明士大夫与吏没有高低、贵贱之别，批判了后世的品级制度，他写道："古者有贤不肖之分，而无流品之别。故孔子之圣而尝为季氏吏，盖虽为吏而亦不害其为公卿。及后世有流品之别，则凡在流外者，其所成立固置于廉耻之外，而无高人之意矣。"④ 在《上浙漕孙司谏荐人书》一文中，王安石则热情奖掖下层小吏，他写道："明州司法吏汪元吉者，其为吏廉平，州人无贤不肖，皆推信其行，喜近文史，而尤明吏事。有《论利害事》一编，今封献左右……盖薄恶之俗，士大夫之修行义者少矣，况身处污贱之势，而清议所不及者乎！劝奖之道，亦当先录小善，务以下流之有善者为始。今世胥史，士大夫之论议常耻及之，惟通古今而明者，当不以世之所耻而废人之为善尔。"⑤

　　《续资治通鉴长编》记载王安石谈他的吏治改革目的时说："自此善士或肯为吏，善士肯为吏，则吏、士可复如古，合而为一。吏与士、兵与

---

① 程元敏：《三经新义辑考汇评（一）——尚书》，"国立"编译馆1986年版，第27页。
② 这里的矛盾内在于等级制度和官僚体制之中，是封建政治的痼疾，难以解决。实际上，这个问题在今天也没有得到很好解决，毛泽东曾经提倡学习螺丝钉精神，要求人们安于岗位敬业奉献，但他又让农民陈永贵当上副总理，而这两者的结果却都不尽如人意。
③ 程元敏：《三经新义辑考汇评（三）——周礼（上）》，"国立"编译馆1987年版，第8页。
④ 王安石：《王文公文集》（上册）卷1，上海人民出版社1974年版，第11页。
⑤ 王安石：《王文公文集》（上册）卷3，上海人民出版社1974年版，第43页。

农合为一，此王政之先务也。"① 王安石的这种吏治思想是很深刻的，他也曾在变法中将其实行，但由于新法的失败而中断。日人宫崎市定为此慨叹说："王安石想把吏士的关系引回正轨，但控制不住的滔滔大势，却向相反的、不自然的方向走去。可以说王安石之不得行其志，不只是他个人的不幸也是宋朝一代的不幸，不只是宋朝一代的不幸也是后世亿万中国人民的不幸。"② 但是，官、吏之间品级、权限的区分，士、吏之间素养、职责的不同，是和社会等级制度、政治管理分工等一系列问题联系在一起的，不是王安石靠恢复古代的吏、士合一制度所能解决的，而胥吏之害也一直是中国传统社会以至现代社会的痼疾，难以根治，这才真是亿万中国人民的不幸。

二 君民关系

所谓民，在中国古代各个不同时期的内涵是不一样的，一般来说是指与君、臣相对的处于社会等级最下层的广大庶民。就中国古代社会的实际来看，民的主体是农民，但也包括工商和非官僚的地主以及其他一些贫民。民是占人口绝大多数的被统治者，是国家存在的基础，处理好君民关系，对民众实施有效的管理，这是中国古代政治家的共识，也是关系到现实政治兴衰成败的关键性因素。在君民关系上，王安石继承了中国古代民本论的优秀传统，强调民为国本、治国为民，但是，作为一个封建时代的执政者，王安石又是坚定的君本位和官本位论者，他把君主置于民众之上，认为是君主教化、养育了民众，提出了系统的治民理论。

1. 民本与尊君

王安石承认民众是君主的根本，在《尚书·商书·汤诰》的注解中，他写道："汤之受命也，天与之，人立之，故曰'天命弗僭，贲若草木，兆民允殖'，观民之所立，则知天之所与矣。"③ 意思是说，君主的权力来自于天意与民众两方面，而天意是以民心为依据的，所以，君主的权力最

---

① 李焘：《续资治通鉴长编》（附拾补）卷237，上海古籍出版社1986年版，第2册第2215页。

② 宫崎市定：《王安石的吏士合一政策》，《日本学者研究中国史论著选译》第五卷，中华书局1993年版，第488—489页。

③ 程元敏：《三经新义辑考汇评（一）——尚书》，"国立"编译馆1986年版，第80页。

终来自于民众。在《诗经·小雅·四月》的注解中,王安石写道:"乱出乎上,而受患常在下。及其极也,为适归乎其所出矣。"① 就是说,高高在上的君主的命运和低贱的民众的命运却是紧密相连的,如果君主不能使民众生活安定,那么他自身的地位也不会稳固。在《尚书·虞夏书·大禹谟》的注解中,王安石又写道:"四海困穷则失民,失民则无与守邦;无与守邦则天禄永终矣。"② 这是肯定君主的权威是建立在民众的基础上的,没有民众的支持,君主的统治就会完结。

从民为君本的角度出发,王安石认为立君主的目的就是为了治理国家,使民众生活安宁,在《尚书·周书·周官》的注解中,他写道:"天之所以立君,君之所以设官分职者,凡以安民而已。民永安,则万邦戴上,无厌斁矣。"③ 在《诗经·大雅·緜》的注解中,王安石又写道:"国以民为本,民居既奠之后,方事营建,先王之重民如此。"④ 君主的天职是为民众服务的,因此,在主观上必须重民、爱民,在政治实践上则要为民众谋福利。

从安民、爱民的角度出发,王安石认为,君主必须节制用度、减轻赋役,使民众有较为稳定的生活。在《诗经·大雅·公刘》的注解中,王安石写道:"其食也,则'执豕于牢'而已;其饮也,则'酌之用匏'而已。其俭如此,厚民故也。"⑤ 这是劝说君主节制用度以富民。在《尚书·商书·盘庚下》的注解中,王安石写道:"导其耕桑,薄其税敛,使老幼不失其养,鞠人之事也。联其比闾,合其族党,相友相助,谋人保居之事也。既养之,又安之,则斯民之生生得矣。"⑥ 这是劝说君主发展生产、减轻赋役。在《周礼·秋官·小司寇》的注解中,王安石则写道:"民轻犯法多由于贫,民之贫以赋敛之重,赋敛之重以国用之靡,故使刑官献民数而内史司会冢宰以制国用也。"⑦ 在这里,王安石把民众犯法归

---

① 邱汉生:《诗义钩沉》,中华书局1982年版,第190页。
② 程元敏:《三经新义辑考汇评(一)——尚书》,"国立"编译馆1986年版,第32页。
③ 同上书,第210页。
④ 邱汉生:《诗义钩沉》,中华书局1982年版,第229页。
⑤ 同上书,第247页。
⑥ 程元敏:《三经新义辑考汇评(一)——尚书》,"国立"编译馆1986年版,第92页。
⑦ 程元敏:《三经新义辑考汇评(三)——周礼(下)》,"国立"编译馆1987年版,第481—482页。

咎于君主的过度盘剥,要求君主节制用度。

王安石认为民为君本、立君为民,在政治决策上,他要求君主体察民意,顺应民心。在《洪范传》一文中,王安石写道:"'月之从星,则以风雨',何也? 言月之好恶不自用而从星,则风雨作而岁功成,犹卿士之好恶不自用而从民,则治教政令行而王事立矣。《书》曰:'天听自我民听,天视自我民视。'夫民者,天之所不能违也,而况于王乎,况于卿士乎?"① 在这里,王安石借天象和经典来说明民心不可违背。在《周礼·秋官·小司寇》的注解中,王安石写道:"国危、国迁、立君,大事也;有疑焉,则所谓大疑,故致万民而询焉。……百姓北面答君也;三公及州长北面,帅民也;群臣西面、群吏东面,则左右其事而已;民为贵,于是见矣。"② 就是说,君主在有关国家重大事务的决策时应当听取民众的意见,就政治地位而言,民众还在各级官吏之上。

王安石继承了传统的民本思想,但他只是在一定程度上重视民众的地位和作用而已,在君与民之间,他的基本思想还是君尊民卑、君主治民。在民本和尊君之间,尊君思想是王安石的主导观点,他曾多次强调民众的无知,只有通过君主的治理才能得到安定。在《尚书·商书·仲虺之诰》的注解中,王安石写道:"民之有欲,至于失性命之情以争之,故攘夺诞谩无所不至。为之主者,非聪明足以胜之,则乱而已。"③ 这是要求君主以智慧制服民众,引导他们弃恶从善。在《尚书·虞夏书·大禹谟》的注解中,王安石写道:"咈百姓以从先王之道则可,咈百姓以从己之欲则不可。古之人有行之者,盘庚是也。盖人之情顺之则誉,咈之则毁,所谓'违道以干百姓之誉'也,既咈百姓以从先王之道者也。"④ 在这里,王安石认为,民众的欲望是恶的,违背先王之道,作为君主不能顺着民众的欲望走,而应当遏制民众的欲望使之向善。这是一种英雄史观,君主、圣王可以不顾民众的愿望而采取重大政治举措,王安石在变法中也是以这种思想指导自己的政治实践的,据《续资治通鉴长编》记载:"时有不附新法

---

① 王安石:《王文公文集》(上册)卷25,上海人民出版社1974年版,第294页。
② 程元敏:《三经新义辑考汇评(三)——周礼(下)》,"国立"编译馆1987年版,第475—476页。
③ 程元敏:《三经新义辑考汇评(一)——尚书》,"国立"编译馆1986年版,第75页。
④ 同上书,第30页。

者，安石欲深罪之，上不可。安石争之曰：'不然法不行。'上曰：'闻民间亦颇苦新法。'安石曰：'祁寒暑雨，民犹怨咨，此岂足恤也。'"①

2. 君主对民众的管理

在君民之间的政治关系上，王安石既肯定民本，又强调尊君，但从根本上讲是以尊君为主。不过，在君民关系上，作为实际执政者的王安石更关心的还是君主对民众的管理，在这个问题上，他以君主为主导，把民众作为被管理的对象，详细讨论了如何在道德上教化民众、在政治上安定民众和在经济上养育民众等问题。

对于民众的道德能力，王安石基本上持批判态度，他认为君主的职责就是教化民众，使之向善。在《周礼·天官·大宰》的注解中，王安石写道："教典以扰万民，而教职以宁万民，则亦教典之为书，以扰万民而已；教官之属，以其职推而行之，然后有以宁万民也。"② 按照《周礼》中的职官分别，教典、教职由地官大司徒掌管，其主要职责就是辅助君主教化民众。《周礼·天官·大宰》中提出"以八统诏王驭万民"，王安石在注解中说："亲亲，孝也，仁也；教故，仁也，义也；是王之行也，故一曰亲亲，二曰敬故。进贤、使能、保庸、尊贵、达吏、礼宾，则有政存焉；进贤使能，然后有庸可保也；故三曰进贤，四曰使能，五曰保庸。贤也、能也、庸也，固在所尚，然爵亦天下达尊，故六曰尊贵。尊贵则抑贱，抑贱则吏之志能，嫌不能达，故七曰达吏。自达吏以上，皆内治也。视宾，则所以接外也，故八曰礼宾。驭以亲亲，而民莫遗其亲；驭以敬故，则民莫慢其故；驭以进贤，则民知德之不可不务；驭以使能，则民知能之不可不勉；驭以保庸，则民知功实之不可害；驭以尊贵，则民知爵命之不可陵；驭以达吏，则民知壅蔽不可为；驭以礼宾，则民知交际当以礼。"③ 就是通过亲亲、敬故、进贤、使能、保庸、尊贵、达吏、礼宾八种方式教化民众。

在《诗经·豳风·七月》的注解中，王安石描写了民众经过君主教

---

① 李焘：《续资治通鉴长编》（附拾补）卷270，上海古籍出版社1986年版，第3册第2552页。

② 程元敏：《三经新义辑考汇评（三）——周礼（上）》，"国立"编译馆1987年版，第18页。

③ 同上书，第29页。

化达到的理想状态，他写道："仰观星日霜露之变，俯察昆虫草木之化，以知天时，以授民事。女服事乎内，男服事乎外。治自内而外，化自上而下。上以诚爱下，下以忠报上。父父子子，夫夫妇妇，养老而慈幼，食力而助弱。其祭祀以时，其燕飨也节。此《七月》之义也。"①　而在《诗经·小雅·我行其野》的注解中，王安石则对君主教化不行、民众道德沦丧的现象提出批判，他写道："此民不安其居而适异邦，从其昏姻而不见收恤之诗也。先王之诗曰：'既有肥牡，以速诸舅。宁适不来？微我有咎。'又曰：'笾豆有践，兄弟无远。'其躬行仁义、道民厚矣。犹以为未也，又建官置师，以孝、友、睦、姻、任、恤六行教民。为其有父母也，故教以孝；为其有兄弟也，故教以友；为其有同姓也，故教以睦；为其有异姓也，故教以姻；为邻里乡党相保相受也，故教以任；相周相救也，故教以恤。以为徒教之，或不率也，故使官师以时书其德行而劝之。以为徒劝之或不率也，于是乎有不孝、不睦、不姻、不弟、不任、不恤之刑焉。方是时也，安有如此诗所刺之民乎。"②

　　君主对于民众的管理除了道德教化外，最重要的就是使社会秩序稳定，让民众过上安宁的生活。在《诗经·小雅·鸿雁》的注解中，王安石对能够使民众安宁的周宣王大加赞扬，他写道："宣王之民，劳者劳之，来者来之，往者还之，扰者定之，危者安之，散者集之。……民皆离散而不安其居，必矜之甚深，哀之甚切，不尔则无告之民，不足以自存矣。"③　从稳定社会秩序、使民众生活安宁的角度着眼，王安石还讨论了具体的管理、控制民众的一套方法。在《周礼·天官·大宰》"以九两系邦国之民"一段的注解中，王安石写道："牧、长，皆君也；师、儒，皆师也；自非君师，则内莫尊于宗，外莫贵于主；吏则治之而已，友则任之而已，薮则民利其财而已。自牧至薮，皆有所两，则民有所系属而不散，故多寡死生出入往来，皆可知也。夫然后可得而治矣。"④　这是以牧、长等一套行政、教化官僚来实现对民众的控制，在这样严密的监管体系下，

---

① 邱汉生：《诗义钩沉》，中华书局1982年版，第111页。
② 同上书，第156页。
③ 同上书，第151页。
④ 程元敏：《三经新义辑考汇评（三）——周礼（上）》，"国立"编译馆1987年版，第38页。

第一章　王安石的经学思想

民众的一言一行都在政府的控制之下，自然不会出现混乱。在《周礼·秋官·小司寇》的注解中，王安石写道："及大比，登民数，自生齿以上登于天府者，生齿则有食之端，有食之端，则将任之以职；故自生齿以上登其数，登于天府，则宝而藏之。内史、司会、冢宰贰之，以制国用者，国用以赋敛制之，赋敛多寡，以民制之故也。"① 这是通过统计民众人口数目达到控制民众的目的。在《周礼·秋官·士师》的注解中，王安石写道："掌乡合州党族闾比之联，与其民人之什伍者，以比合比，以伍合伍，使之相联也。使之相安相受，以比追胥之事，以施刑罚庆赏者，去其害人者，则使之相安；使州里任焉，而舍之，则使之相受；相安相受，然后可以比追胥之事，以施刑罚庆赏，则废事者施刑罚；有功者施庆赏。"② 在这里，则是通过严格的户籍管理来达到控制民众的目的。

王安石认为君主不仅要教民、安民，更重要的是君主还要通过政治措施发展生产，养育民众。从经济的事实上讲，应该是民众养育了君主和各级官吏，但作为一个封建时代的士大夫和执政者，王安石是信奉君主养育民众的观点的，他把养育民众看作是君主的职责。在《诗经·大雅·生民》的注解中，王安石写道："天降生民，固使之粒食。后稷教以农事，则有相之道。后稷之所以相天者，所以助天养育斯民也。"③ 在《周礼·天官·大宰》的注解中，王安石写道："事典则以生万民，事职皆以养万民，盖事典之为书，以生万民而已；事官之属，以其职推而行之，然后有以养万民也。"④ 按照《周礼》的职官分别，事典、事职是由冬官大司空掌管，其主要职责就是辅助君主养民富国。

从君主养育民众的角度着眼，王安石对不能尽职、使民众困穷的君主提出了批判，在《诗经·小雅·蓼莪》的注解中，王安石写道："瓶，譬则民也，罍，譬则君也。'瓶之罄'则'罍之耻'，民之穷则君之羞。"⑤

---

① 程元敏：《三经新义辑考汇评（三）——周礼（下）》，"国立"编译馆 1987 年版，第 481 页。
② 程元敏：《三经新义辑考汇评（三）——周礼（上）》，"国立"编译馆 1987 年版，第 487 页。程先生此处标点多有不妥，故以己意改正。
③ 邱汉生：《诗义钩沉》，中华书局 1982 年版，第 240 页。
④ 程元敏：《三经新义辑考汇评（三）——周礼（上）》，"国立"编译馆 1987 年版，第 18 页。
⑤ 邱汉生：《诗义钩沉》，中华书局 1982 年版，第 187 页。

在《诗经·小雅·正月》的注解和《诗经·大雅·荡》的注解中，王安石又进一步指出，不能养民的君主，最终也会被民众所抛弃，甚至会给君主带来祸患，他写道："民有欲无主乃乱。天生聪明时乂，王不能乂，而民无所得禄，则释王而从禄于他。鸟之为物，唯能食己，则止其屋。民之从禄，将如此矣。"① "民受天地之中以生，所谓命也。能者养之以福，不能者败之以取祸。"②

第七节　王安石经学注解的治国之道

在关于君道和君、臣、民关系论中，已经涉及了王安石经学注解的政治思想，但那是从政治主体的角度、即从人的角度着眼考察的。而在这一节里，将主要从政治上的统治方式和具体政治领域的指导思想方面剖析王安石经学注解的治国之道。在政治统治方式上，王安石综合儒、法两家，礼、刑并用，但以德为主、以力为辅，先礼后刑；在具体的政治指导思想上，王安石重视理财，将众建人才与大明法度结合起来，主张依据时势的发展变革法度，实现富国强兵的目的。

一　德政与力政、礼治与刑罚

治理国家是处理社会不同阶级之间关系的政治事务，但在中国传统文化里，治国之道总是和伦常道德上的群己关系、宇宙论上的天人关系纠缠在一起。在古代思想家眼里，政治不仅是处理人们之间纯粹的利害关系，它同时也是道德的体现，所以，中国传统政治在讨论治国之道时，要讲求修身齐家、顺天应人，在教化、行政和刑罚各种政治手段之间也要区分出轻重缓急来。王安石的经学注解在论述治国之道时，继承传统儒学修身以治国、先礼后刑的思想，但他的特点是重视物质生产，不忽视刑的作用，认为德、察、刑等不同的统治方式应该兼用。

1. 修身以治国、食货而政教

传统儒学讲求修身齐家以治国，这是儒学重视伦常关系的必然表现，

---

① 邱汉生：《诗义钩沉》，中华书局1982年版，第167页。
② 同上书，第254页。

第一章　王安石的经学思想

同时又是对中国古代宗法伦理制度的顺应。在中国古代社会里，君主同时就是宗族的大家长，政治事务往往带有浓厚的伦理色彩，治理国家被看成只是将君主个人的道德修养推广扩大的结果，作为统治者，要想治理好国家，首先就要在个人的修身齐家上下功夫。在这一点上，王安石的意见也是如此。

在《周南诗次解》一文中，王安石写道："王者之治，始之于家，家之序，本于夫妇正，夫妇正者，在求有德之淑女为后妃以配君子也，故始之以《关雎》。"① 在这里，处理好夫妇之间的关系被作为能否治理好国家的先决条件。在《洪范传》一文中，王安石也说："盖人君能自治，然后可以治人；能治人，然后人为之用；人为之用，然后可以为政于天下。为政于天下者，在乎富之、善之，而善之，必自吾家人始。"② 在《尚书·虞夏书·皋陶谟》的注解中，王安石写道："身立则政立，故皋陶先言'修身'。能修其身然后可以齐其家，故继之以'惇叙九族'。齐家而后国治，故继之以'庶明励翼'。国治而天下平，故继之以'迩可远在兹'。"③ 按照这里的说法，作为君主，首先要提高自身的修养，然后做到宗族内部的和睦，然后得到贤人辅助把国家治理好，最后再由近至远，逐步实现天下的太平。

王安石继承儒学重视统治者自身修养的观点，但他和儒学偏重道德教化不同，他把物质财富的生产置于道德和政治教化之先，这既是现实政治事务对王安石的影响，又是他对诸子百家思想的自觉继承。《管子·牧民》中说："仓廪实则知礼节，衣食足则知荣辱。"④ 王安石的观点也是如此。在《洪范传》中，王安石继承发展了《洪范》中八政以食货为先的思想，他写道："食、货，人之所以相生养也，故一曰食，二曰货。有相生养之道，则不可不致孝于鬼神，而著不忘其所自，故三曰祀。有所以相生养之道，而知不忘其所自，然后能保其居，故四曰司空，司空所以居民。民保其居，然后可教，故五曰司徒，司徒所以教民。教之不率，然后俟之以刑戮，故六曰司寇。自食货至于司寇，而治内者具矣，故七曰宾，

---

① 王安石：《王文公文集》（上册）卷30，上海人民出版社1974年版，第352页。
② 王安石：《王文公文集》（上册）卷25，上海人民出版社1974年版，第286页。
③ 程元敏：《三经新义辑考汇评（一）——尚书》，"国立"编译馆1986年版，第34页。
④ 赵守正：《管子注译》，广西人民出版社1982年版，第1页。

八曰师。宾所以接外治,师所以接外乱也。"① 在《尚书·周书·洪范》的注解中,王安石又写道:"析之叟叟,烝之浮浮,后稷肇祀,庶无罪悔。后稷树艺五谷,遂以肇祀;以祀教敬,则民不苟也,故祀次之。器利用足,故司空次之。食足用利而教兴焉,故司徒次之。刑以弼教,故司寇次之。所以相交际者不可废,故宾次之。所以相保聚者不可废,故师又次之。"② 在这些地方,王安石都强调食货作为人们基本的生活需要,在政治事务中理当处于优先考虑的地位。

2. 德主力辅、礼刑并用

在中国古代,关于统治方式究竟是以道德教化为主还是以暴力压制为主,各个学派的观点也大不相同,儒家学派重视道德教化,而法家学派重视暴力压服,道德教化就要强调礼治,暴力压服则是强调刑罚。在这个问题上,王安石是两者并用,但在提法上以德政、礼治为先。

在《诗经·大雅·大明》的注解中,王安石写道:"明文武之兴,以德不以力也。"③ 这是以古代圣王的史实来说明道德教化优于暴力压服。在《尚书·周书·康诰》的注解中,王安石写道:"刑罚之有叙者,政而已,未及夫德也。故民之和,强勉而已,非其德也。惟导之以德,然后民应之以德也。"④ 在《诗经·周南·汉广》的注解中,王安石又写道:"化民而至于男女无思犯礼,则其诰教之所能令,刑诛之所能禁者,盖可知矣。然则化人者,不能感通其精神,变易其志虑,未可以言至也。"⑤ 就是说,道德教化能够达到感化人心的作用,而这是刑罚所做不到的。不过,王安石重视道德教化但并不否定暴力压服的价值,据《续资治通鉴长编》记载:"安石曰:'武王称同力度德,同德度义,力同然后度德,德同然后度义,苟力不足虽有德如文王,苟不免事昆夷,但有德者终能强大胜夷狄,文王是也。'"⑥ 王安石通过注解《尚书》中的语句,表达了

---

① 王安石:《王文公文集》(上册)卷25,上海人民出版社1974年版,第284页。
② 程元敏:《三经新义辑考汇评(一)——尚书》,"国立"编译馆1986年版,第115页。
③ 邱汉生:《诗义钩沉》,中华书局1982年版,第227页。
④ 程元敏:《三经新义辑考汇评(一)——尚书》,"国立"编译馆1986年版,第155页。
⑤ 邱汉生:《诗义钩沉》,中华书局1982年版,第17页。
⑥ 李焘:《续资治通鉴长编》(附拾补)卷221,上海古籍出版社1986年版,第2册第2060页。

自己以力为德、义基础的思想。

德政与力政表现在统治手段上就是礼治与刑罚的区别，王安石继承了儒家学派重礼的思想，但他并不忽视刑，而是认为礼与刑都是治国所必不可少的，应当兼用。在《周礼·天官·小宰》的注解中，王安石写道："盖治所不能及，然后教；教所不能化，然后礼；礼所不能服，然后政；政所不能正，然后刑；刑所不能胜，则有事焉；刑之而能胜，则无事矣。"[①] 就是说，治国最好是用礼治，只有到了礼治不起作用时，才使用强制性的刑罚。在《诗经·周南·关雎》的注解中，王安石写道："教化，本也；刑政，末也。至于王道衰则其本先亡矣。故不足于教化，而后言政教；不足于政教，而后言刑政。苟则其末亦有所不足，此其所以可哀也。"[②] 这里肯定了教化优于刑政，但王安石又指出刑政并非不可用，它也是统治手段之一，只有到了刑政也不起作用时，那才真正可悲，即所谓的"苟则其末亦有所不足，此其所以可哀也"。

王安石写过一篇《三不欺》，专门论述了道德、智慧、勇力三种统治方式的不同作用和相互关系，他写道："昔论者曰：君任德，则下不忍欺，君任察，则下不能欺，君任刑，则下不敢欺，而遂以德察刑为次。盖未之尽也。此三人者之为政，皆足以有取于圣人矣，然未闻圣人为政之道也。夫未闻圣人为政之道，而足以有取于圣人者，盖人得圣人之一端耳。且子贱之政使人不忍欺，古者任德之君宜莫如尧也，然则欢兜犹或以类举于前，则德之使人不忍欺岂可独任也哉？子产之政使人不能欺，夫君子可欺以其方，故使畜鱼而校人烹之，然则察之使人不能欺岂可独任也哉？西门豹之政使人不敢欺，夫不及于德而任刑以治，是孔子所谓'民免而无耻'者也，然则刑之使人不敢欺岂可独任也哉？故曰此三人者未闻圣人为政之道也。然圣人之道有出此三者乎？亦兼用之而已。昔者尧舜之时，比屋之民皆足以封，则民可谓不忍欺矣。放齐以丹朱称于前，曰：'嚚讼可乎？'则民可谓不能欺矣。四罪而天下咸服，则民可谓不敢欺矣。故任德则有不可化者，任察则有不可周者，任刑则有不可服者。然则子贱之政

---

① 程元敏：《三经新义辑考汇评（三）——周礼（上）》，"国立"编译馆1987年版，第55页。

② 邱汉生：《诗义钩沉》，中华书局1982年版，第10页。

无以正暴恶,子产之政无以周隐微,西门豹之政无以渐柔良,然而三人者能以治者,盖足以治小具而高乱世耳,使当尧舜之时所大治者,则岂足用哉?盖圣人之政,仁足以使民不忍欺,智足以使民不能欺,政足以使民不敢欺,然后天下无或欺之者矣。或曰:刑亦足任以治乎?曰:所任者,盖亦非专用之而足以治也。豹治十二渠以利民,至乎汉,吏不能废,民以为西门君所为,不从吏以废也,则豹之德亦足以感于民心矣。然则尚刑,故曰任刑焉耳。使无以怀之而惟刑之见,则民岂得或不能欺之哉?"①

传统的观点认为,以宓子贱为代表的任德、以郑子产为代表的任察、以西门豹为代表的任刑是三种不同类型的统治方式,任德高于任察,任察又高于任刑。王安石认为,任德、任察、任刑只是说治国时可能以其中的某一种方式为主,并不是说治国时只用其中的任何一种就可以了,实际上历史上被称为任德的圣王尧也是兼用察和刑的,被称为任察、任刑的统治者也和尧一样是兼用其他统治方式的,而且任德、任察、任刑三者之间也没有高低之别。任德、任察、任刑作为统治方式都是有价值的,但又各有缺陷,单用哪一种都是不行的,只有将任德、任察、任刑三者结合起来才是理想的治国之道。

3. 礼的作用

礼最初应该是从上古时代的风俗习惯演变而来的,在中国早期国家如夏、商、周三代,礼是宗法制度和政治制度的混合体,社会各阶层之间既是政治上等级尊卑的君臣关系,又是宗族里上辈与下辈、大宗与小宗的关系,体现在治国方式上,就是靠宗族血缘之间的礼仪制度来约束君臣、君民关系,这就是所谓的以礼治国。儒家学派是以礼治国的积极鼓吹者,王安石在经学注解中继承了儒学的礼治思想,对礼的起源、本质、作用都作了详细的阐发。

在《周礼·春官·龠章》的注解中,王安石写道:"土鼓,《礼记》所谓'蒉桴土鼓';豳龠,豳国之龠;王业之起,本于豳;乐之作,本于龠,始于土鼓;逆暑、迎寒、祈年,皆以本始民事。"② 这是肯定礼乐之

---

① 王安石:《王文公文集》(上册)卷26,上海人民出版社1974年版,第305—306页。
② 程元敏:《三经新义辑考汇评(三)——周礼(上)》,"国立"编译馆1987年版,第348页。

类都是起源于民众的生产活动和生活习俗。在《周礼·天官·亨人》的注解中,王安石写道:"当是时,人知食肉饮其渖,其相养亦足矣。及至后世,阻威役物,暴殄生类,以穷鼎俎之欲,虽圣人复起,亦无如之何矣!则亦因时之宜,为制贵贱之等,使无泰甚而已。然则庶具百物备者,岂以为吾心如是而后慊哉?其势有不得已尔。故每为礼本始以示之,使知礼意所尚,在此不在彼也。"① 这是说礼起源于人们原始的饮食习俗,其表现是十分朴素的,但是到了后世,人们忘了礼的本原,流于奢侈放荡。

王安石认为,礼的本质内容就是区别,使人们在社会中形成尊卑、贵贱、亲疏不同的等级。在《周礼·春官·大宗伯》的注解中,王安石写道:"定上下然后辨内外,辨内外然后明尊卑,礼之序也。"② 又说:"礼之道,施报而已……礼之行,有以贤治不肖,有以贵治贱,正之以九仪,则尚贤以治不肖,贵贵以治贱也;等之以六瑞,则又各使之上同;等之以六挚,则又各使之自致;人各上同而自致,则礼出于一,而上下治。外作器,以通神明之德;内作德,以正性命之情;礼之道,于是为至;礼至矣,则乐生焉,以礼乐合天地之化、百物之产,则宗伯之事,于是为至。夫然后可以相王之大礼,而摄其事;赞王之大事,而颁其政。"③ 礼在内表现为人的道德品质,在外则用不同的礼器来表现不同的等级,礼是进行政治事务的基础。王安石把由礼构成的等级社会看成是社会有序、稳定的基础,因此,他反对对于礼的僭越,在《周礼·春官·家宗人》的注解中,王安石写道:"夫礼所以定尊卑、别贵贱、辨亲疏,而明分守也。而僭乱之生,其微常起于衣服之间,则正都礼与其服者,又不可缓也。"④ 就是说社会上不同等级的人应当各安其位,不能有丝毫的僭越,一些细微的僭越都会对社会的秩序带来破坏作用。因此,王安石十分重视通过外在的礼仪来规范人们的行为,达到稳定社会政治秩序的目的,在《周礼·春官·小宗伯》的注解中,他写道:"掌五礼之禁令,与其用等,则以防

---

① 程元敏:《三经新义辑考汇评(三)——周礼(上)》,"国立"编译馆1987年版,第103—104页。
② 同上书,第277页。
③ 同上书,第290—291页。
④ 同上书,第399页。

僭故也。用等之不同，有尊卑焉，于是乎辨庙祧之昭穆；有贵贱焉，于是乎辨五服、车旗、宫室之禁；有亲疏焉，于是乎掌三族之别，以辨亲疏、尊卑、贵贱。亲疏分守以明，然后人得保其祭祀。"①

　　王安石对于礼的作用十分推崇，在他看来，礼的作用就是节制人的欲望，使社会各等级之间不会产生冲突，从而达到社会和政治的稳定。在《尚书·商书·太甲中》的注解中，王安石写道："欲而无以节之，则败度；纵而无以操之，则败礼。"② 王安石把能否遵循礼看作是国家治乱的根本。在《尚书·商书·仲虺之诰》的注解中，王安石写道："礼者，天之经，地之义，治道之极，强国之本也。人君之所殖，孰大乎此？"③ 这是从正面肯定礼是君主治国安邦的法宝。在《诗经·秦风·蒹葭》的注解中，王安石写道："仁，露；义，霜也；而礼节斯二者。襄公为国而不能用礼，将无以成物。故刺之曰：'蒹葭苍苍，白露为霜。'"④ 这是从反面批评不能以礼治国的君主。

　　王安石经学注解的以礼治国论和荀子的观点最为接近，不过，王安石的思想是兼采各家的，在关于礼的论述中，他又受到道家思想的影响，在《周礼·夏官·节服氏》的注解中，他写道："以道观之，则何贵何贱，是谓反衍；维之以人，则遂分贵贱也。上德不德，是以有德，取节于彼，则不自有其贵也。通乎此，则先王制礼之意，岂不微哉！"⑤ 在这里，王安石又认为分别尊卑、贵贱的社会等级的礼只是世俗的行为规范，从道的高度讲，没有贵贱的无差别境界才是高明的。王安石甚至将他对礼的这种理解看作是先王固有的，这实在是把道家的思想置于比儒学更高的层次上了，是正统儒学所绝对不能接受的。

　　4. 刑的作用

　　在中国古代政治思想领域影响最大的是儒家和法家，儒家重德政、礼

---

①　程元敏：《三经新义辑考汇评（三）——周礼（上）》，"国立"编译馆1987年版，第293页。
②　程元敏：《三经新义辑考汇评（一）——尚书》，"国立"编译馆1986年版，第83页。
③　同上书，第78页。
④　邱汉生：《诗义钩沉》，中华书局1982年版，第95页。
⑤　程元敏：《三经新义辑考汇评（三）——周礼（下）》，"国立"编译馆1987年版，第430页。

治轻力政、刑罚,法家反之,但是,后代明智的政治家和思想家都知道德与力、礼与刑是统治者所必不可少的两手。《荀子·成相》中说:"治之经,礼与刑,君子以修百姓宁,明德慎罚,国家既治,四海平。"① 荀子综合先秦儒、法等学派的思想,把礼与刑并列为治国的大法,荀子的观点代表了秦汉以后一般人的共识。王安石在礼、刑关系上和荀子一样,持兼采的态度,他除了阐发儒家学派所提倡的礼治外,在经学注解中,对于刑罚在治国中的作用也给予了高度的评价。

在《诗经·召南·羔羊》的注解中,王安石写道:"所谓'文王之政'者,非独躬行之教,则亦有庆赏刑威存焉。"② 这是用古代圣王的史实来说明刑罚在治国中是必不可少的。王安石还从改易更革的角度提出,在乱世里人们沉溺于邪恶的习俗中,英明的君主必须实行刑罚,才能使恶人有所畏惧,不敢作恶。在《尚书·周书·康诰》的注解中,王安石写道:"敬明乃罚者,教康叔以作新民之道也。民习旧俗,小大好草窃奸宄,卿士师师非度,而一日欲作而新之,其变诈强梗,将无所不为,非有以惩之则不知所畏,故当'敬明乃罚'也。"③ 在《尚书·周书·康诰》的注解中,王安石又写道:"'乃其速由文王作罚,刑无赦,此父子兄弟所以为无可赦之道。'周公诰康叔速由文王作刑罚,而诛此不孝不友之人。盖殷俗之薄,非罚不能齐整其民而使之迁善,故其说不得不然也。"④

王安石还认为,君主必须实行刑罚才能得到民众的拥戴,因为只有恶人受到惩处,正义得到声张,民众才会相信君主的权威。在《尚书·周书·康诰》的注解中,王安石写道:"民悦汝德,乃以汝罚之行也。有罪而不能罚,则小人无所惩艾,骄陵放横,责望其上无已。虽加以德,未肯心说,故于罚行,然后说德也。"⑤ 在《尚书·周书·召诰》的注解中,王安石又写道:"不敢慢小民而淫用非彝,亦当敢于殄戮有罪以乂民也。……敢于殄戮,而刑足以服人心。"⑥ 就是说刑罚是治国必不可少的,

---

① 蒋南华、罗书勤、杨寒清:《荀子全译》,贵州人民出版社1995年版,第519页。
② 邱汉生:《诗义钩沉》,中华书局1982年版,第23页。
③ 程元敏:《三经新义辑考汇评(一)——尚书》,"国立"编译馆1986年版,第154页。
④ 同上书,第157页。
⑤ 同上书,第159页。
⑥ 同上书,第176—177页。

君主固然不能滥用刑罚，但该用的时候就要坚决使用，毫不手软。

作为一个封建时代的政治家，王安石提倡刑罚的另一个原因是，他看到民众并非心甘情愿地为君主卖命，没有强制力是无法指挥民众的。在《尚书·虞夏书·胤征》的注解中，王安石写道："威严胜于慈爱，人则畏而勉力，故诚有成；若慈爱胜于威严，则人无所畏而懈怠，故诚无功。"① 在《周礼·夏官·大司马》的注解中，王安石又写道："使民以其死刑诛，不如是之严，则民弗为使矣；然前期戒众庶，而后至可诛；既陈而誓，然后不用命者可斩。"② 王安石的这种观点，可能来自法家学说的影响，同时也来自他作为实际政治家对现实的清醒认识。

二 具体领域的政治指导思想

王安石是一个实际的政治家，在宋神宗的支持下，他主持了在北宋时期以至中国历史上影响深远的变法运动，王安石变法的目的是富国、强兵，手段则是众建贤才、大明法度。在王安石的经学注解中，他通过对古代经书的阐释，也自觉地表现出了自己对于如何富国强兵的设想。

1. 强国攘夷

王安石变法的一个重要目的就是通过变法实现富强，从而达到解除北方的契丹、西北方的西夏对北宋王朝的威胁，再进一步恢复汉唐旧境，这个目的用古人的话说就是强国攘夷。作为中原王朝的执政者，王安石理所当然地认为，在华夷关系上应该是四夷臣服中国，在《诗经·商颂·殷武》的注解中，他写道："荆楚居国南乡，比之氏羌则近国尔。成汤之时，'自彼氐羌，莫敢不来享，莫敢不来王'，谓四夷事中国，乃常道也。"③

王安石认为四夷应该臣服中国，但他所处时代的实际是，北宋王朝在契丹和西夏的侵犯下，不断割地、赔款，要臣服四夷、恢复汉唐旧境就必须有强大的武力，强大的武力又必须要有经济作后盾，而要做到富国强兵，在王安石看来，就需要君臣协力勤于政事。在《诗经·小雅·车攻》

---

① 程元敏：《三经新义辑考汇评（一）——尚书》，"国立"编译馆1986年版，第71页。
② 程元敏：《三经新义辑考汇评（三）——周礼（下）》，"国立"编译馆1987年版，第407页。
③ 邱汉生：《诗义钩沉》，中华书局1982年版，第307页。

的注解中，王安石写道："'我车既攻，我马既同，四牡庞庞'，三者，非修政事不能致也。致此三者，然后能攘夷狄，复文武之境土，会诸侯于东都。"①《续资治通鉴长编》记载王安石与宋神宗讨论对付西夏时说："安石曰：'……且胜夷狄只在闲暇时修吾政刑，使将吏称职，则谷富兵强而已，虚辞伪事不足为也。'上患陕西财用不足。安石曰：'今所以未举事者凡以财不足，故臣以理财为当今先急，未暇理财而先举事，则事难济。臣固尝论天下事如弈棋，以下子先后当否为胜否，又论理财以农事为急，农以去其疾苦、抑兼并、便趣农为急，此臣所以汲汲于差役之法也。'"②王安石把国家政治稳定、经济繁荣作为攘夷的条件，他的见解还是很有远见的。

王安石强调攘夷要以中国内修政事为条件，但他对这个问题的看法也是辨证的，即攘夷需要修内政提供军事、经济条件，而修内政也需要攘夷来提供安定的国际环境。在《尚书·虞夏书·舜典》的注解中，王安石写道："古人皆以治远自近始，至于言'柔远能迩'，则先言'柔远'者何也？不柔远则远者将为己患，而近者不得安矣，虽欲善近，不可得也；欲善近者，以柔远为始。乃若治之，则自身至于家，自家至于国，自国至于天下，四海之外，未有不始乎近而后及乎远也。"③意思是说，攘夷与内政并修，国家才会太平。

2. 理财富国

在王安石的变法中，理财占了很重要的地位，从短期来讲，是为了缓解北宋王朝的财政拮据，从长远来讲，则是为了富国强兵，实现恢复汉唐旧境、天下一统的政治理想。在王安石的经学注解中，对于政府如何积聚财富和使用财富都作了论述，并就开源与节流之间的关系提出了自己独具特色的观点。

王安石把政府理财看作是经书中本有的思想，在《答曾公立书》中就说："一部《周礼》，理财居其半，周公岂为利哉？"④《周礼·天官·

---

① 邱汉生：《诗义钩沉》，中华书局1982年版，第147页。
② 李焘：《续资治通鉴长编》（附拾补）卷220，上海古籍出版社1986年版，第2册第2049页。
③ 程元敏：《三经新义辑考汇评（一）——尚书》，"国立"编译馆1986年版，第23页。
④ 王安石：《王文公文集》（上册）卷8，上海人民出版社1974年版，第97页。

大宰》中提出以所谓的三农生九谷、园圃毓草木、虞衡作山泽之材、薮牧养蕃鸟兽、百工饬化八材、商贾阜通货贿、嫔妇化治丝枲、臣妾聚敛疏材、闲民无常职转移执事等"九职任万民",以所谓的邦中之赋、四郊之赋、邦甸之赋、家削之赋、邦县之赋、邦都之赋、关市之赋、山泽之赋、币余之赋等"九赋敛财贿",以所谓的祭祀之式、宾客之式、丧荒之式、羞服之式、工事之式、币帛之式、刍秣之式、匪颁之式、好用之式等"九式均节财用",以所谓的祀贡、嫔贡、器贡、币贡、材贡、货贡、服贡、斿贡、物贡等"九贡致邦国之用",对于这些政府积聚财富和使用财富的方法,王安石在注解中都有详细的解说。①

王安石的总体思想就是通过发展生产,最大限度地利用民众的劳动力来创造社会财富。在《诗经·豳风·七月》的注解中,王安石写道:"'筑场圃'者,以无旷土,故筑场于圃地。此之谓地无遗利。方其为圃,则种果蓏之属,及其'纳禾稼',然后为场焉,岂非地无遗利乎?又谓:冬,可以休矣,而乘屋。其乘屋也又亟,此之谓人无遗力。稼穑既同,则上'入执宫功'之事,而又昼则于茅,夜则索绹,以'亟其乘屋',非人无遗力乎?"② 王安石所描述的政府理财过程是,先让民众从事生产创造财富,然后通过税收等获得民众的财富,再通过合理的方式使用财富,这样君主就会富裕,也就有能力治理国家、管理民众,使国家政治稳定。在《周礼·天官·大宰》的注解中,王安石写道:"上则诏王以其职,下则任民以其职;任民以其职,然后民富;民富,然后财贿可得而敛;敛则得民财矣;得而不能理,则非所以为义;均节财用,则所以为义也;治其国有义,然后邦国服而其财可致也;能致邦国之财,然后为王者之富;富然后邦国之民可聚,聚而无以系之则散,系而无以治之则乱。"③

作为实际执政者,王安石非常重视理财问题,不过,和一般只着眼财富分配的人不同,他更重视政府通过政治措施积极发展生产、创造财富,通过增加社会财富总量来解决政府的财政困难,也就是说,在开源与节流

---

① 参见程元敏:《三经新义辑考汇评(三)——周礼(上)》,"国立"编译馆1987年版,第30、32、34、36页。
② 邱汉生:《诗义钩沉》,中华书局1982年版,第116—117页。
③ 程元敏:《三经新义辑考汇评(三)——周礼(上)》,"国立"编译馆1987年版,第49页。

的问题上，王安石更侧重开源。《续资治通鉴长编拾补》记载王安石与司马光等在宋神宗面前讨论经济问题时写道："安石曰：'国用不足，由未得善理财之人故也。'光曰：'善理财之人，不过头会箕敛以尽民财，如此，则百姓困穷，流离为盗，岂国家之利邪？'安石曰：'此非善理财者也，善理财者民不加赋而国用饶。'光曰：'此乃桑宏羊欺汉武帝之言，司马迁书之以讥武帝之不明耳。天地所生货财百物止有此数，不在民间则在公家，桑宏羊能致国用之饶不取于民将焉取之？果如所言，武帝末年安得群盗蜂起，遣绣衣使者追捕之乎？非民疲极而为盗贼邪？此言岂可据以为实。'"① 司马光只重视产品的分配问题，而不相信生产总量会有增加的可能，这是一种拘于自然经济状态下的狭隘的经济观点，王安石则认为只要能够调动民众的生产积极性就可以从大自然中获取更多的财富。如果撇开王安石变法本身具体做法和实际效果不论，而单就理论上看，王安石的观点无疑是正确的。

3. 众建贤才

在《上时政书》一文中，王安石在论述治国之道时写道："盖夫天下至大器也，非大明法度，不足以维持，非众建贤才，不足以保守。"② 明确地把人才作为政治的主导因素之一。在《上皇帝万言书》中，王安石则系统地提出了对于人才的教、养、取、任之道，认为君主治国有了人才，就会无所不利，他写道："夫教之、养之、取之、任之之道如此，而当时人君，又能与其大臣，悉其耳目心力，至诚恻怛，思念而行之，此其人臣之所以无疑，而于天下国家之事，无所欲为而不得也。"③ 在主持变法期间，选拔人才和变革法度更是王安石所采取的核心措施。在经学注解中，王安石也着力阐发了重视人才、重用人才的思想。

王安石认为，政治管理所需要的人才不是从天上掉下来的，作为君主，要有意识地培养人才。在《诗经·郑风·子衿》的注解中，王安石写道："世之乱，生于上之人不学，莫知反本以救之。顾颠沛于末流以纾

---

① 《续资治通鉴长编拾补》卷3下，李焘：《续资治通鉴长编》（附拾补），上海古籍出版社1986年版，第5册第40—41页。

② 王安石：《王文公文集》（上册）卷1，上海人民出版社1974年版，第17页。

③ 同上书，第6页。

目前之患，而以学为不切于世务。此学校所以废也。"① 在这里，王安石提出学术对政治的影响至关重大，只有兴学重教，才是治理国家的根本。在《诗经·小雅·菁菁者莪》的注解中，王安石写道："君子之长育人也有道。其可以接耳目者，礼乐而已。礼，履此者也。履此，故动容周旋中礼。乐，乐此者也。乐此，故不知手之舞之，足之蹈之也。舞之蹈之，所谓乐也。动容周旋中礼，所谓有仪也。故曰：'既见君子，乐且有仪。'"② 这是说，国家要有意识地用圣王的礼乐教育人才。

王安石认为，作为国家的首脑，君主要礼贤下士，给贤能之士提供良好的环境。在《诗经·大雅·卷阿》的注解中，他写道："'有卷者阿'，则虚中屈体之大陵。'飘风自南'，则化养万物之回风。不虚中，则风无自而入，不屈体，则风无自而留。其为陵也不大，则其化养也不博。王之求贤，则亦如此而已。"③ 王安石还主张，对于贤才，君主要在政治、经济上给以优厚的待遇。在《诗经·鄘风·干旄》的注解中，他写道："以'素丝组马'以好贤者，臣子之好善也。人君之好善，则非特如此，必与之食天禄、共天位焉。"④

王安石重视贤才在治理国家中的作用，他提醒君主在选拔人才时要十分慎重，在《尚书·虞夏书·尧典》的注解中，王安石就尧选拔鲧治水的事例专门进行了讨论，他写道："尧知鲧之方命圮族，然卒使之，何也？曰：方是之时，舜、禹皆未闻于世也。在朝廷所与者，鲧而已。圣人虽有过人之明，然不自用也，故曰：稽于众，舍己从人。虽疑其不可任，苟众之所与，亦不废也。故曰：谁毁谁誉？如有所誉者，其有所试矣。誉人尚必有所试，则其废人也，亦必有所试，而不胜任，然后废之耳。鲧既未尝试，又众之所与，尧虽独见其不可任，敢不试而逆度以废之乎？敢违众而自用乎？"⑤ 王安石的意思是，君主在选拔人才时，既要广泛听取他人的意见，又要注意在政治实践中考察人才的能力，这样才能得到真正的贤才，也能去除不称职的官吏。

---

① 邱汉生：《诗义钩沉》，中华书局1982年版，第72页。
② 同上书，第141页。
③ 同上书，第249页。
④ 同上书，第48页。
⑤ 程元敏：《三经新义辑考汇评（一）——尚书》，"国立"编译馆1986年版，第12页。

君主培养人才、选拔人才的最终目的则是要任用贤才,让贤才在治国中发挥作用。要任用贤才,就应该做到用人惟贤,而不能用人惟亲,在《诗经·小雅·大东》的注解中,王安石写道:"'私人之子',试于百僚,则是绝功臣之势,弃贤者之类,褒贱者用事而贵也。"① 君主任用贤才还要做到信任贤才,不能因小人的蛊惑而对贤才加以怀疑。在《诗经·小雅·巧言》的注解中,王安石写道:"不能如怒如祉,以明是非好恶,而谗罔诞谩众至,则任贤安能勿贰,去邪安能勿疑。既贰且疑,岂免屡盟。屡盟而不知反本,此乱之所以长也。穿窬之类,伺隙抵巇,以罔善人,而君子信谗,此乱之所以暴也。"②

王安石把能否任用贤才作为评价君主优劣的一个重要标准,对于信任、重用贤才的君主则加以赞赏,对于怀疑、遗弃贤才的君主则加以批判。在《诗经·大雅·崧高》的注解中,王安石把任用贤才申伯的周宣王称为贤王,他写道:"吉甫作此诗,以赠申伯。而序以为美宣王。宣王之美,于是乎在。盖唐史臣尝赞裴度曰:'非度破贼之难也,任度之为难也。'申伯信贤矣,任申伯者,岂不贤乎?"③ 而在《尚书·周书·金縢》的注解中,王安石对于周成王怀疑周公的行为深表不满,他写道:"圣人君子,不可疑而远之也;疑而远之,则违天矣。……人君不明,可惑以非义,则于周公忠圣,不敢无疑。……成王易怀疑忠圣之人。"④ 联系到王安石在主持变法中所受到的来自各方面的指责,以及宋神宗对他支持的不坚定,可以想象,王安石的这段注解的确是有感而发的。

4. 大明法度

王安石青史留名就是因为他主持了影响深远的变法运动,关于社会政治制度的制订和因革是王安石政治思想的核心内容,也是他受到赞扬和诋毁的根源。在王安石的经学注解中,对于法度问题作了相当全面的探讨,在立法、守法、变法几个方面都阐发了自己的观点,大多具有合理性,不是反对派所说的"祖宗之法不足守"所能概括得了的。

在立法问题上,王安石认为君主是立法者,而一般臣民则只能遵循君

---

① 邱汉生:《诗义钩沉》,中华书局1982年版,第189页。
② 同上书,第181页。
③ 同上书,第266页。
④ 程元敏:《三经新义辑考汇评(一)——尚书》,"国立"编译馆1986年版,第145页。

主制订的法度,在《周礼·春官·内史》的注解中,他写道:"上以道制之,下守以为法;上以命使下,下禀以为令。"① 王安石对于法度的制定还有一个特别的见解,就是他认为,法度是按照一般人的道德、智慧状况为标准制定的,而不能以少数圣王、君子的标准来制定,只有这样法度才具有正确性、持久性。在《尚书·虞夏书·尧典》的注解中,王安石写道:"圣人之立法,皆以众人为制,中才之君,独见其所见,不从众人之所见,逆度其不可任,而不待其有所试,则其为失也多矣。故尧之聪明,虽足以逆知来物,明见鲧之不可任,犹不敢自用,所以为中人法也。夫利一时而其法不可以推之万世者,圣人不为也,此所谓圣人之仁也。"② 这是从用人的角度讲的,像尧那样的圣王在制定用人之法时也是按照一般人的水平来考虑的。王安石的这个观点是极其高明的,社会政治制度必须和当时的生产力、民众素质相适应,这样才能相得益彰,促进社会进步,反之,任何超越历史发展阶段和人民素质水平的制度,不管它出于什么样的善良愿望和放之四海而皆准的真理都是注定要失败的。王安石还将他这种立法以一般水平为标准的思想运用到实际的变法中,《续资治通鉴长编拾补》记载王安石与宋神宗论治国之道时说:"道有升降,处今之世,恐须每事以尧舜为法,尧舜所为至简而不烦,至要而不迁,至易而不难,但末世士大夫不能通知圣人之道,故常以尧舜为高而不可及,不知圣人经世立法常以中人为制也。'"③ 在这里,王安石劝说宋神宗仿效尧舜等古代圣王,制定符合常情、切实可行的新法。

在治国之道上,王安石十分重视法度的作用,他主持变法,目的就是用合乎实际的新法来代替不合时宜的旧法度。实际上,王安石对于法度的态度是以是否实用为标准的,只要是有用的法度,他是主张严格遵循的。在《诗经·召南·采苹》的注解中,王安石写道:"自所荐之物,所采之处,所用之器,所奠之地,皆有常而不敢变,此所谓'能循法度'。"④ 这

---

① 程元敏:《三经新义辑考汇评(三)——周礼(上)》,"国立"编译馆1987年版,第382页。
② 程元敏:《三经新义辑考汇评(一)——尚书》,"国立"编译馆1986年版,第12页。
③ 《续资治通鉴长编拾补》卷3上,李焘:《续资治通鉴长编》(附拾补),上海古籍出版社1986年版,第5册第30页。
④ 邱汉生:《诗义钩沉》,中华书局1982年版,第21页。

是附会《诗经》中的诗句,说明严格遵守法度是必不可少的。在《诗经·大雅·荡》的注解中,王安石写道:"'虽无老成人'与图先王旧政,然典刑尚在,可循守也。'曾是莫听',此大命所以倾也。"① 在《尚书·商书·说命下》的注解中,王安石又写道:"求多闻而不为古训是式,则是非无所考正,而所闻愈惑矣!"② 在这些地方,王安石都强调了遵循古代法度和请教老成之人对于政治的重要作用。

在法度的守常与变革问题上,王安石并不是主张唯变是好,他的观点是,法度必须是正确、有用的,如果符合这个标准,就是古代的法度也应该遵循,如果不符合这个标准,就是祖宗制定的法度也要变革,这才是王安石关于法度因革的真实思想。王安石认为,他所处时期的北宋王朝的各种政治制度大多过时,只有适应时代发展的法度才是好的法度,所以他才积极主张变法。在《尚书·虞夏书·尧典》的注解中,王安石写道:"圣人之于古政,有便今者则顺之,有妨于民者则考之。"③ 就是说法度的变革依据的是时势的变化和民众的好恶。在《周礼·秋官·大行人》的注解中,王安石写道:"道有升降,礼有损益,则王之所制,宜以时修之,修法则为是故也。"④ 这是法随时势而变的观点,和法家学派的思想是一致的。王安石在解释"法"这个字时也说:"灋之字从水从廌从去,从水、则水之为物,因地而为曲直,因器而为方圆,其变无常,而常可以为平;从廌、则廌之为物,去不直者;从去,则法将以有所取也。"⑤ 这也是强调法度随时势而变的思想。从这种法随时变的观点出发,王安石对不知变通的做法给予了讽刺,在《诗经·唐风·羔裘》的注解中,他写道:"居居者,固而不知变;究究者,穷而不能通。"⑥

王安石法随时变的主张却受到了保守派人士的激烈攻击,据《宋史》记载:"安石得政,行新法,光逆疏其利害。迩英进读,至曹参代萧何

---

① 邱汉生:《诗义钩沉》,中华书局1982年版,第255页。
② 程元敏:《三经新义辑考汇评(一)——尚书》,"国立"编译馆1986年版,第96页。
③ 同上书,第5页。
④ 程元敏:《三经新义辑考汇评(三)——周礼(下)》,"国立"编译馆1987年版,第547页。
⑤ 参见程元敏:《三经新义辑考汇评(三)——周礼(上)》,"国立"编译馆1987年版,第17页。
⑥ 邱汉生:《诗义钩沉》,中华书局1982年版,第89页。

事，帝曰：'汉常守萧何之法不变，可乎？'对曰：'宁独汉也，使三代之君常守禹、汤、文、武之法，虽至今存可也。汉武取高帝约束纷更，盗贼半天下；元帝改孝宣之政，汉业遂衰。由此言之，祖宗之法不可变也。'吕惠卿言：'先王之法，有一年一变者，"正月始和，布法象魏"是也；有五年一变者，巡守考制度是也；有三十年一变者，"刑罚世轻世重"是也。光言非是，其意以风朝廷耳。'帝问光，光曰：'布法象魏，布旧法也。诸侯变礼易乐者，王巡守则诛之，不自变也。刑新国用轻典，乱国用重典，是为世轻世重，非变也。且治天下譬如居室，敝则修之，非大坏不更造也。公卿侍从皆在此，愿陛下问之。……'惠卿不能对，则以他语诋光。帝曰：'相与论是非耳，何至是。'"① 司马光借历史上萧规曹随的典故来隐喻王安石变法违反先王之道，吕惠卿则用经书上的语言来论证王安石法随时变的正确。他们之间的论据都是历史事实和古人语言，作为检验真理的标准是不够的，互相之间的争吵也不会得出什么结论，但两者之间变法和反变法的态度是明显的。

实际上，以司马光为代表的保守派也不是法度不可变论者，司马光、程颢、程颐、苏轼等人都有论述变革法度的言论，他们反对王安石变法，只是因为王安石变旧法而制订的新法损害了他们所代表的社会阶层、地域人士的利益，所以，当司马光担任宰相后，就立即变革了宋神宗、王安石所制订实行的成法。变法与守法只是王安石与其对手们表面的争论，他们之间真正的差别是在于变什么样的法、守什么样的法，而他们所主张的不同法度不过是他们各自对社会政治、经济利益分割的不同方案而已。

王安石以法随时变为依据，提出变法主张，希望通过制订出适合时势、民意的新法，改变北宋王朝积贫、积弱的局面，打击农业、商业上的兼并势力，保护自耕农、中小地主和小商人的利益。王安石在为科举应试学生作的《策问十道》中就法度如何变革问题提出了自己的疑问，希望引起有识之士的讨论，他说："宋之为宋久矣，礼乐不接于民之耳目何也？抑犹未可以制作邪？董仲舒、王吉以为王者未制作，用先王之礼乐宜于世者，如欲用先王之礼乐，则何者宜于世耶？……夏之法至商而更之，

---

① 《宋史》卷336，中华书局1977年版，第31册第10764页。

商之法至周而更之，皆因世就民而为之节，然其所以法，意不相师乎？"①王安石还把支持变法的希望寄托在宋神宗身上，在《尚书·周书·大诰》的注解中，他写道："武庚，周所择以为商臣；三叔，周所任以商事也，其材似非庸人。方主幼国疑之时，相率而为乱；非周公往征，则国家安危存亡，殆未可知。然承文、武之后，贤人众多，而迪知上帝以决此议者，十夫而已；况后世之末流，欲大有为者，乃欲取同于污俗之众人乎？"②王安石希望宋神宗做大有作为的君主，不要被流俗势力动摇，坚定地推行新法。但是，政治的成败最终要由各种政治势力的合力来决定，王安石新法所代表的主要是新兴官僚和南方中小地主、自耕农的利益，与保守派所代表的中上层显贵、官僚和北方军事势力的力量比较起来，王安石新党的力量是弱小的，作为整个统治阶级代表的皇权不可能长期支持王安石变法是合理的价值选择，也是历史的事实。

第八节 王安石的经学经世思想

汉代大一统社会建立以后，经学一直是占统治地位的意识形态，作为意识形态的经学为其政治经济基础服务也是很自然的事。经学服务现实政治，一方面是为封建政治提供基本的价值标准，另一方面则是为具体的政治制度措施的实行提供依据。王安石是北宋时期杰出的经学大家，并且身居宰相高位，这就使他有机会以经学经世，利用古代圣王的旗帜为自己的政治改革提供理论依据和政策借鉴。

一 对经学与经世关系的探讨

经学是研究古代经书的学问，而经世则是管理国家的实际事务，二者之间是否存在着必然的联系，这在古代的政治家和学者中意见是很不一致的。王安石认为，经世必须以经学为指导思想，而研究经学的目的也就是要为现实政治服务。王安石曾与宋神宗就经学与经世的关系进行过讨论，

---

① 王安石：《王文公文集》（上册）卷30，上海人民出版社1974年版，第355页。
② 程元敏：《三经新义辑考汇评（一）——尚书》，"国立"编译馆1986年版，第150—151页。

《续资治通鉴长编拾补》记载:"上曰:'朕知卿久,非适今日也。人皆不能知卿,以为卿但知经术,不可以经世务。'安石对曰:'经术者所以经世务也,果不足以经世务,则经术何赖焉?'"① 宋神宗对王安石的意见是同意的,《续资治通鉴长编》又记载:"上因言读经者须知所以纬之则为有用,不然则不免为腐儒也。"②

王安石之所以坚持以经学治世,是与他对经学与政治的认识有关。王安石认为最理想的政治就是古代圣王尧、舜时代的政治。据《续资治通鉴长编拾补》记载王安石与宋神宗初次论治国之道时说:"上谓安石曰:'朕久闻卿道术德义,有忠言嘉谟当不惜告朕,方今治当何先?'对曰:'以择术为始?'上问:'唐太宗何如?'对曰:'陛下每事当以尧舜为法,唐太宗所知不远,所为不尽合法度,但乘隋极乱之后,子孙又皆昏恶,所以独见称于后世。道有升降,处今之世,恐须每事以尧舜为法,尧舜所为至简而不烦,至要而不迂,至易而不难,但末世学士大夫不能通知圣人之道,故常以尧舜为高而不可及,不知圣人经世立法常以中人为制也。'……明日,上谓安石曰:'昨阅卿所奏书至数遍,可为精画计,治道无以出此,所由众失,卿必已一一经画,试为朕详见设施之方。'对曰:'遽数之不可尽,愿陛下以讲学为事,讲学既明,则设施之方不言自喻。'上曰:'虽然,试为朕言之。'于是为上略陈设施之方,上大喜,曰:'此皆朕所未尝闻,他人所学固不及此,能与朕一一为书条奏否?'对曰:'臣已尝论奏陛下以讲学为事,则诸如此类皆不言而自喻,若陛下择术未明,实未敢条奏。'"③ 王安石劝宋神宗效法尧舜等古圣王之道,而古圣王之道保存在经书之中,所以要以讲学为先。在《进洪范传表》中,王安石又写道:"臣闻天下之物,小大有彝,后先有伦。叙者天之道,叙之者人之道。天命圣人以叙之,而圣人必考古成己,然后以所尝学措之事

---

① 《续资治通鉴长编拾补》卷4,李焘:《续资治通鉴长编》(附拾补),上海古籍出版社1986年版,第5册第49页。

② 李焘:《续资治通鉴长编》(附拾补)卷275,上海古籍出版社1986年版,第3册第2593页。

③ 《续资治通鉴长编拾补》卷3上,李焘:《续资治通鉴长编》(附拾补),上海古籍出版社1986年版,第5册第30—31页。

为天下利。"① 这也是劝说宋神宗从古圣王经书中学得治国安邦之道，然后将之实行以为天下人谋利。

王安石提出以经学治世，除了认为经学是理想政治的记载外，还有其认识论上的依据，他认为，经学是历史经验的总结，不是个人的见闻所能比拟的，它可以帮助执政者开阔心胸，防止偏颇。在《答圣问赓歌事》一文中，王安石写道："人君不务近其人论先王之道以自明，而苟欲以耳目所见闻，总天下万事而断之已私智，则人臣皆将归事于其君，而不任其责，淫辞邪说并至，而人君听断不知所出，此事之所堕也。"②

王安石以经学治世是分层面的，既涉及基本政治价值观的确立，也涉及具体制度、具体政策的制定，熙宁变法所颁布的几项法令，王安石也都从经书中为其寻找依据。概括起来看，王安石以经学经世的内容主要涉及统一思想、造就人才、制订法度三方面。后代有些学者因王安石变法并未完全按古代经典上的说法做，就认为王安石经学与新法无关，这种说法是不中肯的，它狭义地理解了经学，也没有认真研讨王安石以经学经世的实践。

二　以经学统一思想

在中国古代，有一些基本的价值观念，如三纲五常、华夷之辨、强本弱末、以民为本等思想是历朝历代都一以贯之地加以尊奉的，经学在其确立的西汉时代，就曾为建立这些基本的意识形态作出过重大努力，尤其是以董仲舒为代表的《春秋》公羊学在这方面的贡献更大。宋代承晚唐五代战乱之后，又值佛、道思想盛行，传统的价值观念受到冲击，因此，统治阶级有一个统一思想、重新确立权威意识形态的任务，这个任务的完成，是以复兴传统的价值观为准的，但面对佛、道的挑战，又需要使传统的价值观得到更加理性化的证明。宋代兴起的新经学、新儒学的根本目的即在此。

王安石以经学治世，其中极重要的一点就是要以自己的新经学来统一

---

① 王安石：《王文公文集》（上册）卷20，上海人民出版社1974年版，第244页。
② 王安石：《临川先生文集》卷62，中华书局1959年版，第661页。此文《王文公文集》未收。

全社会的思想。《续资治通鉴长编》记载:"戊戌,王安石以试中学官等第进呈,且言黎谊、张谔文字佳,第不合经义。上曰:'经术今人人乖异,何以一道德?卿有所著,可以颁行,令学者定于一。'"① 在《周礼·春官·外史》的注解中,王安石也认为:"先王所以一道德而同风俗者,此其本也。则外史之达书名于四方,又岂有异政殊俗之尚哉!"② 在宋神宗的支持下,王安石主持撰写的经学著作被作为官方定本,颁布天下,成为学校的教科书和科举取士的标准。当有的大臣对王安石的新经义一统思想界表示不满时,宋神宗则给予了有力的支持,据《续资治通鉴长编》记载:"冯京曰:'闻举人多盗王安石父子文字,试官恶其如此故抑之。'上曰:'要一道德,若当如此说则安可臆说,《诗》《书》法言相同者乃不可改。'"③ 统一思想往往会导致一言堂而阻碍思想的发展,但宋神宗、王安石从维护思想统一的角度出发,更强调经学解释的一致性,这里潜含有绝对真理与相对真理、多元真理与一元真理相矛盾的问题。

王安石要把统治思想统一到他的新经学上去,《三经新义》一时成为显学。作为封建时代大纲大法的三纲五常等思想,王安石的新经学是继续尊奉的,但王安石在自己的经学注解中也凸显了一些他自己认为适合时代需要的思想,在宇宙论、人生哲学、政治哲学等方面都提出了一些与传统思想不同的观点,或者对传统思想在一定程度上作出了修正。王安石用来统一思想的新经学虽然从根本上是对传统统治思想的继承与发挥,但其中确实也增加了许多适合时代需要的新思想,在王安石手里,经学的确起到了为政治改革服务的作用。

三 以经学培养人才

在封建时代,所谓人才就是指能够为专制皇权服务的各级官吏,人才与吏治是紧密相连的。隋唐以后,人才的培养和选拔主要通过各级学校教

---

① 李焘:《续资治通鉴长编》(附拾补)卷 229,上海古籍出版社 1986 年版,第 2 册第 2135 页。

② 程元敏:《三经新义辑考汇评(三)——周礼(上)》,"国立"编译馆 1987 年版,第 385 页。

③ 李焘:《续资治通鉴长编》(附拾补)卷 233,上海古籍出版社 1986 年版,第 2 册第 2171 页。

育和科举考试制度，所以教育和科举考试便和政治紧密联系在一起。

宋代继承隋唐以来的科举考试制度来选拔官吏，并且增加录取的名额和简化士子释褐入官的手续，广泛吸收社会中下阶层知识分子精英进入官僚系统。但是，宋初的科举考试内容仍和隋唐一样以诗赋为主，王安石未执政以前，即对此深致不满，在《试院中五绝句》之一中，他写道："少时操笔坐中庭，子墨文章颇自轻。圣世选才终用赋，白头来此试诸生。"①在《详定试卷》中又写道："童子常夸作赋工，暮年羞悔有扬雄。当时赐帛倡优等，今日论才将相中。细甚客卿因笔墨，卑于《尔雅》注鱼虫。汉家故事真当改，新咏知君胜弱翁。"② 王安石执政后，对于科举考试的形式和内容都作了重大调整，其间贯彻了以经学造就人才的思想。在《乞改科条制》中，王安石写道："伏以古之取士，皆在于学校，故道德一于上，而习俗成于下，其人才皆足以有为于世。……宜先除去声病对偶之文，使学者得以专意经义，以俟朝廷兴建学校，然后讲求三代所以教育选举之法，施行于天下，庶几可复古矣。"③《续资治通鉴长编》记载王安石改革后的科举新制说："进士罢诗赋、帖经、墨义，各占治《诗》《书》《易》《周礼》《礼记》一经，兼以《论语》《孟子》。每试四场，初本经，次兼经，并大义十道，务通义理，不须尽用注疏，次论一首，次时务策三道；礼部五道。中书撰大义式颁行。"④

在科举考试的内容上，王安石废除了考诗赋，他认为诗赋无益于治道，《续资治通鉴长编》记载："它日上论文章，以为华辞无用，不如吏材有益，安石曰：'华辞诚无用，有吏材则能治人，人受其利，若从事于放辞而不知道，适足以乱俗害理，如欧阳修文章于今诚为卓越，然不知经不识义，非《周礼》、毁《系辞》，中间学士为其所误，几至大坏。'"⑤王安石对于通文而不通经的欧阳修严加贬斥，相反，对于通经致用的吕惠

---

① 王安石：《王文公文集》（下册）卷75，上海人民出版社1974年版，第807页。
② 王安石：《王文公文集》（下册）卷76，上海人民出版社1974年版，第808页。
③ 王安石：《王文公文集》（上册）卷31，上海人民出版社1974年版，第363页。
④ 李焘：《续资治通鉴长编》（附拾补）卷220，上海古籍出版社1986年版，第2册第2042页。
⑤ 李焘：《续资治通鉴长编》（附拾补）卷211，上海古籍出版社1986年版，第2册第1965页。

卿则大加赞赏，《宋史》记载："惠卿起进士，为真州推官。秩满入都，见王安石，论经义，意多合，遂定交。熙宁初，安石为政，惠卿方编较集贤书籍，安石言于帝曰：'惠卿之贤，岂特今人，虽前世儒者未易比也，学先王之道而能用者，独惠卿而已。'"①

在科举考试的形式上，王安石重视义理理解而屏弃旧的记诵前人注疏的方法。过去的帖经、墨义主要是考学生的记诵经书原文和前人注疏的能力，而新法则重视论和时务策，要求考生能够通晓经术义理，并且能够通经致用，把经书义理与时务结合起来。在《取材》一文中，王安石写道："策经学者，宜曰礼乐之损益何宜，天地之变化何如，礼器之制度何尚，各傅经义以对，不独以记文传写为能。然后署之甲乙以升黜之，庶其取舍之鉴灼于目前，是岂恶有用而事无用，辞逸而就劳哉？故学者不习无用之言，则业专而修矣，一心向道，则习贯而入矣，若此之类，施之朝廷，用之牧民，何向而不利哉？"②

和科举考试制度改革的同时，王安石也大力整顿了学校制度，在其中也同样贯彻了他的以经学造就人才的思想。王安石集合其弟子、门人共同撰写《三经新义》，作为全国学校官定的教材，供学生学习。并在熙宁四年（1071年）下令征求"经术行谊"之士为教授，即要把那些通经术、拥护新政的人提拔为各级学校的教师。③ 对于经学造诣深、品德优秀的学生则直接任命为政府官员，而不须通过科举考试。这些措施都强化了学校教育中的通经致用的原则，起到了以经学教育服务现实政治的目的，同时也扩大了官学的地位和作用。

四　以经学缘饰新法

王安石变法是北宋王朝内外矛盾冲击下的产物，是为了巩固政治统治而采取的一种自上而下的改良运动。早在嘉祐三年，王安石任三司度支判官时，即向宋仁宗献《上皇帝万言书》，提出了变更法度、富国强兵的主张，认为变法最好是采用"托古改制"的做法，他说："今朝廷法严令

---

① 《宋史》卷471，中华书局1977年版，第39册第13706页。
② 王安石：《王文公文集》（上册）卷32，上海人民出版社1974年版，第375页。
③ 转引自漆侠：《王安石变法》，上海人民出版社1979年版，第109页。

具,无所不有,而臣以谓无法度者,何哉?方今之法度,多不合乎先王之政故也。……夫以今之世,去先王之世远,所遭之变,所遇之势不一,而欲一二修先王之政,虽甚愚者,犹知其难也。然臣以谓今之失,患在不法先王之政者,以谓当法其意而已。夫二帝、三王,相去盖千有余载,一治一乱,其盛衰之时具矣。其所遭之变,所遇之势亦各不同也。臣故曰:当法其意而已。法其意,则吾所改易更革,不至于倾骇天下之耳目,嚣天下之口,而固已合乎先王之政矣。"① 王安石在这里已经提出法先王之政以变革的主张,但仍失之于笼统,从什么地方学习先王之政,先王之政究竟有什么内容,都没有得到解决。在约作于嘉祐四年的《谏官》一文中,王安石称"《周官》则未之学也"②,可见此时王安石尚未意识到以经学经世的问题。

按照王安石的理解,经书是古代圣王之道的记载,法先王之政和以经学经世自然就是一回事了,经书就是从先王之政到变法实践的中介物。如果说在嘉祐年间,王安石对此还没有明确认识的话,那么,到了熙宁年间,以经学经世则成了王安石的自觉行为。在历代遵奉的《五经》中,《易》和《春秋》皆非先王之政的记载,只有《诗》《书》《周礼》才具有理事圆融、知行合一的特性。在《诗》《书》《周礼》中,《诗》侧重于记载圣王之政的效果以及各阶层人对此的评价,《书》侧重于记载圣王行政的用心,只有《周礼》一书侧重于设官分职的制度建设,对于王安石的变法活动也最具有借鉴作用。在《周礼义序》中,王安石写道:"惟道之在政事,贵贱有位,其先后有序,其多寡有数,其迟数有时。制而用之存乎法,推而行之存乎人。其人足以任官,其官足以行法,莫盛乎成周之时;其法可施于后世,其文见于载籍,莫具乎《周官》之书。"③ 王安石在变法实践中以《周礼》为主,博采群经,为建设顺应时势的新法提供理论指导。

王安石以经学直接为行政制度的改革提供依据。王安石曾与陈升之、曾公亮等人争论制置三司条例司的设置问题,陈升之等人以为宰相统领全

---

① 王安石:《王文公文集》(上册)卷1,上海人民出版社1974年版,第1—2页。
② 王安石:《王文公文集》(上册)卷32,上海人民出版社1974年版,第379页。
③ 王安石:《王文公文集》(上册)卷36,上海人民出版社1974年版,第426页。

局不应直接担任一司之长，制置三司条例司应并入中书，由较低一级的官员负责就行了。王安石则遍举群经以证己说，认为制置三司条例司应该由宰相直接统领作为变法的策划机构。据《续资治通鉴长编拾补》记载："升之曰：'今之有司、曹司皆一职之名，非执政之所宜称。'安石说：'古之六卿即今执政，有司马司徒司空各名一职，何害于理。'曾公亮曰：'今之执政乃古三公，古之六卿即今之六尚书也。'安石曰：'三公无官，惟以卿为官，如周公即以三公为冢宰，盖其他三公或为司马或为司徒或为司空，古之三公犹今之三司，古之六卿犹今两府也。宰相虽无所不统，然亦不过如故冢宰而已，冢宰惟掌邦治，至邦教、邦政、邦礼、邦刑、邦事则虽冢宰亦有所分掌矣'"① 这里王安石用《周礼》的官制来为自己设置制置三司条例司作论证。同处又记载："安石曰：'先王制事，各因事势所宜，唐虞兵刑皆在士官，以皋陶一人领之，后世兵事愈多，而重则分为司马司寇两官，非欲苟变先王之法，以时势不同故也。今天下财用困急尤当先理财，《易》"理财正辞"，先理财然后正辞，先正辞然后禁民为非，事之序也。孔子曰："既庶矣，富之；既富矣，教之。"孟子亦丧死无憾王道之始也。此陛下之所以理财特置一司使升之与臣领之之意也。特置一司于时事宜，恐不须并。'"② 这里，王安石则遍举《尚书》《易》以及孔子、孟子的言论来为自己适合时事之宜的新官制作论证。

　　王安石也将经学用于当时的法制建设中去，在《进熙宁编敕表》中，他写道："窃以观天下之至动而御其时，辅万物之自然而节其性，匿而不可不为者事，精而不可不陈者法，厥惟无弊，乃以不胶。故造象于正月之始和，改礼以五载之巡狩，一代之典，成于缉熙，百世可知，在所加损。方裁成辅助之休运，宜修饰融色之难能，顾匪其人，与于此迭。臣盖闻道有升降，政有弛张，缓急详略，度宜而已，使民不倦，惟圣为能。"③ 在这里，王安石借对《周礼·天官》中"大宰之职……正月之吉，始和，布治于邦国都鄙，乃悬治象之法于象魏"一段的解释，劝说守神宗效法古圣王及时改制，以造福民众。

---

① 李焘：《续资治通鉴长编》（附拾补），《续资治通鉴长编拾补》卷6，上海古籍出版社1986年版，第5册第79页。
② 同上书，第79—80页。
③ 王安石：《王文公文集》（上册）卷20，上海人民出版社1974年版，第231页。

第一章 王安石的经学思想

在熙宁执政期间，王安石创设了一大批新法，新法都是为了改变当时内忧外患的国情而制定的，但值得注意的是，王安石有意识地以经学作为自己制定新法的依据，这样一方面是为了借鉴前人的历史经验，另一方面也是为了钳制反对派的口实。下面，我们将王安石以经学缘饰新法的材料列举出来，具体说明王安石经学与新法的关系。

关于青苗法。在《周礼·地官·旅师》"掌聚野之锄粟、屋粟、闲粟而用之"一段的注解中，王安石写道："掌聚野之锄粟、屋粟、闲粟而用之者，聚此之粟而用以颁以散也。施其惠，若民有囏阨不责其偿，散其利者，资之以利本业者，又散以与之。"① 这里的说法与新法中的青苗法是颇为相似的。《续资治通鉴长编拾补》记载："范镇言自古以来未有天子而开课场者。王安石曰：'镇所言若非陛下略见《周礼》有此，岂不必为愧耻。'"② 这里王安石明确地以《周礼》为青苗法的推行作辩护。《宋史》记载王安石批驳韩琦论青苗法时也说："陛下修常平法以助民，至于收息，亦周公遗法也。"③ 这也是用《周礼》来为青苗法作辩护。《宋史》中记载孙觉反对王安石变法的话说："青苗法行，首议者谓：'《周官》泉府，民之贷者，至输息二十而五，国事之财用取具焉。'"④ 反对变法的人也认识到王安石是在用《周礼》缘饰新法。

关于免役法。在《周礼·天官冢宰一》"治官之属"一段的注解中，王安石写道："府史贾胥徒，皆赋禄焉，使足以代其耕；故市不役贾，野不役农，而公私各得其所。"⑤ 这里包含有免役法和赋禄法的意思。在《上五事书》中，王安石则明确写道："盖免役之法，出于《周官》所谓府、史、胥、徒，《王制》所谓庶人在官者也。"⑥ 《周官》属古文经，《王制》属今文经，王安石打破经今、古文学的藩篱，一视同仁地用来为

---

① 程元敏：《三经新义辑考汇评（三）——周礼（上）》，"国立"编译馆1987年版，第251页。
② 李焘：《续资治通鉴长编拾补》卷7，《续资治通鉴长编》（附拾补），上海古籍出版社1986年版，第5册第104页。
③ 《宋史》卷176，中华书局1977年版，第13册第4283页。
④ 《宋史》卷344，中华书局1977年版，第31册第10926页。
⑤ 程元敏：《三经新义辑考汇评（三）——周礼（上）》，"国立"编译馆1987年版，第10页。
⑥ 王安石：《王文公文集》（上册）卷1，上海人民出版社1974年版，第19页。

变法实践服务。

关于方田均税法。在《周礼·天官·小宰》"以官府之八成经邦治"一段的注解中，王安石写道："听师田以简稽者，简谓阅而选之，稽谓考而计，简稽则皆有书焉。听师田者，欲知其车徒之所任，财器之所出而已，故以简稽听之也。"① 这里，包含有方田均税法的影子。《续资治通鉴长编》记载王安石与宋神宗议论税收时说："今之税亦非重于先王之时，但不均又兼并为患耳。"② 这里，王安石把均税作为减轻百姓负担的手段。

关于农田水利法。在《周礼·夏官·职方氏》"东南曰扬州"一段的注解中，王安石写道："然泾漳之属，后世更引以浸焉，则民之利固有先王未之尽者；变而通之，存乎其时而已。"③ 这里宣扬了抓住时机兴修水利造福民众的观点。

关于市易法。在《上五事书》中，王安石写道："市易之法起于周之司市、汉之平准。"④ 这里明确地引《周礼》作为市易法的依据。当市易法遭到指责时，王安石也引《周礼》加以辩白，《续资治通鉴长编》记载："上谓王安石曰：'市易卖果实，审有之，即太繁细，令罢之如何？'安石曰：'……周公制法如此，不以繁碎为耻者，细大并举乃为政体。'"⑤

关于保甲法和保马法。在《周礼·天官·宫正》"掌王宫之戒令纠禁"一段的注解中，王安石写道："以稽其功绪、纠其德行为先，则不可不致察，几其出入则所以致察也；以会其什伍、教之道艺为急，则不可不致养，均其稍食则所以致养也；均其稍食矣，然后稍食可会也；教之道艺矣，然后行事可会也。若行事可会矣，然后邦有大事，可责以听政令而守也；于

---

① 程元敏：《三经新义辑考汇评（三）——周礼（上）》，"国立"编译馆1987年版，第59页。

② 李焘：《续资治通鉴长编》（附拾补）卷251，上海古籍出版社1986年版，第2册第2361页。

③ 程元敏：《三经新义辑考汇评（三）——周礼（下）》，"国立"编译馆1987年版，第455页。

④ 王安石：《王文公文集》（上册）卷1，上海人民出版社1974年版，第19页。

⑤ 李焘：《续资治通鉴长编》（附拾补）卷240，上海古籍出版社1986年版，第2册第2240—2241页。

是无事矣，思患预防而已。"① 这里提出什伍百姓，有战事时可令其守卫，平时则可以防患，保甲法的目的和做法也就是如此。而在《诗·小雅·出车》的注解中，王安石认为："古者兵隐于民，而马者牧于野。兵车之出，则以车而就牧地也。"② 这里，通过对古代兵、农合一制度的描绘，为熙宁变法中的保甲、保马制度作了论证。在《上五事书》中，王安石则明确指出"保甲之法，起于三代丘甲"，③ 是古圣王时代的善政，而非自己的杜撰。

从上面的材料可以看出，王安石将经学与变法实践紧密结合起来，熙宁新法中的每一项内容几乎都有经学上的理论依据。但是王安石也没有死搬古代陈迹，而是有所去取，他吸收的只是能为变法服务的内容，对于那些无补于世的章句传注之学，则持批评的态度，对于如"井田制"一类不合时宜的古法他也没有采用，而是采取了更加灵活、变通的方式。实际上，早在嘉祐年间的《上皇帝万言书》中，王安石在谈到效法先王之政时就已经说过"当法其意而已"。

附录　宋人对王安石经学的评价

王安石以《三经新义》为代表的新经学在北宋后期曾长期居于思想界的统治地位。熙宁八年新经义颁布全国，作为官定读本，天下士子靡然从学。元祐更化期间，王学受到压制，但宋哲宗亲政后，王学又成为统治思想。王安石经学的命运是与其政治命运紧密相连的，自北宋覆亡，南宋君臣将亡国之罪委过于王安石变法，王安石经学逐渐遭到压制打击，到了宋理宗时期，理学被定为统治思想，王安石其人其学遭到了彻底否定，对于王安石经学的讨论和研究也基本终结了。

王安石的新经学虽最终被排斥出统治思想之内，但它在两宋时期学术思想界的影响是巨大的。宋代学者对于王安石的经学曾从多方面加以评价，评价的内容概括起来主要有三方面：（1）对王安石经学总体得失的

---

① 程元敏：《三经新义辑考汇评（三）——周礼（上）》，"国立"编译馆1987年版，第78—79页。
② 邱汉生：《诗义钩沉》，中华书局1982年版，第133页。
③ 王安石：《王文公文集》（上册）卷1，上海人民出版社1974年版，第19页。

评价；（2）对王安石专经研究的评价；（3）对王安石以经学致用的评价。下面，就从这三方面分别加以介绍。

一 对王安石经学总体得失的评价

王安石身处宰相之职，他能够利用政权的力量来传播自己的学说，所以在当时王安石的新经学几乎笼罩了学术界。《宋史》王安石本传记载："初，王安石训释《诗》《书》《周礼》，既成，颁之学官，天下号曰'新义'。晚居金陵，又作《字说》，多穿凿博会，其流入于佛老。时学者无敢不传习，有司纯用以取士，士莫得自名一说，先儒传注，一切废不用。黜《春秋》之书，不使列于学官。"①

北宋时期，王安石经学占统治地位，赞成、学习的人很多，但反对的人也不少，观点分歧很大。对于王安石的新经学，他的朋友和门人弟子是热诚拥护的，其中王安石的儿子王雱、学生陆佃、妹婿沈季长等人还直接参与了新经义的撰写工作。另外，王安石的女婿蔡卞以及蔡京等人在王安石经学的传播和扩大影响上也起了积极的推进作用。晁公武《郡斋读书志》记载："蔡卞为《安石传》，其略曰：'自先王泽竭，国异家殊，由汉迄唐，源流浸深。宋兴，文物盛矣，然不知道德性命之理。安石奋乎百世之下，追尧舜三代，通乎昼夜阴阳所不能测而入于神。初著《杂说》数万言，世谓其与孟轲相上下。于是天下之士始原道德之意，窥性命之端云。'"② 这是盛赞王安石复兴圣王时代的经学、阐发道德性命之理的功绩。宋徽宗的《故荆国公王安石配享孔子庙廷诏》中称王安石："阐性命之幽，合道德之散，训释奥义，开明士心。"③ 这是以帝王、国家的权威肯定了王安石经学在探研经义上的成就。

与王安石同时代的一些学者如王令、张载等人对王安石经学也持赞赏态度，张载就说："世学不明千五百年，大丞相言之于书，吾辈治之于己，圣人之言庶可期乎！"④ 与此同时，另一批学者如司马光、二程、苏轼等人则对王安石的经学持批评态度。苏轼在王安石去世时代朝廷写的

---

① 《宋史》卷327，中华书局1977年版，第30册第10550页。
② 转引自邓广铭：《略谈宋学》，《邓广铭治史丛稿》，北京大学出版社1997年版，第172页。
③ 《宋大诏令集》卷156，中华书局1962年版，第584页。
④ 张载：《张子语录》语录中，《张载集》，中华书局1978年版，第323页。

第一章 王安石的经学思想

《王安石赠太傅》中说："具官王安石，少学孔孟，晚师瞿、聃。网罗六艺之遗文，断以己意；糠秕百家之陈迹，作新斯人。"① 在《六一居士集叙》中，他又写道："欧阳子没十有余年，士始为新学，以佛、老之似，乱周、孔之真，识者忧之。"② 这都是隐喻王安石在经学注解中加进自己个人的主观见解，并且混淆了圣人之道与佛、老思想的界限。程颢在评论王安石学术时也说："昔见上称介甫之学，对曰：'王安石之学不是。'""今异教之害，道家之说更没可辟，唯释氏之说衍蔓而迷溺至深。……然在今日，释氏却未消理会，大患者却是介甫之学。……如今日，却要先整顿介甫之学，坏了后生学者。"③

两宋之际，一部分学者把北宋覆亡归罪于王安石变法，同时认为王安石学说是导致亡国的根源，这可以杨时、王居正、陈公辅和胡安国等人为代表。杨时在《上钦宗书》中认定："致今日之祸者，实安石有以启之也。""其著为邪语以涂学者耳目，败坏其心术，不可缕数。"④ 杨时并著文对王安石经学作全面抨击，在《答萧子庄书》中，他写道："屏居投闲，因摭《三经义辨》，有害理处是正之，以示后学。"⑤ 这是明确表示著《三经义辨》把王安石《三经新义》作为攻击目标。杨时的弟子王居正继承、发扬杨时的做法来反对王安石的新经学。据《宋史》王居正本传记载："入对，以所论王安石父子之言不合于道者，裒得四十二篇，名曰《辨学》，上之。又曰：'陛下恶安石之学，尝于圣心灼见其弊安在？'帝

---

① 苏轼：《苏轼文集》卷38，中华书局1986年版，第3册第1077页。今人邓广铭先生研究王安石多年，成就卓然，只是对于苏轼此文的诠释成见太深，以为苏轼所说的并无贬低之意，这不符合事实。苏轼对于王安石变法和王安石学术思想的态度前后有变化，但在写这篇文章时其反对新法和新学的态度是明显的，苏轼本人的思想固然同样不合儒学正统，但这并不妨碍他指责别人的异端思想，如果联系他的《六一居士集叙》等文章，则其在这篇文章中持指责王安石背离经学、儒学正统的观点是没有什么疑问的。邓广铭先生的观点实在也是从梁启超那里继承来的，梁启超在《王荆公》中评价苏轼此文时就说："此实苏子由衷之语，亦为王公没世之光。"邓广铭的观点见其所著《北宋政治改革家王安石》第九章第二节，人民出版社1997年10月第1版，第295—296页。梁启超的观点见其所著《王荆公》第十四章《罢政后之荆公》，《饮冰室合集》第七册，中华书局1989年版，第139页。
② 苏轼：《苏轼文集》卷10，中华书局1986年版，第1册第316页。
③ 程颢、程颐：《河南程氏遗书》卷2上，《二程集》，中华书局1981年版，第17、38页。
④ 《杨龟山全集》卷1。
⑤ 《杨龟山全集》卷2。

曰：'安石之学，杂以伯道，欲效商鞅富国强兵，今日之祸，人徒知蔡京、王黼之罪，而不知生于安石。'居正曰：'安石得罪万世者不至此。'因陈安石释经无父无君者。帝作色曰：'是岂不害名教邪？孟子所谓邪说，正谓是矣。'居正退，序帝语于《辨学》首。……其学根据《六经》，杨时器之，出所著《三经义辨》示居正曰：'吾举其端，子成吾志。'居正感厉，首尾十载为《书辨学》十三卷、《诗辨学》二十卷、《周礼辨学》五卷、《辨学外集》一卷。居正既进其书七卷，而杨时《三经义辨》亦列秘府，二书既行，天下遂不复言王氏学。"① 陈公辅也和杨时等人持同样的观点，《宋史》记载陈公辅的上疏说："今日之祸，实由公卿大夫无气节忠义，不能维持天下国家，平时既无忠言直道，缓急讵肯伏节死义，岂非王安石学术坏之耶？议者尚谓安石政事虽不善，学术尚可取。臣谓安石学术之不善，尤甚于政事，政事害人才，学术害人心，《三经》《字说》，诋诬圣人，破碎大道。非一端也。《春秋》正名分，定褒贬，俾乱臣贼子惧，安石使学者不治《春秋》；……"② 这是对王安石经学的全面否定。胡安国则对王安石废《春秋》加以抨击，把王安石的学术思想作为导致北宋王朝灭亡的原因，《宋史》胡安国本传记载："自王安石废《春秋》不列于学官，安国谓：'先圣手所笔削之书，乃使人主不得闻讲说，学士不得相传习，乱伦灭理，用夏变夷，殆由乎此。'"③

  南宋以降，对于王安石经学的评价基本上是有褒有贬，态度渐趋平静，分析也更深入。当时学术界的理学派、心学派、事功学派的代表人物都对王安石经学发表了各自的见解，其中理学集大成者朱熹对王安石经学的评价最多。朱熹对于王安石经学上的成就是给予一定肯定的，《朱子语类》中说："'王氏《新经》尽有好处，盖其极平生心力，岂无见得著处？'因举书中改古注点句数处云：'皆如此读得好。此等文字，某尝欲看一过，与撼撮其好者而未暇。'"④ 在《学校贡举私议》一文中，朱熹列举学者宜取法的经学著作，王安石的《易》《书》《诗》《周礼》等书

---

① 《宋史》卷381，中华书局1977年版，第34册第11736页。
② 《宋史》卷379，中华书局1977年版，第33册第11694页。
③ 《宋史》卷435，中华书局1977年版，第37册第12916页。
④ 朱熹：《朱子语类》卷130，中华书局1986年版，第8册第3099页。

皆入选，由此也可见对王安石经学的重视。① 但在另一方面，朱熹对王安石经学中违反正统思想的地方也是痛加攻击的，《朱子语类》中说："自荆公诸人熙丰间用事，《新经》《字说》之类，已坏了人心。"② 在《读两陈谏议遗墨》一文中，朱熹则进一步指出："若其释经之病，则亦以自处太高，而不能明理胜私之故，故于圣贤之言既不能虚心静虑以求其立言之本意，于诸儒之同异又不能反复详密以辨其为说之是非，但以己意穿凿附丽，极其力之所通而肆为支蔓浮虚之说。……夫安石以其学术之误，败国殄民，至于如此。"③ 在这段话里朱熹认为王安石错解经书本意，废弃传统传注，流入佛、老异端，并以其学术害政，对王安石其人、其学、其政进行了全面攻击。

心学创始人陆九渊和事功学派的叶适对王安石经学也作了评价。在《与钱伯同》一书中，陆九渊指出："荆公英才盖世，平日所学未尝不以尧舜为标的，及遭逢神庙，君臣议论，未尝不以尧舜相期。独其学不造本原，而悉精毕力于其末，故至于败。"④ 陆九渊肯定了王安石的人品，只是认为他的学术只专注于政治制度变革之类末学，而未能究心于本原之学——心学。在《荆国王文公祠堂记》一文中，陆九渊也表示了大致相同的见解。⑤ 叶适对王安石经学的评价则基本上是持肯定态度的，他认为："王安石谈经，未至悖理，然人情不顺者，尽罢诗赋故也。"⑥

二 对王安石专经研究的评价

对于王安石的经学，宋代学者既有总体评价，又有具体分析，王安石经学涉及面宽，对各种经典的研究深、广度也不均衡，因此各家的评价也相应地有所不同。下面就按《诗》《书》《礼》《易》《春秋》的次序，分述各家对王安石专经研究的评价。

1. 关于王安石的《诗》学

二程的弟子杨时对王安石的《诗》学大加攻击，《宋史》杨时本传记

---

① 朱熹：《朱熹集》卷69，四川教育出版社1996年版，第6册第3638页。
② 朱熹：《朱子语类》卷132，中华书局1986年版，第8册第3169页。
③ 朱熹：《朱熹集》卷70，四川教育出版社1996年版，第6册第3665页。
④ 陆九渊：《陆九渊集》卷9，中华书局1980年版，第121页。
⑤ 参看陆九渊：《陆九渊集》卷19，中华书局1980年版，第231—234页。
⑥ 叶适：《习学记言序目》（下册）卷50，中华书局1977年版，第748页。

载他评价王安石《诗》学说:"其释《凫鹥》守成之诗,于末章则谓:'以道守成者,役使群众,泰而不为骄,宰制万物,费而不为侈,孰弊弊然以爱为事。'《诗》之所言,正谓能持盈则神祇祖考安乐之,而无后艰尔。自古释之者,未有泰而不为骄、费而不为侈之说也。安石独倡为此说,以启人主之侈心。后蔡京辈轻费妄用,以侈靡为事。安石邪说之害如此。"① 这里杨时攻击王安石解《诗》违背正统思想,导致蔡京等人以邪说危害政事。杨时的说法迎合两宋之际最高统治者推卸亡国之罪于王安石、蔡京等人的政治意图,是特定历史环境下的产物。朱熹在《吕氏家塾读诗记后序》中也对王安石的《诗》加以评价,他写道:"至于本朝,刘侍读、欧阳公、王丞相、苏黄门、河南程氏、横渠张氏,始用己意有所发明,虽其浅深得失有不能同,然自是之后,三百五篇之微词奥义乃可得而寻释,盖不待讲于齐、鲁、韩氏之传而学者已知《诗》之不专于毛、郑矣。"② 在这里,朱熹肯定了王安石《诗》学对于发明《诗》旨、打破汉代经学注疏独断的积极作用。

2. 关于王安石的《书》学

程颐曾就天人关系论发表见解,在《代吕公著应诏上神宗皇帝书》中,他写道:"臣伏观前史所载,彗之为变多矣,鲜有无其应者,盖上天之意,非徒然也。今陛下既有警畏之心,当思消弭之道。……臣愿陛下祗若天戒,思当除者何事,而当新者何道?如曰旧政既善,无所可除,则天为诬矣,臣复何言?若以为当求自新,则在陛下思之而已。"③ 这是以天人感应论来反对新法,同时也是对王安石在《洪范传》中所阐发的天人关系相对分离论的间接批评。

朱熹对王安石的《书》学作过较多评价。《朱子语类》记载:"介甫解亦不可不看。《书》中不可晓处,先儒既如此解,且只得从他说。……荆公不解《洛诰》,但云:'其间煞有不可强通处,今姑择其可晓者释之',今人多说荆公穿凿,他却有如此处。若后来人解《书》,又却须要解尽。"同书卷七十九记载:"因论点书,曰:'人说荆公穿凿,只是好处

---

① 《宋史》卷428,中华书局1977年版,第36册第12742页。
② 朱熹:《朱熹集》卷76,四川教育出版社1996年版,第7册第3970页。
③ 程颢、程颐:《河南程氏文集》卷5,《二程集》,中华书局1981年版,第2册第530页。

亦用还他。且如"勑惟若畴，圻父薄违，农父若保，宏父定辟"，古注从"父"字绝句；荆公则就"违""保""辟"绝句，复出诸儒之表。'道夫曰：'更如先儒点"天降割于我家不少延"，"用宁王遗我大宝龟"，皆非注家所及。'曰：'然'。①朱熹对王安石《书》学中的一些注解断句等颇为赞赏。但总的来说，朱熹还是认为王安石《书》学失之穿凿，在《答蔡仲默》书中讨论《书》学时，即认定"王氏伤于凿。"②而在《朱子语类》中则举例证明王氏《书》学穿凿，他说："荆公解'聪明文思'处，牵合《洪范》五事，此却是穿凿。"③朱熹还对王安石《洪范传》中提出的天人关系论进行了辩驳，《朱子语类》中说："《洪范》庶征固不是定如汉儒之说，以为有是必有是事。多雨之征，必推说道是某时做某事不肃，后以至此。为此必然之说，所以教人难尽信。但古人意精密，只于五事上体察是有此理。如荆公，又却要一齐都不消说感应，但把'若'字做'如似'字义说，做譬喻说了，也不得。荆公固是也说此事不足验，然而人主自当谨戒。如汉儒必然之说固不可，如荆公全不相关之说，亦不可。古人意思精密，恐后世见未到耳。"④朱熹对王安石的批评实有误解，王安石在总体上也是天人合一论者，只是反对天人之间浅薄的一一对应论而强调二者的相对分离。如果将朱熹的观点与王安石的《洪范传》中有关论述相比较，则二者在理论上的见解是基本相同的，只是朱熹对传统观点更持同情态度而已，而这种价值判断上的信仰态度恰恰是王安石所缺乏的，也是他遭受诟病的深层原因。

3. 关于王安石的《礼》学

在《三礼》之中，王安石专重《周礼》的做法受到了宋代一些学者的批评。朱熹曾对王安石废《仪礼》表示不满，《朱子语类》卷八十三、卷八十七和《朱熹集》卷十四《乞修三礼劄子》中都有论列，认为王安石废《仪礼》而尊《礼记》是舍经取传、舍本逐末。在《乞修三礼劄子》中，朱熹说："《周官》一书，固礼之纲领，至其仪法度数，则《仪礼》乃其本经，而《礼记》《郊特牲》《冠义》等篇乃其义说耳。前此犹

---

① 朱熹：《朱子语类》卷78，中华书局1986年版，第5册第1986—1987、2057页。
② 朱熹：《朱熹续集》卷3，《朱熹集》，四川教育出版社1996年版，第9册第5206页。
③ 朱熹：《朱子语类》卷78，中华书局1986年版，第5册第1987页。
④ 朱熹：《朱子语类》卷79，中华书局1986年版，第5册第2048—2049页。

有三礼、通礼学究诸科，礼虽不行，而士犹得以诵习而知其说。熙宁以来，王安石变乱旧制，废罢《仪礼》，而独存《礼记》之科，弃经任传，遗本宗末，其失已甚。"① 实际上，朱熹的观点并不准确，王安石只是尊《周礼》，对于《礼记》并不是很重视的。王安石认定《周礼》是三代圣王之作，但当时就有些人对此持不同意见，苏辙在《私试进士策问二十八首》中说："学者之论《周礼》，或以为周公之书，或以为战国阴谋之书。"② 在接下来的论述中，苏辙通过对土地制度、官吏数量等的分析，认定《周礼》所载不可信，从而间接表示了《周礼》非周公等古圣王之作的观点。对于王安石的《周礼》学，学者们大多从其与变法实践相关的角度上去评说，至于纯粹的学理则未有详细的评价。

王安石曾解《礼记·中庸》，提出"高明处己，中庸处人"的命题，遭到杨时的激烈批评，认为王安石把心与迹分为二途，不合天人合一的正统思想，后来朱熹与其弟子亦就这个问题反复加以探讨，《朱子语类》《朱熹集》中都有记载。在《答潘谦之》一文中，朱熹说："中庸者，理之所当然也；高明者，理之所以然也。圣人处己应物固无二道，然处己而尽其理之当然者，所以为中庸也；知处己所以当然之理，则高明也。应物而尽其理之当然者，所以为中庸也；知应物所以当然之理，则高明也。王氏判而为二固非矣，而杨氏又浑然无所区别，则亦不察中庸、高明所以得名之实也。"③ 按这里的高明、中庸可注释为心与理的关系，王安石强调心与理、主观与客观的差别，而杨时强调心与理的同一，朱熹的观点是心与理既有一致处又有差别处，不可说心与理有差别，又不可说心与理同一。朱熹是继承程颐"性即理"思想的，所以他对杨时心、理同一论持批评态度，这实际上已隐含理学与心学在本体论上的差异。

4. 关于王安石的《易》学

《易》在五经之中，重于哲理。王安石对于《易》学，早年即有研究，并著有《易解》一书，但执政时期所颁行的《三经新义》中却无《易》，原因是其与治道关系较为疏远。王安石的《易》学著作在当时影

---

① 朱熹：《朱熹集》卷14，四川教育出版社1996年版，第2册第569—570页。
② 苏辙：《栾城集》卷20，《苏辙集》，中华书局1990年版，第1册第357页。
③ 朱熹：《朱熹集》卷55，四川教育出版社1996年版，第5册第2758—2759页。

响很大，同时的人多有向其请教的，这可以从王安石文集中的《答韩求仁书》《答史讽书》《答徐绛书》等文中看出来。

王安石《易》学对于当时正在兴起的以二程为代表的理学从正、反两面都给予了相当大的影响。从正面影响上说，二程接受了王安石《易》学中探讨性命义理之学的思维取向；从反面影响上说，二程有激于王安石《易》学之理违背了正统思想，从而自觉地起来批驳王安石之失，重新弘扬儒家纲常名教的价值取向。

程颐在《与金堂谢君书》中说："君欲治《易》，先寻绎令熟，只看王弼、胡先生、王介甫三家文字，令通贯，余人《易》说，无取枉费功。"[1] 又说："《易》有百余家，难为遍观。如素未读，不晓文义，且须看王弼、胡先生、荆公三家。"[2] 程颐对王安石的《易》学著作是相当器重的，但一遇到王安石《易》学中有悖于纲常名教处，则痛加批驳，他说："'反复道也'，言终日乾乾往来，皆由于道也。三位在二体之中，可进而上，可退而下，故言反复。'知至至之'，如今学者且先知有至处，便从此至之，是'可与几也'。非知几者，安能先识至处？'知终终之'，知学之终处而终之，然后'可与守义'。王荆公云：'九三知九五之位可至而至之。'大煞害事，使人臣常怀此心，大乱之道，亦自不识汤、武'知至至之'，只是至其道也。"[3] 这里是讨论对乾卦九三爻的理解问题。王安石认为九三爻处于乾卦下体之上，更进一步则可升至上体之中九五爻的位置，而九五爻在《易》中是君位，这就好比汤、武伐夏、商而取代桀、纣成为王一样。程颐认为王安石的这个解释违反君臣大义，大逆不道，作为名教纲常的君臣大义绝不可违，九三爻的臣子绝不可有非分之想去取代九五爻的君主之位。程颐又说："介甫以武王观兵为九四，大无义理，兼观兵之说亦自无此事。如今日天命绝，则今日便是独夫，岂容更留三年？今日天命未绝，便是君也，为人臣子，岂可以兵胁其君？安有此义？"[4] 这是就乾卦九四爻的注解来探讨君臣关系问题。王安石把九四爻

---

[1] 程颢、程颐：《河南程氏文集》卷9，《二程集》，中华书局1981年版，第2册第613页。
[2] 程颢、程颐：《河南程氏遗书》卷19，《二程集》，中华书局1981年版，第1册第248页。
[3] 程颢、程颐：《河南程氏遗书》卷19，《二程集》，中华书局1981年版，第1册第248页。《河南程氏粹言》卷1《论书篇》中也有大致相同的记载，参看上书第4册第1203—1204页。
[4] 程颢、程颐：《河南程氏遗书》卷19，《二程集》，中华书局1981年版，第1册第250页。

理解为力量强大将要取代处于九五王之位的商纣王的周武王,"武王观兵"就是窥探商纣王的实力,并借以炫耀自己的力量。程颐对于王安石的这种解释大为不满,认为君臣大义不可亵渎,作为臣子绝不可向君主示威,只有在君主天命已绝成为独夫的情况下,臣子才可以杀之。程颐把君主的废立从君臣现实的矛盾关系中跳出来而归之于天命,这实际上是对君主权利的最大程度的肯定。

程颐对于王安石《易》学除了在政治、伦常观上加以批驳外,在人性论上也同样加以攻击,他说:"介甫解'直方大'云:'因物之性而生之,直也;成物之形而不可易,方也。'人见似好,只是不识理。如此,是物先有个性,坤因而生之,是甚义理?全不识也。"① 这段话的核心在于"是物先有个性"这句话,王安石肯定物有自性,天地只是因顺物的自性而促进它的生长。程颐不同意王安石物有自性的观点,他实际主张人、物之性是由天地赋予的。

5. 关于王安石的《春秋》学

五经之中唯《春秋》与儒家学派关系最密切。按王安石的理解,《诗》《书》《周礼》都是圣王之政的记载,《易》则是古圣人极深研几的谈理之书,只有《春秋》是衰世的产物。自孟子以至汉儒,都认为孔子据鲁史而修《春秋》,在其中赋予了"微言大义",汉代的《春秋》公羊学正是借此为汉代统治者建立政治指导思想的。王安石是不太重视《春秋》的,一方面因其散乱难解,另一方面也因为《春秋》只是孔子所作,而非有德有位的圣王所作,作为经书的资格也是勉强的。王安石的《三经新义》中无《春秋》,也不置于学官。在日常的言论中,对《春秋》也有微词,甚或指之为"断烂朝报"。《宋史·艺文志》著录有王安石著的《春秋左氏解》一卷,但早已亡佚。

宋人对于王安石废《春秋》有赞成有反对,大致说来,理学派多持同情的态度,而史学派则痛心疾首。朱熹就对王安石废罢《春秋》持赞同态度,他说:"如他经尚是就文义上说,最是《春秋》不成说话,多是去求言外之意,说得不成模样。某说道,此皆是'侮圣人之言',却不如

---

① 程颢、程颐:《河南程氏遗书》卷19,《二程集》,中华书局1981年版,第1册第251页。

王介甫样，索性废了，较强。"① 和朱熹不同，两宋之际的《春秋》学世家胡安国、胡寅父子则对王安石废《春秋》表示了最大的愤慨，除了义理上的分歧外，王安石废《春秋》等于砸了他们的饭碗，胡氏父子的愤怒也是可以理解的。胡安国之子胡寅在为胡安国作的《先公行状》中写道："初王安石以《字说》训释经义，自谓千圣一致之妙，而于《春秋》不可以偏傍点画通也，则诋为断烂朝报，废之不列于学官。下逮崇宁，防禁益甚。公自少留心此经，每曰：'先圣亲手笔削之书，乃使人主不得闻讲说，学士不得相传习，乱伦灭理，用夷变夏，殆由此乎！'"② 胡寅在奉旨撰写的《追废王安石配飨诏》中也写道："昔者世衰道微，暴行有作，孔子拨乱反正，寓王法于《春秋》，以俟后世。朕临政愿治，表彰斯文，将以正人心，息邪说，使不沦胥于异学。荆舒祸本，可不惩乎？王安石绝《春秋》，实与乱贼造始。"③ 这是把王安石废《春秋》看作是北宋亡国的祸源。据《宋史》记载，陈公辅也对王安石废《春秋》表示出和胡寅大致相同的论调，他说："《春秋》正名分，定褒贬，俾乱臣贼子惧，安石使学者不治《春秋》。"④ 实际上，朱熹和胡安国等人在批驳王安石违背圣人之道这一点上是相同的，但在具体对待《春秋》的问题上却观点分歧，这是哲学和史学两种学术背景所导致的差异，实际上王安石和司马光的学术之争也隐含有哲学与史学之争。此外，宋代的一些学者也反对王安石贬低《春秋三传》的做法，《宋史》记载杨绘的话说："方今以经术取士，独不用《春秋》，宜令学者以《三传》解经。"⑤

三 对王安石以经学经世的评价

王安石不是书斋里的学者，他是一个通经致用的政治家，王安石研究、注解经书的目的，也正是要以经学经世，使古代的圣王之政、太平盛世重现于当时的北宋王朝。王安石以经学经世的思想是确曾付诸实践的，并在变法活动中起到了统一思想、造就人才、为新法提供理论依据的作

---

① 朱熹：《朱子语类》卷190，中华书局1986年版，第7册第2697页。
② 胡寅：《斐然集》卷25，《崇正辩 斐然集》，中华书局1993年版，第552页。
③ 胡寅：《斐然集》卷14，《崇正辩 斐然集》，中华书局1993年版，第313页。
④ 《宋史》卷379，中华书局1977年版，第33册第11694页。
⑤ 《宋史》卷322，中华书局1977年版，第30册10449页。

用,但是,由于王安石变法的失败和北宋王朝的灭亡,南宋统治集团为推卸责任、维护家天下的政治统治,而把王安石变法和新党人士的政治活动作为北宋灭亡的祸源,从而也使王安石以经学经世的实践遭到彻底的否定。赵与时《宾退录》中说:"《四朝国史·王安石传》,史臣曰:'呜呼!安石托经术立政事,以毒天下。非神宗之明圣,时有以烛其奸,则社稷之祸,不在后世矣。今尚忍言之!'"① 这是南宋时期人们的一般性结论,是政治大趋势下的产物。

王安石以经学经世,从开始实行到最终被彻底否定,大约经历了一百多年,其间各方面人士对之多有评论,现按统一思想、造就人才、为新法提供依据分为三个方面,分述宋人对王安石以经学经世思想的评价。

1. 关于以经学统一思想问题

王安石创立新经学,明确提出其目的就是要"一道德",但是,"一道德"必然又会伴随着思想上的僵化和雷同,这在当时就引起了激烈的争论。《续资治通鉴长编》记载:"甲午,上谓王安石等曰:'蔡确论太学试极草草。'冯京曰:'闻举人多盗王安石父子文字,试官恶其如此,故抑之。'上曰:'要一道德,若当如此说,则安可臆说,《诗》、《书》法言相同者乃不可改。'"② 王安石统一思想的新经学遭到了太学试官及大臣冯京等人的反对,但宋神宗支持王安石,从思想统一、真理一元的角度批驳了反对者的意见。司马光不反对统一思想,但是反对以王安石的经学统一思想,他认为:"王安石不当以一家私学,欲盖掩先儒,令天下学官讲解及科场程式,同己者取,异己者黜,使圣人坦明之言,精而陷于奇僻,先王中正之道,流而入于异端。若己论果是,先儒果非,何患学者不弃彼而从此,何必以利害诱胁如此其急也?"③

南宋时期,朱熹曾对王安石以经学统一思想的做法作了详细的分析论述。《朱子语类》记载:"陈后山说,人为荆公学,唤作'转般仓,模画手。致无赢余,但有亏欠!'东坡云:'荆公之学,未尝不善,只是不合

---

① 赵与时:《宾退录》卷7,上海古籍出版社1983年版,第88页。
② 李焘:《续资治通鉴长编》(附拾补)卷233,上海古籍出版社1986年版,第2册第2171页。
③ 司马光:《司马公文集》卷52《起讲科场札子》,《全宋文》,巴蜀书社1992年版,第28册第270页。

要人同己。'此皆说得未是。若荆公之学是,使人人同己,俱入于是,何不可之有?今却说'未尝不善,而不合要人同',成何说话!若弥望者黍稷,都无稂莠,亦何不可?只为荆公之学自有未是处耳。"① 陈后山、苏东坡等文学之士强调情感的丰富、价值的多元,朱熹对此不以为然,朱熹是赞成统一思想的,只是他认为王安石的新经学不正确,不能作为统一思想的标准罢了。陈后山、苏东坡与王安石、朱熹在统一思想问题上的歧异,反映了哲学家、政治家和文学家之间价值观的差别。在《与陈侍郎书》一文中,通过讨论南宋时期用来统一思想的"国是"问题,朱熹又详细阐述了自己对王安石以经学统一思想的利弊,他说:"昔在熙宁之初,王安石之徒尝为此论矣,其后章惇、蔡京之徒又从而绍述之,前后五十余年间,士大夫出而议于朝,退而语于家,一言之不合乎此,则指以为邦朋邦诬,而以四凶之罪随之。盖近世主张国是之严,凛乎其不可犯,未有过于斯时者。而卒以公论不行,驯致大祸,其遗毒余烈至今未已。夫岂国是之不定而然哉?惟其所是者非天下之真是,而守之太过,是以上下相徇,直言不闻,卒以至于危亡而不悟也。"② 在《读两陈谏议遗墨》中,朱熹也提到:"夫安石以其学术之误,败国殄民,至于如此,而起自熙丰,讫于宣、靖,六十年间,颂说推明,按为国是。……己未八月,因为精舍诸生说,偶记庄子语云:'其所谓道非道,则所言之韪未免于非',此正王氏之谓也。后两日,有语予曰:'荆公正坐为一道德所误耳。'予谓之曰:'一道德者,先王之政,非王氏之私说也。子何病焉?若道此语于荆公之前,彼不过相视一笑而言曰:"正为公不识道德耳。"吾恐子之将无词以对也。'"③ 朱熹的意见很明确,统一思想是应该的,但王安石用来统一思想的新经学是错误的,以之统一思想只会越统一越糟糕。

南宋时期的著名学者陆九渊和陈亮等人也对王安石以新经学统一思想的做法提出批评。陆九渊在这个问题上和朱熹的见解大致相同,只是更开明一些,更注重是非之争,而不太强调理论上的同一。在《与薛象先》一文中,陆九渊写道:"尚同一说,最为浅陋。天下之理但当论是非,岂

---

① 朱熹:《朱子语类》卷130,中华书局1986年版,第8册第3099—3100页。
② 朱熹:《朱熹集》卷24,四川教育出版社1996年版,第2册第1024页。
③ 朱熹:《朱熹集》卷70,四川教育出版社1996年版,第6册第3665—3666页。

当论同异。……孟子曰:'耳有同听,目有同美,口有同嗜,心有同然。'又曰:'其揆一也。'此理所在,岂容不同。不同此理,则异端也。熙宁排荆公者固多,尚同之说裕陵固尝以诘荆公,公对以道德一、风俗同之说,裕陵乃不直排者。然则荆公之说行,岂独荆公之罪哉?"① 事功学派的陈亮对王安石以经学统一思想也不满意,但议论较空泛,在《送王仲德序》中他说:"最后章、蔡诸人以王氏之说一之,而天下靡然,一望如黄茅、白苇之连错矣。"② 在这篇序文里,陈亮还对日益发展的学术流派之争和道德性命之学的兴盛深表不满,而留恋宋初的朴实学风,这实际上反映了陈亮本人学术思想上的保守和偏见。

2. 关于以经学造就人才问题

王安石早在嘉祐年间的《上仁宗皇帝书》中就把"大明法度"和"众建贤才"作为改革现实的两大根本手段,在熙宁变法中,他提拔了一大批拥护新法的人进入政府机构,而熙宁年间颁布《三经新义》,其目的也正是要造就一大批拥护新法、通经术、明时务的人才。《续资治通鉴长编》记载王安石回答宋神宗的话说:"窃惟陛下欲以经术造就人才,而臣职董其事。"③ 《续资治通鉴长编纪事本末》记载:"先是上谓安石曰:'经术今人人乖异,何以一道德?卿有所著,可以颁行,令学者定于一。'安石曰:'《诗》已令陆佃、沈季长作义。'曰:'不能发明。'安石曰:'每事商量。'至是,又谕执政曰:'今岁南省所取多知名举人,士皆趋义理之学,极为美事。'"④ 王安石的新经学在北宋后期长时间作为官方的经学教科书,以至在南渡以后的一段时间也有很大影响。

对于王安石以经学造就人才的做法,当时也有些人极力表示反对。在《议学校贡举状》一文中,苏轼就说:"自文章而言之,则策论为有用,诗赋为无益,自政事言之,则诗赋、策论均为无用矣。……近世士人纂类经史,缀辑事务,谓之策括。待问条目,搜抉略尽,临时剽窃,窜易首尾,以眩有司,有司莫能辨也。且其为文也,无规矩准绳,故学之易成;

---

① 陆九渊:《陆九渊集》卷13,中华书局1980年版,第177页。
② 陈亮:《陈亮集》卷24,中华书局1987年版,第270页。
③ 李焘:《续资治通鉴长编》(附拾补)卷268,上海古籍出版社1986年版,第3册第2526页。
④ 《续资治通鉴长编纪事本末》卷74。

无声病对偶,故考之难精。以易学之士,付难考之吏,其弊有甚于诗赋者矣。"① 苏轼反对以经义取代诗赋的科举改革,并且对以经学经世也持怀疑态度。苏轼的议论表达的实在是因循旧制、任其自然、维持现状的思想,诚然,就中国古代科举与政治的关系看,诗赋与经义都有脱离现实的弊病,但比较起来,经义对现实政治的作用还是远远超过诗赋的。苏轼的这道上疏曾使宋神宗对科举新法产生怀疑,王安石则就罢考诗赋改考经义作了辩解,他说:"若谓此科常多得人,自缘仕进别无他路,其间不容无贤;若谓科法已善,则未也。今以少壮时,正当讲求天下正理,乃闭门学作诗赋,及其入官,世事皆所不习,此科法败坏人材,致不如古。"② 王安石的话足以驳倒苏轼的见解。值得注意的是,现代的一些文人常常从维护大文豪苏轼的角度出发,把苏轼的思想拔高,对苏轼政治上的不得志、遭受打击一概归咎于邪恶势力的压制,这是极不公允的,如果撇开文章就道德、学问、政事而言,苏轼是远远不能和王安石、司马光、二程等人相比的。

　　王安石经学在南宋虽遭到一定程度的压制,但仍作为科举考试的教科书之一,宋高宗绍兴二十六年还曾专门下诏:"科举取士,毋拘程颐、王安石一家之说。"③ 这说明王安石的经学在当时仍极有影响。当时朱熹、陈亮、叶适对王安石以经学造士的思想都曾加以评论。在《学校贡举私议》一文中,朱熹说:"所以必罢诗赋者,空言本非所以教人,不足以得士,而诗赋又空言之尤者,其无益于设教取士,章章明矣。然熙宁罢之,而议者不以为是者,非罢诗赋之不善,乃专主王氏经义之不善也。"④ 朱熹批评了王安石经义,但却肯定了王安石罢诗赋、以经学造就人才的做法。朱熹还对当时反对王安石以经学造士的人提出了批评,《朱子语类》中说:"如诸公平日,担当正道,自视如何!及才议学校,便说不行,临了又却只是词赋好,是甚么议论!如王介甫用《三经义》取士。及元祐间废之,复词赋,辨一上,临了又却是说经义难考,词赋可以见人之工拙

---

① 苏轼:《苏轼文集》卷25,中华书局1986年版,第2册第724—725页。
② 转引自帅鸿勋《王安石新法研述》,正中书局1979年版,第265页。
③ 《宋史》卷31,中华书局1977年版,第2册585页。
④ 朱熹:《朱熹集》卷69,四川教育出版社1996年版,第6册第3636页。

易考。所争者只此而已，大可笑也！"① 陈亮在这个问题上观点和朱熹大致相同，在《变文格》中他说："经术造士之意非不美，而新学、《字说》何为者哉！学校科试之法非不善，而月书、季考何为哉！"② 这也是肯定了王安石以经学造士的做法，而只是对王安石的经学本身以及考试制度的某些具体做法提出批评。叶适在这个问题上和朱熹、陈亮有所不同，他说："汉以经术造士，唐以词赋取人，方其假物喻理，声协字调，巧者趋之，经义之朴阁笔而不能措。王安石深恶之，以为市井小人皆可以得之也；然及其废赋而用经，流弊至今，断题析字，破碎大道，反甚于赋。"③ 叶适的观点和北宋时苏轼的观点遥相呼应，表达了对当时重经学轻文学的科举考试制度的不满。

3. 关于以经学为新法提供依据问题

熙宁年间所提出的一些新法，大多有其经学上的依据，特别是《周礼》一书，更成为王安石钳制反对派之口的有力武器。《周礼》古来相传为周公致太平之书，也有人以为是战国时人所作，更有人认为它是出于西汉时人的创作。王安石把《周礼》看作是古代圣王政治经验的总结性著作，在新法的制订上多以《周礼》中的相关记载为依托。而宋人对王安石这种以新经学缘释新法的做法也提出了许多批评意见，且大多集中在《周礼》与新法关系问题上。

王安石变法刚开始时，张载、程颢、苏轼、孙觉等人即对王安石依《周礼》变更法度提出了疑问和批评。张载说："一市之博，百步之地可容万人，四方必有屋，市官皆居之，所以平物价，收滞货，禁争讼，是决不可阕。故市易之政，非官专欲取利，亦所以为民。百货亦有全不售时，官则出钱以留之，亦有不可买时，官则出而卖之，官亦不失取利，民亦不失通其所滞而应其所急。故市易之政，止一市官之事耳，非王政之事也。"④ 在这里，张载对《周礼·泉府》一段记载作了说明，认为这不过是管理市场的小事，并不是有关国计民生的大政，含蓄地表达了对王安石市易法的批评。程颢说："孟子之时，去先王为未远，其学比后世为尤

---

① 朱熹：《朱子语类》卷137，中华书局1986年版，第8册第3276页。
② 陈亮：《陈亮集》卷12，中华书局1987年版，第135页。
③ 叶适：《习学记言序目》卷47，中华书局1977年版，第699页。
④ 张载：《经学理窟·周礼》，《张载集》，中华书局1978年版，第249页。

第一章 王安石的经学思想

详,又载籍未经秦火,然而班爵禄之制,已不闻其详。今之礼书,皆掇拾于煨烬之余,而多出于汉儒一时之傅会,奈何欲尽信其句为之解乎?然则其事固不可一二追复矣。"① 他认为,现存《周礼》一书记载不详明,且有后人傅会之说,再加上《周礼》的时代距今遥远,要正确理解都很难,更难以将其制度在现代实行。苏轼在熙宁四年的《上神宗皇帝书》中论及王安石的免役法时说:"其说曰:'《周礼》田不耕者出屋粟,宅不毛者有里布。而汉世宰相之子,不免戍边。'此其所以借口也。古者官养民,今者民养官。给之于田而不耕,劝之以农而不力,于是乎有里布屋粟夫家之征。今民无以为生,去为商贾,事势当尔,何名役之。且一岁之戍,不过三日,三日之雇,其直三百。今世三大户之役,自公卿以降,勿得免者,其费岂特三百而已。大抵事若可行,不必皆有故事。若民所不悦,俗所不安,纵有经典明文,无补于怨。"② 苏轼虽然是代表大品官、大商人阶层利益说话,但是他批评王安石以经书为教条,强调时代不同,土地制度、征税制度也应随之不同,立法应根据实际情况而定,这些都是合理的。苏辙曾对《周礼》记载的土地制度和官吏数量进行了分析,认为是不可信的,这就抽掉了王安石新经学的根基。③ 孙觉也对王安石用《周礼》为青苗法作依据提出批评,《宋史》孙觉本传记载:"青苗法行,首议者谓:'《周官》泉府,民之贷者,至输息二十而五,国事之财用取具焉。'觉奏条其妄。曰:'成周赊贷,特以备民之缓急,不可徒与也,故以国服为之息。然国服之息,说者不明。郑康成释经,乃引王莽计赢受息,无过岁什一为据,不应周公取息,重于莽时。况载师所任地,漆林之征特重,所以抑末作也。今以农民乏绝,将补耕助敛,顾比末作而征之,可乎?国事取具,盖谓泉府所领,若市之不售,贷之滞于民用,有买有予,并赊贷之法而举之。倪专取具于泉府,则冢宰九赋,将安用耶?圣世宜讲求先王之法,不当取疑文虚说以图治。'"④

南宋时期,朱熹对王安石以《周礼》为新法依据的做法作了详细的

---

① 程颢、程颐:《河南程氏遗书》卷4,《二程集》,中华书局1981年版,第1册第70页。
② 苏轼:《苏轼文集》卷25,中华书局1986年版,第2册第734页。
③ 参看苏辙:《栾城集》卷20《私试进士策问二十八首》,《苏辙集》,中华书局1990年版,第357页。
④ 《宋史》卷344,中华书局1977年版,第31册第10926—10927页。

评论。朱熹认为王安石是利用《周礼》为自己变法作论证，并非真心按《周礼》的真意去实行，《朱子语类》中说："看来荆公亦有邪心夹杂，他却将《周礼》来卖弄，有利底事便行之。"① 在《读两陈谏议遗墨》中他又说："彼安石之所谓《周礼》，乃姑取其附于己意者，而借其名高以服众口耳，岂真有意于古者哉？"② 朱熹还批评王安石以求利之心错解《周礼》，《朱子语类》中批评王安石："以笼天下之利，谓《周礼》泉府之职正是如此。却不知周公之制，只为天子之贷有不售，则商旅留滞而不能行，故以官钱买之，使后来有欲买者，官中却给与之，初未尝以此求利息也。"③ 朱熹批评了王安石依《周礼》变法的做法，但他又认为这只是王安石用意不正，《周礼》中的法制还是可以在现实中实行的，在《读两陈谏议遗墨》中他说："至谓安石远取三代渺茫不可稽考之事而力行之，此又不知三代之政布在方册，虽时有先后而道无古今，举而行之，正不能无望于后之君子。但其名实之辨，本末之序，缓急之谊，则有不可以毫厘差者。苟能于此察焉而无所悖，则其遗法虽若渺茫不可稽考，然神而明之，在我而已，何不可行之有？"④ 后来，朱熹在任职福建崇安、建阳和浙江金华时，曾仿效王安石的青苗法遗意制定"社仓"法，在《婺州金华县社仓记》中他说："以予观前贤之论，而以今日之事验之，则青苗其立法之本意固未为不善也。但其给之也，以金而不以谷；其处之也，以县而不以乡；其职之也，以官吏而不以乡人士君子；其行之，以聚敛亟疾之意，而不以惨怛忠利之心。是以王氏能行于一邑，而不能以行于天下。"⑤

南宋时期的著名学者陆九渊、叶适等人也对王安石以经学论证新法提出了批评。陆九渊对以《周礼》理财也是赞同的，但又认为王安石对义利关系没有处理好，所订新法并不合《周礼》之意，他说："夫《周官》一书，理财居其半，冢宰制国用，理财正辞，古人何尝不理会利，但恐三司等事，非古人所谓利耳。不论此，而以言利遏之，彼岂无辞？所以卒至于无奈他何处。或问：'介甫比商鞅何如？'先生云：'商鞅是脚踏实地，

---

① 朱熹：《朱子语类》卷71，中华书局1986年版，第5册第1799页。
② 朱熹：《朱熹集》卷70，四川教育出版社1996年版，第6册第3663页。
③ 朱熹：《朱子语类》卷130，中华书局1986年版，第8册第3096页。
④ 朱熹：《朱熹集》卷70，四川教育出版社1996年版，第6册第3662—3663页。
⑤ 朱熹：《朱熹集》卷79，四川教育出版社1996年版，第7册第4116页。

他亦不问王霸,只要事成,却是先定规模。介甫慕尧舜三代之名,不曾踏得实处,故所成就者,王不成,霸不就。'"①叶适的见解和陆九渊大致相同,他说:"当熙宁之大臣,慕周公之理财,为市易之司以夺商贾之赢,分天下以债而取其什二之息,曰:'此周公泉府之法也。'……夫学周公之法于数千岁后,世异时殊不可行而行之者,固不足以理财也。谓周公不为是法,而以圣贤之道不出于理财者,是足为深知周公乎?"②

随着时间的推移,宋人对于王安石以经学经世的经验教训看得更准确,评价的态度也更趋平正,他们大多认为,王安石以古代经书为现实政治服务的方向没有错,毛病出在王安石的新经学未能得到古代经书中的圣王之道,他的新经学不正确,以之为指导思想的新法自然也不会有好结果。

---

① 陆九渊:《陆九渊集》卷35《语录下》,中华书局1980年版,第442页。
② 叶适:《水心别集》卷2《财计上》,《叶适集》,中华书局1961年版,第658—659页。

第二章 王安石的儒学思想

儒学是中国封建时代占主流地位、受官方尊崇的学术流派，儒学在历史发展过程中呈现出不同的面貌，先秦儒学、汉唐儒学和宋明以降的新儒学都各有其特色。先秦时代，以孔、孟、荀为代表的早期儒学只是诸子百家中的一大家而已，但自汉武帝采纳董仲舒"罢黜百家，独尊儒术"的建议后，儒学遂跃居诸子之上而成为官方的意识形态。汉代儒学以经学的形式出现，在两汉四百年里独占思想界的统治地位。但到了东汉末年，由于中原地区的战乱、分裂，特别是印度佛教文化输入和中国本土道教的兴起，儒家经学日趋衰落，思想界变成了儒、道、佛三教鼎立的格局。

王安石生当汉唐以降儒学式微的时代，他深感传统儒学特别是专注于名物考证的章句之儒无补于世，遂起而吸收诸子百家和佛、道二教的思想营养，试图建立新的儒学思想体系来规范当时的社会人生。王安石的儒学思想涉及儒学的发展历史、人物评价和重要问题论述等方面，内容十分丰富，在人生观和政治思想上，促使传统儒学有了新的发展。由于北宋王朝的灭亡，王安石的政治实践遭到否定，他的新儒学思想也受到压制和批判，后来的道学家们多指责王安石的学说违背了儒学的宗旨，把他排除出儒学的道统。道学家们的评价是不公正的，实际上，王安石处于汉唐经学儒学到宋明道学的学术思想转型阶段，他的儒学思想既继承汉唐儒学经世致用的传统，又开启了宋明道学侧重性命之理的风气，是北宋时期兴起的新儒学思潮的中坚。

第一节 王安石对儒者、儒学的总体认识

儒者应该是什么样的人物，儒学所关心的应该是什么样的问题，儒学

与古代圣王的经书、经学是什么样的关系,自孔子以来的儒学发展状况如何,这些都是研究儒学思想首先需要解决的问题。王安石对于这些问题都提出了自己的独特见解,既强调了儒学经世致用的社会功能,又彰显了早期儒学的性命义理之学。

一　儒者的定义

儒为何物,历代学者多有论述,大致可以分为两类:一类重视追溯其最初的本义,追求实证,是史学家的方法;另一类则重视对其从本质上加以定义,追求当下的价值,是思想家的方法。按前一类的说法,有的人认为儒者是古代巫史一类的宗教人员,也有些人认为儒者出自于古代官师不分的王官;按后一类的说法,学者们的意见也有分歧,有人强调儒者的德性素质,也有人强调儒者的济世救民功能。① 实际上,儒是在长期的历史环境下不断发展、演变的产物,它自身也在不断丰富、变化其内涵。历代学者论儒也反映了他们自己的学术观和人生观。

王安石对于儒者是重视其道德与致用合一的,在《送胡叔才序》中,他认为:"夫禄与位,庸者所待以为荣者也。彼贤者道珊于中,而襮之以艺,虽无禄与位,其荣者固在也。"② 在这里,王安石继承孟子以来的儒学传统,强调儒者应该重视内在的道德修养,至于外在的功名利禄则应听天由命,不必强求。但王安石又是一个极重视外在事功、热心于济世救民的政治家,他不能满足于仅做一个独善其身的君子,而是要做一个"致君尧舜上,再使风俗淳"的大儒。王安石在《字说》中把儒定义为"人皆需之谓之儒"③,这样的解释从文字学上讲是牵强附会的,但的确反映了王安石本人对儒者的定位,即儒者必须有用于世。在《取材》一文中,

---

① 相关论述参见陈来:《古代宗教与伦理》第八章《师儒》,三联书店1996年版,第328—354页。笔者认为,儒是自孔子以后所逐渐形成的一个学派的成员的特称,既不能无限上溯,把远古的所有圣王、贤臣都看作儒家中人,也不能无限宽泛,把后世的所有的文人、文臣、士大夫都看作儒家中人。实际上,后世的儒往往是和尚、道士以外的文人的一般性称呼,并没有儒家学派成员的意思。即便如陈来先生在《古代宗教与伦理》这本书中所论述的所谓"前儒家""原始儒家",在我看来亦是难以成立的,因为,如果按照这样的逻辑推下去,就容易把中国传统文化的历史缩小为一个代表特定时代、特定地域、特定流派的儒家文化的道统传承史。
② 王安石:《王文公文集》(上册)卷36,上海人民出版社1974年版,第434—435页。
③ 转引自曹锦炎:《王安石及其〈字说〉》,《浙江学刊》1992年第6期。

他提出:"所谓诸生者,不独取训习句读而已,必也习典礼,明制度,臣主威仪,时政沿袭,然后施之政事,则以缘饰治道,有大议论则以经术断之是也。"① 在这里,王安石是要求儒生成为能干的政府官员。

总起来看,王安石认为儒者必须胸怀道德而又有政事才干,这样才能济世救民,有益于社会人生。早在作于庆历二年(1042年)的《送孙正之序》中,王安石就提出:"时然而然,众人也,己然而然,君子也。己然而然,非私己也,圣人之道在焉尔。夫君子有穷苦颠跌,不肯一失诎己以从时者,不以时胜道也。故其得志于君,则变时而之道若反手然,彼其术素修而志素定也。时乎杨、墨,己不然者,孟轲氏而已。时乎释、老,己不然者,韩愈氏而已。如孟、韩者,可谓术素修而志素定也,不以时胜道也,惜也不得志于君,使真儒之效不白于世,然其于众人也卓矣。"② 尽管王安石对韩愈的评价不高,但他认为真儒应该胸怀道德、济世救民的观点却是一贯的。在这篇文章里,王安石惋惜孟子、韩愈未能得君行道,而当他受知于宋神宗后,就将自己的一套治国安民的道术施之于政事,主持了影响深远的熙宁变法,这是他作为一个儒者履行自己使命的自然选择。

二 儒学的宗旨

儒者是一个能动的实践主体,兼有理论与实践的双重功能,他既能够从理论上阐发儒学共同的价值观念,又能够在社会实践中将这些理论付诸实行,以儒学改造现实。但是,由于受到客观环境和主观条件的限制,儒者的社会实践功能常常不能得到实现,在这一点上,连儒学的创始人孔子和亚圣孟子也是如此。所以,儒者往往从社会政治实践中退回来,转而从事教育活动以传续自身的价值观念,这就导致了儒学的兴起和传衍。以儒学为代表的诸子学的兴起,实在是中国古代政与教、官与师相对分离的初始阶段,二者之间的张力构造了中国传统知识分子的基本心态和生存境遇。

儒学创始于孔子,其自身也在历史的演变过程中不断转换其思想面

---

① 王安石:《王文公文集》(上册)卷32,上海人民出版社1974年版,第374页。
② 王安石:《王文公文集》(上册)卷36,上海人民出版社1974年版,第433—434页。

貌，但它也有一个一以贯之的根本宗旨，按照王安石的理解，这个根本宗旨就是要接续由尧、舜、禹、汤、文、武、周公所创立而为孔子所继承的圣王之道。历代圣王虽已随其时代而去，但圣王之道就保存在《诗》《书》《礼》等经典之中，后代的儒者可以通过研习经书来发现圣王之道，也可以通过儒者之间口耳相传、心意相通来接续圣王之道。前者重视以经传道，后者重视以人、以心传道，所以后来儒学中有传道、传经两派之分的说法。实际上，二者在承传圣王之道的根本宗旨上是同一的，以人、以心传道往往也离不开经书文字等中介，而以经传道最终还是以达到心意通悟为目的，只是以经传道更重视经书中介而已。王安石对于儒学的理解既重视以人、以心传道也重视以经传道，但是由于战乱、暴政和学者不明等主客观因素的影响，使得以人、以心传道常常处于中断的境地，所以，王安石更重视经书在传道中的作用，在《答吴子经书》中，他认为："若欲以明道，则离圣人之经，皆不足以有明也。"① 这就肯定了经书在承传圣王之道上的作用。在《取材》一文中，他又提出："以今准古，今之进士，古之文吏也；今之经学，古之儒生也。"② 这里明确提出经学和儒学是一致的，儒者所要从事的就是去研习经书，从中发现圣王之道。

王安石重视经学，并不意味着他忽视人、人心在传道中的作用，在《虔州学记》中，他说："呜呼！道之不一久矣。杨子曰：'如将复驾其所说，莫若使诸儒金口而木舌。'盖有意乎辟雍学校之事，善乎其言，虽孔子出，必从之矣。"③ 显然，王安石也是非常希望儒家学者能够通过口耳相传、心意相通来发扬光大圣王之道的，所以他才会对扬雄提倡学校教育深表赞同。王安石在批评经学传承中的流弊时，也强调了以心意悟道的重要，在《书洪范传后》中，他说："古之学者，虽问以口，而其传以心；虽听以耳，而其受者意。故为师者不烦，而学者有得也。……孔子没，道日以衰熄，浸淫至于汉，而传注之家作。为师则有讲而无应，为弟子则有读而无问。非不欲也，以经之意为尽于此矣，吾可无问而得也。岂特无问，又将无思，非不欲思也，以经之意为尽于此矣，吾可以无思而得也。

---

① 王安石：《王文公文集》（上册）卷7，上海人民出版社1974年版，第88页。
② 王安石：《王文公文集》（上册）卷32，上海人民出版社1974年版，第375页。
③ 王安石：《王文公文集》（上册）卷34，上海人民出版社1974年版，第403页。

夫如此，使其传注皆已善矣，固足以善学者之口耳，而不足善其心，况其有不善乎？"① 显然，王安石认为必须以心意通悟作为经学研习中的核心，而不能流于章句记诵之事，否则是得不到圣王之道的。

　　在王安石有关儒学的论述中，已经涉及了道理、心意和经书文字这三者的关系问题，王安石的观点是以心意通悟经书，以经书窥探圣王之道。王安石虽然极其重视经书，但他还是把心意通悟作为明道的根本，经书只是明道的媒体，在《虔州学记》中，他写道："先王之道德，出于性命之理，而性命之理，出于人心。《诗》《书》能循而达之，非能夺其所有而予之以其所无也。经虽亡，出于人心者犹在，则亦安能使人舍己之昭昭，而从我于聋昏哉？"② 在这里，王安石认为作为先王之道的性命之理出于人心，而《诗》《书》等经书只是人心之理的表达媒介而已。就性命之理与经书相比较，性命之理为重，而性命之理又是出于人心，人同此心，心同此理，出于先王之心的性命之理同样根植于后人的心中，这样，在心与圣王之道即性命之理的关系上，王安石又把人心放到了更根本的位置上。在儒学史上，汉唐经学和宋明理学、心学各派之间一直辩论不休，都自诩为儒学之正统，得到了古代圣王之道的道统。从判教的角度讲，王安石更接近心学派，这就难怪后来南宋的陆九渊在《荆国王文公祠记》中对王安石颇多褒词了。但是，王安石虽把人心作为道理、经书的根本，却并不否认道理和经书的价值，而是花了巨大的精力从事于《周礼》《诗经》《尚书》的注解工作，试图建立新经学来统一当时的思想界，这说明王安石的儒学以人心为根本，而融会心、理、经于一炉，虽然他本人及其弟子、门人都认为他是在发扬上古、三代的经学，在儒学道统传承上可以和孔孟的地位相比，但他的思想实际上还是属于早期以经学为形式的汉唐经学儒学，处于宋明新儒学崛起、分化的前夕。

三　王安石关于儒学的著述

　　王安石所理解的儒学就是研习古代圣王经书并从中得到圣王之道的经学，儒学发源于孔子，经孟子、扬雄等历代儒者的继承发扬而不断广大。

---

① 王安石：《王文公文集》（上册）卷33，上海人民出版社1974年版，第400页。
② 王安石：《王文公文集》（上册）卷36，上海人民出版社1974年版，第402页。

就历史实际来看，自孔子以来的历代儒者都研习经书，继承了古代的圣王之道，但儒学的基本思想却是在几千年的自身演化过程中逐渐形成的，是历代儒家学者共同的思想结晶，并非完全出自古代圣王的创造。历代儒者不仅研习经书，同时又将自己的思想著之于书，传之于后人，这就在经学的宗祖之下又形成了儒学自身的新统绪。①

王安石有相当丰富的关于儒学的著述，从形式说，既有对儒学典籍的注解专著，又有论述儒学人物、儒学问题的单篇论文，更有大量片段的论述散见于其诗文中；从内容上说，则涉及儒学人物评价、儒学思想论述和儒学典籍解释等。王安石通过对前代儒者及其思想的解释、评论，阐发了自己的新的儒学思想体系。

王安石撰有注解儒学典籍的专著。儒学除以五经为经典外，在其发展过程中，儒家学派创始人孔子以及后代一些大儒的一些著作也被抬上与五经相并肩的位置，后来的儒者往往又通过对这些著作的解释来表达自己的思想。王安石对于《孝经》《论语》《孟子》均曾有过注解。晁公武《郡斋读书志》卷下著录有王安石《孝经解》，赵希弁《郡斋读书志·附志》卷五上著录为《孝经义》一卷，并说该书："凡十七章，丧亲章阙之。"② 此书今已亡佚。马端临《文献通考·经籍考》卷十一记载王安石有《论语解》十卷，并说该书："王介甫撰，并其子雱口义、其徒陈用之解，绍圣后皆行于场屋。"③ 此书今已亡佚。王安石还著有《孟子解》十四卷，赵希弁《郡斋读书志·后志》卷二说："介甫素喜《孟子》，自为之解。其子雱与其门人许允成皆有注，崇观间场屋举子宗之。"④ 此书今也已亡佚。

王安石有关儒学研究的专著皆已亡佚，但所幸的是在今传的《王文公文集》和《临川先生文集》中还保存有大量的有关儒学的诗文，给我

---

① 参见朱维铮《中国经学与中国文化》，载《中国传统文化的再估计》，复旦大学历史系编，上海人民出版社1987年版，第109—120页。我十分赞同朱先生对经学与儒学区别的划分，但我不同意他认为儒学大于经学的说法，我认为，在古代，尤其是理学盛行以前，包括王安石在内的许多学者坚信经学是对上古三代圣王之道的传承，儒学就是经学，儒者的使命就是从事研究经书的经学，经书、经学是儒者与儒学的宗祖和依托。

② 转引自高克勤《王安石著述考》，《复旦学报》1988年第1期。

③ 同上。

④ 同上。

们研究王安石的儒学思想提供了丰富的材料。王安石有关儒学的论文数量相当大,且单篇论文中的内容也往往涉及儒学的各个方面,所以要按其内容加以分类相当困难,难免有重复和遗漏,现择其大要简介如下。

第一类,对历代儒学人物的评价。王安石曾对孔子、孟子、叔孙通、董仲舒、扬雄、韩愈以及与其同时代的胡瑗、王回、王令等人在儒学发展中的地位加以评论,并借此梳理了儒学道统的传承状况。有关这一类论述的诗歌主要有《孔子》《惜日》《孟子》《奉酬欧阳永叔见赠》《嘲叔孙通》《叔孙通》《杖策》《扬雄三首》《杨子三首》《韩子》《读墨》《寄赠胡先生》等;文章主要有《送孙正之序》《夫子贤于尧舜》《孔子世家议》《祭先师文》《荀卿》《王深父墓志铭》《王逢原墓志铭》等。

第二类,对儒学性命之理的阐发。汉唐儒学以经学为主,主要阐发的是治国安民之道,王安石则借鉴了高度发达的佛、道心性之学,对传统儒学的性命之学作了新的发挥,开了宋明新儒学的风气之先。有关这一类论述的文章主要有《虔州学记》《杨孟》《性情》《原性》《性说》《命解》《推命对》《对难》《礼论》《答王深甫书》《答孙长倩书》《伤仲永》等。

第三类,对儒学传统的内圣外王之道的阐发。内圣外王一词虽最早出于《庄子·杂篇·天下》,但其思想却为先秦诸子所共有,只是各家所赋予的内涵不同而已。孔子仁、礼并重,孟子则欲以仁心行仁政,这都是儒学的内圣外王之道,王安石继承并发扬光大了这些思想。有关这一类论述的文章主要有《致一论》《礼乐论》《荀卿》《杨墨》《大人论》等。

第四类,对儒者出处进退之道的思考。作为儒者如何立身处世,一直是历代儒学中的大问题,只有在出世与入世、仕与隐、德与位、理与势之间正确地为自己定位,儒者才可以在不管是治世还是乱世的情况下,都能够做到济世救民与明哲保身的统一。王安石有关这一类论述的诗歌主要有《送潮州吕使君》《彼狂》《雄雊》《松间》《食黍行》《答陈正叔》等;文章主要有《谢除史馆表》《上曾参政书》《非礼之礼》《进说》《上龚舍人书》《答刘秀才书》《伯夷》《答龚深父书》《禄隐》《上田正言书》《谏官》等。

第五类,对儒学治国之道的阐发。王安石不仅是一个大学问家,同时更是一个直接从事政治实践活动的政治改革家,他对于传统儒学有关治国安民的思想尤为重视,往往通过对前人观点的论述来表达自己的思想,内容涉及政治理想、政治制度和具体的政治措施。有关这一类论述的诗歌主要有《太古》《发廪》《兼并》《酬王詹叔奉使江东访茶法利害见寄》《杜甫画像》等；文章主要有《答韩求仁书》《议茶法》《答曾公立书》《答司马谏议书》《乞制置三司条制》《周公》《王霸》《与祖择之书》《上人书》《张刑部诗序》等。

第二节 王安石对前代儒学人物的评价及其道统观

儒家学派渊源于中国古老的礼乐文化传统，自孔子始独立成派。孔子以后，儒学支派繁衍，在其几千年的发展历程中，涌现出一大批杰出的人物，使得儒学的传承统系绵延不断，儒学的思想体系不断得到更新光大，终于成为中国传统思想的主干。王安石生活的北宋中后期，距离孔子的时代已有近两千年，而距离古代圣王的时代更为遥远，自孔子以来的儒学几经沉浮，但始终构成历代王朝的官方指导思想。王安石追前哲、思来者，对于历史上的大儒加以评论，善善恶恶，梳理出自己心目中理想的儒学统绪来。

一 论孔子对圣王之道的传承及其在儒学统绪中的地位

王安石对于孔子是极为推崇的，在《孔子》一诗中，他写道："圣人道大能亦博，学者所得皆秋毫。虽传古未有孔子，蠛蠓何足知天高。桓魋武叔不量力，欲挠一草摇蟠桃。颜回已自不可测，至死钻仰忘身劳。"[①]这里称赞孔子的道德学问高不可攀，是后人学习的楷模，而对那些打击、轻视孔子的人则嘲笑他们是不自量力。王安石还写了《夫子贤于尧舜》一文，认为孔子生当诸圣人之后，而能集历代圣人之大成，在道德上超过了尧、舜等古代圣王。

王安石肯定了孔子的崇高地位，但他更推崇的还是尧、舜、三代的圣王之道，而侧重于把孔子看作是古代圣王之道的继承者。王安石曾对孔子和古代圣王的关系作过梳理，在《读墨》一诗中，他写道："谁为尧舜

[①] 王安石：《临川先生文集》卷9，中华书局1959年版，第146页。此诗《王文公文集》未收。

徒，孔子而已矣。"① 在《夫子贤于尧舜》一文中，王安石又写道："昔者道发乎伏羲，而成乎尧、舜，继而大之于禹、汤、文、武。此数人者，皆居天子之位，而使天下之道寖明寖备者也；而又有在下而继之者焉，伊尹、伯夷、柳下惠、孔子是也。……至孔子之时，天下之变备矣，故圣人之法亦自是而后备也。《易》曰：'通其变，使民不倦。'此之谓也。故其所以能备者，岂特孔子一人之力哉？盖所谓圣人者，莫不预有力也。孟子曰'孔子集大成者'，盖言集诸圣人之事，而大成万世之法耳。此其所以贤于尧、舜也。"② 按照王安石的理解，道早在孔子以前就已经为历代圣王、贤人所发明、传承了，孔子只是在前人基础上发扬光大而已。王安石更多是把孔子作为一个圣王之道的绍述者来看待的，孔子继承了古代圣王的道统，又将此道统传承于后世，这才是孔子最大的功绩。在《惜日》一诗中，王安石描述了孔子周游列国、传道授业的情形，他写道："爰欲传万物，势难停一州。栖栖孔子者，惜日此之由。不能使此邦，利泽施诸侯。岂若驾以行，使我遇者稠。当时三千人，宋齐楚陈周。小者传吾粗，大能传奥幽。道散学以圣，众源乃常流。"③

孔子是儒学的创始人，真正意义上的儒学应从孔子开始，孔子虽然继承了上古时代的文化传统，但他为挽救当时的乱世而提出了自己的以仁、礼为中心的思想体系，这才是儒学得以开宗立派的基础。而王安石所理解的儒学实在是指自尧、舜、三代以至孔子的代代相传的圣王之道的道学，这个道学以经学为存在形式，实质内容则为发于人心的性命之理。王安石把孔子定位为古代圣王之道的继承者，而古代圣王的时代与孔子的时代悬隔甚远，孔子主要是从经书中发现圣王之道的。古来各种学派之间关于孔子与经书关系的认识是不同的，今文经学派以孔子为创制立法的圣人，认为五经都经过孔子删削、修订，其中蕴涵着孔子本人的思想，可以说都是孔子所作；古文经学派认为五经是记载古代历史的史书，孔子只是加以编集、整理，是"述而不作"。王安石对孔子与经书、经学的关系有许多论述，观点与古文经学家相似，即认为经书是记载古代圣王之道的，孔子只

---

① 王安石：《王文公文集》（下册）卷38，上海人民出版社1974年版，第449页。
② 王安石：《王文公文集》（上册）卷28，上海人民出版社1974年版，第323页。
③ 王安石：《王文公文集》（下册）卷51，上海人民出版社1974年版，第571—572页。

是承传这个道统而已，在《谢除左仆射表》中，他写道："窃以经术造士，实始盛王之时，伪说诬民，是为衰世之俗。盖上无躬教立道之明辟，则下有私学乱治之奸氓。然孔氏以羁臣而与未丧之文，孟子以游士而承既没之圣，异端虽作，精义尚存。"① 这里所说的"未丧之文"就是指记载圣王之道的经书。

王安石推崇经书，但对五经中各经的具体态度却不一样，其中的《诗》、《书》、《周礼》他认为是完美的圣王之政的记载，而《易》与《春秋》则并非全是圣王之作，而是与孔子有很大关系。经书的作者必须是有德有位的圣王，如尧、舜、禹、汤、文、武、周公等人，所以《诗》、《书》、《周礼》是当之无愧的经典，对这三部经典，孔子只能学习、继承。而《易》是伏羲、文王、孔子三圣人合作而成，《春秋》则为孔子所修的鲁史，皆非理事圆融之作，严格来说实难称经，所以，王安石在熙宁年间只撰写了《诗》、《书》、《周礼》三经新义，而不注《易》与《春秋》。

总起来看，王安石认为儒学是承传尧、舜、三代以来的圣王之道的，而孔子是圣王之道的继承发扬者，圣王之道寓于经书之中，而孔子也是整理、研究经书的经学大师，儒学、经学、道学在孔子身上是一致的。王安石所理解的孔子是传圣王之道、述圣王之经的大学者，而非创道、作经的圣王，在《孔子世家议》一文中，王安石写道："太史公叙帝王则曰本纪，公侯传国则曰世家，公卿特起则曰列传，此其例也。其列孔子为世家，奚其进退无所据耶。孔子旅人也，栖栖衰季之世，无尺土之柄。此列之以传宜矣，曷为世家哉。岂以仲尼穷将圣之资、其教化之盛，舄奕万世，故为之世家以抗之，又非极挚之论也。夫仲尼之才，帝王可也，何特公侯哉。仲尼之道，世天下可也，何特世家哉。处之世家，仲尼之道不从而大，置之列传，仲尼之道不从而小。迁也自乱其例，所谓多所抵捂者也。"② 在这篇文章里，王安石对于孔子的道德和才能大加赞叹，但他最终的意思仍然是应将孔子置于列传，因为"帝王则曰本纪，公侯传国则曰世家，公卿特起则曰列传，此其例也"，孔子有德无位，非帝非王非公

---

① 王安石：《王文公文集》（上册）卷18，上海人民出版社1974年版，第207页。
② 王安石：《临川先生文集》卷71，中华书局1959年版，第758页。此文《王文公文集》未收。

侯，自然也不能"例"外地置于世家。

王安石的真实意思是承认孔子在学统上的地位，而不承认其政治上的地位，而真正的创道作经的圣王则是道统、政统、学统合为一体的。在《与祖择之书》中，王安石认为："治教政令，圣人之所谓文也。书之策，引而被之天下之民，一也。圣人之于道也，盖心得之，作而为治教政令也，则有本末先后，权势制义，而一之于极。其书之策也，则道其然而已矣。……二帝、三王引而被之天下之民而善者也，孔子、孟子书之策而善者也，皆圣人也，易地则皆然。"[①] 王安石认为二帝、三王等古代圣王得到了治国之道同时又能将这种治国之道付诸实践、造福民众，孔子、孟子也得到了治国之道，但孔、孟都未能得君行政而只能将自己的道写成文字流传下来，即孔、孟只是圣人而不是能够制礼作乐的圣王。

孔子是否是最高的理想人格、能否称为王者，这个问题汉代人就曾反复讨论过，最后汉儒定孔子为"素王"，并以谶纬为依据神话孔子，司马迁的观点实代表汉代人的一般见解。王安石的思想深层是一种官本位的意识，也是一种置古圣王于孔子之上的观点，在抬高古圣王和把儒学与道学、经学合为一体的旗帜下，降低了代表齐鲁、北方文化的孔子在儒学中的地位和作用。王安石祖籍江西临川，长期生活在以金陵为中心的南方地区，这里是南唐故地，有历史悠久的荆楚地域文化，又深受佛教、道教文化的熏染，而以纲常名教为中心的齐鲁儒学文化的影响却相对淡薄。道教天师的宫府在江西龙虎山，中唐以后佛教中最盛行的禅宗也主要是在南方地区发展和流行的，而江西更是禅宗极为兴盛的地区。这些都深深影响了王安石的儒学观、道统观。作为跻身大一统中央政府的南方士大夫代表的王安石，认同代表全国各地域利益的中央政府和历代古圣王是比较容易的，而认同以齐鲁地域文化为主要代表的汉唐儒学却是相对困难的。王安石推崇古代圣王、推崇经学而相对淡化孔子的地位、批评汉唐旧儒学，都可以从这里找到原因。

二 对孟子、荀子两大儒的不同评价

孔子死后，传承圣王之道的儒学即处于衰微的状况，孔门虽有弟子三

---

① 王安石：《王文公文集》（上册）卷5，上海人民出版社1974年版，第62页。

千，贤人七十二，但在王安石看来，他们中的大多数未能传承儒学的真精神。在《诗义序》中，王安石写道："然以孔子之门人，赐也、商也，有得于一言，则孔子说而进之，盖其说之难明如此，则周衰以迄于今，泯泯纷纷，岂不宜哉？"① 在《原性》中，他又写道："孔子作《春秋》，则游、夏不能措一辞。盖伏羲之智，非至精至神不能与，惟孔子之智，虽游、夏不可强而能也，况所谓下愚者哉。"② 这些地方都对孔门弟子智性的评价不高。王安石还写诗感叹孔子弟子无法理解圣人的出处进退，在《自讼》中，他写道："孔子见南子，子路为不怡。欲从公山氏，勃郁见色辞。道如天之苍，万物不能缁。弟子尚不信，况余乏才资。"③ 孔子之后，在战国时代出现了孟子和荀子二大儒，经过他们的继承和发展，儒学方真正成为显学，而王安石对于孟、荀二子的评价截然相反，扬孟抑荀的倾向极为明显。

王安石对于孟子是极为推崇的，奉之为自己的人生偶像，在《扬雄三首之一》中，他写道："孔孟如日月，委蛇在苍旻。光明所照耀，万物成冬春。"④ 这是把孟子和孔子并提，誉之为如同经天之日月一般。在《答龚深父书》中，王安石说"孟轲圣人也"，⑤ 在《答王深甫书三》之一中也说"夫孟子可谓大人矣。"⑥ 对于孟子一生未能得君行道、身世坎坷的命运，王安石则寄予了深切的理解与同情，在《孟子》一诗中，他写道："沉魄浮魂不可招，遗编一读想风标。何妨举世嫌迂阔，故有斯人慰寂寥。"⑦ 在《臧仓》一诗中，他又写道："位在万乘师，孟轲犹不遇。岂云贫与贱，世道非吾趣。意行天下福，事忤油然去。命也固有在，臧仓汝何与？"⑧

王安石肯定了孟子在儒学历史上传道、传经的功绩。早在作于庆历二年（公元1042年）的《送孙正之序》中，王安石就写道："时乎杨、墨，

---

① 王安石：《王文公文集》（上册）卷36，上海人民出版社1974年版，第427页。
② 王安石：《王文公文集》（上册）卷27，上海人民出版社1974年版，第317页。
③ 王安石：《王文公文集》（下册）卷51，上海人民出版社1974年版，第573页。
④ 王安石：《王文公文集》（下册）卷38，上海人民出版社1974年版，第447页。
⑤ 王安石：《王文公文集》（上册）卷7，上海人民出版社1974年版，第86页。
⑥ 王安石：《王文公文集》（上册）卷7，上海人民出版社1974年版，第83页。
⑦ 王安石：《王文公文集》（下册）卷73，上海人民出版社1974年版，第775页。
⑧ 王安石：《王文公文集》（下册）卷38，上海人民出版社1974年版，第445页。

己不然者，孟轲氏而已。"① 这是肯定了孟子排斥异端、维护儒学道统的历史功绩。在《寓言十五首》之十二中，王安石写道："钟鼓非乐本，本末犹相因。仁声入人深，孟子言之醇。如何贞观君，从古同隋陈？风俗不粹美，惜哉世无臣。"② 在这里，王安石慨叹后世君臣即使是贞观时期那样的明君贤臣也不能领会孟子所传承的仁义之道，使粹美的社会风俗不能得到实现。王安石执政以后，更重视经学，他也把孟子看成是经学承传中的大功臣，在作于熙宁八年（公元1075年）的《谢除左仆射表》中，他写道："窃以经术造士，实始盛王之时，……孟子以游士而承既没之圣，异端虽作，精义尚存。"③

《孟子·尽心下》中叙述了一个自尧、舜到孔子的道统，而孟子本人俨然便以道统传人自居。但不幸的是，孟子的学说在战国时代被讥为迂而不当，不可用于世，而汉唐时代的儒学是以经学为依托的，崇奉的是古代圣王的经书，连孔圣人也只是尧舜之徒而已，孔子《论语》的地位还比不上《春秋公羊传》和《易传》，《孟子》的地位更低。到了唐代的韩愈，方始尊孟子为醇儒，但韩愈之后，识者又寥寥。到了北宋时期，《孟子》的地位逐渐上升，但反对《孟子》的也大有人在，而孟子能够被推为儒学正统，《孟子》被定为官方教科书，王安石是起了很大作用的。王安石大尊孟子，曾为《孟子》作注解，并在许多诗文中引孟子语作为自己的论据。其做人做文也大力效仿孟子，在当时社会上引起了很大反响。王安石的《淮南杂说》一书出，时人惊以为"其言与孟轲相上下"。④ 尤其重要的是，王安石在熙宁变法后的科举考试制度中，"罢诗赋、贴经、墨义，士各占治《易》、《诗》、《书》、《周礼》、《礼记》一经，兼《论语》、《孟子》。"⑤ 汉代以来经学只是指《五经》，《论语》在唐代列为考试书目之一，而《孟子》却是在此时新添的，自此以后，《孟子》作为历

---

① 王安石：《王文公文集》（上册）卷36，上海人民出版社1974年版，第433—434页。
② 王安石：《王文公文集》（下册）卷50，上海人民出版社1974年版，第570页。
③ 王安石：《王文公文集》（上册）卷18，上海人民出版社1974年版，第207页。
④ 晁公武《郡斋读书志》卷19《王介甫临川集》题解引蔡卞语。转引自高克勤《王安石著述考》，《复旦学报》1988年第1期。
⑤ 陈邦瞻编：《宋史纪事本末》（一）卷38《学校科举之制》，中华书局1977年版，第372页。

代科举考试书目就成为定制。古代的科举考试是士人释褐入官的途径,起着指导、规范士人和社会各阶层人士价值取向的作用,利禄之途自然会引人奔竞,这对于提高孟子其人和《孟子》一书在儒学史上的地位起到了极大的作用。王安石实在可算是孟子的大功臣了。

相对于对孟子的推崇,王安石对荀子的评价则基本上是持否定态度的。王安石写有《原性》一文,对包括荀子在内的先儒人性论提出了批评。在《荀卿》一文中,王安石批评了荀子以知己爱己为最高层次的观点,阐发了自己的以知己、爱己为起点,进而达到知人、爱人境界的人生哲学。在《礼论》一文中,王安石对荀子的观点严加指责,认为荀子不知礼。在《周公》一文中,王安石则对荀子所记的周公礼贤故事表示不相信,认为出于荀子的妄记。王安石有关荀子的论述很少,并且对于荀子的人性论、礼论、认识论、政治思想等都持否定态度。[①]

孟子、荀子同为战国时期继承孔子、光大儒学的大儒,实际上在汉唐经学盛行时代,荀子的地位往往处于孟子之上。尤其在经学的传承上,荀子的作用更突出。清代的汪中撰写《荀卿子通论》,认为:"荀卿之学,出于孔氏,而尤有功于诸经。"[②] 汪中还对荀子传经的情况作了详细考证,证明在《诗》、《春秋》、《礼》、《易》的传承中荀子都是承上启下的关键性人物。王安石对于汉唐经学持批评态度,自然对荀子也没有好感,基本上没有论述过荀子与经学的关系。王安石扬孟抑荀的思想倾向对后世影响很大,虽然唐代韩愈已有扬孟倾向,但仍认为荀子是"大醇而小疵",而宋初李觏、司马光等人则对孟子多持批评态度。《孟子》一书是经过王安石等人的揄扬,方才由子书逐渐升入经典系列,而荀子则逐渐被由儒学道统之内排除出去。

三 对汉代诸儒的评价及对儒者人生困境的思考

汉代的儒学主要是以经学的面目出现的,王安石本人提倡经学,但他提倡的是古圣王时代的经学,却对汉代以降的儒家经学深表不满,认为他

[①] 王安石关于荀子的评价很低,但如果就王安石本人的实际思想分析,则他的政治思想深受荀子影响。

[②] 转引自周予同《周予同经学史论著选集》,上海人民出版社1996年版,第941页注24。

们未能继承孔、孟的道统,未能抓住经学的真谛。在《书洪范传后》中,王安石写道:"孔子没,道日以衰熄,浸淫至于汉,而传注之家作。为师则有讲而无应,为弟子则有读而无问。非不欲问也,以经之意为尽于此矣,吾可无问而得也。岂特无问,又将无思。非不欲思也,以经之意为尽于此矣,吾可以无思而得也。夫如此,使其传注者皆已善矣,固足以善学者之口耳,而不足善其心,况其有不善乎?宜其历年以千数,而圣人之经卒于不明,而学者莫能资其言以施于世也。"① 在《谢除左仆射表》中,王安石谈到经学传承时也写道:"逮更煨烬之灾,遂失源流之正,章句之文胜质,传注之博溺心,比淫辞诐行之所由昌,而妙道至言之所为隐。"②在王安石看来,汉唐儒家经学的章句传注之学本身未能得到经书中的圣王之道,并且他们的传授方法也不对,由此造成的对经学、道统的危害甚至可以和秦始皇"焚书坑儒"相等同。

王安石对汉代儒学持否定态度,对汉代诸大儒多有批评。叔孙通是汉初的名儒,并且是最早将儒学直接与君主挂上钩的人物,对于儒学在汉代的兴起立下了汗马功劳,但王安石对叔孙通却极为蔑视。在《嘲叔孙通》一诗中,王安石写道:"马上功成不喜文,叔孙绵蕝共经纶。诸君可笑贪君赐,便许当时作圣人。"③ 在《叔孙通》一诗中又写道:"先生秦博士,秦礼颇能熟。量主欲有为,两生皆不欲。草具一王仪,群豪果知肃。黄金既遍赐,短衣亦已续。儒术至此凋,何为反初服?"④ 在这两首诗里,王安石讽刺叔孙通追求功名富贵,不惜媚俗以求进身,并且叔孙通还以秦朝的礼仪败坏了纯正的儒学,实在是儒学的罪人。董仲舒是汉代的大儒,也是儒学史上承前启后的代表人物,正是由于董仲舒的建议,汉武帝才颁布了"罢黜百家,独尊儒术"的政策,从而奠定了两千年儒学独尊的基础。不过,王安石对于董仲舒虽然较为同情但评价也不太高,在《书李文公集后》,他写道:"文公非董子作《仕不遇赋》,惜其自待不厚。以予观之,《诗》三百,发愤于不遇者甚众。而孔子亦曰:'凤鸟不至,河不出图。吾已矣夫!'盖叹不遇也。……夫文公之好恶,盖所

---

① 王安石:《王文公文集》(上册)卷33,上海人民出版社1974年版,第400页。
② 王安石:《王文公文集》(上册)卷18,上海人民出版社1974年版,第207页。
③ 王安石:《王文公文集》(下册)卷73,上海人民出版社1974年版,第779页。
④ 王安石:《王文公文集》(下册)卷38,上海人民出版社1974年版,第446页。

谓皆过其分者耳。"① 在这里，王安石对于唐代的李翱批评董仲舒颇不以为然。但是，一论到经学、儒学问题时，王安石对董仲舒就不太满意了，在《杖策》一诗中，他写道："杖策窥园日数巡，攀花弄草兴常新。董生只被《公羊》惑，肯信捐书一语真？"② 王安石是否定以章句传注为特征的汉代儒学的，董仲舒是《春秋》公羊学大家，在王安石看来，是属于破碎大道的章句之学，并未能得儒学的真谛。

王安石对于汉代儒学人物总体上是持否定态度的，但对于两汉之际的扬雄却颇为倾倒，赞扬扬雄追踪孔、孟、邹鲁诸儒之后，倾心于儒学的研讨，并且能够抓住儒学的真精神。在《扬雄三首》之二中，他写道："子云游天禄，华藻锐初学。覃思晚有得，晦显无适莫。寥寥邹鲁后，于此归先觉。"③ 在《扬子三首》之三中又写道："千古雄文造圣真，眇然幽思入无伦。"④ 王安石还认为扬雄能够坚持儒学的正统而不为异端、流俗所动，在儒学道统传承中的地位堪与孟子相比，在《答王深甫书三》之一中，他写道："孟子没，能言大人而放乎老、庄者，扬子而已。"⑤ 对于扬雄的经学，王安石也颇为赞赏，在《答吴子经书》中，他写道："若欲以明道，则离圣人之经，皆不足以有明也。自秦汉以来儒者，惟扬雄为知言。然尚恨有所未尽。今学士大夫，往往不足以知雄，则其于圣人之经，宜其有所未尽。"⑥ 在这里，王安石基本上肯定了扬雄对经学的理解，认为秦汉以来只有扬雄接近于圣王之道。

扬雄一生经历坎坷，晚年一度在王莽的新朝为官，这一点常为后世儒者所诟骂。王安石对扬雄持同情态度，并不讳言扬雄仕新朝，但认为他没有违背士人的出处进退之道。在《答龚深父书》中，王安石写道："扬雄之仕，合于孔子无不可之义，奈何欲非之乎？"⑦ 王安石还作诗为扬雄的行为辩解，在《扬雄三首》之一中，他写道："岁晚天禄阁，强颜为《剧

---

① 王安石：《王文公文集》（上册）卷33，上海人民出版社1974年版，第396—397页。
② 王安石：《王文公文集》（下册）卷76，上海人民出版社1974年版，第810页。
③ 王安石：《王文公文集》（下册）卷38，上海人民出版社1974年版，第447页。
④ 王安石：《王文公文集》（下册）卷73，上海人民出版社1974年版，第776页。
⑤ 王安石：《王文公文集》（上册）卷7，上海人民出版社1974年版，第83页。
⑥ 同上书，第88页。
⑦ 同上书，第86页。

秦》。趋舍迹少迕，行藏意终邻。壤壤外逐物，纷纷轻用身。往者或可返，吾将与斯人。"① 在《扬雄三首》之二中又写道："岂尝知符命，何苦自投阁。长安诸愚儒，操行自为薄。谤嘲出异己，传载因疏略。孟轲劝伐燕，伊尹干说亳。扣马触兵锋，食牛要爵禄。少知羞不为，况彼皆卓荦。史官蔽多闻，自古喜穿凿。"② 王安石对于扬雄的不幸深表同情，而对那些排挤、攻击扬雄的伪君子则极为鄙视，同时，王安石还引证孟子、伊尹、伯夷、叔齐、宁戚等前代贤明之士的典故，说明史官的记载往往多穿凿附会，从而间接表示了对史书所记扬雄事迹真实性的怀疑。

  从王安石对扬雄的评价中，可以看出古代士大夫在乱世中的两难处境，即一方面要洁身自好，另一方面又要顺世以求生存。王安石认为，作为一个儒者在乱世中顺世求生存是无可指责的，如果再联系到王安石对五代名相冯道的评价，这一点就可以看得更清楚。③ 后来的儒者尤其是理学家往往以道德理想主义来苛求别人，对于扬雄、冯道等人大加挞伐，攻击他们只知求生不知君父，因而对于王安石有关扬雄、冯道的论述也大为不满，骂之为无君无父。理学家的观点实际上是在维护纲常名教的旗帜下扼杀人的一切有关个体生命的要求，正是清儒戴震所指斥的"以理杀人"。王安石的人生哲学与理学是有所不同的，是比较重视个体生命、个人价值的，这是他最终被挤出儒学道统的原因之一。④

---

① 王安石：《王文公文集》（下册）卷38，上海人民出版社1974年版，第447页。
② 同上。
③ 罗大经：《鹤林玉露》乙编卷4《荆公议论》记载："其论冯道曰：'屈己利人，有诸佛菩萨之行。'唐质肃折之曰：'道事十主，更四姓，安得谓之纯臣？'荆公乃曰：'伊尹五就汤，五就桀，亦可谓之非纯臣乎？'"中华书局1983年版，第186页。
④ 王安石重视个人的生命和价值，理学家和传统的史官文化则重视整体利益，这两种观点很容易和今天我们所说的个人主义、集体主义比附起来。实际上，中国古代的整体利益观是片面的，这个整体往往打着国家、民族的旗号而代表的却只是社会上极小一部分人的利益，根本不能和今天的集体主义混为一谈。同时，我们今天讲集体主义也是以保障个人的充分自由发展为前提的，马克思就说过共产主义是自由人的联合体，由于我国长期受宗法专制主义影响，马克思主义常常遭到宗法专制主义思想的侵蚀，一些领导人物打着马克思主义的旗号，开口集体、闭口奉献，干的却是剥夺民众基本人权的宗法专制主义勾当，这和古代那些满口仁义道德、一肚子功名利禄的伪君子、假道学又有什么两样。因此，对于包括王安石在内的古代思想家追求个人价值的观点，我们应该承认其在人的解放历程中所起的积极作用，而不能跟着假马列、真道学们的价值判断跑。

四 对唐代以降诸儒的评价及对儒学复兴的论述

王安石对于汉代的经学儒学深为不满,实则从历史上看,汉代可算是儒学的黄金时代,自东汉灭亡,历三国、魏、晋、南北朝,四百年间,群雄争霸、南北分立,民不聊生。更加上在这四百年间,北方民族大量南迁,中原中央政权难以维持,正所谓"南夷与北狄交中国,不绝若线",在这样的大环境下,包括儒学在内的学术思想实难以得到很好的传承,更遑论发扬光大。隋代统一不久即覆灭,唐帝国代之而起,天下方定于一。随着政权的巩固、经济上的繁荣,统治阶层对于维护社会稳定的意识形态也开始加以扶植,式微几百年的儒学也开始慢慢复兴。

儒学的复兴并非仅指传统儒学的延续,而是指儒学在理论思维水平上得到新的提高并重新成为官方的意识形态统治思想界。其实汉代以后,儒学仍然受到历代王朝的扶植,唐太宗还曾广延诸儒修订《五经正义》,力图以此统一思想,但这种陈旧的汉代经学式儒学已不能适应时代的需要,无法战胜方兴未艾的佛、道二教。儒、佛、道已成三足鼎立之势,唐代以降儒学复兴面临着佛、道二教,尤其是佛教的严重挑战。佛教有精深的理论思维,又有自己独特的且与传统儒学相冲突的价值体系,在南北朝以至隋唐的数百年间,其在社会上的影响超过儒学。但是,随着中国的统一和北方诸胡民族的华化,佛教的种族与文化基础皆已不复存在,其将被中国本土的传统的适合农耕宗法社会的儒学思想所代替是不可避免的,但传统的儒学理论思维水平是无法和佛教相比的,因此,儒学要想完全战胜佛教,重振传统儒学以纲常名教为中心的价值体系,就必须广泛吸收佛教的智慧,使传统的儒学实现创造性的转化。儒学家消化佛教并最终扬弃佛教的努力从佛教传入中国的初始就已开始进行了,到宋明理学最终确立,这个过程大致用了一千年,宋明理学吸收了佛教、道教的智慧,却批评、舍弃了二教的德性和价值观,以更高层次的理论思维来论证、发展传统儒学的纲常名教,最终实现了消化佛、老,重振儒学的目的。

王安石对于儒学的式微和儒学与佛教理论水平的差异是看得很清楚的,《佛祖统纪》卷四十五记载:"荆公王安石问文定张方平曰:'孔子去世百年生孟子,后绝无人,或有之而非醇儒。'方平曰:'岂为无人,亦过孟子者。'安石曰:'何人?'方平曰:'马祖、汾阳、雪峰、岩头、丹霞、云门。'安石意未解。方平曰：'儒门淡泊，收拾不住，皆归释氏。'安石欣然叹服。"① 在这里，张方平、王安石所举的能够超过孟子的还仅是晚唐、五代、北宋时期南禅宗的几位著名禅师，如果把禅宗以及汉末以来的著名高僧大德都算上的话，佛教学者的阵容则是十分强大的。不过，王安石虽然慨叹汉唐儒学的衰落，但对于其间能够振兴儒学的豪杰之士还是颇为赞赏的，对于比自己稍前或同时的儒学之士则更是加以揄扬。

儒学回应佛、道二教的挑战而复兴可以说是与隋唐的统一大致同步的，主要生活于隋代的王通可算是唐、宋儒学复兴的开风气人物，他用毕生精力续作六经，企图重建儒家道统。王安石对于王通还是颇为赞赏的，在《送丘秀才序》中，他论述古代礼仪的兴衰时说："至隋文中子喟然伤之曰：'昏礼废，天下无家道矣。'始采周公、孔子之旧，续而存之。"② 在这里，王安石肯定了王通对于传续儒家礼学所作的贡献。在《取材》一文中，他又写道："文中子曰：'文乎文乎，苟作云乎哉？必也贾乎道。学乎学乎，博诵云乎哉？必也济乎义。'"③ 在这里，王安石引证王通的话来论证经学、文辞必须有道义，显然，王安石是同意王通的观点的。

---

① 转引自魏道儒《宋代禅宗文化》，中州古籍出版社1993年版，第43页。这段话里的马祖指的是南禅宗南岳怀让的弟子马祖道一（709—788），他是早期禅宗的著名人物，长期在福建、江西一带传授禅法。汾阳指的是宋代初年临济宗的著名禅师汾阳善昭（945—1022），他将临济宗的禅学发挥到纯熟的境地，特别是他打破禅学"不立文字"的传统，通过语言文字悟入禅理，也通过工整华丽的辞藻来表达对禅理的体悟。雪峰指的是南禅宗青原行思下五世的著名禅师雪峰义存（822—908），他是云门宗创始人文偃的老师。岩头指的是南禅宗青原行思下五世的著名禅师岩头全豁（828—887），与雪峰义存同学于德山宣鉴禅师。丹霞指的是南禅宗青原行思下二世的著名禅师丹霞天然（739—824），他曾在冬天劈佛像烧火取暖，启示人们应破除对偶像、中介的执着。云门则指的是禅宗五宗七派之一的云门宗创始人云门文偃（864—949）。陈植锷在《北宋文化史述论》引言中引用南宋陈善《扪虱新话上集》卷3的记载，与此段意思大致相同，他在评论中写道："说王安石拿孔、孟之后儒学何以衰落这个问题去请教张方平，似有抑王扬张之意，此事疑不确。"陈先生的这个说法不妥当。其实，张方平与王安石交恶基本上是在王安石出任执政前后，而张方平比王安石年龄大得多，早年多有交往，邵博《邵氏闻见后录》卷20记载："神宗尝问文定识王安石否？曰：'安石视臣大父行也。臣见其大父日，安石发未帅，衣短褐布，身疮疥，役洒扫事，一苍头耳。'故荆公亦畏其大，不敢与之争辩。"由此看来，王安石向其请教也是情理之中的事。参见陈植锷《北宋文化史述论》引言，中国社会科学出版社1992年版，第3页；邵博《邵氏闻见后录》卷20，中华书局1983年版，第155—156页。

② 王安石：《王文公文集》（上册）卷36，上海人民出版社1974年版，第436页。

③ 王安石：《王文公文集》（上册）卷32，上海人民出版社1974年版，第375页。

第二章　王安石的儒学思想

唐代是儒学复兴的初始时代，其中尤以韩愈为代表人物，王安石有关韩愈的论述很多，观点前后也有变化。王安石早年对韩愈是十分推崇的，在作于庆历二年（1042年）的《送孙正之序》中，他就认为："时乎杨、墨，己不然者，孟轲氏而已。时乎释、老，己不然者，韩愈氏而已。……孟、韩之道去吾党，岂若越人之望燕哉？以正之之不已，而不至焉，予未之信也。一日得志于吾君，而真儒之效不白于当世，予亦未之信也。"① 而在作于庆历五年（1045年）的《上人书》中，他又说："自孔子之死久，韩子作，望圣人于百千年中，卓然也。"② 在这两段话中，王安石将韩愈与孔、孟相比，高度赞扬了韩愈在佛、道盛行的情况下能不为所动而重振儒学的历史功绩，并以其作为自己和友朋心目中的偶像。但是，随着时间的推移、阅历的增长，王安石对儒学的真精神有了更深的认识，而对韩愈的评价也有了改变。在约作于熙宁三年（1070年）的《韩子》一诗中，王安石写道："纷纷易尽百年身，举世何人识道真？力去陈言夸末俗，可怜无补费精神。"③ 在这里，王安石明确提出韩愈并未得到儒学的真传，他的那些所谓"力去陈言"的古文只是些无补于世道人心的文辞，徒然耗费了精神。

王安石赞扬韩愈排佛、老复兴儒家道统的行为，但对韩愈晚年与僧人交往并提倡儒、墨相互为用的做法给予了批评。在《送潮州吕使君》一诗中，王安石写道："韩君揭阳居，戚嗟与死邻。吕使揭阳去，笑谈面生春。当复进赵子，诗书相讨论。不必移鳄鱼，诡怪以疑民。有若大颠者，高材能动人。亦勿与之礼，听之汨彝伦。"④ 在《读墨》一诗中又写道："兼爱为无父，排斥固其理。孔墨必相用，自古宁有此？退之嘲鲁连，顾末知之耳。如何蔽于斯，独有见于彼。……退之醇孟轲，而驳荀杨氏。至其趣舍间，亦又蔽于己。化而不自知，此语熟云俚？咏言以自警，吾诗非好诋。"⑤ 王安石赞成韩愈排佛、老而重振儒学，对于韩愈扬孟抑荀也很赞赏。但王安石本人认为扬雄是可与孟子相比的大儒，但韩愈却批驳扬

---

① 王安石：《王文公文集》（上册）卷36，上海人民出版社1974年版，第433—434页。
② 王安石：《王文公文集》（上册）卷3，上海人民出版社1974年版，第45页。
③ 王安石：《王文公文集》（下册）卷73，上海人民出版社1974年版，第777页。
④ 王安石：《王文公文集》（下册）卷42，上海人民出版社1974年版，第485页。
⑤ 王安石：《王文公文集》（下册）卷38，上海人民出版社1974年版，第449页。

雄；王安石写有《杨墨》一文，把墨子和杨朱加以比较，认为墨子比杨朱离儒学圣人之道更远，而韩愈却赞赏墨子。从这两点上看，王安石批评韩愈就是很自然的事了。

韩愈在中唐大声疾呼排佛、老，欲复兴儒学道统，但当时应者寥寥，并且韩愈本人晚年也与僧人交往，自破其规矩。韩愈之后，又经晚唐、五代之战乱，佛、道思想又得到进一步发展，而儒学的纲常伦理则处于沦落地位。宋王朝立国后，统治阶级面临一个重新确立权威意识形态的任务，这个任务的完成以复兴传统儒学为准。北宋时期出现了一大批遥接韩愈统绪、以重振儒学为己任的儒家学者，王安石本人即是这一批儒者中的一个佼佼者，直接参与了这场儒学复兴运动，因此，他对于与之同道的前辈、师友的评价就显得更为真切。

宋初儒学复兴是由一大批政治家、文学家和思想家合力促成的，范仲淹、欧阳修等人也有功于此，但范、欧阳多只是从外部给予倡导，而从理论建设上讲并没多大贡献。王安石对范仲淹、欧阳修的学问多有批评。他曾与宋神宗议论范仲淹，《续资治通鉴长编》记载："上又论范仲淹欲修学校贡举法：'乃教人以唐人赋体动静交相养赋为法，假使作得动静交相养赋，不知何用，且法既不善，即不获施行，复何所憾！仲淹无学术，故措置至如此。'安石曰：'仲淹天资明爽，但多暇日，故出人不远。其好广名誉、结游士以为党助，甚坏风俗。'"① 王安石还批评过欧阳修，《续资治通鉴长编》记载他的话说："如欧阳修文章于今诚为卓越，然不知经不识义理，非《周礼》、毁《系辞》，中间学士为其所误，几至大坏。"②

宋初对于儒学复兴起到开风气作用的，后人有所谓胡瑗、孙复、石介三先生之说，而尤以胡瑗的影响为大。胡瑗的主要成就在于从事儒学教育，并将教育与社会政治实践结合起来。王安石对于胡瑗是相当推崇的，作有《寄赠胡先生》一诗，其诗序中写道："孔孟去世远矣，信其圣且贤者，质诸书焉耳。翼之先生与予并世，非若孔孟之远也，闻荐绅先生所称

---

① 李焘：《续资治通鉴长编》（附拾补）卷275，上海古籍出版社1986年版，第3册第2593页。

② 李焘：《续资治通鉴长编》（附拾补）卷211，上海古籍出版社1986年版，第2册第1965页。

述，又详于书，不待见而后知其人也。叹慕之不足，故作是诗。"① 在诗中写道："先生天下豪杰魁，胸臆广博天所开。文章事业望孔孟，不复睥睨蔡与崔。十年留滞东南州，饱足藜藿安蒿莱。独鸣道德惊此民，民之闻者源源来。高冠大带满门下，奋如百蛰乘云雷。恶人沮服善者起，昔时蹐跼今骞回。先生不试乃能尔，诚令得志如何哉！吾愿圣帝营太平，补葺廊庙枝倾颓。披疏发矿广耳目，照彻山谷多遗材。先收先生作梁柱，以此构架桷与榱。群臣面向帝深拱，仰戴堂陛方崔嵬。"② 王安石把胡瑗与孔、孟相比，认为胡瑗教育英才，接续道统，如能得君行政，必将使太平时代再现于当世。

王安石对于胡瑗等前辈师儒大加赞扬，而对于同辈的师友，则相互切磋、共勉以至于圣人之道。当时与王安石交往而又得其多所称许的儒者可以王回与王令为代表。王回，字深父，小王安石两岁，卒时才四十三岁，与王安石交情莫逆，王安石曾与之反复讨论过一些儒学问题。王安石对于王回的儒学极为推重，而对其英年早逝、学术未能广大则深表遗憾，在《答龚深父书》中，他把王回与扬雄加以比较说："扬雄亦用心于内，不求于外，不修廉隅以侥名当世。故某以谓深父于为雄，几可以无悔。杨雄者，自孟轲以来，未有及之者。"③ 王安石还亲自撰写了《王深父墓志铭》，他写道："若轲、雄者，其没皆过千岁，读其书，知其意者甚少。则后世所谓知者，未必真也。夫此两人以老而终，幸能著书，书具在，然尚如此。嗟乎深父！其智虽能知轲，其于为雄，虽几可以无悔，然其志未就，其书未具，而既早死，岂特无遇于今，又将无所传于后。天之生夫人也，而命之如此，盖非余所能知也。"④ 王安石认为王回可以和扬雄相比肩，是能直承孔、孟、扬以来的儒学道统的，但可惜其早死，又未有著述传世。王回与王安石可算是同辈，二人在学术上多有切磋，并且也常有一些不同见解，这可以从王安石的《答王深甫书三》等文中看出。王令，字逢原，小王安石十一岁，而卒时仅二十八岁，是北宋时期的著名诗人。王令与王安石谊在师友之间，王安石曾劝说其舅氏吴蕡将女儿许配与王令

---

① 王安石：《王文公文集》（下册）卷43，上海人民出版社1974年版，第497页。
② 同上书，第497页。
③ 王安石：《王文公文集》（上册）卷7，上海人民出版社1974年版，第86页。
④ 王安石：《王文公文集》（下册）卷92，上海人民出版社1974年版，第961—962页。

为妻。① 王安石颇欣赏王令的学问道德，并以重振儒学相期许，在《寄王逢原》一诗中，他写道："庄韩百家蓺天起。孔子大道寒于灰。儒衣纷纷欲满地，无复气焰空煤炲。力排异端谁助我，忆见夫子真奇材。梗楠豫章槩白日，只要匠石聊穿裁。我方官拘不得往，子有闲暇宜能来。晤言相与入圣处，一取万古光芒回。"② 王安石与王令曾就一些儒学问题进行过讨论，这可以从《与王逢原书七》等看出。③

五　对儒者使命的自觉体认及对复兴儒学的自我承当

　　王安石生活在北宋中期，虽然自中唐韩愈以来已有一大批儒者致力于复兴儒学，但此时儒学的总体状况仍处于衰微期，一方面，以经学为表现形式的汉唐儒学日趋衰落，而印度佛教在中国传播日广，以其精湛的思辨和灵活的方便说教夺取了传统儒学的思想统治地位；另一方面，晚唐五代战乱不休，社会上以力、以智相争，而乱世又使追求个性自由、个性幸福的观念抬头，这些都对维护纲常名教的儒学构成了极大的打击。当时的社会风气是颇为鄙视儒者的，在《送胡叔才序》中，王安石描述当时的情况说："子弟豪者，驰骋渔弋为事；谨者，务多辟田以殖其家。先时，邑之豪子弟有命儒者，耗其千金之产，卒无就。邑豪以为谚，莫肯命儒者，遇儒冠者，皆指目远去，若将浼己然。"④ 显然，在当时人眼里，儒学只是博取功名利禄的手段之一，并且儒者常常是无用之人，徒耗资产，不能得利。

　　王安石对于儒者的体认也经历了一个不断深化的过程。少年时代的王安石对儒者是颇为不敬的，他在《忆昨诗示诸外弟》中说自己年轻时："乘闲弄笔戏春色，脱略不省旁人讥。坐欲持此博轩冕，肯言孔孟犹寒饥。"⑤ 但是，随着生活阅历和年龄的增长，王安石对儒学的体会也越来越深，在他求学和早期为宦期间就已开始研习儒家学说了，在庆历二年（1042 年）作的《送孙正之序》、庆历三年（1043 年）作的《李通叔哀

---

　　① 参见黄长椿《王安石与柘冈吴氏》，《江西师院学报》1979 年第 3 期。
　　② 王安石：《王文公文集》（下册）卷 43，上海人民出版社 1974 年版，第 502 页。
　　③ 王安石：《临川先生文集》卷 75，中华书局 1959 年版，第 790—793 页。此七篇书信《王文公文集》未收。
　　④ 王安石：《王文公文集》（上册）卷 36，上海人民出版社 1974 年版，第 434 页。
　　⑤ 王安石：《王文公文集》（下册）卷 44，上海人民出版社 1974 年版，第 512 页。

辞》、庆历六年（1046年）作的《马汉臣墓志》中都记有他和师友相互砥砺于儒学、学做圣人的情形。在皇祐元年（1049年）作的《答王该秘校书二》之一中，王安石表述自己的志向时说："某不思其力之不任也，而唯孔子之学，操行之不得，取正于孔子焉而已。"① 在入朝为相以前的二十余年里，王安石对于儒学已经有了精深的研究，并且写出了影响广泛的儒学著述，受到学者的景仰。陆佃在《傅府君墓志》中说："淮之南，学士大夫宗安定先生之学，余独疑焉。及得荆公《淮南杂说》与其《洪范传》，心独谓然。于是愿归临川先生之门。"② 王安石自己对于承续孔、孟的儒学道统也是颇为自负的，他在《奉酬永叔见赠》一诗中说："欲传道义心虽壮，学作文章力已穷。他日若能窥孟子，终身何敢望韩公！"③ 就是明确表示自己不愿意做像韩愈那样传道不明的文人，而愿意步孟子后尘，接续儒学道统。在《王逢原墓志铭》中，王安石提出了一条在不能得君行道情况下躬身实践儒学理想的道路，他写道："呜呼！道之不明邪，岂特教之不至也，士亦有罪焉。呜呼！道之不行邪，岂特化之不至也，士亦有罪焉。盖无常产而有常心者，古之所谓士也。士诚有常心以操圣人之说而力行之，则道虽不明乎天下，必明于己；道虽不行于天下，必行于妻子。内有以明于己，外有以行于妻子，则其言行必不孤立于天下矣。此孔子、孟子、伯夷、柳下惠、杨雄之徒所以有功于世也。"④

王安石受知于宋神宗，于熙宁年间两度为相，主持了影响深远的变法运动。在主持变法活动时，王安石是以儒者自居的，并且用儒学来为自己的变法活动辩护。在给司马光的回信中，王安石写道："盖儒者所重，尤在于名实。名实已明，而天下侵官、生事、征利、拒谏以致天下怨谤，皆不足问也。"⑤ 在执政期间，王安石重新注解《周礼》、《诗》、《书》，欲复尧、舜三代之时经学的全盛状态，并以经学经世使古代的圣王之政重现于当时的北宋王朝。王安石对于自己继承孔孟道统、重建新经学是十分自

---

① 王安石：《王文公文集》（上册）卷8，上海人民出版社1974年版，第90页。
② 陆佃：《陶山集》卷15，《全宋文》，巴蜀书社1994年版，第50册第242页。
③ 王安石：《王文公文集》（下册）卷55，上海人民出版社1974年版，第620页。
④ 王安石：《王文公文集》（下册）卷92，上海人民出版社1974年版，第959页。
⑤ 王安石：《王文公文集》（上册）卷8《答司马谏议书》，上海人民出版社1974年版，第96页。

觉的,在《书洪范传后》,他说:"呜呼,学者不知古之所以教,而蔽于传注之学也久矣。当其时,欲其思之深、问之切而后复焉,则吾将孰待而言邪!孔子曰:'予欲无言。'然未尝无言也,其言也,盖有不得已焉。孟子则天下固以为好辩,盖邪说暴行作,而孔子之道几于熄焉,孟子者不如是不足与有明也。故孟子曰:'予岂好辩哉?予不得已也。'夫予岂乐反古之所以教,而重为此譊譊哉!某亦不得已焉者也。"① 按王安石的理解,古代圣王伏羲、尧、舜、禹、汤、文、武、周公有一个共同的圣王之道,这个道就保存在经书之中,以孔、孟为代表的儒学就是要透过经书去把握古代圣王之道,经书是儒学的根本,儒学即经学。王安石自比孔、孟,隐然以经学、儒学的传承者自居。

王安石将儒学定为经学,儒学实在只是继承了伏羲、尧、舜三代就已存在的经学,经学是儒学的宗祖。孔、孟只是古代圣王之道的传承人而已,在学习经书、传承圣王之道上孔、孟和后人是同一的,而王安石自己在当时阐发古代经书,其处于圣王之道的道统、历圣相传的儒学学统中的地位实并不在孔、孟之下。而且,王安石本人能够以经学经世,做到道、学、政的合一,这是未能得君行道的孔、孟所不能比拟的,则王安石在道统、学统中的地位隐隐然便可处孔、孟之上。宋代人对于王安石的这种意图也是清楚的,邵博《邵氏闻见后录》中说:"王荆公之子雱作《荆公画像赞》曰:'列圣垂教,参差不齐,集厥大成,光于仲尼。'是圣其父过于孔子也。雱死,荆公以诗哭之曰:'一日凤鸟去,千年梁木摧。'是以儿子比孔子也。"② 李壁在注解王安石《题雱祠堂》一诗时也说:"临川李子经,谓此诗属王逢原,恐非。按王公父子皆以经术进,当时颂美者,多以为周孔,或曰孔孟。范镗为太学正,献诗云:'文章双孔子,术业两周公。'公大喜,曰:'此人知我父子。'元泽卒,公辞相位,归金陵,杨元素当制,亦云:'俄属伯鱼之逝,遽兴王导之悲。'观此所述,公既处之不疑,以凤鸟梁木拟元泽,无怪也。"③

---

① 王安石:《王文公文集》(上册)卷33,上海人民出版社1974年版,第400页
② 邵博:《邵氏闻见后录》卷20,中华书局1983年版,第158页。
③ 李壁:《王荆公诗笺注》卷22,中华书局1958年版,第242页。蔡上翔曾辩此诗属悼王逢原之作,出于曲意回护王安石,并无实据,参见其所作《王荆公年谱考略》卷19,詹大和、顾栋高、蔡上翔:《王安石年谱三种》,中华书局1994年版,第504页

在中国历史上，孔子的地位实际上不是从来就是至高无上的，也从来没有达到过至高无上。先秦时期，儒学只是诸子百家中的一家；汉代重经学，尊的是圣王；唐代以后，儒、道、佛三教鼎立。只是到了程朱理学确立后，以"四书"取代"五经"，销王入圣，孔子的地位才被抬到了吓人的高度，但也只是在士大夫圈子里占据主导地位而已，相对于复杂的地域文化、民俗文化和受制于实际利益的政治文化，孔、孟思想始终不能做到大一统。王安石自视本实甚高，观其熙宁年间与宋神宗的谈话，所推崇之人多是德位一致、知行合一的古代圣王贤相如尧、舜、禹、汤、文、武、周公以至皋、夔、稷、契、伊尹之类。王安石创立"三经新义"，主持熙宁变法，集道、学、政统于一身，其掩迹孔孟，自我作古，自作圣人，也是情理之中的事。

第三节 王安石对儒学性命之理的阐发

古人谈人生总是离不开对人性和天命的探讨，传统儒学的观点大多认为人性是天赋于人的本质，是人之为人而不同于禽兽的东西，是内在于人的必然性；命在儒学中主要指的是人的生存境遇。性命问题一直是传统儒学的中心话题，前代大儒孔子、孟子、荀子、扬雄、韩愈等人都有论述，王安石则明确地把性命之理定为儒学的核心，在《虔州学记》中，他说："余闻之也，先王所谓道德者，性命之理而已。"[1] 在《祭先师文》中，他又说："外物不足以动心而乐者，可谓知性矣，然后用舍之际，始可以语命。"[2] 但是，王安石所论述的性命之理并非和早期儒学完全相同，而是在广泛借鉴佛教哲学和诸子哲学等的基础上，通过对前代儒家学者的性命学说进行分析、批判来阐发自己的观点。

一 对传统儒学人性理论的批评

传统儒学有关人性的论述多是用来作为道德修养和政治教化的理论基础，所以有关人性善恶的道德评价便成为讨论的焦点，在论述中，大都无

---

[1] 王安石：《王文公文集》（上册）卷34，上海人民出版社1974年版，第401页。
[2] 王安石：《王文公文集》（下册）卷81，上海人民出版社1974年版，第872页。

形中已肯定了有一个先验人性的存在，而很少讨论人性存在与否的问题。佛教传入中国后，佛性论逐渐成为教内外思想界讨论的中心话题，佛教把佛性作为人的本质和解脱的依据，直指人心、见性成佛的禅宗也逐渐发展成为中国佛教中最有影响的流派。王安石汲取佛学的智慧，继承中国上古文化的创造精神，对孟子、荀子、扬雄、韩愈等历代大儒的人性论加以批评，以回归孔子人性论的外表形式来表述自己的观点。

1. 对传统儒学人性善恶理论的批评

王安石写有《原性》一文，全面讨论了人性与善恶的关系问题，认为孟子、荀子、扬雄、韩愈等人的观点皆不准确，而应以孔子的说法为归宗，他写道："或曰：'孟、荀、杨、韩四子者，皆古之有道仁人，而性者，有生之大本也，以古之有道仁人而言有生之大本，其为言也宜无惑，何其说之相戾也？吾愿闻子之所安。'曰：'吾所安者，孔子之言而已。'"[①]

在《原性》一文中，王安石首先批驳了韩愈把人性定义为仁、义、礼、智、信五常的观点，他写道："夫太极者，五行之所由生，而五行非太极也。性者，五常之太极也，而五常不可以谓之性。此吾所以异于韩子。"[②] 王安石认为五常是由人性而来的，但人性只是五常的潜在的源头，而非五常本身。王安石还用宇宙论来为人性论作论证，他认为五常就像五行，在宇宙论上，由太极化生出五行，但五行并非太极；在人生论上，由人性化生出五常，但五常并非人性。王安石接下来又指出了韩愈人性论自身存在的矛盾，他说："且韩子以仁、义、礼、智、信五者谓之性，而天下之性恶焉而已矣。五者之谓性而恶焉者，岂五者之谓哉？"[③] 王安石指出韩愈一方面认为人性即是五常，另一方面又说天下人有性恶的，这就会导致五常是恶的结论，而这是不可能的。王安石这种推论是合乎逻辑的，但尚没有抓住韩愈人性论的真意，实际上，韩愈本人的论述并不矛盾，因为韩愈认为"下焉者之于五也，反于一而悖于四"，即下等人没有五常，自然也就没有人性。韩愈的悖论不在于会得出五常是恶的结论，而在于会

---

① 王安石：《王文公文集》（上册）卷27，上海人民出版社1974年版，第316页。
② 同上。
③ 同上。

得出一部分性恶的人实际上是无性之人的结论。韩愈把五常定为性，五常全的上等人人性完满，其人性自然是善的；五常不完全的中等人人性不完满有缺陷，可以趋向于完满，也可以趋向于完全丧失，其人性就是可善可恶的；而下等人人性中根本没有五常，没有五常就是没有人性，性恶只是对无善性状态的一种指称而已。韩愈批佛教很卖力气，而他自己的人性论无意中却是沿袭了佛教唯识宗一部分人无佛性的观点，并且唯识宗只是说像"一阐提"那样极少数的极恶之人没有佛性在未来不能成佛，而韩愈却把相当大数量的所谓下品之人划入了无性的境地。

在《原性》中，王安石将性与情加以分离，认为性是人的潜能，只有当它凸现为情时方才可以做有善有恶的道德评价，以此为依据，他对孟子的性善论和荀子的性恶论同时提出了批评。他写道："孟子言人之性善，荀子言人之性恶。夫太极生五行，然后利害生焉，而太极不可以利害言也。性生乎情，有情然后善恶形焉，而性不可以善恶言也。此吾所以异于二子。"① 王安石还是用宇宙论来论证人生论，人性像太极，而人情就像五行，在宇宙论上，由太极化生出五行，对五行可以作出有利有害的价值判断，而对太极却不可以作出有利有害的价值判断；在人生论上，由性化生出情，对情可以作出有善有恶的道德评价，而对性就不可以作出有善有恶的道德评价。王安石认为人性是一种如同太极一样的超越本体，是超道德的，因此，孟子的性善论和荀子的性恶论都是不准确的。

王安石还对孟子性善论和荀子性恶论的理论依据提出了质疑。孟子认为人人皆有内在的恻隐之心，所以推断人性善，王安石对此表示不同意，他说："孟子以恻隐之心人皆有之，因以谓人之性无不仁。就所谓性者如其说，必也怨毒忿戾之心人皆无之，然后可以言人之性无不善，而人果皆无之乎？孟子以恻隐之心为性者，以其内在也。夫恻隐之心与怨毒忿戾之心，其有感于外而后出乎中者有不同乎？"② 王安石认为人不仅有恻隐之心这样的"好心"，而且还有怨毒忿戾这样的"坏心"，并且两者都是内在于人的，仅根据人有恻隐之心就推断人性善实在是以部分代全体，从逻辑上是讲不通的。何况恻隐之心只是情，本来就不能由情来推论性，这个

---

① 王安石：《王文公文集》（上册）卷27，上海人民出版社1974年版，第316页。
② 同上。

类比推理根本就是无类比附。荀子性恶论的依据是人类的善行都是后天人为努力的结果，就像陶器是工人变化土的性质而后形成的一样，至于人性本身就是食、色之类的情欲，如不加以控制，就必然会引起人与人之间的争斗。王安石不同意荀子的观点，他说："荀子曰：'其为善者伪也。'就所谓性者如其说，必也恻隐之心人皆无之，然后可以言善者伪也，为人果皆无之乎？荀子曰：'陶人化土而为埴，埴岂土之性也哉？'夫陶人不以木为埴者，惟土有埴之性焉，乌在其为伪也？"① 按王安石的理解，说人性恶，一切善行都是人为的，这也是不对的，他同样用了荀子土与埴的比喻而得出了与荀子相反的结论，荀子认为土与埴不同，所以性恶而礼乐之类的善都是人为的，而王安石认为，土与埴虽有差别，但又有共同之处，即土具有成为埴的可能，而木就没有这种可能，同样，礼乐之类的善既然是从人性中来的，那么人性中就潜在地含有可能为善的东西，所以，荀子定人性为恶就是没有根据的。

王安石批评了孟子的性善论和荀子的性恶论，对于扬雄的性有善有恶论也同样持批评态度。在《原性》中，王安石写道："且诸子之所言，皆吾所谓情也、习也，非性也。杨子之言为似矣，犹未出乎以习而言性也。"② 王安石认为性不可言善恶，但情却可以说是有善有恶的，而扬雄认为性是有善有恶的，这是错误的。但扬雄能够认识到性不是单一的善或者恶，这就比较接近对人性的正确理解了，所以王安石说"杨子之言为似矣"。

王安石批评了孟子、荀子、扬雄、韩愈等前代大儒的各种人性论，认为他们所论的人性实际上不是真正的人性，而是人的情和习，真正的人性如同宇宙的最高本原太极一样是人生的超越本体，是不能作出有善有恶的道德评价的。打个比喻来说，王安石所说的性是一种绝对值，只有当性表现为情时才会产生出正值和负值的区别。

2. 对传统儒学人性品级划分的解释

传统儒学除了对人性作道德上的善恶评价外，有些儒者还认为人性可以分为高低、好坏不同的等级，王安石通过对孔子和韩愈相关思想的解

---

① 王安石：《王文公文集》（上册）卷27，上海人民出版社1974年版，第316页。
② 同上。

说，申述了自己在这个问题上的独特观点。

在《原性》一文中，王安石写道："孔子曰：'性相近，习相远也。'吾之言如此。然则'上智与下愚不移'有说乎？曰：'此之谓智愚，吾所云者，性与善恶也。恶者之于善也，为之则是；愚者之于智也，或不可强而有也。伏羲作《易》，而后世圣人之言也，非天下之至精至神，其孰能与于此？孔子作《春秋》，则游、夏不能措一辞。盖伏羲之智，非至精至神不能与，惟孔子之智，虽游、夏不能强而能也，况所谓大愚者哉。其不移明矣。'"① 孔子提出"上智与下愚不移"的命题，这显然是认为人性有等级上的差别，王安石解释说，这里孔子所说的只是人性中智力上的高低差别，不是说人性有善恶等道德上的等级差别，有些人像伏羲、孔子就是天生聪明的人，而另外一些人则天生愚笨，这是自然存在的事实。

在《性说》一文中，王安石对孔子的"上智与下愚不移"命题又作了进一步的解释，他写道："孔子曰：'性相近也，习相远也。'吾是以与孔子也。……然则孔子所谓'中人以上可以语上，中人以下不可以语上，惟上智与下愚不移'，何说也？曰：'习于善而已矣，所谓上智者；习于恶而已矣，所谓下愚者；一习于善，一习于恶，所谓中人者。上智也、下愚也、中人也，其卒也命之而已矣。有人于此，未始为不善也，谓之上智可也；其卒也去而不为善，然后谓之中人可也。有人于此，未始为善也，谓之下愚可也；其卒也去而为善，然后谓之中人可也。惟其不移，然后谓之上智；惟其不移，然后谓之下愚。皆于其卒也命之，夫非生而不可移也。'"② 这一回，王安石没有采用智力高低来解释人性上的差别，而是用人后天不同努力的结果来解释人性善恶上的等级差别。有的人终生为善，这是上智之人；有的人终生为恶，这是下愚之人；有的人先为善后又为恶，另有的人先为恶后又为善，这样的人可以称为中人。王安石认为评定一个人人性的高低等级，要观其一生功过，即所谓"上智也、下愚也、中人也，其卒也命之而已矣"，人性的善恶等级是后天的，没有天生的人性上的善恶等级差别，也没有不可改变的善恶天性，一个人到底是上品

---

① 王安石：《王文公文集》（上册）卷27，上海人民出版社1974年版，第317页。
② 同上书，第317—318页。

人、中品人还是下品人，那要由他一生的所作所为来定。

王安石对于韩愈的性三品说也是从人的后天道德评价来加以解释的，在《性说》中，他写道："且韩子之言弗顾矣，曰：'性之品三，而其所以为性五。'夫仁、义、礼、智、信，孰而可谓不善也？又曰：'上焉者之于五，主于一而行于四；下焉者之于五，反于一而悖于四。'是其于性也，一不失焉，而后谓之上焉者；不一得焉，而后谓之下焉者。是果性善，而不善者，习也。"① 韩愈判断一个人的人性品级是根据其对五常的态度是奉行还是违背，王安石认为这恰恰说的是人的后天行为，是习的结果，因此，韩愈所说的性三品实际上也是对人的后天行为的道德评价，而不是对天赋人性的等级划分。

王安石对于人性等级划分的总的看法是，人性有智性上的差别但不存在德性上的差别。确实有天生的聪明人和愚笨人，但没有天生的善人和恶人。前代儒者所说的人性善恶上的等级差别，也多是对人的后天终生行为的道德评价，而本来的人性是超越善恶的，更不存在不同的善恶等级。

二 人性的本体

人性本体是什么，这在传统儒学人性论中意见纷纭、莫衷一是。孔子论人性极简略，仅说过"性相近也"，只是说明作为类本质的人性是人人相似的，并没有回答人性是什么。孔子以后，孟子和荀子对人性的理解截然对立，孟子以恻隐之心等人类的道德情感作为人性善的根据，实际上是认为人性是人的心理能力并且是特指"良知良能"的道德心理能力；荀子则以人对食货之类的贪欲来论证人性恶，实际上是认为人性是人的一般性的出于自我欲望的非道德的生理本能。孟子强调人性的社会性，荀子强调人性的生物性，并且，孟子的人性只是指人的心理能力中的特定的道德本能，荀子的人性只是指人的生理能力中的特定的为恶本能，他们的人性范围是很狭隘的。

王安石对于人性本体的论述可分为正面肯定和反面否定两种描述方式。在《礼乐论》中，王安石写道："气之所禀命者，心也。视之能必

---

① 王安石：《王文公文集》（上册）卷27，上海人民出版社1974年版，第318页。

见，听之能必闻，行之能必至，思之能必得，是诚之所至也。不听而聪，不视而明，不思而得，不行而至，是性之所固有，而神之所自生也，尽心尽诚者之所至也。故诚之所以能不测者，性也。……生与性之相因循，志之与气相为表里也。生浑则蔽性，性浑则蔽生，犹志一则动气，气一则动志也。"① 在这里，王安石把诚看作是人的感觉、思维行为的过程，而把性看作是人天生的能够感觉、思维的本能，性是诚的前提，先天是后天的基础。他又将生与性比为气与志，显然是认为人性包含人的心理意识。从这段话可以看出，王安石认为人性是兼生理和心理而言的，指人的天赋的生命力。在《原性》一文中，王安石认为："夫太极生五行，然后利害生焉，而太极不可以利害言也。性生乎情，有情然后善恶形焉，而性不可以善恶言也。"② 在这段话中，王安石从否定描述的角度指出人性是像太极一样的超越本体，是超越善恶、利害的，是一种潜在的本能，无法作定在的把握和描述。

在王安石看来，人性是非道德的也即是超道德的人的潜在的生命力，这个观点和《周易·系辞传》中所说的"生生之谓易"、"天地之大德曰生"相近似，都是推崇人的生生不息的生命力。对生命力的崇拜是中国古代初民的原创精神，但自儒家学派兴起后，孔子讲仁，孟子讲性善，方才把上古时代生动活泼的原创生命力引入到了单向的德性判断力上来，奠定了后来中华民族尚德轻力、重义轻利的价值取向。

王安石有关人性的论述一方面是对上古文化精神的继承，另一方面也是受了佛教思想的影响，在《答蒋颖叔书》中，王安石写道："佛说有性，无非第一义谛，若第一义谛，有即是无，无即是有，以无有象计度言语起。而佛不二法离一切计度言语，谓之不二法，亦是方便说耳。此可冥会，难以言了也。"③ 王安石认为佛学所说的性是即有即无，不能通过中介手段来把握的，一切言辞都是方便假设，真正的性是超言绝相的。王安石所理解的人性也是不可作有善有恶的道德评价的超越本体，是不可言说的潜在。但是，和佛性说导致信仰不同，王安石把这种人性的潜在和中国

---

① 王安石：《王文公文集》（上册）卷29，上海人民出版社1974年版，第333页。
② 王安石：《王文公文集》（上册）卷27，上海人民出版社1974年版，第316页。
③ 王安石：《王文公文集》（上册）卷7，上海人民出版社1974年版，第76—77页。

上古对于生命力的崇拜结合起来，在价值观上还是认同中国本土文化精神的，如果说佛学中的性是绝对的指向彼岸世界的超越本体的话，王安石所说的人性则是天赋的、潜在的人类生生不息的生命力，这是宗教和哲学、性静和性觉的差异。

传统儒家学者孟子、荀子、扬雄、韩愈等人都是对人性作属性上的描述，而且主要是作有善有恶的德性上的描述，而王安石对人性作的是实体上的描述，所以他的人性是超越善恶的，是一种实实在在的生命之能，是包含德性在内的人类整体的原创生命力，它比单向度的道德人性要丰富、有力得多。王安石的标志人类原创生命力的人性是超越善恶道德评价之上的，因此它可以说是无善无恶的；就其由隐至显而表现为情时，它又可以说是有善有恶的；而就其作为最高的标志人类原创生命力的象征和人的超越理性的在世状态，它又是绝对的，也可以说是至善的。

王安石的人性论站在人的生命存在的最高点上，扬弃了前代儒学的各种人性论，但作为生命存在的基础的人性又是大全，是无所不包、无可无不可的，所以它又可以包含前代儒学的各种人性论，认为它们在最高真理的映照下，又各有其位置、各有其价值。从这个角度来讲，孟子、荀子、扬雄、韩愈的人性论在一定程度上又都是正确的，在《答孙长倩书》中，王安石写道："语曰：'涂之人皆可以为禹。'道人人有善性，而未必善自充也。"[①] 在这段话里，王安石肯定了性善论的价值。在《杨孟》一文中，王安石写道："夫人之生，莫不有善恶之性，且以羞恶之一端以明之。有人于此，羞善行之不修，恶善名之不立，尽力乎善，以充其羞恶之性，则其为贤也孰御哉？此得乎性之正者，而孟子之所谓性也。有人于此，羞利之不厚，恶利之不多，尽力乎利，以充羞恶之性，则其为不肖也孰御哉？此得乎性之不正，而杨子之兼所谓性者也。……然则孟、杨之说果何异乎？今学者是孟子则非杨子，是杨子则非孟子，盖知读其文而不知求其指耳，而曰我知性命之理，诬哉！"[②] 在这里，王安石从人性只是一种天赋的羞恶能力出发，又同时肯定了孟子性善论和扬雄性恶

[①] 王安石：《王文公文集》（上册）卷8，上海人民出版社1974年版，第95页。
[②] 王安石：《王文公文集》（上册）卷27，上海人民出版社1974年版，第314页。

论的合理价值。① 王安石的人性论类似于中国佛教各宗的判教理论，即在肯定自己观点为最高真理的前提下，把前人的观点作为阶段性真理和局部性真理而给予肯定，纳入到自己的理论体系中，构成一个圆教模式。这是一种比较宽容的学术态度，是佛教平等和慈悲精神的体现，和传统儒学排斥异端不遗余力的做法是大不相同的。不过，王安石虽然在理论思维上汲取了佛学的智慧，但在价值判断上却认同中国传统的入世的、崇拜人的生命力的价值取向，而不以佛教的不思议境界为人生的终极依据。

现代著名哲学史家贺麟先生在四十年代撰有《王安石的性论》一文，认为王安石的人性论最终归宿于传统儒学的性善论，其根本依据就是见于《圣宋文选》卷十中的《性论》一文。② 《性论》中写道："古之善言性者，莫如仲尼，仲尼圣之粹者也。仲尼而下，莫如子思，子思学仲尼者也。其次莫如孟轲，孟轲学子思者也。……然而世之学者，见一圣二贤性善之说，终不能一而信之者何也？岂非惑于《论语》所谓'上智下愚'之说与？噫，以一圣二贤之心而求之，则性归于善而已。其所谓智愚不移者，才也非性也。性者五常之谓也。才者愚智昏明之品也。欲明其才品，则孔子所谓'上智下愚不移'之说是也。欲明其性，则孔子所谓'性相近，习相远'、《中庸》所谓'率性之谓道'、孟轲所谓'人无有不善'之说是也。"③ 在这篇文章中，王安石提出"性归于善而已"和"性者五常之谓也"，这和他在《原性》、《性情》、《杨孟》、《答王深甫书》等文章里的观点是不相同的。此篇文章仅是孤证，以之作为王安石人性论的最终结论是不充分的，贺麟先生站在儒学主流派的判教立场上，以一篇佚文中的观点来否定现存王安石大多数论文中的普遍共有的思想倾向，其结论的成见是明显的。

其实，从把人性看作是人生最高、最终极的生命力的观点来说，人性

---

① 王安石认为人性不可作善恶评价，但他在这里把人性中向善的能力称为"正"，向恶的能力称为"不正"，实际上已经有了善恶评价的萌芽。这一点王安石可能没有明显意识到，也有可能是在他那里，正、不正是事实判断，而不是像善、恶那样的价值判断。但在儒学传统里，正是要把事实判断与价值判断联系起来，追求两者的一致，比如和王安石大致同时的宋明道学奠基人周敦颐就试图在宇宙论中把诚和善统一起来。

② 贺麟的《王安石的性论》后与《王安石的心学》合并为《王安石的哲学思想》一文，收入他的文集《文化与人生》，商务印书馆1988年版，第297—298页。

③ 王安石：《临川先生文集·临川集补遗》，中华书局1959年版，第1064页。

可以说是至善的，这个至善的人性可以分为几个层次，最高的层次是指人的生命力的存在，次一个层次是指人的价值判断能力，再低一个层次则可以指人的道德判断能力。生命力可以包容价值判断力，价值判断力又可以包容道德判断力，从这个角度上说，对儒家传统的性善论加以肯定亦是无可无不可的。即使承认《性说》一文出于王安石之手，仍然不能从根本上动摇王安石以人的天赋生命力为人性的观点。

三 人性的存在方式

王安石认为人性是人天赋的原创生命力，这个生命力的基础是什么，它以什么形式存在，它是变化的还是不变的，它与人类社会的礼乐制度有什么关系，这些都是需要解决的问题。王安石通过对性与形气、性与情、性与习、性与礼乐等关系的探讨，揭示了人性存在的丰富内涵。

1. 性与形气

传统儒学讨论人性往往直接作有善有恶的道德评价，而不太注重探讨人性的来源、根基，王安石则把形气作为人性的基础。在《礼乐论》中，王安石写道："神生于性，性生于诚，诚生于心，心生于气，气生于形。"[①] 按王安石这里的意思，形气是人的心、性的基础，人的心、性从根本上讲都是由形气生发出来的。王安石的这个观点是颇有价值的，早期儒学的人性论大多涉及人的心理、生理，尚未自觉地意识到人的具体的、实体的肉体、形气对于人性的决定性作用，更没有详细地讨论过二者之间的关系，后来的宋明新儒学则把人的肉体、形气看作是人欲的根源、天理的障碍，必欲除之而后快。

王安石把人性的根基安放在形气之上，进而提出了养气、养生与尽性互相循环促进的观点。在《礼乐论》中，王安石写道："形者，有生之本。故养生在于保形，充形在于育气，养气在于宁心，宁心在于致诚，致诚在于尽性，不尽性不足以养生。能尽性者，至诚者也；能至诚者，宁心者也；能宁心者，养气者也；能养气者，保形者也；能保形者，养生者也；不养生不足以尽性也。生与性之相因循，志之与气相为表里也。"[②]

[①] 王安石：《王文公文集》（上册）卷29，上海人民出版社1974年版，第333页。

[②] 同上。

王安石把构成人的物质实体的形气与构成人的精神志意的性看作是互相影响的两个环节，养生有利于尽性，尽性则又反过来有利于养生。就王安石的观点分析，他实际是将人的形体与人性看作质与能的关系。王安石这种既重视人的生理属性、心理属性的属性存在又重视人的形气的实体性存在的观点是相当全面而深刻的，传统儒学往往多持身与心、形与神相分离甚至相对立的观点，一谈修身养性就离不开安心、去情之类的道德说教，而王安石肯定了性与形气的相互关联，并且认为形气是人性的根基，把养生即保护人的形气、人的实体生命提到了与道德修养同样的高度，这是道家学派重生与儒家学派重德的结合。

王安石通过对性与形气关系的论述，肯定了养生对于尽性的重要意义，养生与尽性互相影响，只有养生有道才能尽性，这就在一定程度上肯定了人们的基本生活要求、人生欲望的合理性。在《风俗》一文中，王安石写道："夫人之为性，心充体逸则乐生，心郁体劳则思死。"[①] 心理上喜充实避忧郁，生理上喜安逸避劳苦，这是人的天性，无可厚非。在《礼乐论》中，王安石认为："衣食所以养人之形气。"[②] 在《洪范传》中，他又写道："夫人君使人得其常性，又得其常产，而继之以毋挠，则人好德矣。……夫尹人者，使人失其常性，又失其常产，而继之以扰，则人不好德矣。"[③] 王安石肯定了性与形气、常德与常产之间的必然联系，把人的道德品质和物质财富、生活条件结合起来考察，给人性论打下了一个坚实的基础。

2. 性与情

传统儒学对于性情关系的认识经历了漫长的过程，各家各派的观点也很不一致。先秦儒学中对于情的论述常和人性混杂在一起，性与情常常连用甚至可以互换，二者间的差别尚未得到重视。《礼记》一书是战国至秦汉时期的儒者有关礼的论文集，其中对性与情从动静的角度进行了区别，但没有得出性善情恶的结论。汉代的董仲舒在《春秋繁露》中认为性和情分别出自阴阳二气，性阳情阴、性仁情贪，已经有了性善情恶论的萌

---

① 王安石：《王文公文集》（上册）卷32，上海人民出版社1974年版，第381页。
② 王安石：《王文公文集》（上册）卷29，上海人民出版社1974年版，第334页。
③ 王安石：《王文公文集》（上册）卷25，上海人民出版社1974年版，第294—295页。

芽。较早提出系统的性善情恶论，并要求灭情复性的当推中唐时代的李翱，李翱的观点接受了佛、道二教的思想因素，颇多禁欲主义色彩。

王安石明确反对性善情恶论，在《性情》一文中，他写道："性情一也，世有论者曰'性善情恶'，是徒识性情之名而不知性情之实。喜、怒、哀、乐、好、恶、欲未发于外而存于心，性也；喜、怒、哀、乐、好、恶、欲发于外而见于行，情也。性者情之本，情者性之用，故吾曰性情一也。"① 王安石认为性与情是体和用的关系，二者在本质上是一致的，情是性的外在表现，性善则情善，性恶则情恶，不可能会有性善情恶的情况。王安石认为，性善情恶论者在坚持性善这一点上可能是受了孟子的影响，他在《性情》中说："彼曰性善无它，是尝读孟子之书，而未尝求孟子之意耳。"② 王安石对于孟子的性善论曾作过详细的批评。而性善情恶论者在坚持情恶这一点上，可能是看到社会上存在的大量因为七情所累而走向邪恶的现象，从而就得出了情恶的结论，王安石则认为情既有为恶的可能，也有为善的可能，他在《性情》中说："彼徒有见于情之发于外者为外物之所累，而遂入于恶也，因曰情恶也，害性者情也。是曾不察于情之发于外而为外物之所感，而遂入于善者乎？"③

王安石还指出坚持性善情恶论会把本来人人具有的体用合一的性情割裂开来，从而得出一部分善良君子有性无情、另一部分邪恶小人有情无性的结论，结果君子无情如同木石，小人无性如同禽兽。在《性情》中，王安石写道："彼论之失者，以其求性于君子，求情于小人耳。自其所谓情者，莫非喜、怒、哀、乐、好、恶、欲也。舜之圣也，象喜亦喜，使舜当喜而不喜，则岂足以为舜乎？文王之圣也，王赫斯怒，使文王当怒而不怒，则岂足以为文王乎？举此二者而明之，则其余可知矣。如其废情，则性虽善，何以自明哉？诚如今之论者之说，无情者善，则是若木石者尚矣。"④ 王安石认为情本身是可能为恶也可能为善的，但情是不能灭的，重要的是要做到"当"而已。王安石批评性善情恶论，肯定了人的喜、怒、哀、乐、好、恶、欲之类情感的正当性。

---

① 王安石：《王文公文集》（上册）卷 27，上海人民出版社 1974 年版，第 315 页。
② 同上。
③ 同上。
④ 同上。

王安石在论述人性善恶时反复强调性与情的区别，而在论述性与情关系时又强调二者的一致，这里暗藏有一个矛盾，王安石则是用隐与显、体与用的关系来解决这一矛盾的。王安石认为性情从根本上是一致的，但性是潜在的可能，而情是显现的定在，人性是不可定义的、潜在的人的生生不息的生命力，它超出善恶道德评价之上。而情由性化生出来，喜、怒、哀、乐、好、恶、欲七情都是人性中固有的，因为它们是显现的，所以可以对之加以道德评价。值得注意的是，王安石常说性无善恶、情有善恶，但他的实际意思只是说对于情可以作出有善有恶的道德评价，并不是说情本身就有善恶的属性、种子。实际上，王安石的真正观点是性、情都是作为实体的人的生命力的存在，都是超越道德之上的，善恶评价是一种外在的衡量，它不是性情中本有的。在《性情》中，王安石写道："动而当于理，则圣也、贤也；不当于理，则小人也。……是以知性情之相须，犹弓矢之相待而用，若夫善恶，则犹中与不中也。"①

在王安石关于性情与理的关系的论述中是存在着一定的矛盾和张力的，人的性情皆是超越善恶道德层次之上的至善、绝对的生命力，是人的在世，而理则是对人的生命力的规范。王安石没有把理纳入到人的性情之中，得出如二程那样的"性即理"的明确命题，而是在一定程度上分离开了性与理，承认人性与天理之间存在着中与不中的问题。王安石和二程在人性论上的差异实质上反映了本体论上天人相对分离和天人合一论的不同。王安石有关性与理关系的论述尚未充分展开，它有可能导向如同二程那样的结论，而最终复归到传统儒学以人伦道德取代生生不息的生命力而充当绝对、至善的观点；也有可能导向强调理即在性、情、欲望之中的合生命价值和伦常道德价值于一体的结论。

3. 性与习

王安石非常推崇孔子"性相近，习相远"的观点，他认为人的天赋本性大致是相同的，至于善恶、智愚的不同则是由后天的习造成的。王安石认为人性是人的天赋的、潜在的生命力，当它与外物接触就表现为情，即《性情》一文中所说的"人生而有之，接于物而后动焉"，这个由性显情的过程就叫习。由性到情是人的本然之性由隐到显、由内到外、由可能

---

① 王安石：《王文公文集》（上册）卷27，上海人民出版社1974年版，第315页。

到现实的外化,而人作为社会群体中的成员,他既是实践主体,又是价值主体、道德主体,他必须对自己行为的利害、善恶加以权衡,从而调整自己生命力展示的力度和向度,因此,人的习并不是本然人性的自然流露,而是人的自觉的实践行为,是本性与人为的合一体。

王安石认为人性中潜在含有为善为恶的各种可能,成为一个善人或是成为一个恶人则由人自决并且在后天的习中成为现实。在《杨孟》一文中,王安石写道:"夫人之生,莫不有羞恶之性,且以善恶一端明之。有人于此,羞善行之不修,恶善名之不立,尽力乎善,以充其羞恶之性,则其为贤也孰御哉?此得乎性之正者,而孟子之所谓性也。有人于此,羞利之不厚,恶利之不多,尽力乎利,以充羞恶之性,则其为不肖也孰御哉?此得乎性之不正,而杨子之兼所谓性者也。"① 在王安石看来,人性中有天赋的羞恶之类的意向性,这种意向性在后天的习的过程中既有可能指向"羞善行之不修,恶善名之不立"的道德行为,从而成为一个善的贤人,也有可能指向"羞利之不厚,恶利之不多"的追逐利欲的行为,从而成为一个恶的不肖之人,而最终使这种意向性成为可能的则是"尽力乎善,以充其羞恶之性"与"尽力乎利,以充羞恶之性"的后天的习的行为。成善成恶的动机、主观意向来源于人性,而由可能性成为现实则有赖于习。王安石还分别论述了人在习的实践活动中成就自己人性中潜在的善与恶的可能。在《答孙长倩书》中,王安石写道:"语曰:'涂之人皆可以为禹。'道人人有善性,而未必善自充也。"② 这里指出了自充即习在人成就为圣人中的作用。在《答王深甫书三》之二中,王安石写道:"伊尹曰:'兹乃不义,习与性成。'"③ 这里则指出了习在人变为不义之人中的作用。

王安石不仅认为习在人性中的德性的趋于善、趋于恶上起着决定作用,而且也在人性中的智性趋于聪明、趋于愚笨上起着决定作用。王安石认为人性是一种潜在的能力,超越善恶道德评价之上,但他却认为人性有天生的智性上的高低、大小之别,这一点集中表现在他对孔子"上智与

---

① 王安石:《王文公文集》(上册)卷27,上海人民出版社1974年版,第314页。
② 王安石:《王文公文集》(上册)卷8,上海人民出版社1974年版,第95页。
③ 王安石:《王文公文集》(上册)卷7,上海人民出版社1974年版,第84页。

下愚不移"命题的解释上。不过,王安石虽然承认人的天赋智性有差别,但却认为这仅是一个起点,一个人最终是聪明还是愚蠢,主要还是由后天的习来决定。在《伤仲永》一文中,王安石写道:"金溪民方仲永,世隶耕。仲永生五年,未尝识书具,忽啼求之。父异焉,借旁近与之,即书诗四句,并自为其名。其诗以养父母、收族为意,传一乡秀才观之。自是指物作诗立就,其文理皆有可观者。邑人奇之,稍稍宾客其父,或以钱币乞之。父利其然也,日扳仲永环丐于邑人,不使学。予闻之也久,明道中,从先人还家,于舅家见之,十二三矣。令作诗,不能称前时之闻。又七年,还自扬州,复到舅家,问焉,曰:'泯然众人矣。'王子曰:仲永之通悟,受之天也。其受之天也,贤于材人远矣。卒之为众人,则其受于人者不至也。彼其受之天也,如此其贤也,不受之人,且为众人。今夫不受之天,固众,又不受之人,得为众人而已邪?"① 在王安石看来,人的聪明和愚笨主要由后天学习与否决定,像方仲永那样天生聪明的人后天不努力也会变得平庸,那些天赋平常的人更应该好好学习。

王安石还举了历史上的许多事例来说明人性不是天生不变的,真正的人性是在后天的习中不断成就出来的。在《性说》中,王安石写道:"然则尧之朱、舜之均、瞽叟之舜、鲧之禹、后稷、越椒、叔鱼之事,后所引者皆不可信邪?曰:尧之朱、舜之均,固吾所谓习于恶而已者;瞽叟之舜、鲧之禹,固吾所谓习于善而已者。后稷之诗以异云,而吾之所论者常也。《诗》之言,至以为人之子而无父,人子而无父,犹可以推其质常乎?夫言性,亦常而已矣;无以常乎,则狂者蹈火而入河,亦可以为性也。越椒、叔鱼之事,徒闻之左丘明,丘明固不可信也。以言取人,孔子失之宰我,以貌,失之子羽。此两人者,其成人也,孔子朝夕与之居,以言貌取之而失。彼其始生也,妇人者以声与貌定,而卒得之,妇人者独有过孔子者耶?"② 王安石认为,尧、舜都是圣王,但他们的儿子丹朱和商均都是恶人,瞽叟和鲧都是恶人,但他们的儿子舜和禹却是圣王,可见没有遗传的善性和恶性,丹朱和商均之所以成为恶人,是因为他们习于恶的缘故,而舜和禹之所以成为圣王,是因为他们习于善的缘故。《诗经》中

---

① 王安石:《王文公文集》(上册)卷33,上海人民出版社1974年版,第398页。
② 王安石:《王文公文集》(上册)卷27,上海人民出版社1974年版,第318页。

记载有关于后稷出生的种种神异,王安石认为这些都是超常、反常的,不能作为推论其他事情的依据,在这里,王安石持类似于孔子"敬鬼神而远之"的态度。左丘明的《春秋左氏传》和《国语》中记载,越椒、叔鱼刚生下来的时候,他们的长辈一看到他们的容貌、一听到他们的哭声,就知道他们是天生恶人,将来一定会给家族带来厄运,后来果然如此。王安石认为,从事实上讲,左丘明的记载本来就不可信,从推理上讲,以孔子那样的圣人尚且看不准与自己朝夕与共的弟子宰我、子羽的品行,而作为越椒、叔鱼的长辈的老妇人又如何能够从声音、容貌就推测出刚生下来的婴儿将来的品行呢,难道她们的智慧比孔子还高吗?由此可以知道,人没有天生的善性、恶性,人的品行都是在后天的习中不断成就出来的。

　　王安石把后天的习看作是先天的性凸现与成就的必要中介,先天的人性是潜在的,不能作人为的改变,但先天的人性可以在后天的习中向不同的德性向度和不等的智性量度发展,即人性既是先天的不可执着的生命之流,又是在后天的习中日生日成的。这样的话,每一个人都存在着一个慎习养性的问题,即在后天的习中如何使自己的人性向善德性和高智性发展而不是向恶德性和低智性发展。习在人成善成恶、成智成愚中起着决定性的作用,自然应该慎重对待。在《答王深甫书三》之二中,王安石写道:"孔子曰:'性相近也,习相远也。'此言相近之性以习而相远,则习不可以不慎,非谓天下之性皆相近而已也。"[①] 在这段话里,王安石提出了必须慎重对待习的问题,人性从天赋的角度讲虽然是相近的,但却不是一生下来就定型而终生不改的,而是要在人的生命历程中不断改变的。在《性情》一文中,王安石写道:"盖君子养性之善,故情亦善;小人养性之恶,故情亦恶。"[②] 按王安石的见解,人性的善恶、智愚是通过考察一个人的终身行为即人的习而得出来的结论,习是人的主体性和实践性合为一体的意向性活动,是人性得以成就的必要中介。人需要在后天的习的实践活动中发挥自己的主观能动性,抑制私欲,去恶从善,成就完美的人性。

　　4. 性与礼乐

　　人性是作为实在之能的人的内在本质,而礼乐是社会共同的伦常、政

[①] 王安石:《王文公文集》(上册)卷7,上海人民出版社1974年版,第84页。
[②] 王安石:《王文公文集》(上册)卷27,上海人民出版社1974年版,第315页。

教规范，人性与礼乐的关系既涉及个人的道德修养、行为准则问题，又涉及统治者的治国安民问题，因此，它一直是儒学关心的热点。儒学把礼乐看作是古代圣王制作的、天然合理的，礼就是理，人性与礼乐的关系实际上也就是人性与理的关系。

儒学传统中关于人性与礼乐的关系主要有两种观点。一种观点认为，礼乐内在于人性之中，是圣王顺应人性而制定出来的。这一派多持性善论，因为人性本善，所以源自人性的礼乐也是善的、合理的，是人们完善天性、修身齐家的必由之径。这一派可以孟子为代表。另一种观点认为，礼乐是外在于人性而由圣王制定出来的驱民从善的教化手段和工具。这一派多持性恶论，因为人性恶，所以必须由外在的礼乐来加以制约，礼乐是人们必须遵守的规范。这一派可以荀子为代表。前一派肯定人性与礼乐的内在一致性，而强调礼乐顺应人性的一面；后一派指出人性与礼乐的根本不同，而强调人性服从礼乐的一面。但两派的共同点是都承认礼乐的合理、合法性，这是儒家学派的本色。

王安石对于人性与礼乐关系的论述与上述两派皆有不同，在批评前代儒者观点的基础上阐述了自己的独特思路。王安石认为人性是超越有善有恶的道德评价之上的人的生命力，它是合生理与心理、为善与为恶并言的，这种生命力在人的后天的情、习之中表现出来，它可以为善也可以为恶，还具有去恶从善的能力。真正的礼乐就是古代的圣王因顺人的这种生命之能而制定出来的，礼乐形成后反过来又可以有助于人性的完善发展。在《礼乐论》中，王安石写道："先王知其然，是故体天下之性而为之礼，和天下之性而为乐。礼者，天下之中经；乐者，天下之中和。礼乐者，先王所以养人之神，正人气而归正性也。"[1]

王安石肯定人性中有为善的可能，所以他认为人性是礼乐的基础，从而反对荀子把人性与礼乐割裂为二的观点。在《礼论》一文中，王安石写道："呜呼，荀卿之不知礼也！其言曰'圣人化性而起伪'，吾是以知其不知礼也。知礼者贵乎知礼之意，而荀卿盛称其法度节奏之美，至于言化，则以为伪也，亦乌知礼之意哉？"[2] 王安石还举例论证荀子观点的谬

---

[1] 王安石：《王文公文集》（上册）卷28，上海人民出版社1974年版，第333页。
[2] 王安石：《王文公文集》（上册）卷29，上海人民出版社1974年版，第337页。

误，他在《礼论》中又说："夫狙猿之形非不若人也，欲绳之以尊卑而节之以揖让，则彼有趋于深山大麓而走耳，虽畏之以威而驯之以化，其可服邪？以谓天性无是而可以化之使伪耶，则狙猿亦可使为礼矣。"① 世界上的其他生物即使在强制状态下也无法使它们遵循礼，这是因为它们天性中没有这种可能性，而人却可以遵循礼，这就反证人性中确实存在有为善的本能。王安石这里的观点和孟子批驳告子性无善无恶论在逻辑形式上有些相似，但在内容上是有不同的，孟子是要证明人性善，而王安石只是要说明人性是礼乐的基础，人性本身只是一种能力，不能作属性上的善恶评价。

王安石批评了荀子人性与礼乐相对立的观点，但他也不同意人性与礼乐完全一致的观点，在王安石看来，礼乐固然源自人性，却不等于人性，人性只是本始材料，而礼乐是规矩方圆，人性只有接受礼乐的制约、陶冶才能符合善的标准。王安石反对礼乐完全顺应人性，而要求用礼乐来教化、纠正人性，在这一点上，他和荀子是相通的，而和持性善论、侧重道德自律的孟子不相同。在《礼论》中，王安石写道："今荀卿以谓圣人之化性为起伪，则是不知天之过也。然彼亦有见而云尔。凡为礼者，必诎其放傲之心，逆其嗜欲之性。莫不欲逸，而为尊者劳；莫不欲得，而为长者让。擎跽曲拳以见其恭。夫民之于此，岂皆有乐之之心哉？患上之恶己，而随之以刑也。故荀卿以为特劫之法度之威，而为之于外尔，此亦不思之过也。"② 王安石不同意荀子以礼乐外于人性的观点，但却同意荀子以礼乐约束人性使之趋善避恶的思想。

王安石在批评孟子和荀子的基础上，阐述了自己的人性与礼乐关系论。在《礼论》中，王安石写道："故礼始于天而成于人，知天而不知人则野，知人而不知天则伪。圣人恶其野而疾其伪，以是礼兴焉。"③ 在王安石看来，礼乐出于人性但又经过圣人的制作，是天人交相作用的产物。只知人性与礼乐的一致性，把礼乐等同于人性而看不到两者的区别，是知天而不知人，容易流于野；只知礼乐出于圣王制作而看不到它和人性相顺

---

① 王安石：《王文公文集》（上册）卷29，上海人民出版社1974年版，第338页。
② 同上书，第337页。
③ 同上。

应的一面,是知人而不知天,容易流于虚伪。在《礼论》中,王安石又写道:"夫斲木而为之器,服马而为之驾,此非生而能者也,故必削之以斧斤,直之以绳墨,圆之以规,而方之以矩,束联胶漆之,而后器适于用焉。前之以衔勒之制,后之以鞭策之威,驰骤舒疾,无得自放,而一听于人,而后马适于驾焉。由是观之,莫不劫之于外而服之以力者也。然圣人舍木不为器,舍马而不为驾者,固亦因其天资之材也。今人生而有严父母之心,圣人因其性之欲而为之制焉,故其虽有以强人,而乃以顺其性之欲也。圣人苟不为之礼,则天下盖将有慢其父而疾其母者矣,此亦可谓失其性也。"[1] 王安石的观点是,礼乐是圣人顺应人性中的为善的可能而制定的,但又对于人性中为恶的可能加以制约使之向善。

王安石认为,人性是一种潜能,是未特化的,而礼乐是一种现实的存在,是定在的,人性与礼乐是一种可能与现实、多元与单向的关系。可能可以成为现实,多元包含单向,所以人性是礼乐的基础;而反过来则不可以说现实包含所有的可能、单向包含多元,所以礼乐不能等同于人性,它只是可能的、多元的人性的规范、制约。不过王安石这里讨论的只是限于一般人的人性和礼乐的关系,而不是圣人之性与礼乐的关系,王安石只是笼统地说圣人制礼作乐,如果把圣人之性等同于一般人的人性的话,圣人就没有制礼作乐资格了,显然,在这个问题上,王安石的观点是存在内在悖论的,解决的办法只能是圣人不是一般人,而是教化万民的救世主。

四 天命、人性与命运

命在不同的思想家那里其所指的意义也是不同的,把传统儒学中论命的主要观点归纳起来,大致可分为三类,第一类是指超越在人之上并主宰人类和天地万物的神秘力量,主要指的是天命;第二类是指人的天赋禀性、气质,这个意义上的命就是人性;第三类则指人的实际生存境遇,可以称为命运。上面这三种天命、人性、命运指的是广义的命,一般的命指的是狭义的命,即标志人的实际生存境遇的命运。对于人来说,天命是外在的必然性,人性是内在的必然性和自由意志的合一体,而命运则是天命与人性在具体的作为实体存在物的人身上的外化和展现过程。儒学所讨论

---

[1] 王安石:《王文公文集》(上册)卷29,上海人民出版社1974年版,第338页。

的命运实际上是一个关于儒者如何立身处世的人生哲学问题。

天命、人性与命运是三个内涵不同的范畴，但传统儒学一方面在理论上强调三者的同一，另一方面在概念运用上对这三者也不注意区分，这就构成了我们论述古代性命之理的困难。笔者将在分解这三个概念的基础上，再进一步探讨三者之间的一致与不一致关系，搞清王安石在人生观上的真正想法。

1. 主宰之命对人生境遇的决定

对于主宰意义上的命即所谓的天命，王安石认为是必须绝对服从的，人不必为此努力、思虑。在《答史讽书》中，王安石写道："命者，非独贵贱死生云尔，万物之废兴，皆命也。孟子曰：'君子行法以俟命而已矣。'"① 在这里，王安石认为命就是人和万物的主宰，人只能接受命的安排。在《苏州道中顺风》一诗中，王安石写道："北风一夕阻东舟，清晓飞帆落虎丘。运数本来无得丧，人生万事不须谋。"② 这是认为，对于主宰之命人根本就不要思虑去取舍，而应一切随其自然。在《与孙侔书三》之二中，王安石又写道："人生多难，乃至此乎？当归之命耳！人情处此，岂能无愁？但当以理遣之，无自为苦也。"③ 对于天命人应该以安定的心境来对待，不必怨天尤人。既然天命决定人生的一切，自然就会得出天命与人的命运是一致的结论。

王安石认为人世间的一切皆由绝对的主宰之命支配，人不仅对于自己个人的生存境遇不应有谋虑之心，就是对于世道的治乱也应随其自然，不可强求行其道以救世。在《与王逢原书七》之一中，王安石写道："足下诗有叹苍生泪垂之说，夫君子之于学也，固有志于天下矣，然先吾身而后吾人，吾身治矣，而人之治不治，系吾得志与否耳。身犹属于命，天下之治，其可以不属于命乎。孔子曰：'不知命，无以为君子。'又曰：'道之将行也欤，命也；道之将废也欤，命也。'孔子之说如此，而或以为君子之学，汲汲以忧世者，惑也。惑于此而进退之行，不得于孔子者有之矣，故有孔不暇暖席之说。吾独以圣人之心，未始有忧。有难予者曰：'然则

---

① 王安石：《王文公文集》（上册）卷7，上海人民出版社1974年版，第89页。
② 王安石：《王文公文集》（下册）卷70，上海人民出版社1974年版，第750页。
③ 王安石：《王文公文集》（上册）卷5，上海人民出版社1974年版，第66页。

圣人忘天下矣。'曰：'是不忘天下也。'《否》之象曰：'君子以俭德避难，不可荣以禄。'初六曰：'拔茅茹，以其汇贞吉。'象曰：'拔茅贞吉，志化君也。'在君者，不忘天下者也，不可荣以禄者，知命也。吾虽不忘天下，而命不可必合，忧之其能合乎。《易》曰：'遁世无闷。'乐天知命是也。《诗》三百，如《柏舟》、《北门》之类，有忧也，然仕于其时，而不得其志，不得以不忧也。仕不在于天下国家，与夫不仕者，未始有忧，《君子阳阳》、《考槃》之类是也。借有忧者，不能夺圣人不忧之说。孟子曰：'伊尹观天下匹夫匹妇有不被其泽者，若己推而纳之沟中。'可谓忧天下也。然汤聘之，犹嚣嚣然曰：'我处畎亩之间，以乐尧舜之道。'岂如彼所谓忧天下者，仆仆自枉而幸售其道哉。又论禹、稷、颜回同道，曰：'乡邻有斗者，被发缨冠而救之，则惑也。'今穷于下，而曰我忧天下，至于恸哭者，无乃近救乡邻之事乎。孔子所以极其说于知命不忧者，欲人知治乱有命，而进不可以苟，则先王之道得伸也。世有能谕知命之说，而不能重进退者有矣，由知及之仁不能守之也。"[①] 在这篇文章里，王安石认为，个人的祸福穷达、社会的安危治乱皆由天命决定，那种汲汲于实行自己的主张而不顾道与命的行为与儒学精神不符，作为士人应该有自己的独立人格，并能正确地为自己定位，不在其位则不谋其政、不求行其道，不必自寻烦恼。

在《行述》一文中，王安石对于君子应该顺应天命、天道又作了相似的申述，他写道："古之人仆仆然劳其身以求行道于世，而曰'吾以学孔子者'，惑矣。孔子之始也，食于鲁，鲁乱而适齐，齐大夫欲害己，则反而食乎鲁。鲁受女乐不朝者三日，义不可以留也，则乌乎之？曰：'甚矣，卫灵公之无道也！其遇贤者，庶乎其犹有礼耳。'于是之卫。卫灵公不可与处也，于是不暇择而之曹，以适于宋、郑、陈、蔡、卫、楚之郊。其志犹去卫而之曹也，老矣，遂归于鲁以卒。孔子之行如此，乌在其求行道也？夫天子、诸侯不以身先于贤人，其不足于有为明也，孔子而不知，其何以为孔子也？曰：'沽之哉！沽之哉！我待价者也。'仆仆然劳其身以求行道于世者，是沽也。子路曰：'君子之仕，行其义也；道之不行，

[①] 王安石：《临川先生文集》卷75，中华书局1959年版，第790—791页。此文《王文公文集》未收。

已知之矣。'盖孔子之心云耳。然则孔子无意于世之人乎？曰：道之将兴欤，命也；道之将废欤，命也。苟命矣，则如世之人何？"① 在这里，王安石以孔子一生行藏为例证，说明圣人并不强求实现自己的道德主张，而是听从天命、天道，尽自己做人的职责而已。

2. 主宰之命和人为努力在决定人的生存境遇上的不同作用

人生活在世界上，他的本性是可以为善也可以为恶，可以有为也可以无为，这些都是人自己可以把握的人为的东西；而天命却是不以人们意志为转移的外在的必然。人性中的体现自我自由意志的人为努力与天命两者共同起作用，就形成了不同的人生境遇。天命是不以人们的意志为转移的，但命运却是由天命与人性共同决定的，它是否与人们的有意志的实践有关系、相适应呢，即人们的道德、智慧、才能、努力是否与自身的命运相一致呢，作为主体的人又如何看待这种一致或不一致呢，这些都是关系到一个人安身立命的大事。

早期儒学一般都强调对天命的顺从。孔子一生为恢复周礼而周游列国，但他仍然认为"道之将行也与，命也；道之将废也与，命也。"② 不过，孔子虽然把最后的成败归于天命，但他还是"知其不可而为之"，③不放弃自己的人为努力，已经有了尽人力以待天命的思想。孟子则着力发挥了孔子的尽人力以待天命的思想，《孟子·尽心上》写道："莫非命也，顺守其正；是故知命者不立乎岩墙之下。尽其道而死者，正命也；桎梏死者，非正命也。……求则得之，舍则失之，是求有益于得也，求在我者也。求之有道，得之有命，是求无益于得也，求在外者也。"④ 孟子认为天命是主宰一切的，人们只能顺从而不能违背，人对于命的正确态度应该是努力追求内在的德性完美，至于外在的功名富贵则听天由命好了。孔

---

① 王安石：《王文公文集》（上册）卷28，上海人民出版社1974年版，第330页。任继愈主编的四卷本《中国哲学史》中也引用了王安石的这段话，并加以论述说："就在这个天命思想问题上，王安石跟司马光相反，是主张非命论的。他对于孔子所谓'道之将兴欤，命也；道之将废欤，命也'，加以批判地说：'苟命矣，则如世之人何'！可见他们两人在天命论上进步与落后的对照。"这里完全错解了王安石原文的意思，在天命决定人生问题上，王安石与司马光的见解是一致的。参见任继愈主编《中国哲学史》第三册，人民出版社1964年版，第191页。

② 杨伯峻：《论语译注》，中华书局1980年版，第157页。

③ 同上。

④ 杨伯峻：《孟子译注》，中华书局1960年版，第301页。

子、孟子等人虽然讨论了人为与天命在决定人的生存境遇上的作用，但往往是将二者分别加以论述，而没有详细探讨人为努力与天命之间的相应关系，而这两者之间的关系却恰恰是秦汉以来儒者所最关心的问题。

人的生存境遇的命运问题实际上牵涉到天命、人为努力、人生境遇三个方面，人生境遇是现象、事实，而人为努力与天命则是决定此现象与事实的原因。天命在儒学中指一种绝对的、必然的主宰，所谓人为努力主要指的是人的德性修养的高低、智性能力的强弱和实践行为的大小，而生存境遇则指人的财产的多寡、社会地位的高低以及寿命的长短等功利性人生境遇和达到一定人生境界的道德性人生境遇。争论的核心集中在人的生存境遇上，人的生存境遇是由人为自决的呢还是由天命决定的呢？

在《对难》一文中，王安石就天命与人为努力在决定人的生存境遇上的不同作用作了详细论述，他写道："予为《杨孟论》以辨言性命者之失，而有难予者曰：'子之言性则诚然矣，至于言命则予以为未也。今有人于此，其才当处于天下之至贱，而反处于天下之至贵，其行当得天下之大祸，而反得天下之大福；其才当处于天下之至贵，而反处于天下之至贱，其行当得天下之至福，而反得天下之至祸。此则悖于人之所取，而非人力之所及者矣。于是君子曰：为之者天也。所谓命者，盖以谓命之于天云耳。昔舜之王天下也，进九官，诛四凶；成王之王天下也，尊二伯，诛二叔。若九官之进者，以其皆圣贤也；四凶之诛者，以其皆不肖也。二伯之尊者，亦以其皆圣贤也；二叔之诛者，亦以其皆不肖也。是则人之所为矣。使舜为不明，进四凶而诛九官，成王为不明，尊二叔而诛二伯，则所谓非人力之所及而天之所命者也。彼人之所为，可强以为之命哉？'曰：'圣贤之所以尊进，命也；不肖之所以诛，命也。昔孔子怀九官、二伯之德困于乱世，脱身于干戈者屡矣。遑遑于天下之诸侯，未有所用，而卒死于旅人也。然则九官、二伯虽曰圣贤，其尊进者，亦命也。盗跖之罪浮于四凶、二叔，竟以寿死，然则四凶、二叔虽曰不肖，其诛者，亦命也。是以圣人不言命，教人以尽乎人事而已。'"① 在这段文章里，王安石指出，一般人从总结社会现象得出结论，认为当人为努力与人的功利性生存境遇相一致时就说明这是人为努力的结果而与天命无关，而当人为努力与人的

---

① 王安石：《王文公文集》（上册）卷27，上海人民出版社1974年版，第320—321页。

功利性生存境遇不一致的时候就说明这是天命决定的而与人为努力不相干。王安石批评了这种割裂人为努力与天命之间关系的说法，认为不管人为努力与人的功利性生存境遇是否一致，不管人行善还是行恶、努力还是不努力，人的祸福穷达之类的功利性生存境遇都是天命决定的。

不管人为努力如何，人的功利性生存境遇都是天命决定的，那么人的道德性生存境遇是否也是不管人为努力如何而皆由天命决定呢？在《对难》一文中，王安石又写道："呜呼，又岂唯贵贱福祸哉，凡人之圣贤不肖，莫非命矣！……曰：'贵贱祸福皆自外至者，子以谓圣贤之贵而福，不肖之贱而祸，皆有命，则吾既闻之矣，若夫圣贤不肖之所以为圣贤不肖，则在我者也，何以谓之命哉？'曰：'是诚君子志也，古之好学者之言，未有不若此者也。然孟子曰："仁之于父子也、义之于君臣也、礼之于宾主也、知之于贤者也、圣人之于天道也，命也，有性焉，君子不谓命也。"由此而言之，则圣贤之所以为圣贤，君子虽不谓之命，而孟子固曰命也已；不肖之所以为不肖，何以异于此哉？'"① 在这段引文里，王安石提到有些人认为人的贵贱祸福的功利性生存境遇固然非人为努力而由天命决定，但人的为善为恶、为贤为不肖的道德性生存境遇却是由人自决而非天命决定的。王安石不同意这种观点，他引孟子的话来为自己的观点作论证，认为人的道德性生存境遇和功利性生存境遇一样也是命定的。在《命解》一文中，王安石又写道："先王之俗坏，天下相率而为利，则强者得行无道，弱者不得行道，贵者得行无礼，贱者不得行礼。"② 在乱世里，即使人为努力去求善往往也不能得到实现。

在天命和人为努力两者之间，王安石认为，不管人为努力的状况如何，也不管人为努力是否与命运一致，最终决定人的命运的还是天命。王安石一方面认为天命决定人的命运，另一方面又认为在天命与人为努力之间决定人的命运的最终还是天命，这样，他就以天命为主导，把天命、人性、命运三者统一起来了。这是一种绝对的天命决定论，王安石的这种观点近似于先秦道家的自然命定论，比起孔孟儒学追求道德理想主义来，王安石的思想更趋消极、悲观。

---

① 王安石：《王文公文集》（上册）卷27，上海人民出版社1974年版，第321页。
② 同上书，第318页。

3. 顺应天命、追求正性与正命的人生哲学

王安石承认主宰之命对人生境遇的决定作用，也肯定在天命与人为努力之间对命运起决定作用的只是天命，但是，他却并不因此而否定人为努力的价值，甚至可以说，正是因为主宰之命是绝对的、不可改变的，所以能够影响人的生存境遇的天命和人为努力两个因素中就只剩下了人为努力一个变量了，那么人为努力对于人生境遇的作用就更加凸显出来了。并且正是通过人为努力与人生境遇之间的是否一致才反映出天命的顺和逆。[①]

在《杨孟》一文中，王安石写道："杨子之所谓命者，独正命也；孟子之所谓命者，兼命之不正者言之也。……有人于此，才可以贱而贱，罪可以死而死，是人之所自为也。此得乎命之不正者，而孟子之兼所谓命者也。有人于此，才可以贵而贱，德可以生而死，是非人之所为也。此得乎命之正者，而杨子之所谓命也。"[②] 王安石这里的命指的是人的生存境遇的命运，他认为如果一个人为非作歹而处于坏的生存境遇之中，这就是不正常的命运，因为他的人为努力向着不好的方向发展了。而一个人如果尽了人为努力本来是可以贵、可以生的，而现实的人生境遇却是贫贱和死

[①] 从人为努力与人的生存境遇关系上分析，实际上存在着一致与不一致两种情况。所谓一致的情况就是，努力就有功效、不努力就没有功效，这是一般世俗人的想法，中国传统思想中的儒家学说和佛道二教的因果报应说也属于这一种。所谓不一致的情况则又可以分为两种：一种是不努力也会有功效，这是懒汉的哲学；另一种是努力也不会有功效，持这种观点可以以先秦道家为代表，他们是绝对的自然命定论者。王安石在人为努力不能改变人的生存境遇这个问题上是和道家学派一致的，但是接下来他却和道家学派拉开了距离，道家学派因为命定所以主张无为，而王安石虽然承认命定却仍然要有为，这又和"知其不可而为之"的儒家学派相同。王安石的观点是道家自然命定论和儒家道德理想主义的混合物，在中国古代人生哲学中是少有而独具一格的，他的观点使我们想起西方加尔文新教的命定论。新教教徒认为，人能否得救，是上天堂还是下地狱，这些早在出生之前就由上帝安排好了，人的力量在上帝面前不值一提，人为努力对于注定的命运毫无作用。但是，新教教徒并不因此放弃对上帝的信仰和人为的努力，他们坚信自己就是命中注定的上帝的选民，从而加倍努力，用自己的业绩来证明上帝的容光。王安石的命运论和新教思想确有相通的地方。马克斯·韦伯曾经论述新教伦理促进了西方资本主义的发展，而中国传统的儒教、道教却不利于资本主义的发展。历史不能假设，但历史研究却可以而且应该假设，如果我们设想王安石的学术思想能够占据思想界的统治地位的话，中国的历史将是另外一种局面。在《赫逊河畔谈中国历史》一书的《王安石变法》中，黄仁宇先生曾就王安石新法中的经济政策与现代资本主义制度的相似性作过论述，我想，王安石之所以会采取那样的新法，也是和他本人的人生哲学之类有关的。参见黄仁宇《赫逊河畔谈中国历史》，生活·读书·新知三联书店1992年版，第162—168页。

[②] 王安石：《王文公文集》（上册）卷27，上海人民出版社1974年版，第313—314页。

亡，但是，在王安石看来，只要他的人为努力向着好的方向发展，就是正常的命运。

可见王安石的正命和不正命不是就现实的人生境遇而言的，而是看人的人为努力状况，只要努力向着好的方向发展，不管现实的人生境遇如何都可以说是正命；反之，人为努力向着不好的方向发展，则不管其现实的人生境遇如何都可以说是非正命。从这个角度说，命运又是和人为努力一致的，正命和非命是由人为努力的状况来表现的，而不是由人的现实生存境遇来表现的。在《答王深甫书三》之二中，王安石写道："道有君子有小人，德有吉有凶，则命有逆有顺，性有善有恶，固其理也，又何足以疑？"① 王安石的意思是人的命运本来就有顺有逆，即好的生存境遇和坏的生存境遇都是命运，如果因此发出人为努力与命运不一致的感慨，这实在是对命运没有全面认识的缘故。按照这样的理解，人为努力和命运就是一致的，人为努力向着好的方向发展的即尽性的就是正命，而人为努力向着坏的方向发展的即未尽性的就是不正之命。

天命是确定的，人的命运的顺逆都是命运，到了这一步，王安石关于命的论述的落脚点放在了人性上，天命与命运的正与不正最终要由人的尽性与不尽性来决定。尽性就是最大限度地发挥人为努力向着好的方向发展，在王安石看来，就是不追名逐利，而是遵循道理、礼义去生活。道理是符合天命、天道的，也是人性中固有的可能性，在遵循道理、礼义生活这一点上，天命、人性与命运是一致的。

在《命解》中，王安石写道："孔子修身絜行，言必由绳墨，陈、蔡大夫恶其议己，率众而围之，此乃所谓不得行道也。公行有子之丧，右师往吊，入门，有进而与右师言者，有出位而与右师言者，孟子不与右师言，右师不说。孟子曰：'我欲为礼也。'方是时，不独右师不说，凡与右师言者皆不说也，此乃所谓不得行礼也。然孔子不以贱而离道，孟子不以弱而失礼，故立乎千世之上而为学者师。右师、陈蔡之大夫卒亦不得伤焉，以其有命也。今不知命之人，刚则不以道御之，而曰：'有命焉，彼安能困我？'由此则死乎岩墙之下者犹正命也。柔则不以礼节之，而曰：'不出，惧及祸焉。'由此则是贫贱可以智去也。夫柔而不以礼节之，刚

---

① 王安石：《王文公文集》（上册）卷7，上海人民出版社1974年版，第84页。

而不以道御之，其难免一也，故《易·旅》之初六与上九同患。"① 这里的《易·旅》初六爻既是阴爻又处下位，是过柔，上九爻则既是阳爻又处上位，是过刚，二者皆不合道、礼，所以说是同患。王安石认为，人为努力应该遵循中正的道与礼，既不要依恃天命而放弃人为，也不要作意谋划追求非分之想，这样才能够真正达到正命。

在《推命对》中，王安石又写道："夫贵与贱，天所为也；贤不肖，吾所为者，吾能自知之；天所为者，吾独懵乎哉？吾贤欤，可以位公卿欤，则万钟之禄固有焉。不幸而贫且贱，则箪食豆羹无歉焉，若幸而富且贵，则咎也。此吾知之无疑，奚率于彼哉？且祸与福，君子置诸外焉。君子居必仁，行必义，反仁义而福，君子不有也，由仁义而祸，君子不屑也。是故文王拘羑里，孔子畏于匡，彼圣人之智，岂不能脱祸患哉？盖道之存焉耳。"② 在这里，王安石也是强调人的行为应该遵循仁义之道，追求一种高尚的道德性的人生境遇，至于贵贱祸福之类的功利性人生境遇则应该顺从天命，而不要逞自己的私智去追名逐利。在《君子斋记》中，王安石也写道："位在外也，遇而有之，则人以其名予之，而以貌事之。德在我也，求而有之，则人以其实予之，而心服之。夫人服之以貌而不以心，与之名而不以实，能以其位终身而无谪者，盖亦幸而已矣。故古之人以名为羞，以实为慊，不务服人之貌，而思有以服人之心。非独如此也，以为求在外者，不可以力得也。故虽穷困屈辱，乐之而弗去，非以夫穷困屈辱为人之乐者在是也，以夫穷困屈辱不足以概吾心为可乐也已。"③ 在这里，王安石提出人不仅要不管外在境遇如何而尽力追求内在道德，还应该进一步做到安贫乐道。王安石实际上是又回到了孟子注重内在修养的尽心、知性、知天的观点。

王安石在论述人性时强调应该追求正性，在论述命运时又强调应该追求正命，正性、正命就是要人以道、礼来规范自己的行为，人性与命运的合一最终是要合一到道、礼上来，王安石性命之学的最终结论也就是要求现实的人生行为必须以儒学的仁义之道为准则。顺应天命，发挥自己的正

---

① 王安石：《王文公文集》（上册）卷27，上海人民出版社1974年版，第318—319页。
② 同上书，第319页。
③ 王安石：《王文公文集》（上册）卷34，上海人民出版社1974年版，第407页。

性，达到自己的正命，这就是王安石在天命、人性、命运三者关系上所阐发出来的人生哲学。

第四节　王安石对儒学内圣外王之道的发展与修正

圣王是传统儒学对于最高理想人格的描述，在儒家的一些典籍中都把上古时代的黄帝、尧、舜、禹等君主称为圣王，奉为后人的楷模。孟子说："圣王不作，诸侯放恣。"① 同时他又提倡仁政，要求当时的君主以仁心行仁政，所以，孟子的圣王实际是指内有仁义之德、外行惠民之政的君王。荀子说："圣也者，尽伦者也；王也者，尽制者也。两尽者，足以为天下极矣。故学者以圣王为师。"② 荀子的圣人和王者分别指能够完美处理家族伦常关系和国家政治事务的理想人格。将孟子和荀子的圣王观念相比较，孟子讲内在道德和外在功业的合一；而荀子讲的是伦常和政治的合一，用孟子的标准来衡量，荀子讲的都属于外在事功。孟子和荀子关于圣王的论述综合起来实际上是讨论了三个方面的问题，一是个人内在的道德修养，二是宗族伦常关系，三是治理国家的政治事务。后来的儒家学者继承孟子、荀子的思想形成了更加完善系统的内圣外王之学，这集中体现在《礼记·大学》的三纲领八条目之中，八条目中的格物、致知、诚意、正心偏重于内在的道德修养，相当于孟子的仁心；而修身、齐家、治国、平天下则侧重于外在事功，相当于孟子的仁政和荀子的尽伦、尽制，其中的修身、齐家属于伦理关系，治国、平天下则属于政治事务。《大学》的这一个内圣外王的理想人格模式对后世影响极大。

王安石对于儒学的内圣外王之道作过详细论述，并以自己所理解的性命之理为基础，提出了一套系统的修身养性、成圣成王的行为方式，他的观点主要吸收了孟子、《大学》和《易传》的思想，又有自己的新见。

一　致一的内圣外王之道

王安石写有《致一论》一文，较为系统地提出了他的内圣外王之道。

---

① 杨伯峻：《孟子译注》，中华书局1960年版，第155页。
② 蒋南华、罗书勤、杨寒清：《荀子全译》，贵州人民出版社1995年版，第459页。

首先，王安石论述了致一、穷理的内圣之学，他写道："万物莫不有至理焉，能精其理则圣人也。精其理之道，在乎致其一而已。致其一，则天下之物可以不思而得也。《易》曰'一致而百虑'，言百虑之归乎一也。苟能致一以精天下之理，则可以入神矣。既入于神，则道之至也。"① 王安石认为人要想入神至道成为圣人，就要致一，所谓致一就是心意专一，发挥人的主观意志力去把握万物的义理，把握了万物的义理后，就使"天下之物可以不思而得也"，即人能够掌握自然的规律为我所用，达到了这种境界就可以说是得道、成圣了。这里的致一、精理相当于孟子所讲的尽心、知性、知天，"天下之物可以不思而得也"则相当于孟子所讲的"万物皆备于我"。不过王安石的致一论偏重于智性，不同于孟子所侧重论述的人性善、良知、良能等德性，这是一个细微但却是极重要的差别。

王安石的致一论中，致一是穷理的基础，在心与理之间，王安石是更强调心的作用的。只有精神专一才能够洞悉天地万物的至理，而如何使精神致一又是一个问题，在《致一论》中王安石没有讨论这一问题，但在其他地方是有所论述的。在注解《周礼·天官》"王齐日三举"时，王安石写道："孔子齐必变食者，致养其体气也，王齐日三举则与变食同意。孔子之齐不御于内，不听乐，不饮酒，不膳荤，丧者则弗见也，不蠲则弗见也，盖不以哀乐欲恶贰其心，又去物之可以昏愦其志意者而致养起气体焉，则所以致精明之至也。夫然后可以交神明矣。然此特祭祀之齐，尚未及夫心齐也，所谓心齐则圣人以神明其德者是也，故其哀乐欲恶将简之弗得，尚何物之能累哉！虽然，知致一于祭祀之齐，则其于心齐也亦庶几焉。"② 在这段话里，王安石解释了所谓致一的意思，就是通过屏弃外在干扰和内在欲望，加以养气的功夫，使人心处于最灵明的状态。王安石在这段话里虽然引了孔子的事例来为自己的观点作论证，但他却把《庄子》中的"心斋"概念引进来，并且置于孔子的修养方法之上，这明显地是一种调和儒、道的思想。

王安石认为仅仅能够精万物之理仍然是不够的，还必须将这种知识性

---

① 王安石：《王文公文集》（上册）卷29，上海人民出版社1974年版，第339—340页。
② 程元敏：《三经新义辑考汇评（三）——周礼（上）》，"国立"编译馆1987年版，第88页。

的理解运用到生活实践中去,方才是内圣外王之道的完成。他写道:"夫如是,则无思无为寂然不动之时也。虽然,天下之事固有可思可为者,则岂可以不通其故哉?此圣人之所以又贵乎能致用者也。"① 在这里,王安石借用《周易·系辞传》中"《易》无思也,无为也,寂然不动,感而遂通天下之故"来形容圣人,这样的圣人不仅能知而且能行,是知行合一的,圣人的可贵就在于他能够将所知之理用于生活实践。

王安石认为圣人必须能致用,这就进入了外王的境界,而外王也是一个由内向外的推衍过程。他写道:"致用之效,始见乎安身。盖天下之物,莫亲乎吾之身,能利其用以安吾之身,则无所往而不济也。无所往而不济,则德其有不崇哉?故《易》曰'精义入神以致用,利用安身以崇德',此道之序也。孔子既已语道之序矣,患乎学者之未明也,于是又取于爻以喻焉。非其所困而困,非其所据而据,不耻不仁,不畏不义,以小善为无益,以小恶为无伤,凡此皆非所以安身、崇德也。苟欲安其身、崇其德,莫若藏器于身,待时而后动也。故君子举是两端以明夫安身、崇德之道,盖身之安不安、德之崇不崇,莫不由此两端而已。身既安,德既崇,则可以致用于天下之时也。致用于天下者,莫善乎治不忘乱,安不忘危;莫不善乎德薄而位尊,智小而谋大。孔子之举此两端,又以明夫致用之道也,盖用有利不利者,亦莫不由此两端而已。"② 王安石认为致用的顺序是先安身、崇德,然后再致用于天下。安身的方法是行仁义等善事而弃绝不仁不义等恶端,而最重要的是要讲求生存智慧,即要"藏器于身,待时而动",这是一种重智性的人生价值观。王安石认为,一个人如果能够安身有术,那么他就会无往而不利,则其道德自然也会广大,这也是一种以功利、才能为道德的人生价值观。王安石把安身、崇德作为致用于天下的前提,而致用于天下的要诀是治不忘乱、安不忘危,而要避免德薄、智小的缺陷,治不忘乱、安不忘危仍然是一种功利性、智性价值判断。总起来说,王安石的外王是一个建功立业的人生实践历程,而很少谈到传统儒学津津乐道的道德修养、道德教化和宗族伦常道德实践,在价值观上,有一个重智性、功利、力量、个人价值与重道德、家族伦常关系和谐的

---

① 王安石:《王文公文集》(上册)卷29,上海人民出版社1974年版,第340页。
② 同上书,第340页。

区别。

王安石的致一论从致一精理讲到致用于天下，已经提出了一个系统的内圣外王之道，但王安石又进一步提出这个内圣外王之道不是封闭、凝固的系统，而是一个不断循环递进的过程，他写道："夫身安德崇而又能致用于天下，则其事业可谓备也。事业备而神有未穷者，则又当学以穷神焉。能穷神，则知微知彰，知柔知刚。夫于微彰刚柔之际皆有以知之，则道何以复加哉？圣人知道，则至于是而已也。"① 王安石的这个思想极其高明，他把理想人格的实现看作是一个从致一其心以精义穷神又重新回到致一其心以精义穷神的循环递进的过程。

统观王安石的致一论，可以概括为致一、精理、穷神、至道、安身、崇德、致用于天下等过程，其中致一、精理、穷神、至道为内圣功夫，安身、崇德、致用于天下则为外王事业，而穷神是中心环节。王安石的这个思想是在批评继承前代儒家学说的基础上形成的，但又有他自己的创造，他强调专心求理、知行相续、重智性尚功利，这些在儒家圣王学说中都具有重要的理论意义和实践意义。

二 尽性、循礼乐的修养方法

王安石在《致一论》中提出了一个系统的内圣外王之道，但论述仍显简略，在王安石的其他诗文中还有许多有关内圣外王的内容可以补充、丰富《致一论》的理论内涵。在《礼乐论》中，王安石就提出了一个尽性、循礼乐的内圣修养之道，其中尽性侧重于内在素质的陶冶，循礼乐则侧重于外在规范的约束，二者又是相通的。

在《礼乐论》中，王安石讨论了尽性与人的形气、情欲的关系，他写道："气之所禀命者，心也。视之能必见，听之能必闻，行之能必至，思之能必得，是诚之所至也。不听而聪，不视而明，不思而得，不行而至，是性之所固有，而神之所自生也，尽心、尽诚者之所至也。故诚之所以能不测者，性也。贤者尽诚以立性者也；圣人，尽性以至诚者也。……养生以为仁，保气以为义，去情却欲以尽天下之性，修神致明以趋圣人之

---

① 王安石：《王文公文集》（上册）卷29，上海人民出版社1974年版，第340页。

域。"① 在王安石看来，要成为圣人就要"尽性以至诚"，而性本身就是使人的感觉、思维、行动成为现实的天赋本能，圣人就是能够最大限度地发挥天赋本能的人。而要使这种天赋本能得到发展，又需要养生、保气、去情却欲，这就涉及如何正确处理性与形气、情欲的关系。

王安石认为尽性与保养形气之间是互为因果关系的，在《礼乐论》中，王安石写道："神生于性，性生于诚，心生于气，气生于形。形者，有生之本。故养生在于保形，充形在于育气，养气在于宁心，宁心在于致诚，养诚在于尽性，不尽性不足以养生。能尽性者，至诚者也；能至诚者，宁心者也；能宁心者，养气者也；能养气者，保形者也；能保形者，养生者也；不养生不足以尽性也。"② 在这段话里，王安石认为从养生到尽性这一个过程的各个环节的关系是互为循环影响的，养生有利于尽性，尽性也有利于养生。在这一整个过程中，要想成为尽性的圣人，就要做到养生、保形、养气、宁心、至诚，这些都是做圣人的功夫所在，其中养生、保形、养气属于生理上的要求，而宁心、至诚属于心理上的要求。王安石的这种"尽性"论，把生理的完善发展和心理的完善发展并列为做圣人的条件，这在古代思想家中是很罕见的，是对传统儒学圣人观的一个发展。孟子、荀子讲人格修养时侧重道德修养，而要求人们抑制衣食、声色之类的生理欲望，后来的理学家更是如此，程颐提出"饿死事极小，失节事极大"的命题，更把生命价值与道德价值的冲突推到了极点。王安石试图将生命价值和道德价值合为一体，同时兼顾，接近于要求实现人的全面、自由发展的思想，其理论意义在于打破禁欲主义的锢禁，肯定了人的超道德的生存价值的存在；其实践意义则在于把人们的衣食住行等功利性要求视为合理合法，从而要求统治者不要仅仅停留于口头上的道德教化，而应从实际上解决人民的生活问题。

在《礼乐论》中，王安石还提到了情欲与尽性的关系，他写道："世之所重，圣人之所轻；世之所乐，圣人之所悲。非圣人之情与世人相反，圣人内求，世人外求，内求者乐得其性，外求者乐得其欲，欲易发而难知，此情性之所以正反也。……养生以为仁，保气以为义，去情却欲以尽

---

① 王安石：《王文公文集》（上册）卷29，上海人民出版社1974年版，第333—334页。
② 同上书，第333页。

天下之性，修神致明以趋圣人之域。"① 在这里，王安石指出人情受外物感触而兴起，兴起之后就很容易向恶的方面发展。在《性情》等文中，王安石虽然反对性善情恶论，但他还是认为情可以作有善有恶的道德评价，情有为恶的可能，而性确是超越善恶对待之上的绝对本体，所以要想成为圣人，最好是去除情欲，完全回到无善无恶的潜在的生命本性中去。王安石在讲尽性与养生关系时是反对禁欲的，而当他论述尽性与情欲的关系时又有禁欲主义的色彩，综合起来看，可以说，王安石对于人们生理上的要求是尊重的，但对于人们心理上的要求确实是主张加以抑制的，再引申一步还可以说，王安石是主张人的基本生活要求是合理的，但过分的心理欲望却是不合理的，必须加以抑制。这已经接近于宋明理学所讨论的理欲之辨的观点。

王安石认为养生、去情却欲有助于人性的完善，但人性只是一种潜在的生命之能，它必须在后天的生活实践中日生日成，所以后天的习对于尽性起着极为重要的作用。人的后天之习决定人的善恶、智愚，所以必须慎重对待，王安石认为，慎习的具体途径就是循礼乐，在《礼乐论》中，他写道："圣人之言，莫大于颜渊之问，'非礼勿视，非礼勿听，非礼勿言，非礼勿动'，则仁之道亦不远也。……非礼勿听，非谓掩耳而避之，天下之物不足以干吾之聪也；非礼勿视，非谓掩目而避之，天下之物不足以乱吾之明也；非礼勿言，非谓止口而不言也，天下之物不足以易吾之辞也；非礼勿动，非谓止其躬而不动，天下之物不足以干吾之气也。天下之物岂特形骸自为哉？其所由来盖微矣。不听之时，有先聪焉；不视之时，有先明焉；不言之时，有先言焉；不动之时，有先动焉。圣人之门，惟颜子可以当斯语矣。是故非耳以为聪，而不知所以聪者，不足以尽天下之听，非目以为明，而不知所以明者，不足以尽天下之视。聪明者，耳目之所能为；而所以聪明者，非耳目之所能为也。"② 在这段文章里，王安石认为孔子所讲的"非礼勿视"等是至理名言，是为人处世的准则，但王安石又认为，礼并不是外在的对人们视、听、言、动等的生命本性加以限制的东西，循礼乐就是按照人们的本性去视、听、言、动，在这里，王安

---

① 王安石：《王文公文集》（上册）卷29，上海人民出版社1974年版，第334页。
② 同上书，第334页。

石将性与礼的关系统一起来了。

　　循礼乐就是尽性,尽性就是循礼乐,而它们就体现在人们日常的貌、言、视、听、思的行为过程中。在《礼乐论》中,王安石写道:"曾子谓孟敬子:'君子之所贵乎道者三:动容貌,斯远暴慢矣;正颜色,斯近信矣;出辞气,斯远鄙倍矣。笾豆之事则有司存。'观此言也,曾子而不知道也则可,使曾子而为知道,则道不违乎言貌辞气之间,何待于外哉?……是以《书》言天人之道,莫大于《洪范》,《洪范》之言天人之道,莫大于貌、言、视、听、思。大哉,圣人独见之理、传心之言乎,储精晦思而通神明!"[①] 尽性、循礼乐就要体现在日常的貌、言、视、听、思之中,这是历代圣人相传的奥秘,所以为人处世就是要在日常行为中慎重处理自己的言行等。在《礼乐论》中,王安石又写道:"君子之所不至者三:不失色于人,不失口于人,不失足于人。不失色者,容貌精也;不失口者,语默精也;不失足者,行止精也。君子之道也,语其大则天地不足容也,语其小则不见秋毫之末,语其强则天下莫能敌也,语其约则不能致传记。圣人之遗言曰'大礼与天地同节,大乐与天地同和',盖言性也。大礼性之中,大乐性之和,中和之情通乎神明。故圣人储精九重而仪凤凰,修五事而关阴阳,是天地位而三光明,四时行而万事和。《诗》曰:'鹤鸣于九皋,声闻于天。'故孟子曰:'我善养吾浩然之气,充塞乎天地之间。'杨子曰:'貌、言、视、听、思,性所有,潜天而天,潜地而地也。'"[②] 王安石认为,在日常生活中,人的表情、语言、行为都要谨慎,要遵循礼乐的规范。礼乐是天地的中和之道,也是人性的本然状态,人的貌、言、视、听、思如果遵循礼乐就能够做到精粹专一、中和,就可以和天地合为一体,达到神秘莫测的境界。

　　王安石认为人格的修养与完善要遵循礼的规范,但是在礼的种种行为规范中实际上是有其内在的价值观念的,这在儒学中就是仁义之道,王安石特别重视人的行为要以义为准则,在《勇惠》一文中,王安石写道:"故所谓君子之行者有二焉:其未发也,慎而已矣;其既发也,义而已矣。慎则待义而后决,义则待宜而后动,盖不苟而已也。……是故尚难而

---

① 王安石:《王文公文集》(上册)卷29,上海人民出版社1974年版,第335页。
② 同上书,第335页。

贱易者，小人之行也；无难无易而惟义之是者，君子之行也。传曰：'义者，天下之制也。'制行而不以义，虽出乎圣人之所不能，亦归于小人而已矣。"① 在王安石看来，做事情不管是难是易、也不管是什么结果，真正的君子都应该按照义的规定去做。

王安石还写有《三圣人》一文，详细论述了人的生存智慧问题，他写道："盖闻圣人之言行不苟而已，将以为天下法也。昔者，伊尹制其行于天下，曰：'何事非君，何使非民，治亦进，乱亦进。'而后世之士多不能求伊尹之心者，由是多进而寡退，苟得而害义，此其流风末俗之弊也。圣人患其弊，于是伯夷出而矫之，制其行于天下，曰：'治则进，乱则退，非其君不事，非其民不使。'而后世之士多不能求伯夷之心者，由是多退而寡进，过廉而复刻，此其流风末世之弊也。圣人又患其弊，于是柳下惠出而矫之，制其行于天下，曰：'不羞污君，不辞小官，遗逸而不怨，厄穷而不悯。'而后世之士多不能求柳下惠之心者，由是多污而寡洁，恶异而尚同，此其流风末世之弊也。此三人者，因时之偏而救之，非天下之中道也，故久必弊。至孔子之时，三圣人之弊，各极于天下矣，故孔子集其行而制成法于天下，曰：'可以速则速，可以久则久，可以仕则仕，可以处则处。'然后圣人之道大具，而无一偏之弊矣。"② 王安石认为，伊尹、伯夷、柳下惠都是圣人，他们都能根据自己所处的时代制定出不同的生存之道，他们的生存之道在各自的时代都是合理的，但随着时间的推移，事过境迁，旧办法就不灵了，就需要制定新的生存之道了，而孔子正是在借鉴前代圣人智慧的基础上，方才制定出了更加完备合理的生存方法。

王安石提出了尽性、循礼乐的修养之道，他认为一个人能否成为圣人，最终还是要由其主观努力来决定，在《礼乐论》中，他写道："故古之人言道者，莫先于天地；言天地者，莫先乎身；言身者，莫先乎性；言性者，莫先乎精。精者，天之所以高，地之所以厚，圣人所以配之。故御，人莫不尽能，而造父独得之，非车马不同，造父精之也。射，人莫不尽能，而羿独得之，非弓矢之不同，羿精之也。今之人与古之人一也，然

---

① 王安石：《王文公文集》（上册）卷28，上海人民出版社1974年版，第328页。
② 王安石：《王文公文集》（上册）卷26，上海人民出版社1974年版，第299—300页。

而用之则二也。造父用之以为御，羿用之以为射，盗跖用之以为贼。"①王安石认为人能够尽性的基础是精，所谓精也就是致一、精神专注的意思，一个人只要能做到专精致一，就没有什么做不成的事业、达不到的境界，和《致一论》中的观点一样，王安石是把人心放在第一位的，一切皆由人的心力决定。

王安石以传统儒学的礼乐文化为基础，提出了自己的一套修养之道。他提出这套理论有两方面的现实意义，一方面是对世俗之人的追名逐利加以批评，另一方面则是为了抗衡佛、道二教的修养方法而提出儒学自身的内圣修养方法。在《礼乐论》中，王安石写道："夫天下之人非不勇为圣人之道，为圣人之道者，时务速售诸人以为进取之阶。今夫进取之道，譬诸钩索物耳，幸而多得其数，则行为王公大人；若不幸而少得其数，则裂缝掖之衣为商贾矣。由是观之，王公大人同商贾之得志者也，此之谓学术浅而道不明。"② 在这里，王安石批评了那些把圣人之道作为进身之阶的利欲之徒，认为他们即使贵为王公大人实际上也和那些谋利的商贾没有什么两样。在《礼乐论》中，王安石又写道："呜呼，礼乐之意不传久矣！天下之言养生修性者，归于浮屠、老子而已。浮屠、老子之说行，而天下为礼乐者独以顺流俗而已。天使天下之人驱礼乐之文以顺流俗为事，欲成治其国家者，此梁、晋之君所以取败之祸也。然而世非知之也者，何耶？特礼乐之意大而难知，老子之言近而易晓。圣人之道得诸己，从容人事之间而不离其类焉；浮屠直空虚穷苦，绝山林之间，然后足以善其身而已。由是观之，圣人之与释老，其远近难易可知也。"③ 在这里，王安石把儒学传统的礼乐文化与佛、道二教作了比较，认为道家的修养方法肤浅，佛教的修养方法脱离现实，而且历史上那些崇奉佛、道二教的君主最终还招致了亡国之祸，而儒学循礼乐的修养方法更深刻、更有现实性，也有利于国家的长治久安，是修身养性、成就圣人的正确途径。但是，由于儒家的礼乐文化比佛、道二教的修养之道更为艰深，所以不为流俗之人喜好，在社会上的影响衰退了。王安石对于这种情况深表不满，他希望用儒学的大道来取代

---

① 王安石：《王文公文集》（上册）卷29，上海人民出版社1974年版，第337页。
② 同上书，第336页。
③ 同上书，第335—336页。

佛、道二教的影响，实现儒学的复兴。

三 圣、王合一的理想人格

圣人具有内在的智性和德性修养，而王者则是指建立了外在事功的有地位者，二者都是理想的人格类型，而二者的统一体圣王则是传统儒学中最高的理想人格。但是，圣人与王者毕竟是标志德与位的两个不同领域的不同范畴，如何使两者统一起来，这是中国古代人生哲学和政治哲学中的一个极重要的理论问题和现实问题。

先秦时代的儒学虽然非常重视内在的道德修养，但其终极目的则是建立治国安民的功业，孔子一生周游列国欲行周礼，孟子大讲仁政，荀子则隆礼重法，都是要将自己的主张在社会政治中得以实行，因此，在他们的思想中，内圣与外王是合一的。秦汉大一统社会建立后，现实的君王即被奉为圣王合一的最高理想人格，作为普通百姓或士人提高内在道德修养自然是可以的，但要建立外王事业已不可能更不被允许，因而，传统儒学的内圣外王之道转而向单方面的内圣之学发展。王安石所处的宋代新儒学的中心问题即是如何做圣人，这是时代潮流所向，但王安石仍然坚持传统儒学内圣外王合一的理想人格不变，他写有《大人论》一文，通过阐发孟子相关观点来表述自己的思想。

在《大人论》中，王安石写道："孟子曰：'充实而有光辉之谓大，大而化之之谓圣，圣而不可知之之谓神。'夫此三者皆圣人之名，而所以称之之不同者，所指异也。由其道而言谓之神，由其德而言谓之圣，由其事业而言谓之大人。古之圣人，其道未尝不入于神，而其所称止乎圣人者，以其道存乎虚无寂寞不可见之间。苟存乎人，则所谓德也。是以人之道虽神，而不得以神自名，名乎其德而已。夫神虽至矣，不圣则不显，圣虽显矣，不大则不形，故曰三者皆圣人之名，而所以称之之不同者，所指异也。"[①] 在这段话里，王安石解释孟子所说的神、圣、大三种人生境界，并把他们纳入到了自己的内圣外王体系之中。按照王安石的理解，神是指不可见的至道，是超越人之上的，人们对于道是只能冥会而不能用言语表述的。道是不可见的，它只有落实到具体的人身上，才能显现出来，这个

---

① 王安石：《王文公文集》（上册）卷29，上海人民出版社1974年版，第338—339页。

有道之人就是圣人,道在圣人身上就体现为德,不过圣人并不能仅仅停留在有德的层次上,他还应该将自己的道德发挥出来,创造出外在的事功,这样有德、有功的人就叫大人。神、圣、大是一脉贯通的,是成就内圣外王理想人格的必要的过程。其实,孟子讲神、圣、大的本来意思只不过是对人的道德修养境界的一种描摹,并没有合内圣外王于一体的意思,王安石明显地是在用"六经注我"的形式来表述自己的思想。

王安石认为与道、德、事业相关联的神、圣人、大人本来就是一体的,知道、得道自然就会是有道德的圣人、有事业的大人,反过来,有事业的大人也必然是有德的圣人和进入道的神秘境界的人。王安石借《周易》中的话来为自己作论证,在《大人论》中,他说:"且《易》之道,于《乾》为至,而《乾》之盛,莫胜于二五,而二五之辞皆称'利见大人',言二爻之相求也。夫二爻之道,岂不至于神矣乎?而止称大人者,则所谓见于器而刚柔有所定尔。盖刚柔有所定,则圣人之事业也;称其事业以大人,则其道之为神、德之为圣可知也。"[①]

王安石认为神人、圣人、大人是一体的,由神人到圣人再到大人是理想人格的完整展现,是一种必然的推衍,建立外在的事业是大人的事,也同时是神人、圣人应有之事,德与业、内与外是一致的,没有轻重之分。以此为根据,王安石批评了那种只知穷神求道而放弃道德修养和外在事功的做法,在《大人论》中,王安石写道:"孔子曰:'显诸仁,藏诸用,鼓万物而不与圣人同忧,盛德大业至矣哉。'此言神之所为也。神之所为,虽至而无所见于天下。仁而后著,用而后动,圣人以此洗心,退藏于密。及其仁济万物而不穷,用通万世而不倦也,则所谓圣矣。故神之所为,当在于盛德大业。德则所谓圣,业则所谓大也。世盖有自为之道而未尝如此者,以为德业之卑不足以为道,道之至在于神耳,于是弃德业而不为。夫为君子者皆弃德业而不为,则万物何以得其生乎?故孔子称神而卒之以德业之至,以明其不可弃。盖神之用在乎德业之间,则德业之至可知矣。故曰神非圣则不显,圣非大则不形。此天地之全,古人之大体也。"[②]

在《大人论》中,王安石实际上是将传统儒学的内圣外王之道化分为

---

① 王安石:《王文公文集》(上册)卷29,上海人民出版社1974年版,第339页。
② 同上。

三个层次：1. 道的层次，道是超越人之上的至神，不可见，是人必须领悟体会的绝对真理；2. 德的层次，德是道在人身上的表现，是对人的道德修养和智性素质的指称；3. 业的层次，业是德在外在事物上的表现，是对圣人所创造的功业的指称。王安石这种内圣外王三层次划分是对传统儒学的发挥，他的道的层次相当于孔子、孟子的天和《大学》的格物致知，他的德的层次相当于孟子的尽心、尽性和《大学》的诚意、正心、修身，而他的业的层次则相当于孟子的仁政和《大学》的齐家、治国、平天下。王安石将道作为德与业的基础和前提，实际上也就是以明道、明理作为内圣外王的基础和前提，这是对传统儒学内圣外王框架理论的一个重大突破。

如果我们将视野再开阔一点的话，可以说，在中国传统的道家、儒家、法家三派之间，道家侧重道的体悟，儒家侧重德的修养，法家则侧重业的建立，在历史上真正有所建树的大人物往往都是三者兼采的，王安石的内圣外王之道就有这种特色。而如果从一家出发排斥别家，就有可能将本来丰富多彩的人生简单化，比如宋明道学就是以儒家所着力发挥的道德修养来贯通道、德、业三个层次，结果是泛道德主义盛行，造成内向的人生追求和伪君子充斥的社会现象。北宋以后，中国文化创造精神的萎缩在很大程度上应该归咎于宋明道学。

四 推己及人、爱有差等的人伦践履模式

王安石提出尽性、循礼乐的修养之道，其目的则在于成为圣人，但圣人不能仅仅停留在对道理的理解上，还要进一步在日常的人伦日用中践履这种圣人之道。传统儒学是极其重视日常的人伦道德行为对于人格的熏陶和培养的，孔子、孟子等人无不推崇孝德就是一个明证。儒学的一个核心观念就是将父子间的血缘亲情之爱按照爱有差等的原则推广出去，从而形成一个秩序井然的层级社会。王安石也十分重视以孝为中心的宗族人伦道德，但由于他持有以个人实体为中心的人生价值观，又接受了佛、道二教思想的影响，使他自觉不自觉地偏离了儒家学派的基本立场。

在《荀卿》一文中，王安石写道："荀卿载孔子之言曰：'由，智者若何？仁者若何？'子路曰：'智者使人知己，仁者使人爱己。'子曰：'可谓士矣。'子曰：'赐，智者若何？仁者若何？'子贡曰：'智者知人，仁者爱人。'子曰：'可谓士君子矣。'曰：'回，智者若何？仁者若何？'

颜渊曰：'智者知己，仁者爱己。'子曰：'可谓明君子矣。'是诚孔子之言欤？吾知其非也。夫能近见而后能远察，能利狭而后能泽广，明天下之理也。故古之欲知人者必先求知己，欲爱人者必先求爱己，此亦理之所必然，而君子之所不能易者也。……故知己者，智之端也，可推以知人也；爱己者，仁之端也，可推以爱人也。夫能尽智、仁之道，然后能使人知己、爱己。是故能使人知己、爱己者，未有不能知人、爱人者也；能知人、爱人者，未有不能知己、爱己者也。今荀卿之言，一切反之，吾是以知其非孔子之言而为荀卿之妄矣。杨子曰：'自爱，仁之至也。'盖言能自爱之道，则足以爱人耳，非谓不能爱人而能爱己者也。噫，古之人爱人不能爱己者有之矣，然非吾所谓爱人，而墨翟之道也。若夫能知人而不能知己者，亦非吾所谓知人矣。"[1]

在这篇文章里，王安石从批评荀子的观点入手，阐述了他自己的推己及人的人伦践履之道。首先，王安石用日常生活中的经验来作类比推理，证明能够知人、爱人的人要比仅仅知己、爱己的人高尚，从而认为荀子所引用的孔子的话一定不可靠。其次，王安石重视知人、爱人，但却反对那种只知人、爱人而却不能知己、爱己的人，认为这是墨翟兼爱的做法，也是不正确的。最后，在上述论述的基础上，王安石提出了自己的观点，即以知己、爱己为基础，向外推广到知人、爱人，然后再进一步做到使人知己、爱己，这才是理想的人伦践履之道。在这篇文章里，王安石把知己、爱己作为智之端和仁之端，这个观点在传统儒学中是罕见的，其理论思路明显偏向于先秦时代讲为己的杨朱学派，不过，王安石又认为不能停留在为己上，还要进一步由为己推及为人，这是将儒学的济世救人与杨朱的为我结合起来了。王安石曲意辩护扬雄的"自爱，仁之至也"的命题，也是要说明他自己以为己作为为人基础的思想。

从《荀卿》一文中可以看出，王安石讲人伦践履、群己关系时，重视在为己的基础上进一步扩展到为人，将为己与为人结合起来，这一思想在《杨墨》一文中有更清晰的阐明，他写道："杨墨之道，得圣人之一而废其百者是也。圣人之道，兼杨墨而无可无不可者是也。墨子之道，摩顶放踵以利天下，而杨子之道，利天下拔一毛而不为也。……是故由杨子之

---

[1] 王安石：《王文公文集》（上册）卷26，上海人民出版社1974年版，第307—308页。

道则不义,由墨子之道则不仁,于仁义之道无所遗而用之不失其所者,其唯圣人之徒欤?二子之失于仁义而不见天地之全,则同矣,及其所以得罪,则又有可论者也。杨子之所执者为己,为己,学者之本也。墨子之所学者为人,为人,学者之末也。是以学者之事必先为己,其为己有余而天下之势可以为人矣,则不可以不为人。故学者之学也,始不在于为人,而卒所以能为人也。今夫始学之时,其道未足以为己,而其志则已在于为人也,则亦可谓谬用其心矣。谬用其心者,虽有志于为人,其能乎哉?由是言之,杨子之道虽不足以为人,固知为己矣。墨子之志虽在于为人,吾知其不能也。呜呼,杨子知为己之为务,而不能达于大禹之道也,则亦可谓惑矣。墨子者,废人物亲疏之别,方以天下为己任,是其所欲以利人者,适所以为天下害患也,岂不过甚哉?故杨子近于儒,而墨子远于道,其异于圣人则同,而其得罪则宜有间也。"①

在这篇文章里,王安石分析了杨朱、墨翟思想与儒家学说的差异,并对杨朱、墨翟二者之间进行了比较,我们从中可以抽绎出王安石的三个主要论点,即1. 杨朱为己、墨翟为人,为己是仁,为人是义,仁与义结合起来才是全面完整的人伦之道,杨朱、墨翟二人各执一端,都偏离了儒家大道;2. 杨、墨相比较,杨朱的观点更接近于儒学,因为他提倡为己之学,抓住了本,而墨子提倡为人之学,只抓住了末;3. 正确的为学、为人之道应该是以杨朱为己为基础,然后依据人物亲疏之别,按照爱有差等的原则向外推衍,最终达到为人的境界。

我们从《荀卿》、《杨墨》等文章中可以看出,王安石提出了一个以为己为本、为人为末,按照爱有差等的原则向外推衍的人伦践履模式。表面上看起来,王安石批评了荀子、杨朱、墨翟而坚持了儒家的正确学说,而且王安石自己也自认为是在发扬儒家学说,但深入研究就会发现,王安石的思想在根本立足点上偏离了儒学以孝德为中心的核心伦常观。

首先,王安石将知己、爱己定为智之端、仁之端,并把这称作为己之学,是做人的根本,这个观点和儒学传统是有差别的。孔子讲过"古之学者为己,今之学者为人",②但这里的为己之学意思是指人应该提高内在的

---

① 王安石:《王文公文集》(上册)卷26,上海人民出版社1974年版,第308—309页。
② 杨伯峻:《论语译注》,中华书局1980年版,第154页。

德性、智性修养而不要为了猎取功名富贵而学。王安石却把为己理解为知己、爱己，并且提出"是以学者之事必先为己，其为己有余而天下之势可以为人矣，则不可以不为人。故学者之学也，始不在于为人，而卒所以能为人也"。这样就把"为己"变成了一种以实体存在的自我为中心的人生价值观，这和传统儒学克制自我以爱君父的价值观是根本相违背的。

其次，王安石认为杨朱讲为己，墨翟讲为人，而儒学的圣人之道则是将为己与为人结合起来而不偏于一端，以为己为本按照爱有差等的原则推衍出去达到爱人的境界。王安石的这个理解与正统儒学的观点是有分歧的，儒学与杨朱、墨翟的区别不仅在于爱人与不爱人、爱有差等与爱无差等，更为重要的区别在于，儒学一贯是从社会关系中来定位人，而不是以独立的个人来作为构建社会关系的实体基础的，儒学的推己及人是推己的爱父、爱君之情于他人以至天地万物，这与杨朱、墨翟是根本不同的。孔子提出："君君，臣臣，父父，子子。"① 孟子认为："仁之实，事亲是也；义之实，从兄是也；智之实，知斯二者弗去是也；礼之实，节文斯二者是也；乐之实，乐斯二者。"② 孟子还进一步提出了一个亲亲、仁民、爱物的伦常关系模式，他说："君子之于物也，爱之而弗仁；于民也，仁之而弗亲。亲亲而仁民，仁民而爱物。"③ 宋代的张载继承孔子、孟子等前代儒家学者的思想，作《西铭》，提出了一个更加完备的人与人、人与天地万物的关系模式，在当时和后世以至现代都有极大影响。孔子、孟子、张载等人的伦常关系模式以父子关系为核心向外推衍，同时，在家国同构的中国古代，君与父是合一的，我与父的关系同时也就是我与君的关系。这一关系模式可以作图示如下：

$$\text{我与父（君）} \quad \text{与亲} \quad \text{与民} \quad \text{与物}$$

这一模式的核心是父家长制下的孝德，父尊子卑的父子关系本身被作为第一条自然法则同时也是第一条社会人伦法则，一切人伦关系以至人与自然的关系都是从这一关系出发按照爱有差等的原则推衍出来的。儒家学

---

① 杨伯峻：《论语译注》，中华书局1980年版，第128页。
② 杨伯峻：《孟子译注》，中华书局1960年版，第183页。
③ 同上书，第322页。

者是不会也不忍在我与君、父之间进行孰重孰轻的价值判断,更不会得出我重而君、父轻的结论。而王安石却把为己作为人生之本,认为只要将为己与为人结合起来就是儒学的大道,这也可以图示如下:

（我）　　与父（君））　　与亲）　　与民）　　与物）

通过上面的比较,我们可以看出王安石对人伦关系的认识和正统儒学的观点相去甚远,他以独立的自我作为一切人伦关系的实体基础,他强调人格的独立与自我价值,这对儒学以宗法制度为依托的孝文化是一个致命的背离。

王安石有两首《明妃曲》,可以作为他这种人生观的注脚。宋仁宗嘉祐四年,王安石以汉元帝时因"和亲"而远离故国的王昭君的身世为素材,创作了两首《明妃曲》,其一为:"明妃初出汉宫时,泪湿春风鬓脚垂。低回顾影无颜色,尚得君王不自持。归来却怪丹青手,入眼平生未曾有。意态由来画不成,当时枉杀毛延寿。一去心知更不归,可怜著尽汉宫衣。寄声欲问塞南事,只有年年鸿雁飞。家人万里传消息,好在毡城莫相忆。君不见咫尺长门闭阿娇,人生失意无南北。"其二为:"明妃初嫁与胡儿,毡车百辆皆胡姬。含情欲说独无处,传与琵琶心自知。黄金捍拨春风手,弹看飞鸿劝胡酒。汉宫侍女暗垂泪,沙上行人却回首。汉恩自浅胡自深,人生乐在相知心。可怜青冢已芜没,尚有哀弦留至今。"①

王安石这两首诗立意别致、文辞优美,一出世就得到了众多文人士大夫的激赏,当时的文坛名家欧阳修、刘敞、司马光、曾巩等人都有和诗,后人对这两首诗也颇多赞誉之词。但是,在另一方面,从这两首诗产生之日起,就不断有人从维护儒家纲常名教的角度对之大加挞伐,以至骂王安石为禽兽。宋代著名诗人黄庭坚在跋王安石此诗时说:"往岁道出颖阴,得见王深父先生,最承教爱,因语及荆公此诗,庭坚以为辞意深尽无遗恨矣。深父独曰不然,孔子曰:'夷狄之有君,不如诸夏之亡也。''人生失意无南北'非是。"②南宋时,范冲在答对宋高宗时说:"臣尝于言语文字之间,

---

① 王安石:《王文公文集》（下册）卷40,上海人民出版社1974年版,第472页。在《四皓》一诗中,王安石写道:"采芝商山中,一啸汉与秦。灵珠在泥沙,光景不可昏。道德虽避世,余风回至尊。嫡孽一朝正,留侯果知言。出处但有礼,废兴岂所存。"也表达了和《明妃曲》同样的思想倾向。见王安石《王文公文集》（下册）卷38,上海人民出版社1974年版,第445页。

② 李壁:《王荆文公诗笺注》卷6,中华书局1958年版,第66页。

得安石之心，然不敢与人言，且如诗人多作《明妃曲》，以失身胡虏为无穷之恨，读之者至于悲怆感伤。安石为《明妃曲》，则曰：'汉恩自浅胡自深，人生乐在相知心。'然则刘豫不是罪过，汉恩自浅而虏恩深也。今之背君父之恩投拜而为盗贼者，皆合于安石之意。此所谓坏天下人心术。孟子曰：'无父无君，是禽兽也。'以胡虏有恩而遂忘君父，非禽兽而何？"①

王深父、范冲站在维护儒家纲常名教的立场上，攻击王安石的《明妃曲》背离了华夷之辨和君臣大义，他们的言论或有过激之处，但的确抓住了问题的实质。但是，我们若是再深一步推敲的话，就可以看出，王安石之所以会写出背离华夷之辨、君臣大义的诗句，实在是根植于他的以个体自我为中心的人生价值观。王安石在上述两首诗中，分别从失意和得意的角度拟写了王昭君的心态，即所谓"人生失意无南北"和"汉恩自浅胡自深，人生乐在相知心"，他用来评价事件的标准是自我的幸福与否，而不是君主与王朝，而这一点正是这首诗受到赞赏和攻击的关键。②"和亲"政策在历史上的确起到了维持暂时和平、加强民族之间交往的作用，但是，对于作为"和亲"政策的实际承担者如王昭君等某个具体的个

---

① 李壁：《王荆文公诗笺注》卷6，中华书局1958年版，第67页。
② 现代的一些研究者，一方面不敢对整体利益至上的价值标准有所分析，另一方面他们又是王安石变法的赞成派，这样，王安石不爱国在他们的心目中就形成了一个悖论，所以，他们就想办法重新解释王安石的这两首诗，使它和整体利益价值观不冲突。朱自清先生认为，"汉恩自浅胡自深"这句话在王安石的诗里是护送王昭君的胡人所说的，而不是王昭君的话，所以就谈不上背离华夷之辨的问题了。不过，就王安石这首诗的前后语境看，朱先生的这种解释有点牵强附会。郭沫若先生则认为，"汉恩自浅胡自深"中的两个自字都是表示自己的意思，而不是表示自然的意思，"汉恩自浅胡自深，人生乐在相知心"这两句诗的意思是说，浅就浅他的，深就深他的，我都不管，我所要求的是知心人。换句话说，这两句诗的意思是说，汉恩浅我也不怨，胡恩深我也不恋。通过郭先生这样一解释，王安石的《明妃曲》自然就没有置个人、外族于国家、本族之上的思想了。邓广铭先生对这两首诗的解释也从曲意回护王安石的角度，广征博引各种材料来论证王安石没有置外族于本族之上的思想，但他的实在证据也还是郭沫若先生的那种对"自"字的解释。即使我们承认郭沫若先生对"自"字的解释，也仍然推翻不了王安石是信奉以个体自我为中心的人生价值观的。朱自清、郭沫若、邓广铭等先生之所以会作出这样的努力，实在是他们不敢挑开个人与家国在价值上矛盾的一面。就这一点而论，今人的价值观竟然落后于古人。参见朱传誉主编《王安石传记资料》第五册《论王安石的明妃曲》，天一出版社1982年版；郭沫若：《王安石的〈明妃曲〉》，《郭沫若古典文学论文集》，上海古籍出版社1985年版，第645—649页；邓广铭：《北宋政治改革家王安石》第一章第四节之五《为王安石的〈明妃曲〉辨诬》，人民出版社1997年版，第45—50页。

人来说，则是完全另外的一种境况。民族、王朝就是具体时代、地域的人群，超越每个具体的人之上的所谓民族、王朝往往只是统治集团、既得利益者们虚构的共同体。作为人群的民族、王朝应该追求最大数量人的最大幸福，应该尊重构成民族、王朝根本的每个人的基本人权，一个民族、一代王朝把柔弱的女子当作牺牲品来保全自身，那么它只应该为此羞愧，而没有资格一定要这个女子在灵魂深处忠于君父。王安石站在人道主义、个人主义的立场上，对蒙在家国、王朝面纱下遭受不幸的王昭君寄予了真挚的同情和衷心的祝福，表现出一个古代士大夫正直、善良的品格，和那些在不幸者脸上涂抹美丽油彩的御用文人比较起来，王安石的人品是值得赞佩的。

中国传统的儒学是以讲做人之学为特色的，但儒学的人学并不是作为实体存在的个人之学，而是关于人际关系的人伦之学。从人伦关系中来定位人是儒学的核心观念，宋代以前的孔子、孟子、荀子等大儒的观点是这样，宋明道学也是这样。和王安石大致同时，以张载、程颢、程颐为代表的道学奠基人物在核心的伦常观上与王安石是大不相同的，道学家们将以父子关系为核心的礼教上升到天理的高度，他们认为天理代表着完美的宇宙状态、秩序，人生的目标就在于体认这个天理，从而使自己在这个天理世界中正确地定位，认同自己的社会角色。正统儒学中也有人强调人格的独立价值，如陆九渊、王守仁等，但他们都是在肯定人伦关系的前提下去强调个人的独立性、创造性，这个传统可以追溯到孟子，但并没有违背纲常名教。在强调人格的独立性、创造性方面，陆九渊等人有和王安石接近的地方，但他们是不会赞同王安石以个人为实体来构建人伦关系的，更不会认同王安石的个人主义价值观的。在群己关系上，他们不同于王安石的有我论，也不同于佛教的无我论，而是一种没有我自体的有我，孝敬父母、忠于君主的我是有的，但追求个体存在权力、利益的我却是没有的、是不允许有的、也是儒学所大力宣扬的所有的道德修养所要去除的。[①] 王安

---

① 比如王守仁讲到儒学的爱有差等时就认为："禽兽与草木同是爱的，把草木去养禽兽，又忍得。人与禽兽同是爱的，宰禽兽以养亲，与供祭祀，燕宾客，心又忍得。至亲与路人同是爱的，如箪食豆羹，得则生，不得则死，不能两全，宁救至亲，不救路人，心又忍得。这是道理合该如此。及至吾身与至亲，更不得分别彼此厚薄。盖以仁民爱物，皆从此出；此处可忍，更无所不忍矣。"王守仁所说的"及至吾身与至亲"正是儒学伦常观的基石。而王安石在这一点上恰恰与之不同。参见王阳明《传习录下》，《王阳明全集》（上册），上海古籍出版社1992年版，第108页。

石在根本的人伦践履之道上偏离了正统儒学，循此途径所成就的理想人格可能是建功立业的英雄豪杰，而不会是宋明道学家眼里的醇儒。

第五节　王安石对儒学士人出处进退之道的体认

人生在世，如何处理好个人与自然、社会、他人的关系，如何在日常生活中恰当地处理好自己的言行，履行自己做人的职责，这在传统儒学中被称为出处进退之道，是作为士大夫阶层的儒家学者们都要面临的一个切身问题。儒家自孔子、孟子以来就提倡积极入世、济世救民的理想，但理想与现实之间并不一致，每一个儒者都需要在复杂的社会关系中作出自己的决断。

王安石的出处进退之道以孔、孟儒学的基本精神为依据。在《答韩求仁书》中，他写道："昔之论人者，或谓之圣人，或谓之贤人，或谓之君子，或谓之仁人，或谓之善人，或谓之士。《微子》一篇，记古人出处去就，盖略有次序。其终所记八士者，其行特可谓之士而已矣。"[①] 在《答刘读秀才书》中，王安石又写道："见问进退去就之意盖道之所存，意有所不能致，而意之所至，言有所不能尽。第深考《微子》一篇，则古之圣人君子，所以趋时合变，盖可睹矣。"[②] 王安石反复劝说后学者学习《论语》，从中体察圣人的出处进退之道，王安石本人也是通过对孔子、孟子等大儒观点的解说的形式，对人生境遇中的各种问题提出了自己的处理方法。

一　出世与入世

在讨论中国古代士大夫的出处进退之道时，有两个概念经常被混杂使用，这就是出世与退隐，实际上这两个概念的意义是大不相同的。出世是与入世相对而言的，指的是僧人、道士那种抛弃家庭、否定伦常关系的生活方式；而退隐却是与入仕相对而言的，指的是不企求建功立业、甘于做普通百姓的生活方式。与出世相对，退隐与入仕都可以说是入世的生活

[①]　王安石:《王文公文集》（上册）卷7，上海人民出版社1974年版，第80页。
[②]　同上书，第88页。

方式。

关于出世、入世、退隐、入仕的划分其实都是就外表现象上说的,究其根本,则这几种生活方式的不同在于它们处理以父子、兄弟、夫妇为代表的宗法伦常关系和以君臣为代表的宗法政治关系即三纲五常的态度上的差异,大致讲来可以分为五类:1. 完全抛弃三纲五常的,这可以汉代以降的僧人、道士为代表,属于出世的生活方式。2. 不抛弃父子、兄弟、夫妇等人伦关系而反对君臣关系的则介于出世与退隐之间,可以先秦时代典籍记载的一些著名隐士如许由、卞随、务光等人为代表,先秦时期的道家学派基本上属于这一种。在佛教未传入中国之前,中国古代并没有严格意义上的完全抛弃人的社会关系的出世,那时候的出世往往就是拒绝参与政治等社会事务的意思。3. 对于三纲五常均加以遵守但拒绝参加政治事务的,这可算是秦汉以下大一统社会里正宗的隐士,正统儒学对这种生活方式虽然不加提倡但也加以宽容,但这种类型的隐士很难做到始终如一,往往在政治、经济等多种因素影响下改变自己的操守。4. 奉三纲五常为圭臬,积极参与社会政治事务,但在仕途不得意或是社会混乱无仕可入的情况下也愿意退隐的,这则是士大夫阶层的普遍价值取向,也是儒家学派所认可的出处进退之道。5. 把纲常名教作为天理,自觉履行自己的伦理、政治使命,没有一刻放松,鞠躬尽瘁、死而后已,像稍早于王安石的宋代著名政治家范仲淹在《岳阳楼记》一文中就说:"居庙堂之高,则忧其民;处江湖之远,则忧其君。是进亦忧,退亦忧,然则何时而乐耶?其必曰:先天下之忧而忧,后天下之乐而乐!"[①] 这是儒家学派所推崇的理想的人生之路。

王安石在出世与入世问题上是赞同儒家学派的主张的,而对于佛教、道家等抛弃伦常、政治等社会关系的出处进退之道给予了批评。在《送潮州吕使君》一诗中,王安石写道:"……有若大颠者,高材能动人。亦勿与为礼,听之汩彝伦。同朝叙朋友,异姓接昏姻。恩义乃独厚,怀哉余所陈。"[②] 大颠是唐代与韩愈过从甚密的一个僧人,王安石在这首诗里劝自己的朋友不要与像大颠这样抛弃人伦关系的僧人交往,而应该有正常的

[①] 范仲淹:《岳阳楼记》,《全宋文》,巴蜀书社1990年版,第9册第776页。
[②] 王安石:《王文公文集》(下册)卷42,上海人民出版社1974年版,第485页。

社会交往和人伦关系。在《涓涓乳下子》一诗中，王安石写道："於陵避兄食，织屦仰妻子。恩义有相夺，洁身非至理。"① 这里的於陵指的是战国时的陈仲子，传说他放弃了贵族的地位，带着老婆、孩子自食其力，并且拒绝了兄长的馈赠，王安石批评了这种只求独善其身而放弃人伦关系等社会责任的生活方式。在《彼狂》一诗中，王安石写道："上古杳默无人声，日月不忒山川平，人与鸟兽相随行，祖孙一死十百生。万物不给乃相兵，伏羲画法作后程。渔虫猎兽宽群争，势不得已当经营，非以示世为聪明。方分类别物有名，夸贤尚功列耻荣。蛊伪日巧雕元精，至言一出众辄惊，上智闭匿不敢成，因时就俗救刖黥。惜哉彼狂以文鸣，强取色乐要聋盲，震荡沈浊终无清。诙诡徒乱圣人氓，岂若泯默死蠢耕。"② 这是对那种鼓吹上古没有君主、国家的理想社会而反对后世礼乐刑政的观点的批评。据《论语》记载，孔子曾受到当时许多隐逸之士的讽刺，其中就有一个叫狂接舆的，王安石的这首诗可能就是因此而发的。在《雄聃》一诗中，王安石写道："雄也营身足，聃兮误汝多。捐书知圣已，绝学奈禽何？"③ 在这里，王安石认为像扬雄那样的儒者式的生活方式是正确的，而像老子那样放弃礼乐文明，就和禽兽没有什么差别了。

二　仕与隐

王安石站在儒学立场上，对于提倡出世的佛、道学说给予了批评，坚持了遵循纲常名教的生活方式。但是，作为一个积极入世的士人，由于主观、客观的各种原因，他仍然会遇到诸如为官还是为民的机遇和抉择，究竟是应该入仕还是应该退隐，在何种条件下入仕，又在何种条件下退隐，这都是像王安石这样的古代士大夫所极为重视的问题。

王安石本人的生涯中也有过入仕和退隐的不同经历，仕与隐的关系问题与其亲身体验紧密契合。王安石于庆历二年三月登进士第，步入仕途，随后数十年历任地方和中央政府的各种官职。宋仁宗嘉祐八年八月，王安石的母亲去世，遂退居江宁守丧，由于和当时的执政不和、自己的政治主

---

① 王安石：《王文公文集》（下册）卷39，上海人民出版社1974年版，第456页。
② 王安石：《王文公文集》（下册）卷51，上海人民出版社1974年版，第576页。
③ 王安石：《王文公文集》（下册）卷73，上海人民出版社1974年版，第775页。

张得不到采纳等原因,此后的四年中王安石在江宁收徒讲学,辞却了朝廷的多次任职。治平四年正月,宋英宗薨,宋神宗即位,随即起用才学、声望卓著的王安石予以重任,王安石也感激宋神宗的知遇之恩,君臣契合无间,掀起了轰轰烈烈的变法运动。当王安石由江宁赴京师时,有人从颂扬隐逸的角度批评王安石的行为,王安石则作诗辩解,其《松间》一诗写道:"偶向松间觅旧题,野人休诵北山移。丈夫出处非无意,猿鹤从来不自知。"① 李壁在这首诗下面的注解中写道:"《石林诗话》云:王介,字中甫,衢州人,与荆公游,甚欵,然未尝降意相下。熙宁初,荆公以翰林学士被召。前此屡召不起,至是始受命。介以诗寄公云:'草庐三顾动春蛰,蕙帐一空生晓寒。'盖有所讽。公得之大笑,他日作诗,有'丈夫出处非无意'之句,盖为介发也。"② 从这首诗和这段典故可以看出,王安石对于一意尊崇退隐的观点是不赞同的。

作为一个通过科举考试进入官僚阶层的士人,不管是出于人生抱负还是出于经济原因,王安石都是不可能完全反对入仕的,也不能赞成退隐高于入仕的价值判断。在《答陈正叔》一诗中,王安石写道:"天马志万里,驾盐不如闲。壮士困局束,不如弃之完。利行有轨辙,势涉无恬澜。明明千年羞,促促一日欢。孰肯避此世?引身取平宽。超然子有意,为我歌《考槃》。予方慕孔氏,委吏久盘桓。得失未云殊,聊略趋所安。"③ 在这首诗里,王安石引孔子曾经做过"委吏"来说明自己入仕的合理性,他的结论是士人的出处进退应当求自己的心之所安,而不必考虑得失。

王安石还写有《禄隐》一文,详细地论述了自己对于入仕与退隐关系的态度,他写道:"孔子叙逸民,先伯夷、叔齐而后柳下惠,曰:'不降其志,不辱其身,伯夷、叔齐也,柳下惠降志辱身矣。'孟子叙三圣人者,亦以伯夷居伊尹之前,而杨子亦曰:'孔子高饿显,下禄隐。'……曰:圣贤之言行,有所同,而有所不必同,不可以一端求也。同者道也,不同者迹也,知所同而不知所不同,非君子也。夫君子岂固欲为此不同哉?盖时不同,则言行不得无不同,唯其不同,是所以同也。如时不同而

---

① 李壁:《王荆文公诗笺注》卷44,中华书局1958年版,第607页。
② 同上。
③ 王安石:《王文公文集》(下册)卷41,上海人民出版社1974年版,第479—480页。

固欲为之同，则是所同者迹也，所不同者道也。迹同于圣人而道不同，则其为小人也孰御哉？世之士不知道之不可一迹也久矣。圣贤之宗于道，犹水之宗于海也。水之流，一曲焉，一直焉，未尝同也；至其宗于海，则同矣。圣贤之言行，一伸焉，一曲焉，未尝同也；至其宗于道，则同矣。故水因地而曲直，故能宗于海；圣贤因时而屈伸，故能宗于道。孟子曰：'伯夷、柳下惠，圣人也，百世之师也。'如其高饿显，下禄隐，而必其出于所高，则柳下惠安拟伯夷哉？杨子曰：'涂虽曲而通诸夏，则由诸；川虽曲而通诸海，则由诸。'盖言事虽曲而通诸道，则亦君子所当同也。由是而言之，饿显之高，禄隐之下，皆迹矣，岂足以求圣贤哉？唯其能无系累于迹，是以大过人也。如圣贤之道皆出于一而无权时之变，则又何圣贤之足称乎？圣者，知权之大者也；贤者，知权之小者也。昔纣之时，微子去之，箕子为之奴，比干谏而死。此三人者，道同也，而其去就若此者，盖亦所谓迹不必同矣。《易》曰：'或出或处，或默或语。'言君子之无可无不可。使杨子宁不至于耽禄于弊时哉？盖于时为不可去，必去，则杨子之所知亦已小矣。"① 在这篇文章里，王安石以历史上著名的人物伯夷、叔齐、柳下惠、微子、箕子、比干等人的生平为题目，以解说孔子、孟子、扬雄的相关论述为形式，阐明了自己对仕与隐关系的看法。王安石认为，士人出处进退之道的根本点是要抓住道与时，要按照道来决定自己的言行，道是一定的，但遵循道的方式却是多样的，要根据当时的时势而定，不必强求一律，该入仕的时候就入仕，该退隐的时候就退隐，仕与隐并没有高下之别。

  王安石在其诗文中论述仕与隐之间的关系，认为士大夫应该在道与时的背景下妥善地处理好二者间的关系，做到济世救民与明哲保身的同一。但在现实中真正实现二者的统一却是相当困难的，王安石自己也常为此苦恼，并且常常流露出退隐以求逍遥的思想。在《次韵酬朱昌叔六首》之一中，王安石写道："点也自殊由与求，既成春服更何求？拙于人合且天合，静与道谋非食谋。未爱京师传谷口，但知乡里胜壶头。嗟予老矣无一事，复得此君相与游。"② 在这首诗里，王安石对《论语·

---

 ① 王安石：《王文公文集》（上册）卷28，上海人民出版社1974年版，第331—332页。
 ② 王安石：《王文公文集》（下册）卷54，上海人民出版社1974年版，第609页。

先进》篇中曾皙所描绘的那种自由自在的生活深表羡慕。当王安石罢相以后，他就归隐于江宁的旧居，吟诗著述、流连于山水之间，度过了人生中的最后十年。

王安石一生始终在仕与隐的矛盾中徘徊，这种情绪反映在他的许多诗歌中，从中往往能够看到王安石对于人生境遇的真实想法。在《食黍行》一诗中，王安石写道："周公兄弟相杀戮，李斯父子夷三族。富贵常多患祸婴。贫贱亦复难为情。身随衣食南与北，至亲安能常在侧。谓言黍熟同一炊，欻见陇上黄离离。游人中道忽不返，从此食黍还心悲。"① 在《池雁》一诗中，王安石写道："羽毛催落向人愁，当食哀鸣似有求。万里衡阳冬欲暖，失身元为稻粱谋。"② 在这两首诗中，王安石对于因为追求功名富贵而给人们带来的痛苦作了深刻的揭示，表现了对平静、安宁生活的向往，也透露出对于士人生存困境的无奈和悲伤。在《读蜀志》一诗中，王安石写道："千载纷争共一毛，可怜身世两徒劳。无人语与刘玄德，问舍求田意最高。"③ 在这首诗里，王安石认为争夺天下的事业是没有什么价值的，只有平静、安宁的生活才是最值得珍惜的。而在《凤凰山二首》之二诗中，王安石甚至向往去过及时行乐的生活，他写道："欢乐欲与少年期，人生百年常苦迟。白头富贵何所用，气力但为忧勤衰。愿为五陵轻薄儿，生在贞观开元时。斗鸡走犬过一生，天地安危两不知。"④ 但是，王安石虽然厌弃仕途的险恶和外在功名富贵的虚幻，幻想去过无忧无虑的逍遥生活，却仍然不能忘情于世，仍然有建功立业的远大抱负，这是他作为一个士人的使命和职责。在《王章》一诗中，王安石写道："志士轩昂非自谋，近臣当为国深忧。区区女子无高意，追念牛衣暖即休。"⑤ 王章是汉代的大臣，当他贫困时，他的妻子劝他积极进取，但当他富贵之后，他的妻子就转过来劝他要保守住富贵，不要再去冒风险求功名了，王安石在这首诗里嘲笑了这种不思进取的想法。

---

① 王安石：《王文公文集》（下册）卷37，上海人民出版社1974年版，第439页。
② 王安石：《王文公文集》（下册）卷77，上海人民出版社1974年版，第834页。
③ 王安石：《王文公文集》（下册）卷73，上海人民出版社1974年版，第781页。
④ 王安石：《王文公文集》（下册）卷47，上海人民出版社1974年版，第535页。
⑤ 王安石：《王文公文集》（下册）卷73，上海人民出版社1974年版，第779页。

三　君臣之际

作为一个古代时代的士大夫，站在儒家学派的立场上，王安石自觉地选择了积极入世的生活方式，这就意味着要在复杂的社会关系中履行自己的义务，而以君臣、父子等为主体的社会关系是每一个士人都必须在日常生活中妥善解决的问题。王安石一生仕宦几十年并位至执政，如何处理好君臣关系，如何正确履行自己作为臣子的职责，这些都是和他切身相关的问题，也是他曾经反复讨论过的话题。在士人的交往关系中，王安石对于政治上的君臣关系论述较多，而不太注重探讨伦理上的父子、夫妇关系，这是与同时和稍后的道学家们很不同的。王安石对于君臣关系及为臣之道的理解，较多地注意到作为臣子一方的独立性，而和那种片面强调臣子绝对服从君主的盲目忠君思想大不相同。

王安石对于君臣关系的存在原因探讨的很少，他所关心的主要是君臣之间如何对待的问题。传统儒学在这个问题上一直存在有度的把握的分歧。《论语·八佾》中说："君使臣以礼，臣事君以忠。"[①] 孔子所讲的礼是周礼，其中自有一套关于君臣关系的规定，要求臣子尽忠于君主，但也要求君主按照礼的规定来对待臣子。《孟子·离娄下》中说："君之视臣如手足，则臣视君如腹心；君之视臣如犬马，则臣视君如国人；君之视臣如土芥，则臣视君如寇雠。"[②] 虽然在孟子的比喻关系中，臣的地位都要比君低一层，但二者之间的关系却是相应的，臣子并非可由君主任意支配。孔、孟等先秦儒者的君臣观还是相当开明的。但是，秦汉大一统社会建立后，君主专制集权制度得到了进一步加强，反映在君臣关系上，就是一味要求臣子绝对服从君主，而不提君主在对待臣子时应有的权力限制。

王安石生活的北宋时期，是一个文化发达、士大夫阶层力量壮大的朝代，皇帝对于士人也是相当尊重的，史书记载宋王室立有不杀士大夫的祖训。王安石有关君臣关系的论述既有时代原因，也是对早期儒学传统的发挥。在《谢除史馆表》中，王安石写道："唯成汤之听伊尹，与傅说之遇高宗，皆以疏远而相求，何其亲厚而独至。盖所趣非由于二道，故所为若

[①] 杨伯峻：《论语译注》，中华书局1980年版，第30页。
[②] 杨伯峻：《孟子译注》，中华书局1960年版，第186页。

第二章 王安石的儒学思想

出于一身,夫岂干越夷貉之异心,是谓元首股肱之同体。二臣既以此获展事君之义,两君亦以此得成理物之功。苟非其人,孰与于此。"① 王安石认为君臣之间应该相互仁爱,遵循共同的道义,同心同德,要像头脑和四肢的关系那样和谐统一。在《谢知制诰表》中,王安石写道:"盖君之视臣,不使同犬马之贱,则下之报上,亦欲致冈陵之崇。"② 这和孟子的相关论述是一致的。

王安石还写有《上曾参政书》,对于君臣关系作了详细的阐述,他写道:"论者或以为事君,使之左则左,使之右则右,害有至于死而不敢避,劳有至于病而不敢辞者,人臣之义也。某窃以为不然。上之使人也,既因其材力之所宜,形势之所安,则使之左则左,使之右则右,可也。上之使人也,不因其材力之所宜,形势之所安,上将无以报吾君,下将无以慰吾亲,然且左右惟所使,则是无义无命,而苟悦之为可也。害有至于死而不敢避者,义无所避之也;劳有至于病而不敢辞者,义无所辞之也。今天下之吏,其材可以备一道之使,而无不可为之势,其志又欲得此以有为者,盖不可胜数。则某之事,非所谓不可辞之地,而不可避之时也。论者又以为人臣之事其君,与人子之事其亲,其势不可得而兼也。其材不足以任事,而势不可以去亲之左右,则致为臣而养可也。某又窃以为不敢。古之民也,有常产矣,然而事亲者,犹将轻其志、重其禄,所以为养。今也仕则有常禄,而居则无常产,而特将轻去其所以为养,非所谓为人子事亲之义也。且某之材,固不足以任使事矣,然尚有可任者,在吾君与吾相处之而已尔。固不可以去亲之左右矣,然仕岂有不便于养者乎?在吾君与吾相处之而已尔。"③ 在王安石看来,那种不管臣子的死活,一味要求臣子尽忠于君主的观点是不对的,君主在使用臣子时,要考虑到臣子的才能、志趣、需求,尽量寻找到双方都满意的方式。王安石还特别提到古代的士人都有固定资产,他们即使不做官也可以赡养父母、妻子,而现在的士人就是靠俸禄过活,他们做官也有为衣食谋的原因,君主和执政要考虑到这种因素,而给予特别的关照,使他们能够做到事君和养亲的统一。王安石

---

① 王安石:《王文公文集》(上册)卷18,上海人民出版社1974年版,第209页。
② 同上书,第205页。
③ 王安石:《王文公文集》(上册)卷2,上海人民出版社1974年版,第22—23页。

在论君臣关系时,十分注意维护臣子的权益,并且有某种讨价还价的味道,这在正统儒学中是少见的。不过,王安石也认为臣子有为君主尽忠不避劳苦甚至死亡的时候,但那是在义之所需的时候。

王安石肯定臣子对于君主有其独立人格和基本权力,但他也十分重视臣子应尽的义务和事君的准则问题。在《谏官》一文中,王安石写道:"称其德,副其材,而命之以位也。循其名,傃其分,以事其上而不敢过也。此君臣之分也,上下之道也。……孔子曰:'必也正名乎!'正名也者,所以正分也。然且为之,非所谓正名也。身不能正名,而可以正天下之名者,未之有也。蚳蛙为士师,孟子曰:'似也,为其可以言也。'蛙谏于王而不用,致为臣而去。孟子曰:'有言责者不得其言则去,有官守者不得其守则去。'"① 王安石按照循名责实来理解孔子、孟子的有关议论,要求臣子在其位则谋其政。在《上田正言书二》之二中,王安石就用他的这套理论来劝人尽忠职守,认为臣子如果不能尽职就应该辞职,他写道:"国之疵、民之病亦多矣,执事亦抵职之日久矣。向之所谓疵者,今或痤然若不可治矣;向之所谓病者,今或痼然若不可起矣。曾未闻执事建一言寤主上也。……复有为执事解者曰:'盖造辞而言之矣,如不用何?'是又不然。臣之事君,三谏不从则去之,礼也。执事对策时,常用是著于篇。今言之而不从,亦当不翅三矣。虽惓惓之义,未能自去,孟子不云乎:'有言责者,不得其言则去。'盍亦辞其言责邪?执事不能自免于疑也必矣。虽坚强之辩,不能为执事解也。"②

王安石在论述君臣关系时,还提出了道高于君的观点,是对早期儒学优良传统的继承发展。《史记·儒林列传》中记载了儒家学者辕固生与黄老道家学者黄生在汉景帝面前争论商汤、周武王是否受命的问题,辕固生就坚持了道高于君的观点,司马迁写道:"黄生曰:'汤武非受命,乃弑也。'辕固生曰:'不然!夫桀纣虐乱,天下之心皆归汤武,汤武与天下之心而诛桀纣,桀纣之民不为之使而归汤武,汤武不得已而立,非受命为何?'"③ 王安石写有《非礼之礼》一文,其观点和辕固生是相同的,他

---

① 王安石:《王文公文集》(上册)卷32,上海人民出版社1974年版,第378—379页。
② 王安石:《王文公文集》(上册)卷2,上海人民出版社1974年版,第27—28页。
③ 司马迁:《史记》第10册,中华书局1959年版,第3122—3123页。

写道:"夫君之可爱而臣之不可以犯上,盖夫莫大之义而万世不可以易者也,桀、纣为不善而汤、武放弑之,而天下不以为不义也。盖知向所谓义者,义之常,而汤、武之事有所变,而吾欲守其故,其为蔽一,而其为天下之患同矣。使汤、武暗于君臣之常义,而不达于时事之权变,则岂所谓汤、武哉?"①

王安石还写有《伯夷》一文,也是就汤、武革命之事详细论述了对从道与从君关系的看法,他写道:"孔子曰:'不念旧恶,求仁而得仁,饿于首阳之下,逸民也。'孟子曰:'伯夷非其君不事,不立恶人之朝,避纣居北海之滨,目不视恶色,不事不肖,百世之师也。'故孔孟皆以伯夷遭纣之恶,不念以怨,不忍事之,以求其仁,饿而避,不自降辱,以待天下之清,而号为圣人耳。然则司马迁以为武王伐纣,伯夷叩马而谏,天下宗周,而耻之,义不食周粟而为《采薇之歌》,韩子因之,亦为之颂,以为微二子,乱臣贼子接迹于后世,是大不然也。夫商衰而纣以不仁残天下,天下孰不病纣?而尤者,伯夷也。尝与太公闻西伯善养老,则往归焉。当是之时,欲夷纣者,二人之心岂有异耶?及武王一奋,太公相之,遂出元元于涂炭之中,伯夷乃不与,何哉?盖二老所谓天下之大老,行年八十余,而春秋固已高矣。自海滨而趋文王之都,计亦数千里之远,文王之兴以至武王之世,岁亦不下十数,岂伯夷欲归西伯而志不遂,乃死于北海邪?抑来而死于道路邪?抑其至文王之都而不足以及武王之世而死邪?如是而言伯夷,其亦理有不存者也。且武王倡大义于天下,太公相而成之,而独以为非,岂伯夷乎?天下之道二,仁与不仁也。纣之为君,不仁也;武王之为君,仁也。伯夷固不事不仁之纣,以待仁而后出。武王之仁焉,又不事之,则伯夷何处乎?余故曰圣贤辩之甚明,而后世偏见独识者之失其本也。呜呼,使伯夷不死,以及武王之时,其烈岂减太公哉!"②

这是王安石的一篇翻案文章,对历史上关于伯夷的记载作了新的解释来印证自己的观点。司马迁关于伯夷的记载是和先秦各种典籍的记载一致的,伯夷一方面反对商纣的残暴统治,但在另一方面他又反对周武王作为臣子攻伐君主的违反君尊臣卑政治规范的行为,在德与力、势与理之间无

---

① 王安石:《王文公文集》(上册)卷28,上海人民出版社1974年版,第323—324页。
② 王安石:《王文公文集》(上册)卷26,上海人民出版社1974年版,第300—302页。

法求得统一,最后只能以自杀来解决自己的生存困惑,伯夷的这个例子常被后人作为讨论君臣关系的话题。儒家学派主张道德政治,但又维护君尊臣卑的纲常名教,在某种程度上有着和伯夷同样的心态,不过从最高意义上讲,儒学还是认为道高于君。王安石的观点和正统儒学是相同的,也是认为道高于君,士人的出处进退应该以仁义之道为准则,顺应时势的变化,而不必死守旧的君臣关系不放。为了论证自己的观点,王安石不仅援引了孔孟的议论,还从自己的主观愿望出发,对历史记载的伯夷事迹重新加以描绘,甚至得出了伯夷可能是没有见到武王伐纣就死了,否则的话,伯夷可能在伐纣的战争中做出比姜太公更伟大的功业,这实在是一个奇论。

第六节　王安石对儒学治国之道的创造性发展

中国古代的各派学术大多与政治结下了不解之缘。先秦时代,诸子百家都希望将自己的学术付诸实践,作为诸子之一的儒学其入世从政的倾向更为明显,但在春秋、战国那样的乱世,作为各诸侯国政治指导思想的只是纯粹功利主义和上古礼乐文化传统残余的混合物,诸子的思想始终未能为全社会所接受。

在先秦诸子中,儒家对于上古礼乐文化是持继承态度的,凝聚着上古文化精髓的《诗》《书》《礼》《乐》《易》《春秋》等古代典籍也逐渐变为儒家所独有。自汉武帝接受董仲舒"罢黜百家,独尊儒术"的建议后,儒学遂一跃而成为官方法定的政治意识形态,从汉代到清末,历代王朝都对儒学崇奉莫替。儒学在其漫长的发展历程中,积累了丰富的治国安民之道,对于历代王朝的政治生活都产生了指导性的作用。王安石生活在北宋时代,儒学占据政治思想的统治地位已有千年,先秦诸子的许多思想精华早已被吸收到儒学中来了,王安石的政治思想以儒学为依归,并结合北宋的时代特征和他个人的政治生活实践,又对传统儒学的政治思想做出了新的创造和发展。

一　礼乐刑政的价值

中国古代在政治思想上有建树的学派,先秦有儒、道、墨、法诸子,秦汉以后有儒、道、佛三教，而儒、法、道三家的政治思想对于现实政治的影响尤为深刻。在这三家中，道家讲自然无为，往往贬低甚至完全否定礼乐刑政等治国之道的作用；法家是绝对的专制暴力的拥护者，在政治上迷信刑与法，而相对忽视礼乐教化的作用；儒家则主张礼与法、德与力的结合。

王安石肯定儒学礼乐刑政的价值，而反对以道家为代表的政治虚无主义。在《太古》一文中，他写道："太古之人不与禽兽朋也几何，圣人恶之也，制作焉以别之。下而戾于后世，侈裳衣，壮宫室，隆耳目之观，以器天下，君臣、父子、兄弟、夫妇皆不得其所当然，仁义不足泽其性，礼乐不足锢其情，刑政不足纲其恶，荡然复与禽兽朋矣。圣人不作，昧者不识所以化之之术，顾引而归之太古。太古之道果可行之万世，圣人恶用制作于其间？必制作于其间，为太古之不可行也。顾欲引而归之，是去禽兽而之禽兽也，奚补于化哉？吾以为识治乱者当言所以化之之术，曰归之太古，非愚即诬。"[1] 在这篇文章里，王安石认为太古是人类的野蛮时代，圣人正是为了把人类从这种禽兽状态中解脱出来才制定了礼乐刑政之类文明制度，现在有人因为看到现实的腐败就完全否定礼乐刑政的价值，要求回到太古时代，这实在是一种愚蠢的想法。对于现实的弊病，不应该抱否定一切的虚无主义态度，重要的是要寻求解决现实弊病的方法。

在《太古》中，王安石已经认识到，即使是圣人制定的礼乐刑政也会随着时间的推移而出现弊病，这里已经涉及到礼乐刑政的常与变的问题。王安石认为人们必须根据自己时代的现实情况寻求解决现实弊病的方法，制定新的适合现实的礼乐刑政。在《非礼之礼》一文中，王安石写道："古之人以是为礼，而吾今必由之，是未必合于古之义也。夫天下之事，其为变岂一乎哉？固有迹同而实异者矣。今之人諰諰然求合于其迹，而不知权时之变，是则所同者古人之迹，而所异者其实也。事同于古人之迹而异于其实，则其为天下之害莫大矣，此圣人所以贵乎权时之变者也。"[2] 在这里，王安石认为礼乐刑政等政治制度只是迹，它会随时而变，而贯穿于礼乐刑政之中的义却是古今相通的。这个义指的是什么，在这篇

---

[1] 王安石：《王文公文集》（上册）卷28，上海人民出版社1974年版，第332页。
[2] 同上书，第323页。

文章里没有说明，但我们参考王安石它处的论述，它应该指的是性命之理，如在《虔州学记》中，王安石就写道："余闻之也，先王所谓道德者，性命之理而已。其度数在乎俎豆、钟鼓、管弦之间。"[①] 这里的俎豆、钟鼓、管弦就是礼乐制度。王安石又认为人性是人的天赋的生命力，它不是天生不变的，而是在人的后天的生存历程中日生日成的。以这样的性命之理为基础的礼乐刑政制度自然也要随着时势的变化而不断更新其内涵。

王安石论述礼乐刑政的沿革并不是仅仅停留在理论的层面，而是与其政治实践活动紧密结合的。嘉祐三年（1058），王安石有感于当时的政治形势，遂上书宋仁宗，提出了他的改易更革的政治主张，在这篇《上皇帝万言书》中，他写道："夫二帝、三王，相去盖千有余载，一治一乱，其盛衰之时具矣。其所遭之变，所遇之势，亦各不同，其施设之方亦皆殊，而其为天下国家之意，本末先后，未尝不同也。臣故曰：当法其意而已。"[②] 王安石认为古代的圣王所采取的政治制度是随其时势不同的，但他们治理国家的根本宗旨是一样的，后代的君主应当效法古代圣王治理国家的根本精神，顺应时势改易更革具体的礼乐刑政制度。而当宋神宗即位后，王安石受到重用，遂将其政治理想付诸实践，主持了以富国强兵为目的的熙宁变法。

二 尊王贱霸的政治统治方式

治国安民究竟是以道德服人还是以势力服人，是通过建立完善的制度还是通过执政者的个人能力、笼络人才来保证社会的稳定，这些都涉及统治方式问题。在这方面，王安石继承并发扬了传统儒学王道、仁政的政治理想而有重大的改造。

所谓王道是与霸道并称的统治方式，王道政治要求统治者有高尚的道德并通过道德感化、道德教化的手段来管理民众，而霸道政治则是依靠暴力和刑法来维持对人民的统治。一般来说，儒家学者都是推崇王道政治的。孔子十分重视道德教化在政治中的作用，《论语·为政》中说："道

[①] 王安石：《王文公文集》（上册）卷34，上海人民出版社1974年版，第401页。
[②] 王安石：《王文公文集》（上册）卷1，上海人民出版社1974年版，第2页。

之以政，齐之以刑，民免而无耻；道之以德，齐之以礼，有耻且格。"①孔子希望统治者用道德、礼义之类教导、约束下民，使他们自觉地向善、服从统治，而不赞成使用强制性的刑政手段压服下民。孟子继承发展了孔子的思想，明确地划分了王道和霸道两种不同的统治方式，《孟子·公孙丑上》中说："以力假仁者霸，霸必有大国；以德行仁者王，王不待大——汤以七十里，文王以百里。以力服人者，非心服也，力不赡也；以德服人者，中心悦而诚服也，如七十子之服孔子也。"②《孟子·梁惠王上》中也说："仲尼之徒无道桓文之事者，是以后世无传焉，臣未之闻也。"③ 孟子认为王道就是以德服人，他反对以力服人的霸道。荀子在治国论上也十分推崇王道，他认为王道是以礼治国，霸道是以法治国，王道高于霸道，但他不像孟子那样贬斥霸道，而认为二者仅是程度上的差别。

王安石继承了传统儒学的王道政治思想，又作了进一步的发挥，通过王道与霸道的比较分析，阐述了他自己心目中理想的为政之道。在《王霸》一文中，王安石写道："仁义礼信，天下之达道，而王、霸之所同也。夫王之与霸，其所以用者则同，而其所以名者则异，何也？盖其心异而已矣。其心异则其事异，其事异则起功异，其功异则其名不得不异也。"④ 按照王安石的理解，王道与霸道分别在心术、行事、效果三个层面上存在着相应的差异。

首先，在心术上，王道政治所实行的仁义之道出于统治者内在德性的自然流露，而霸道政治所实行的仁义之道只是统治者谋求利欲的手段。在《王霸》中，王安石写道："王者之道，其心非有求于天下也，所以为仁义礼信者，以为吾所当为而已矣。以仁义礼信修其身而移之政，则天下莫不化之也。是故王者之治，知为之于此，不知求之于彼，而彼固已化矣。霸者之道则不然，其心未尝仁也，而患天下恶其不仁，于是示之以仁；其心未尝义也，而患天下恶其不义，于是示之以义。其于礼信，亦若是而已矣。是故霸者之心为利，而假王者之道以示其所欲；其有为也，惟恐民之

---

① 杨伯峻：《论语译注》，中华书局1980年版，第12页。
② 杨伯峻：《孟子译注》，中华书局1960年版，第74页。
③ 同上书，第14页。
④ 王安石：《王文公文集》（上册）卷28，上海人民出版社1974年版，第326页。

不见而天下之不闻也。故曰其心异也。"①

其次，在行事上，王道政治出于内在的诚心，所以其行事只求心之所安而不必考虑他人的评价；而霸道政治出于利欲的打算，所以其行事往往故意显示诚信等仁义之道，通过耍弄权谋来掩饰自己的真心。在《王霸论》中，王安石写道："齐桓公劫于曹沫之刃而许归其地，夫欲归其地者，非吾之心也，许之者，免死而已。由王者之道，则勿归焉可也，而桓公必归之地。晋文公伐原，约三日而退，三日而原不降，由王者之道则虽待其降焉可也，而文公必退其师。盖欲其信示于民者也。凡所为仁义礼信，亦无以异于此矣。故曰其事异也。"②

再次，从施政的效果上看，由于王道政治是统治者顺应自己的内在本性的行为，是无为而无不为，因此人民并没有感到统治者有什么特别的恩德，一切都是自然地流露；而霸道政治则出于人为造作，统治者往往有意识地笼络民众，但这样的恩惠毕竟是有限的，无法与王道政治相比。王道与霸道的区别在于从动机上讲王者不求利、霸者求利，但从最终结果上看，不求利的王者得到了大利，而求利的霸者反而很难保住自己的利。在《王霸》中，王安石写道："王者之大，若天地然，天地无所劳于万物，而天下各得其治，虽得其治，然而莫知其为王者之德也。霸者之道则不然，若世之惠人耳，寒而与之衣，饥而与之食，民虽知吾之惠，而吾之惠亦不能及夫广也。故曰其功异也。夫王、霸之道则异矣，其用至诚，以求其利，而天下与之，故王者之道，虽不求利，而利之所归。霸者之道，必主于利，然不假王者之事以接天下，则天下孰与之哉？"③

综观王安石的王霸论，与前代儒者的观点是有很大差异的。孟子讲王霸之别时是将施政动机和施政手段联系在一起讨论的，荀子讲王霸之别时则主要论述的是施政手段上的差别，而王安石认为仁义礼信是王道、霸道都采用的施政手段，只有施政动机上的差别才是两者的唯一区别。王安石和孟子都重视统治者的心术对于统治方式的决定作用，不过两人之间也有重大区别，孟子认为仁义礼信这些道德品质就是心术，王霸在心术上的差

---

① 王安石：《王文公文集》（上册）卷28，上海人民出版社1974年版，第326页。
② 同上。
③ 同上书，第326—327页。

别就是真心行仁义和假意利用行仁义来谋取私利的不同；而王安石却认为仁义礼信还只是手段，王霸在心术上的差别实际上是无意、自然地行仁义和有意、造作地行仁义的不同。孟子判定王霸之别是一种关于仁义还是不仁义的德性判断，而王安石判定王霸之别却是一种关于无意还是有意的智性判断。王安石把传统儒学的核心价值观念仁义礼信降为手段，值得特别提出的是，王安石在这里只将仁义礼信并联而不提智，这是很可玩味的，王安石作为决定统治方式的王者之心实际上是一颗智慧心，而不是正统儒学所讲的以仁义礼智信为内涵的道德心、良心。王安石的王道政治中已经汲取了道家的政治智慧，是对传统儒学王道政治的一个修正。

王安石认为自然、不造作的统治方式才是王道政治，那么最好的政治就是由最高统治者发挥其圣智制礼作乐，然后各级官吏完全不动心思毫不走样地加以执行，而百姓则安分守己地过自己该过的日子好了。在《周公》一文中，王安石借对荀子有关观点的批评，阐述了自己的理想政治模式，他写道："甚哉，荀卿之好妄也！载周公之言曰：'吾所执贽而见者十人，还贽而相见者三十人，貌执者百有余人，欲言而请毕事千有余人。'是诚周公之所为，则何周公之小也！夫圣人为政于天下也，初若无为于天下，而天下卒以无所不治者，其法诚修也。故三代之制，立庠于党，立序于遂，立学于国，而尽其道以为养贤教士之法，是士之贤虽未及用者，而固无不见尊养者矣。此则周公待士之道也。诚若荀卿之言，则春申、孟尝之行，乱世之事也，岂足为周公乎？且圣世之事，各有其业，讲道习艺，患日之不足，岂暇于游公卿之门哉？彼游公卿之门，求公卿之礼者，皆战国之奸民，而毛遂、侯嬴之徒也。……子产听郑国之政，以其乘舆济人于溱、洧，孟子曰：'惠而不知为政。'盖君子之为政，立善法于天下，则天下治，立善法于一国，则一国治，如其不能立法，而欲人人悦之，则日亦不足矣。使周公知为政，则宜立学校之法于天下矣；不知立学校而徒能劳身以待天下之士，则不唯力有所不足，而势亦有所不得，周公亦可谓愚也。"[1] 王安石把孟子的仁政理解为制定出善法，则天下就会大治，不需要礼贤下士，人才可以通过官办的学校来培养，也不需要对人民施恩惠，一切按照善法去做就可以了。而且，一旦善法建立后，社会政治

---

[1] 王安石：《王文公文集》（上册）卷26，上海人民出版社1974年版，第302页。

上了轨道，就是制定善法的君主本人也可以无为而无不为了。在这里，王安石把儒、法、道各家的政治思想结合起来了，他所要建立起来的王道政治实际上是一种新型的"以法为教，以吏为师"的绝对专制集权政治，只不过这一回的法是以仁义之道缘饰的法，这一回的吏也是读经书、通儒学的吏而已。

王安石在探讨政治统治方式时，将道家、法家的政治思想与儒学结合在一起，他把政治统治设计为一种按照法度运行的自然、无意的过程，在这个政治大体系中，官吏和人民都是被动的执行者和接受者，只有君主一个人的心是主动的、起决定作用的。《续资治通鉴长编》记载王安石与宋神宗论治道时说："且王公之职，论道而已，若道术不明，虽劳适足自困，无由致治。若道术明，君子小人各当其位，则无为而天下治，不须过自劳苦纷纷也。"① 王安石认为只要君主安排好了社会秩序，那么就可以使所有的人各安其位、各适其性，达到无为而无不为的效果。在这样的政治统治方式中，真正重要的只有两个东西，一个是法度，一个是君心。这种政治观和先秦儒学大不相同，和汉唐儒学也有区别，而和理学的政治观却颇为接近，都强调政治的有序性、合理性、制度化，不过，理学要求君主有一颗道德心，而王安石要求君主的却是一颗智慧心。

三 义、利统一的理财观

儒学中的代表人物如孔子、孟子等人都未曾在现实政治生活中得到重用，作为以道德自律的独善其身的士人，他们非常注重在利益的获取上要遵循礼义的标准，而不能惟利是图，这作为一种个人的品质是很可贵的，但他们往往用这种尚义而不言利的观点来要求执政者，在对于政府的财政收支问题上，他们一般都只关心分配上的有秩序、有等级即所谓义的问题，而很少谈论甚至反对谈论政府的利益来源问题，这就难免要被人视为迂阔。《孟子·梁惠王上》中记载："王！何必曰利？亦有仁义而已矣。王曰：'何以利吾国？'大夫曰：'何以利吾家？'士庶人曰：'何以利吾身？'上下交征利而国危矣。万乘之国，弑其君者，必

---

① 李焘：《续资治通鉴长编》（附拾补）卷223，上海古籍出版社1986年版，第2册第2081页。

千乘之家；千乘之国，弑其君者，必百乘之家。万取千焉，千取百焉，不为不多矣。苟为后义而先利，不夺不餍。未有仁而遗其亲者也，未有义而后其君者也。王亦曰仁义而已矣，何必曰利？"① 孟子的观点代表了儒学对于政府理财问题的一般性见解，由于追求利益可能导致社会各阶层之间矛盾的激化从而影响社会秩序的稳定，所以政府不应该求利，而应该把精力放在维护社会等级秩序的稳定上，应该重义轻利。这是一种维护现存秩序的政治哲学。

王安石在对待政府理财问题上和传统儒学的观点是有不同的，作为一个实际的政治家，北宋王朝面临的积贫、积弱的现实问题等待着他去解决，即使他想维护现存秩序也是不可能的，因为现存秩序本身已经乱了，在这种情况下空谈重义轻利的高调是无补于事的。王安石是通过义利关系的论述来为他举行的诸多富国强兵的新法作论证的。传统儒学讲重义轻利，王安石则认为，只为个人谋求私利是违反义的，至于为国家谋利益本身就是义，二者的关系是一致的。在《答曾公立书》中，王安石写道："孟子所言利者，为利吾国，如曲防遏籴，利吾身耳。至狗彘食人食则检之，野有饿莩则发之，是所谓政事，所以理财。理财乃所谓义也。一部《周礼》，理财居其半，周公岂为利哉？"② 王安石认为义利关系是一致的，为国家、民众理财本身就是义，只有那种损人利己和损害邻国以利本国的行为才是应该受到指责的。王安石在论述财政收支时也讨论了政府与民众之间的利益同异问题，《续资治通鉴长编》卷二百十九记载王安石与宋神宗等人议论义利关系时写道："上曰：'但义理可行则行之，自无不利。'安石曰：'利者义之和，义固所为利也。'公亮曰：'亦有利于公家不利百姓者，不可谓之义。'安石曰：'若然，亦非人主所谓利也。'"③ 曾公亮提出了政府与民众在利益占有上存在着矛盾，王安石认为君主应该通观全局，协调好政府与民众的利益关系，使二者保持一致。

王安石重视理财在国家政治事务中的地位，但他又认为在理财的过程中还是应该遵守义的准则，在《乞制置三司条制》一文中，他写道："盖

---

① 杨伯峻：《孟子译注》，中华书局1960年版，第1—2页。
② 王安石：《王文公文集》（上册）卷8，上海人民出版社1974年版，第97页。
③ 李焘：《续资治通鉴长编》（附拾补）卷219，上海古籍出版社1986年版，第2册第2038页。

聚天下之人，不可以无财；理天下之财，不可以无义。"① 以这样的理财思想为依据，王安石在熙宁变法中兴办了一大批增加政府财政收入的新法，而当新法受到指责时，则理直气壮地加以反驳，在《答司马谏议书》中，王安石写道："盖儒者所重，尤在于名实。名实已明，而天下之理得矣。今君实所以见教者以为侵官、生事、征利、拒谏以致天下怨谤也。某则以谓受命于人主，议法度而修之于朝廷，以授之于有司，不为侵官。举先王之政，以兴利除弊，不为生事。为天下理财，不为征利。辟邪说，难任人，不为拒谏。"②

在关于政府的理财问题上，王安石提出"盖聚天下之人，不可以无财"的命题。王安石的意见是，只有君主、政府手里有钱、有物，才能够把天下人置于自己的控制之下，才能够稳定社会。王安石的这个观点可能是受了《易传》的影响，《周易·系辞传下》中说："何以聚人曰财。理财正辞、禁民为非曰义。"③ 但这种以财聚人的思想常常受到儒学中人的批评。《礼记·大学》中就明确地说："是故财聚则民散，财散则民聚。"④ 传统儒学认为国家不应该积聚财富，而应该藏富于民，国家、君主统治民众靠的是高尚的德性，如果君主聚敛财富就会失去民心。实际上，王安石这里的聚财指的不是为满足君主个人奢侈享受而搜刮民财，而是把财富集中到中央政府手里兴办各种事业。在治国方略上，儒学重视道德教化，法家重视权力压服，而王安石重视以经济手段控制民众，德、力、财三者都有其价值，王安石的观点是其政治生涯的经验总结，是对传统儒学的重大修正。

王安石肯定了理财在治国中的重要作用，他还对如何发展生产、增加国家财富提出了自己的见解，丰富和发展了儒学的经济思想。在《议茶法》中，王安石写道："扬雄曰：'为人父而榷其子，纵利，如子何？'以雄之聪明，其讲天下之利害宜可信。"⑤ 在《与马运判书》中，王安石也写道："富其家者资之国，富其国者资之天下，欲富天下则资之天地。盖

---

① 王安石：《王文公文集》（上册）卷31，上海人民出版社1974年版，第364页。
② 王安石：《王文公文集》（上册）卷8，上海人民出版社1974年版，第96—97页。
③ 周振甫：《周易译注》，中华书局1991年版，第256页。
④ 朱熹：《四书集注》，中国书店1994年版，第11页。
⑤ 王安石：《王文公文集》（上册）卷31，上海人民出版社1974年版，第367页。

为家者，不为其子生财，有父之严而子富焉，则何求而不得？今阖门而与其子市，而门之外莫入焉，虽尽得子之财犹不富也。"①

王安石提出通过扩大生产来增加社会财富，在中国古代社会里，能够创造财富的主要生产部门就是农业，为了使农民能够创造出更多的财富，就必须为他们提供基本的生产条件。王安石主持的熙宁新法中很多就是从有利于农业生产的角度提出的，其中贯穿着一个重要的思想即"抑兼并"，这一思想渊源于传统儒学，但王安石又在前人的基础上有所创新。所谓抑兼并就是希望实现土地占有上的相对均平和政府赋税征收上的相对合理，使农民有田可耕，有能力维持基本的再生产能力。在《酬王詹叔奉使江东访茶法利害见寄》一诗中，王安石写道："孔称均无贫，此语今可取。譬欲轻万钧，当令众人负。"② 王安石继承孔子的思想，希望平均社会各阶层负担，早年他想到的均平社会的方法是用政权的力量强制恢复上古时代的井田制度。在《发廪》一诗中，王安石写道："先王有经制，颁赉上所行。后世不复古，贫穷主兼并。非民独如此，为国赖以成。筑台尊寡妇，入粟至公卿。我尝不忍此，愿见井地平。"③ 在《兼并》一诗中，王安石又写道："三代子百姓，公私无异财。人主擅持柄，如天持斗魁。赋予皆自我，兼并乃奸回。奸回法有诛，势亦无自来。"④ 但是，王安石执政以后，放弃了由国家强制均田的抑兼并主张，而改由国家通过宏观的政策调控来打击农业、商业上的兼并势力，保护自耕农、中小地主和小商人的利益，熙宁新法中的青苗法、市易法等其根本意图即在于此，《续资治通鉴长编》记载王安石的话说："然世主诚能知天下利害，以其所谓害者制法而加于兼并之人，则人自不敢保过限之田，以其所谓利者制法而加于力耕之人，则人自劝于耕，而授田不敢过限。然此须渐乃能成法，夫人主诚能知利害之权因以好恶加之，则所好何患人之不从，所恶何患人之不避。"⑤

---

① 王安石：《王文公文集》（上册）卷5，上海人民出版社1974年版，第61页。
② 王安石：《王文公文集》（下册）卷41，上海人民出版社1974年版，第478页。
③ 王安石：《临川先生文集》卷12，中华书局1959年版，第177页。此诗《王文公文集》未收。
④ 王安石：《王文公文集》（下册）卷51，上海人民出版社1974年版，第577页。
⑤ 李焘：《续资治通鉴长编》（附拾补）卷223，上海古籍出版社1986年版，第2册第2077页。

在《寓言十五首》之三中，王安石也写道："婚丧孰不供，贷钱免尔营。耕收孰不给，倾粟助之生。物赢我收之，物窘出使营。后世不务此，区区挫兼并。"① 这首诗中提到贷钱、倾粟，说明他应该作于王安石变法期间，也是他抑制兼并的思想发生变化以后的事情，他希望用自己的新法来实现社会各等级之间的相对均衡，而对于通过强制手段均田的做法已经持批评态度。王安石抑兼并思想的这种转变是他从政治实践中吸取经验教训而形成的，比起那种单纯依靠行政权力实行均平的做法要实际得多。

四　经世致用的政教文学论

王安石不仅是北宋时期著名的政治家、思想家，而且也是杰出的文学家。在文学创作上，王安石的散文被后人誉为唐宋八大家之一，诗歌则开启了稍后的江西诗派之先河，偶尔一为的小词如《桂枝香·金陵怀古》等也写得雄浑苍茫；在文学思想上，王安石则继承了传统儒学的观点，提出了以经世致用为特征的政教文学论。

在文学的创作目的上，王安石认为要有补于世，在《送董传》一诗中，他明确提出"文章合用世"的命题。② 在《上人书》中，王安石写道："且自谓文者，务为有补于世而已矣。"③《毛诗序》中讲到诗的作用时就说："先王以是经夫妇，成孝敬，厚人伦，美教化，移风俗。"④ 王安石的观点和《毛诗序》是一致的。王安石在自己的文学创作中贯彻了这种经世致用的文学主张，撰写了大量反映社会现实、鼓吹改易更革的诗文。

---

① 王安石：《王文公文集》（下册）卷50，上海人民出版社1974年版，第568页。对于王安石抑制兼并思想的这种转变演进，有些学者不能理解，得出了一些不准确的结论。南宋的李壁在《王荆文公诗笺注》中论及此诗时就说："余尝见杨龟山志谭勣墓云：'公雅不喜王氏，或问其故，曰：说多而屡变，无不易之论也。世之为奸者，借其一说可以自解，伏节死谊之士始鲜矣。'"始余以勣言为过，今观此诗，不能无疑。……公诗尝云：'俗儒不知变，兼并可无摧。'而此诗乃复以挫兼并为非。"谭勣、杨时、李壁对王安石的批评出于古代学者的保守思维模式和政治上的偏见，也没有认识到王安石抑兼并思想本身内容上的演进。参见李壁：《王荆文公诗笺注》卷15，中华书局1958年版，第166页。

② 王安石：《王文公文集》（下册）卷58，上海人民出版社1974年版，第648页。

③ 王安石：《王文公文集》（上册）卷3，上海人民出版社1974年版，第45页。

④ 陈子展：《诗经直解》，复旦大学出版社1983年版，第1页。

第二章　王安石的儒学思想

　　王安石把经世致用作为文学的创作目的，这自然导致他在处理文学的内容与形式关系上强调内容的主导作用，按传统的术语来说，就是强调文以载道。但道与文之间的关系是相当复杂的，粗略地可以划分为两个不同的层面，首先是二者是否可以统一的问题，其次是在可以统一的前提下何者为主的问题。传统儒学在处理内容与形式关系时一贯主张文以载道，反对追求文辞的华丽，即肯定道与文可以统一，但必须是以道为本，以文为辅。王安石继承和发展了儒学的这种观点，在《上人书》中，王安石写道："所谓辞者，犹器之有刻镂绘画也。诚使巧且华，不必适用；诚使适用，亦不必巧且华。要之以适用为本，以刻镂绘画为之容而已。不适用，非所以为器也。不为之容，其亦若是乎？否也。然容亦未可已也，勿先之，其可也。"[1]在这里，王安石把内容和形式巧妙地比喻为器与器上的文饰，器的实用功能和器上文饰的审美功能都有其独立价值，但是，器作为实用的物品，适用是更为根本的。器上的文饰也是必要的，只是不要本末倒置，把文饰的欣赏价值看得重于器的使用价值就行了。

　　王安石重视文学的致用价值，要求形式服从内容，他对于那种只追求词采华丽而没有真实内容的文学创作持批评态度，而对于那些深刻反映社会现实的文学创作则大加赞扬。在《张刑部诗序》中，王安石写道："君并杨、刘生，杨、刘以其文词染当世，学者迷其端原，靡靡然穷日力以摹之，粉墨青朱，颠错丛庞，无文章黼黻之序，其属情藉事，不可考据也。"[2]这里的杨指杨亿，刘指刘筠，二人是北宋初期西昆派的代表作家，他们的文学创作讲究用典和声韵，重视藻饰，追求一种华丽典雅的风格，但内容却与当时的社会现实很少相关，把文学变成了文人士大夫之间消遣应酬的工具。王安石对于杨、刘的创作深表不满。与此相反，对于唐代伟大的现实主义诗人杜甫，王安石则表示极度崇敬，在《杜甫画像》一诗中，王安石写道："吾观少陵诗，谓与元气侔。力能排天斡九地，壮颜毅色不可求。浩荡八极中，生物岂不稠？丑妍巨细千万殊，竟莫见以何雕锼。惜哉命之穷，颠倒不见收。青衫老更斥，饿走半九州。瘦妻僵前子仆后，攘攘盗贼森戈矛。吟哦当此时，不废朝廷忧。尝愿天子圣，大臣各伊

---

[1] 王安石：《王文公文集》（上册）卷3，上海人民出版社1974年版，第45页。
[2] 王安石：《王文公文集》（上册）卷36，上海人民出版社1974年版，第431页。

周。宁令吾庐独破受冻死,不忍四海赤子寒飕飕。伤屯悼屈止一身,嗟时之人我所羞。所以见公像,再拜涕泗流。推公之心古亦少,愿起公死从之游。"① 在《老杜诗后集序》中,王安石又写道:"予考古之诗,尤爱杜甫氏作者,其辞所从出,一莫知穷极,而病未能学也。世所传已多,计尚有遗落,思得其完而观之。然每一篇出,自然人知非人之所能为,而为之者惟其甫也,辄能辩之。"② 王安石对于杜甫高超的写作技巧固然表示赞赏,但他更佩服杜甫诗歌中所反映出来的那种忧国忧民、爱国忠君的思想,由于长期学习的缘故,王安石甚至可以辨别杜甫诗的真伪,可见其仰慕的程度。

王安石论文学重视内容,并且他所说的内容是有其特定指称的。在《上人书》中,王安石写道:"尝谓文者,礼教治政云尔。其书诸策而传之人,大体归然而已。"③ 在《与祖择之书》中,王安石又写道:"治教政令,圣人之所谓文也。书之策,引而被之天下之民,一也。圣人之于道也,盖心得之,作而为治教政令也,则有本末先后,权势制义,而一之于极。其书之策也,则道其然而已矣。……二帝、三王引而被之天下之民而善者也,孔子、孟子书之策而善者也,皆圣人也,易地则皆然。"④ 按照王安石的意见,文学的内容就是治教政令之类的治国之道,孔子、孟子文章的内容就是这些,只是他们没有机会得君行政实行自己的这些主张而已,而二帝、三王这些圣王则能将这些治国之道付诸实践,使天下的老百姓得到福利。王安石把政治作为文学的内容,要求文学为现实的政治实践服务,这是他作为政治家兼文学家的双重身份所决定的。文学是社会生活的反映,文学为政治服务也是合理的,但文学的天地是广阔的,文学为政治服务也有直接和间接等不同方式,也还应该承认文学有其独立于政治的审美价值,把政治直接作为文学的内容,这势必会限制文学反映现实的广度和深度,阻碍文学的健康发展。

总起来说,王安石的文学观,立足于儒学文以载道的传统,追求文学的实用价值,而且是追求文学服务于现实政治的实用价值,这种政教文学

---

① 王安石:《王文公文集》(下册)卷50,上海人民出版社1974年版,第560页。
② 王安石:《王文公文集》(上册)卷36,上海人民出版社1974年版,第429页。
③ 王安石:《王文公文集》(上册)卷3,上海人民出版社1974年版,第44页。
④ 王安石:《王文公文集》(上册)卷5,上海人民出版社1974年版,第62页。

论是颇为狭隘的，不利于文学的独立发展。不过，王安石对于文学作品的形式美也很重视，并且创作了大量优美的文学作品，这在一定程度上修正了他自己的观点。

附录　宋人对王安石儒学的评价

王安石的思想以复兴儒学为宗旨，在当时影响极大，北宋后期虽间有反复，但始终占据思想界的主导地位。北宋覆亡后，南宋君臣将亡国之罪委过于王安石变法，王安石的学说逐渐遭到压制，南宋后期理学昌明之后，王安石的儒学思想被斥为异端，最终遭到屏弃。王安石的儒学在两宋时期延续了近两百年，学者们对于王安石的儒学曾反复加以评论，其中关涉到王安石对于传统儒学的理解是否正确以及王安石在儒家道统中的地位等诸多问题，现分类加以介绍。

一　对王安石儒家人物评价的评价

王安石曾经对历史上许多前辈儒者加以评价，通过这样的形式来表达自己的思想，其中王安石论述较多而又遭到后人非议的是对扬雄的评价。王安石对扬雄的评价很高，认为扬雄得到了儒学的真精神，可以与孟子相媲美。同时，王安石对于扬雄一生的曲折经历深表同情，认为扬雄的行为并没有违背儒家的出处进退之道。王安石的这个评价受到了当时和后世的一些儒家学者的批评。

胡寅在《追废王安石配飨诏》中写道："高言大论，诋訾名节，历事五代者谓之知道，剧秦美新者谓之合变。"[①] 这里的历事五代者指的是冯道，剧秦美新者则指的是扬雄，胡寅指责王安石关于扬雄的评价违背了儒家的名节观念，所谓名节实在就是指做臣子的要不事二主。王安石站在明哲保身的角度，肯定扬雄身处乱世所采取的保存生命的生活方式。胡寅生活在两宋之际王朝更替、民族矛盾激烈的时代，所以他热衷于宣扬忠君之类的纲常名教来为南宋朝廷服务，自然对王安石倾向于肯定个人生命存在价值的观点大不满意了。

---

① 胡寅：《斐然集》卷14，《崇正辩·斐然集》，中华书局1993年版，第313页。

南宋初年，陈公辅在给宋高宗的上疏中也批评了王安石关于扬雄的评价，《宋史》记载他的话说："王莽之篡，扬雄不能死，又仕之，更为《剧秦》、《美新》之文，安石乃曰：'雄之仕，合于孔子无可无不可之义。'五季之乱，冯道事四姓八君，安石乃曰：'道在五代时最善避难以存身。'使公卿大夫皆师安石之言，宜其无气节忠义也。"① 陈公辅的观点和胡安国一样，都是从强调忠臣不事二主的气节的角度来批评王安石。

南宋罗大经在《鹤林玉露》中也曾讨论过王安石对扬雄的评价，他说："司马温公、王荆公、曾南丰最推尊扬雄，以为不在孟轲下。至朱文公作《通鉴纲目》，乃始正其附王莽之罪，书'莽大夫扬雄卒。'莽之行如狗彘，三尺童子知恶之，雄肯附之乎？《剧秦》、《美新》，不过言孙以免祸耳。然既受其爵禄，则是甘为之臣仆矣，独得辞'莽大夫'之名乎？文公此笔，与《春秋》争光，麟当再出也。"② 罗大经的意思也是要求臣子坚守不事二主的节操，因此他推崇朱熹对扬雄的评定而不赞成王安石等人的观点。

二 对王安石儒学典籍注解的评价

王安石阐述自己的思想往往是通过注解前儒作品的形式来表现的，据记载，王安石曾对《孝经》、《论语》、《孟子》等作过注解。王安石的这些儒学典籍注解在其本人及其党派得势时在学术界影响极大，但伴随着北宋王朝的灭亡和王安石学术思想的被否定，宋代的一些学者开始对王安石的这些注解之作提出批评，认为它们偏离了儒学典籍的真精神。

南宋初年，陈渊在给宋高宗的上疏中认为王安石把主要的儒学典籍都理解错了，《宋史》记载："渊面对，因论程颐、王安石学术同异，……渊曰：'圣学所传只有《论》、《孟》、《中庸》，《论语》主仁，《中庸》主诚，《孟子》主性，安石皆暗其原。仁道至大，《论语》随问随答，惟樊迟问，始对曰爱人。爱特仁之一端，而安石遂以爱为仁。其言《中庸》，则谓中庸所以接人，高明所以处己。《孟子》七篇，专发明性善，

---

① 《宋史》卷379，中华书局1977年版，第33册第11694页。
② 罗大经：《鹤林玉露》丙编卷6，中华书局1983年版，第340页。

而安石取扬雄善恶混之言，至于无善无恶，又溺于佛，其失性远矣。"①

南宋的大儒朱熹对王安石的儒学典籍注解作过多次评价。在谈论《论语·泰伯》的注解时，朱熹说："或曰：'王介甫以为"不可使知"，尽圣人愚民之意。'曰：'申韩庄老之说，便是此意，以为圣人置这许多仁义礼乐，都是殃考人。……都是这般无稽之语！'"② 在这里，朱熹批评了王安石用申不害、韩非的法家学说和庄子、老子的道家思想来解释《论语》，错解了圣人的原意。实际上，王安石这里的解释是有道理的，只是朱熹等儒家学者站在道德理想主义的立场上，并以此来解释《论语》，自然要对王安石不满了。不过，朱熹有时候也承认王安石对《论语》的解释正确，在谈论《论语·卫灵公》的注解时他写道："'事衰世之大夫，友薄俗之士，听淫乐，视慝礼，皦然不惑于先王之道，难矣哉！'此言甚好。"③ 朱熹还评论过王安石对《孟子》的注解，在《偶读谩记》一文中，他写道："东坡手书煮猪肉法引《孟子》曰'心勿忘勿助长'，知前辈读此，皆依古注'勿正'为句绝。作'正心'者，其始于王氏乎。然文势亦或有之，未可直以为非，故予于《集注》两存之。"④ 在这里，朱熹对于王安石的注解还是相当尊重的。在《郑公艺圃折衷》中，他又写道："疑欧阳氏、王氏、苏氏未得为真知孟子者，亦随其所见之深浅，志焉而乐道之尔。"⑤ 朱熹认为王安石虽然推崇孟子，但对孟子的理解实际上是不深刻的，只能说略有所见而已。朱熹对王安石的儒学典籍注解有贬也有褒，但总起来说，还是持批评态度的。

三　对王安石儒学思想的评价

王安石是北宋时期的大政治家和大思想家，他想调和中国传统占主导地位的经学、儒学与诸子百家以及佛、道二教的关系，用子学、佛学、道教的思想营养来丰富经学、儒学，这在维护道统的儒家学者看来就是走入了异端。王安石自己以为是在承续和发展儒学，但两宋时期的很多学者都

---

① 《宋史》卷376，中华书局1977年版，第33册第11629—11630页。
② 朱熹：《朱子语类》卷35，中华书局1986年版，第3册第937页。
③ 朱熹：《朱子语类》卷45，中华书局1986年版，第3册第1154页。
④ 朱熹：《朱熹集》卷71，四川教育出版社1996年版，第6册第3700页。
⑤ 朱熹：《朱熹集》卷73，四川教育出版社1996年版，第7册第3852页。

指出王安石的思想已经背离了儒学的根本精神,有的认为他的思想是商鞅、申不害、韩非的法家学说,有的认为属于老子、庄子的道家学说,还有的认为王安石是用佛教的思想来混淆儒学。

早在王安石主持熙宁变法时,范纯仁就上书宋神宗,指斥王安石信奉法家而背弃儒学,他说:"安石以富国强兵之术,启迪上心,欲求近功,忘其旧学。尚法令则称商鞅,言财利则背孟轲。"① 法家学说自秦王朝灭亡后就一直被当作辅助暴政的工具而遭到批评,范纯仁指责王安石信奉法家,是要借此攻击王安石变法。当时反对王安石变法的人往往多持与范纯仁同样的观点,《宋史》记载:"于是述率御史刘琦、钱顗共上疏曰:'安石执政以来,……必欲致时如唐、虞,而反操管、商权诈之术,规以取媚。'"②

较早对王安石学术思想的学派属性加以评价的要数苏轼,当王安石刚去世时,苏轼在代朝廷写的《王安石赠太傅》一文中就写道:"具官王安石,少学孔孟,晚师瞿、聃。网罗六艺之遗文,断以己意;糠秕百家之陈迹,作新斯人。"③ 这些都是在指责王安石的学说虽然推崇孔子、孟子等大儒,但其根本精神却同于佛、道二教,不是纯正的经学、儒学正统。

两宋之际的胡寅认为王安石实际上是用佛教、道家和法家的思想篡改了儒学,在《追废王安石配飨诏》中,他写道:"王安石首被眷求,……而乃文饰奸说,附会圣经,名师帝王,实慕非、鞅。"④ 在《鲁语详说序》中,他批评王安石的学说时又说:"试举其大者,则缵瞿、聃虚空之绪,乱邹、鲁礼义之实;谈二帝、三皇之治,济申、商、韩非之政。"⑤ 而稍早于胡寅,北宋末年的陈瓘作《四明尊尧集》,节取王安石《日录》一书中的材料,分门别类进行批判,他在该书序中写道:"臣闻先王所谓道德者,性命之理而已矣。此安石之精义也。有《三经》焉,有《字说》焉,有《日录》焉,皆性命之理也。……盖臣之所当改者亦性命之理而已矣。孔子曰:'乾道变化,各正性命。'又曰:'地道无成,而代有终也。'性

---

① 《宋史》卷314,中华书局1977年版,第29册第10284页。
② 《宋史》卷321,中华书局1977年版,第30册第10432页。
③ 苏轼:《苏轼文集》卷38,中华书局1986年版,第3册1077页。
④ 胡寅:《斐然集》卷14,《崇正辩 斐然集》,中华书局1993年版,第313页。
⑤ 胡寅:《斐然集》卷19,《崇正辩 斐然集》,中华书局1993年版,第404—405页。

命之理，其有易此乎？臣伏见治平年中，安石唱道之言曰：'道隆而德骏者，虽天子北面而问焉，而与之迭为宾主。'自安石唱此说以来，几五十年矣，国是渊源，盖兆于此。臣闻天尊地卑，乾坤定矣，定则不可改也，天子南面，公侯北面，其可改乎？今安石性命之理，乃有北面之礼焉。夫天子北面以事其臣，则人臣南面以当其礼，臣于性命之理，安得而不疑也。"① 陈瓘指出性命之理是王安石学术思想的核心成分，这一点抓得很准，但他的思想还囿于传统儒学的范围，对作为唐宋新儒学思潮核心的性命之理知之甚少，所以，他所批判的还是人伦关系层面的王安石的君臣关系论。并且，在君臣关系论上，陈瓘主张君主至上，并未把握先秦孔、孟儒学的真精神。

南宋的朱熹、吕祖谦等人都认为王安石的学说虽然打着儒学的旗号，实际却是佛教和道家的货色。在《与东莱论白鹿书院记》中，朱熹写道："鄙意欲如弟一段所论，引明道劄子后，即云：'不幸其说不试而王氏得政，知俗学不知道之弊，而不知其学未足以知道，于是以老、释之似乱周、孔之实。'"② 从王安石思想会通儒、道、佛三教的实际情况来看，朱熹等人的观点是不错的。陆九渊则对王安石吸收法家的政治思想作了评价，在与学生讨论王安石变法和王安石学说思想时，他说："商鞅是脚踏实地，他亦不问王霸，只要事成，却是先定规模。介甫慕尧、舜、三代之名，不曾踏得实处，故所成就者，王不成，霸不就。本原皆因不能格物，模索形似，便以为尧、舜、三代如此而已。所以学者先要穷理。"③ 陆九渊的意思是，王安石对于圣王之道没有真正理解，而又不屑于完全皈依法家学说，所以弄得高不成、低不就，政治实践也不成功。

四　对王安石在儒学道统中地位的评价

王安石在经学、儒学上有精深研究，他对于自己在儒学道统中的地位是相当自负的，他的门人弟子也非常推崇他。王安石于元祐元年（1086年）去世后，其变法的理论和实践均遭到以司马光为代表的旧党的攻击，

---

① 邵博：《邵氏闻见后录》卷23，中华书局1983年版，第179—180页。
② 朱熹：《朱熹集》卷34，四川教育出版社1996年版，第3册第1498页。
③ 陆九渊：《陆九渊集》卷35《语录下》，中华书局1980年版，第442页。

但宋哲宗亲政后，王安石的地位又得到提高，宋徽宗崇宁三年（1104年）以王安石配享孔子庙庭，位置仅在颜子、孟子之下，随即由于王安石女婿蔡卞的努力，又把王安石的位次置于孟子之上，这是北宋王朝对于王安石继承发扬儒学的肯定和褒扬。①

两宋之际，统治集团将北宋王朝的覆灭归咎于王安石变法和新党，王安石学说遭到批评，王安石在道统中的地位也遭到否定，其中所谓的《春秋》学世家胡安国父子对王安石的攻击最力。《宋史》本传记载胡安国的奏议说："孔、孟之道不传久矣，自颐兄弟始发明之，然后知其可学而至。今使学者师孔、孟，而禁不得从颐学，是入室而不由户。本朝自嘉祐以来，西都有邵雍、程颢及其弟颐，关中有张载，皆以道德名世，公卿大夫所钦慕而师尊之。会王安石、蔡京等曲加排抑，故其道不行。"② 胡安国把邵雍、程颢、程颐、张载等人作为道统的继承、发明者，不仅把王安石完全排除出儒学道统之外，而且还把王安石看作是儒学昌明的阻碍者。胡安国的养子胡寅在其所作《先公行状》中也重复其父的观点，他写道："本朝自嘉祐以来，西都有邵雍、程颢及其弟颐，关中有张载，皆以道学德行名于当世，公卿大夫之所钦慕而师尊之者也。会王安石当路，重以蔡京得政，曲加排抑，其道不行，深可惜也。"③ 胡安国的亲子胡宏则将北宋各派学说加以比较评价，最终认定二程兄弟为儒学道统的传人，而认为王安石的学术支离，在《程子雅言前序》中，他写道："大宋之兴，经学倡明，卓然致力于士林者，王氏也，苏氏也，欧阳氏也。王氏盛行，士子所信属之王氏乎？曰：王氏支离。支离者，不得其全也。曰：欧阳氏之文典以重，且韩氏之嗣矣，属之欧阳氏乎？曰：欧阳氏浅于经。浅于经者，不得其精也。曰：苏氏俊迈超世，名高天下，属之苏氏乎？曰：苏氏纵横。纵横者，不得其雅也。然则属之谁乎？曰：程氏兄弟，明道先生、伊川先生也。"④

南宋时期，王安石的儒学思想长期受到批评，王安石不传儒学道统已

---

① 参见程元敏《王安石雱父子享祀庙庭考》，《三经新义辑考汇评（一）——尚书》，"国立"编译馆1986年版，第377—412页。
② 《宋史》卷435，中华书局1977年版，第37册第12914—12915页。
③ 胡寅：《斐然集》卷25，中华书局1993年版，第554页。
④ 胡宏：《胡宏集》，中华书局1987年版，第157页。

经成为当时大儒的共识,但一般都承认王安石主观上是要复兴儒学的,只是学术不明,未能把握儒学的真精神。朱熹在《答汪尚书》中写道:"如王氏者,其始学也,盖欲凌跨扬、韩,掩迹颜、孟,初亦岂遽有邪心哉?特以不能知道,故其学不纯,而设心造事遂流入于邪。又自以为是,而大为穿凿附会以文之,此其所以重得罪于圣人之门也。"[①] 朱熹认为,王安石本心也是要发扬儒学的,但由于学术不明,且自以为是,反而损害了儒学。陆九渊也讨论过王安石在儒学道统中的地位这个问题,在《荆国王文公祠堂记》中,他写道:"自夫子之皇皇,沮溺接舆之徒固已窃议其后。孟子言必称尧舜,听者为之藐然。不绝如线,未足以喻斯道之微也。陵夷数千百载,而卓然复见斯义,顾不伟哉?……惜哉!公之学不足以遂斯志;不足以究斯义,而卒以蔽斯义也。"[②] 陆九渊的观点和朱熹大致相同,也认为王安石未能承传儒学道统,但与朱熹相比,陆九渊对王安石更具同情的理解。

[①] 朱熹:《朱熹集》卷30,四川教育出版社1996年版,第3册第1276页。
[②] 陆九渊:《陆九渊集》卷19,中华书局1980年版,第231—232页。

第三章　王安石的子学、佛学、道教思想

中国古代的学术状况从总体上呈现出兼容并包的态势，虽然经学、儒学占据主导地位，但其他学派也有传承、发展，并且在一定时期能够和正统的经学、儒学分庭抗礼。和经学、儒学并存的其他学派在秦汉以前主要是诸子之学，在汉代以后则主要指佛、道二教。诸子之学主要包括道、墨、法、名、阴阳等家，在春秋、战国时期它们和儒学共同促成了百家争鸣的学术繁荣局面，但汉代以后，打着经学旗帜的儒家学说成为官方法定的统治思想，而把其他诸子贬为异端，加以排斥打击。佛教本属印度文化，自东汉传入中国时已经具有高度发达的理论思维水平，它虽然对社会政治管理等不感兴趣，但却从寻求个人解脱的角度提出了一套系统的世界观和人生观，这对于中国传统思想既是一种补充又是一种极大的冲击。道教起源于东汉末期，是以中国本土早期的原始宗教、民间鬼神信仰为基础，结合先秦道家学说和汉代兴起的谶纬思潮等混合形成的。

王安石生活在北宋中后期，这个时代的学术状况是，以经学为旗帜的传统儒学已经衰微了，而佛教、道教却盛行于世。对于这种状况王安石是不满的，他以儒者自居，试图复兴古圣王时代的经学，来统一全社会的思想，使尧、舜、三代的理想社会再现于北宋王朝。王安石虽然崇奉经学，但他的学术眼界还是比较广阔的，他认为要复兴经学仅仅读经是不够的，必须广泛吸收先秦诸子和佛、道二教的思想营养。对于道、法、杨朱、墨翟等诸子之学，王安石都曾作过评价，还写过像《老子注》这样系统的子学著作。对于佛学，王安石既批评其违反中国传统价值观的地方，又非常倾慕其精深的理论思维水平和淡泊宁静的生活态度，他一生中与许多佛教僧人交往，并且有系统的佛经注解专著，在他的经学、儒学思想中也吸收了许多佛学的因素。对于道教思想，王安石则将其与道家学说分离开

来，对鬼神、方术之类基本上持批评态度，不过，他也和一些有才华的道士保持着亲密的关系，对于道教的一些修身养性的理论则颇感兴趣。

第一节 王安石对子学、佛学、道教的总体评价

王安石的学术理想是传承上古尧、舜、三代的圣王之道，圣王之道在三代以后随着圣王之政的消失就不存在于现实之中了，但却保留在《诗》、《书》、《礼》等经书之中，后人通过学习经书就可以得到圣王之道，对于经书的学习就形成了经学，经学就是要寻求圣王之道。通过学习经书而希望得到圣王之道的后代学者很多，但在王安石看来，只有以孔子、孟子为代表的儒家学派才是道统和经学的正宗传人。

从尊崇圣王之道的标准出发，王安石推崇经学、儒学，但他对子学、佛学、道教并不完全排斥，而是主张借鉴子学、佛学、道教的思想营养来丰富和发展他理想中的新经学、新儒学。在《答曾子固书》中，王安石写道："然世之不见全经久矣，读经而已，则不足以知经。故某自百家诸子之书，至于《难经》、《素问》、《本草》、诸小说，无所不读，农夫女工，无所不问，然后于经为能知其大体而无疑。盖后世学者，与先王之时异矣，不如是，不足以尽圣人故也。扬雄虽为不好非圣人之书，然于墨、晏、邹、庄、申、韩，亦何所不读，彼致其知而后读，以有所去取，故异学不能乱也。惟其不能乱，故能有所去取者，所以明吾道而已。……方今乱俗，不在于佛，乃在于学士大夫沉没利欲，以言相尚，不知自治而已，子固以为如何。"[①] 这是一种综合创造的学术精神。

一 诸子之学的得失

王安石推崇圣王之道，圣王之道是真理，是衡量一切学术流派正确与否的标准。以此为根据，王安石认为，诸子的学术大都有其合于圣王之道的一面，可以作为学习圣王之道的辅助，但从总体上说还是偏离了圣王之道，不能作为社会人生的指导思想。

---

① 王安石：《临川先生文集》卷73，中华书局1959年版，第779页。此文《王文公文集》未收。

对于老子的学说，王安石既批评它背离了大道，又承认它对道有所体会。在《礼乐论》中，王安石写道："呜呼，礼乐之意不传久矣！天下之言养生修性者，归于浮屠、老子而已。……特礼乐之意大而难知，老子之言近而易晓。"① 在这篇文章里，王安石提出了一个很特别的命题，即他认为和圣王之道比较起来，老子的学说是"近而易晓"，这和认为老子学说玄奥难解的传统观点大不相同。不过，王安石虽然贬低但却并没有完全否定老子的学说。在《答韩求仁书》中，王安石又写道："孔子曰：'志于道，据于德，依于仁。'而不及乎义智礼信者，其说盖如此也。杨子曰：'道以道之，德以得之，仁以人之，义以宜之，礼以体之，天也。合则浑，离则散，一人而兼统四体者，其身全乎。'老子曰：'失道而后德，失德而后仁，失仁而后义，失义而后礼。'杨子言其合，老子言其离，此其所以异也。"② 在这里，王安石对于老子的评价更高了，他认为，老子对于道的理解和孔子、扬雄没有根本分歧，区别只在于表述的角度不同而已。

对于庄子的学说，王安石的评价多持同情态度，既肯定庄子的一些言论的确得到了圣王之道的精髓，但又惋惜他过于放纵，流于空言而不能实行，不能克己以从道。在《九变而赏罚可言》一文中，王安石写道："庄周，古之荒唐人也，其于道也荡而不尽善，圣人者与之遇，必有以约之，约之而不能听，殆将摈四海之外而不使之疑中国。虽然，其言之若此者，圣人亦不能废。"③ 对于庄子其人，王安石是持同情态度的，他指出，庄子的思想和行为偏离了圣人之道，但却是有感于现实混乱而作的有激之言，后人应当对庄子作同情的了解。庄子的错误只是在于他没有分清可以说的和不可以说的之间的轻重缓急，把不能说的和难以实行的道理喋喋不休地说出来，反而对社会形成了危害。王安石还设想如果是在有道之时，以庄子那样有才华的人，一定会正确地处理好自己的出处进退的。在《庄周下》一文中，王安石写道："学者诋周非尧、舜、孔子，余观其书，特有所寓而言耳。孟子曰：'说《诗》者，不以文害辞，不以辞害意，以

---

① 王安石：《王文公文集》（上册）卷29，上海人民出版社1974年版，第336页。
② 王安石：《王文公文集》（上册）卷7，上海人民出版社1974年版，第80页。
③ 王安石：《王文公文集》（上册）卷28，上海人民出版社1974年版，第325页。

意逆志，是为得之。'读其文而不以意原之，此为周者之所以讼也。周曰：'上必无为而用天下，下必有为而为天下用。'又自以为处昏上乱相之间，故穷而无所见其材。孰谓周之言皆不可措乎君臣父子之间，而遭世遇主终不可使有为也？及其引太庙牺以辞楚之聘使，彼盖危言以惧衰世之常人耳。夫以周之才，岂迷出处之方而专畏牺者哉？盖孔子所谓隐居放言者，周殆其人也。然周之说，其于既反之，宜其得罪于圣人之徒也。夫中人之所及者，圣人详说而谨行之，说之不详，行之不谨，则天下弊。中人之所不及者，圣人藏乎其心而言之略，不略而详，则天下惑。且夫谆谆而后喻、譊譊而后服者，岂所谓可以语上哉？惜乎，周之能言而不通乎此也！"①

　　对于墨子、杨朱、法家、兵家、纵横家的学说，王安石也曾从是否合乎道的角度作过评价。王安石认为墨子根本不懂以性命之理为内容的圣王之道，在《虔州学记》中，他写道："余闻之也，先王所谓道德者，性命之理而已。……墨子区区，不知失者在此，而发尚同之论，彼其为愚，亦独何异于秦。"② 在《杨墨》一文中，王安石还将墨子和杨朱的思想加以比较评价，认为二者相比，杨朱接近道，而墨子离道更远，他写道："杨墨之道，得圣人之一而废其百者是也。圣人之道，兼杨墨而无可无不可者是也。……故杨子近于儒，而墨子远于道，其异于圣人则同，而其得罪则宜有间也。"③ 对于法家学说，王安石也是持批评态度的，在《秦始皇》一诗中，他写道："举世不读《易》，但以刑名称。蚩蚩彼少子，何用辨坚冰。"④ 在王安石看来，秦王朝不学习经书中的圣王之道，一味信奉只讲刑名的法家学说，其灭亡也是很自然的。王安石还从对道有所认识的角度表彰了兵学家孙武，《续资治通鉴长编》记载："上复论司马、孙吴及李靖团力之法。王安石曰：'古论兵无如孙武者，以其粗见道也。'"⑤ 对于纵横家的学说，王安石则持完全否定的态度，据邵博记载："东坡中制

---

① 王安石：《王文公文集》（上册）卷27，上海人民出版社1974年版，第312—313页。
② 王安石：《王文公文集》（上册）卷34，上海人民出版社1974年版，第401—402页。
③ 王安石：《王文公文集》（上册）卷26，上海人民出版社1974年版，第308—309页。
④ 王安石：《王文公文集》（下册）卷38，上海人民出版社1974年版，第444页。
⑤ 李焘：《续资治通鉴长编》（附拾补）卷248，上海古籍出版社1986年版，第2册第2331页。

科，王荆公问吕申公：'见苏轼制策否？'申公称之。荆公曰：'全类战国文章，若安石为考官，必黜之。'故荆公后修英宗实录，谓苏明允有战国纵横之学云。"①

经书是圣王之道的载体，经学是寻求圣王之道的正途。王安石对于子学不采取全盘否定的态度，而是具体分析，认为诸子之学对于圣王之道也有一定程度的传承，和记载圣王之道的经书也有一定的联系。

王安石对于老子学说继承前代思想的一面曾作过揭示，在《老子·四十一章》的注解中，他写道："孔子尝曰：'述而不作，窃比于我老彭。'盖老子称古之建言者。古之人尝有此三者之言，故老子述之而已。"② 在这里，王安石指出老子的学说也是渊源于古代的传统，至于这个古人之言是否就是出自圣王经书，则没有说明。王安石对于庄子学说与经学的关系则作过明确的论述，在《庄周上》一文中，他写道："昔先王之泽，至庄子之时竭矣，……既以其说矫弊矣，又惧来世之遂实吾说而不见天地之纯、古人之大体也，于是又伤其心于卒篇以自解。故其篇曰：'《诗》以道志，《书》以道事，《礼》以道行，《乐》以道和，《易》以道阴阳，《春秋》以道名分。'由此而观之，庄子岂不知圣人者哉？又曰：'譬如耳目鼻口，皆有所明，不能相通，犹百家众技，皆有所长，时有所用。'用是以明圣人之道其全在彼而不在此，而亦自列其书于宋钘、慎到、墨翟、老聃之徒，俱为不该不遍一曲之士，盖欲明吾之言有为而作，非大道之全云耳。"③ 王安石认为，庄子的本意也是要传承圣王之道、崇尚圣王经书，只是由于矫枉过正，反而偏离了道统和经学。

王安石认为，产生于上古尧、舜、三代的理想社会里的圣王之道随着时衰世降而逐渐衰微，但圣王之道保存在经书里，只要精通经书就能够得到圣王之道，而后代学习经书最好的就是儒家学派，所以，道学、经学、儒学是合一的。王安石将子学与儒学作过比较，他认为诸子之学虽然和儒学一样尊崇古代圣王之道，但对圣王之道和经书的把握都不如儒学正确全面，并且常常对儒学的传承、发展构成危害。

---

① 邵博：《邵氏闻见后录》卷14，中华书局1983年版，第111页。
② 容肇祖：《王安石老子注辑本》，中华书局1979年版，第40页。
③ 王安石：《王文公文集》（上册）卷27，上海人民出版社1974年版，第311—312页。

在《寄王逢原》一诗中，王安石写道："庄、韩百家炳天起，孔子大道寒于灰。儒衣纷纷欲满地，无复气焰空煤焰。"① 显然，王安石认为诸子百家的学术盛行于世，使儒家的正确学说受到了压制。在《答陈柅书》中，王安石写道："庄生之书，其通性命之分，而不以死生祸福累其心，此其近圣人也。自非明智不能及此。明智矣，读圣人之说，亦足以及此，而陷溺于周之说，则其为乱大矣。墨翟非亢然诋圣人而立其说于世，盖学圣人之道而失之耳。虽周亦然。韩氏作《读墨》，而又谓子夏之后，流而为庄周，则庄、墨皆学圣人而失其源者也。……老、庄虽不及神仙，而其说亦不皆合于经，盖有志于道者。圣人之说，博大而闳深，要当不遗余力以求之。是二书虽欲读，抑有所不暇。"② 在这篇书信中，王安石将墨子、庄子看成是儒学的支流，他们对于儒学的大道有所偏离，后人应该集中精力学习儒学，而不要在墨子、庄子等子学上浪费过多的时间。

二 与佛教、佛学的因缘

王安石一生，与佛教僧人的交往从未断绝，但对于佛教的态度却是有变化的，大致说来，前期基本上持批评态度，晚年则逐渐皈依佛教。③ 从学派取舍的角度看，在儒、道、佛之间，王安石是持调和、融合态度的，他希望吸收佛学的智慧，为建立适合时代需要的新经学服务，在这一点上，他和后来的道学家排斥佛、老是大不相同的。④

王安石早年以建功立业、济世救民为己任，以孔、孟儒学为归依，对于佛教废弃人伦的做法往往持批评态度。在作于庆历二年（1042）的《送孙正之序》中，王安石写道："时乎杨、墨，己不然者，孟轲氏而已。

---

① 王安石：《王文公文集》（下册）卷43，上海人民出版社1974年版，第502页。
② 王安石：《王文公文集》（上册）卷8，上海人民出版社1974年版，第93页。
③ 对于王安石与佛教、佛学的关系，有些人从维护王安石为纯正儒者的角度曲意加以回护，这是没有必要的，从价值判断上讲，纯正的儒者并不比儒、佛互补者更高尚；从事实判断上讲，王安石倾心佛学、皈依佛教也是无法否认的历史存在。淡化王安石与佛教关系的论点可参看许怀林、吴小红：《荆公晚年耽于浮屠辨》，《江西师范大学学报》1995年第3期。
④ 蒋义斌先生曾经从北宋时期儒、释关系论的角度提出，王安石的"荆公新学"属于调和论，而以程朱为代表的理学则是排佛论，这个意见是中肯的。参见蒋义斌《宋代儒释调和论及排佛论之演进——王安石之融通儒释及程朱学派之排佛反王》第一章第四节，台北商务印书馆1988年版，第13—17页。

时乎释、老,己不然者,韩愈氏而已。"① 在这里,王安石对于维护儒学道统、排斥佛教的韩愈给予了高度的评价。而在《送潮州吕使君》一诗中,王安石对于韩愈与僧人大颠的交往则加以批评,认为佛教废弃人伦,不合正道,他写道:"……有若大颠者,高材能动人。亦勿与为礼,听之汩彝伦。同朝叙朋友,异姓接昏姻。恩义乃独厚,怀哉余所陈。"②

王安石虽然站在儒家学派的立场上批评佛教,但他对于一些佛教僧人的人品和才能却颇为欣赏。在《扬州龙兴寺十方讲院记》中,王安石记述了他与僧人惠礼的交往,对于惠礼能够兴造佛寺的能力表示赞赏,并因此而感叹儒学人才的凋零,他写道:"盖惠礼者,予知之,其行谨洁,学博而才敏,而又卒之以不私,宜成此不难也。……今夫衣冠而学者,必曰自孔氏。孔氏之道易行也,非有苦身窘形、离性禁欲,若彼之难也。而士之行可一乡、才足一官者常少,而浮屠之寺庙被四海,则彼其所谓材者,宁独礼耶?"③ 在《真州长芦寺经藏记》中,对于建造藏经室的僧人智福,王安石也称赞其"有才略,善治其徒众"。④

在这一阶段,王安石还认为佛教的学说在关于个人修养方面也有值得肯定的地方。在《涟水军淳化院经藏记》中,王安石写道:"盖有见于无思无为,退藏于密,寂然不动者,中国之老、庄,西域之佛也。既以此为教于天下而传后世,故为其徒者,多宽平不忮,质静而无求,不忮似仁,无求似义。当士之夸漫盗夺,有己而无求者多于世,则超然高蹈,岂为有似乎吾之仁义者,岂非所谓贤于彼,而可与言者邪?若通之瑞新、闽之怀琏,皆今之为佛而超然,吾所谓贤而与之游者也。此二人者,既以其所学自脱于世之淫浊,而又皆有聪明辩智之才,故吾乐以其所得者间语焉,与之游,忘日月之多也。"⑤ 在这段话里,王安石认为佛学在寂然不动这一点上是合于道的,只是缺乏感而遂通的作用,但是和那些世俗的追名逐利之徒比较起来,僧人的品格还是很值得推崇的,所以,他非常愿意和那些有学问的僧人交往。王安石这段话里所说的瑞新、怀琏都是当时著名的禅

---

① 王安石:《王文公文集》(上册)卷36,上海人民出版社1974年版,第433—434页。
② 王安石:《王文公文集》(下册)卷42,上海人民出版社1974年版,第485页。
③ 王安石:《王文公文集》(上册)卷35,上海人民出版社1974年版,第421页。
④ 同上书,第422页。
⑤ 同上。

师，在这一阶段，和王安石交往密切的僧人除了上述的几人外，还有蒋山元禅师、宝觉禅师等一大批僧人。在《修广师法喜堂》一诗中，王安石还对自己轻率批评佛教的行为表示改正，认为各种生活方式都有其道理，不能轻易地说好说坏，他甚至希望和僧人一样自由自在地生活于大自然中，他写道："忆初救时勇自许，壮大看俗尤崎岖。丰车肥马载豪杰，少得志愿多忧虞。始知进退各有理，造次未可分贤愚。会将筑室返耕钓，相与此处吟山湖。"①

在王安石执政、主持熙宁变法期间，他也仍然与僧人保持着密切的往来。邵伯温记载钱景谌谒见王安石的情景时说："方盛夏，与僧智缘者并卧于地。"② 即使在仕途鼎盛之时，王安石也没有忘记将来归隐佛寺，魏泰记载："熙宁庚戌冬，荆公自参知政事拜同中书门下平章事，史馆大学士。是日，百官造门奔贺者无虑数百人，荆公以未谢恩，皆不见之，独与余坐西庑之小阁。荆公语次，忽颦蹙久之，取笔书窗曰：'霜筠雪竹钟山寺，投老归与寄此生。'放笔揖余而入。"③ 在这个时期，王安石对佛学也有了更深的理解，他认为佛学中含有深刻的道理，《续资治通鉴长编》记载王安石与宋神宗谈论佛学时写道："安石曰：'臣观佛书乃与经合，盖理如此则虽相去远，其合犹符节也。'上曰：'佛西域人，言语即异，道理何缘异？'安石曰：'臣愚以为苟合于理，虽鬼神异趣，要无以易。'上曰：'诚如此。'"④ 在这里，王安石认为佛经中的道理和中国圣人经书中的道理是相同的，并且这个道理也是人、佛、鬼、神等共同具有的，这就从合理的高度肯定了佛学的价值。相对于王安石的这种认识，儒学卫道士则把佛、道二教以及诸子百家贬为异端，排斥起来不遗余力，两者的态度真有云泥之别。

熙宁九年（1076年），王安石第二次罢相隐居金陵，从此退出政坛。这也是王安石思想大转折的时期，在这以后的十年退隐生涯中，他与佛教结下了更深的因缘，最终皈依到对佛的虔诚信仰中。在晚年的退隐期间，

---

① 王安石：《王文公文集》（下册）卷48，上海人民出版社1974年版，第551页。
② 邵伯温：《邵氏闻见录》卷12，中华书局1983年版，第133页。
③ 魏泰：《东轩笔录》卷12，中华书局1983年版，第140页。
④ 李焘：《续资治通鉴长编》（附拾补）卷233，上海古籍出版社1986年版，第2册第2171页。

王安石与僧人的交往更密切，金陵城外的定林寺几乎成了王安石每日必去的地方，他还多次邀请著名的僧人讲解佛学和禅理，现存的《王文公文集》中保存的两份《请秀长老疏》就是他写给云门派禅师的。王安石还向附近的僧寺捐献财物以为自己的亲属营办佛事，在《乞将荒熟田割入蒋山常住札子》中，王安石写道："臣相次用所得禄赐及蒙恩赐雰银置到江宁府上元县荒熟田，……省见托蒋山太平兴国寺收岁课，为臣父母及雰营办功德。"① 叶梦得记载："王荆公在金陵，神宗尝遣内侍凌文炳传宣抚问，因赐金二百。荆公望阙拜跪受已，语文炳曰：'安石闲居无所用。'即庭下发封，顾使臣曰：'送蒋山常住置田，祝延圣寿。'"② 魏泰记载："元丰末，荆公被疾，奏舍此宅为寺，有旨赐名报宁。既而荆公疾愈，税城中屋以居，竟不复造宅。"③ 王安石的《乞以所居园屋为僧寺乞赐额札子》中也写道："顾迫衰残，摩损何补，不胜蝼蚁微愿，以臣今所居江宁府上元县园屋为僧寺一所，永远祝延圣寿。"④ 在大病之后，王安石甚至将自己所居房屋捐为僧寺，经宋神宗题名为报宁禅院，并且聘请了当时著名的禅师真净克文来做住持。⑤ 对于往日政治、人事的是是非非，王安石也一概以佛学的义理加以化解，在写给吕惠卿的《再答吕吉甫书》中，他写道："示及法界观文字，辄留玩读，研究义味也。观身与世，如泡梦幻，若不以此洗心而沈于诸妄，不亦悲乎！相见无期，惟刮摩世习，共进此道，则虽隔阔，常若交臂，虽衰苶薾眊，敢不勉此？"⑥

王安石晚年遭遇爱子夭亡之痛，又受到旧党的攻击和新党内部分裂的打击，退出政坛，在金陵的山水之间孤独地度过了生命的最后时光，他曾经试图复兴古代经学以经世致用的理想已经破灭，只有佛教的慈悲和佛学的灵妙能给他带来安慰，而他对佛教也倾注了最深的热情。在《望江南·归依三宝赞》中，王安石写道："归依众，梵行四威仪。愿我遍游诸

---

① 王安石：《王文公文集》（上册）卷19，上海人民出版社1974年版，第229—230页。
② 叶梦得：《石林燕语》卷10，中华书局1984年版，第145页。
③ 魏泰：《东轩笔录》卷12，中华书局1983年版，第139页。
④ 王安石：《王文公文集》（上册）卷19，上海人民出版社1974年版，第229页。
⑤ 《古尊宿语录》卷45载有王安石邀请真净克文的《大丞相请疏》，同书卷44载有真净克文住金陵报宁语录。见赜藏主编集《古尊宿语录》，中华书局1994年版，第896、837页。
⑥ 王安石：《王文公文集》（上册）卷6，上海人民出版社1974年版，第70—71页。

佛土，十方贤圣不相离，永灭世间痴。归依法，法法不思议。愿我六根常寂静，心如宝月映琉璃，了法更无疑。归依佛，弹指越三祇。愿我速登无上觉，还如佛坐道场时，能智又能悲。三界里，有取总灾危。普愿众生同我愿，能于空有善思惟，三宝共住持。"①

三　对道教的态度

在儒、道、佛三教之中，道教的理论研究相对薄弱，在上层社会和国家政治生活中的势力也较小，但在民间，道教的影响却很大，构成下层民众的基本信仰世界。道教在东汉末期兴起的时候，主要以鬼神、方术为内容，而到了南北朝、隋唐时期，道教发生分化，一部分人继续走方术、鬼神的俗文化路子，另一部分人则通过注解先秦道家典籍而加入士大夫文化圈。王安石对于道教的一些迷信活动基本持批评态度，但他对于道教的养生方法颇感兴趣，也和一些著名的道士往来，自觉不自觉地受到了道教思想的一些影响。

王安石的父亲是一个谨守礼教的士大夫，重视的是经学和儒术，但王安石的母系亲属中却对方术深有修养。曾巩在为王安石母亲写的《仁寿县太君吴氏墓志铭》中写道："夫人之考讳畋，畋之配黄氏，两人者皆有善行，乡里称之。而黄氏兼喜阴阳数术学，故夫人亦通于其说。"② 外祖母和母亲都精通方术，其对王安石的影响是不言而喻的。现存的王安石文集中还收有《相鹤经》一文，其中集道教的方术、修炼、神仙思想于一体，其结尾说："其文，李浮丘伯授王子晋，又崔文子学道于子晋，得其文，藏嵩山石室，淮南公采药得之，遂传于代。熙宁十年（1077 年）正月一日，临川王安石修。"③ 这说明此文可能是王安石抄写的前人之作，据此固然不能认定王安石信仰道教，但至少说明他对道教的某些观点还是很有兴趣的。

不过，从总体上说，王安石对于道教基本上是持批评态度的。在《抚州祥符观三清殿记》中，有感于道士能够打动世俗之人为其兴修宫室

---

① 王安石：《王文公文集》（下册）卷 80，上海人民出版社 1974 年版，第 870—871 页。
② 曾巩：《曾巩集》（下册）卷 45，中华书局 1984 年版，第 610 页。
③ 王安石：《王文公文集》（上册）卷 33，上海人民出版社 1974 年版，第 399 页。

而自己饱读诗书却不能致用于世,王安石甚感无奈,他写道:"夫用其师之说以动人者,道士也,予力顾出道士下,复何云哉!"① 在《汴说》一文中,王安石对于那些算命、卜筮之徒盛行于世的现象极为不满,并对世人追逐名利而弃圣人之道如弊履的风俗给予了严厉指责和辛辣讽刺,他写道:"予尝际汴之术士,善挟奇而以动人者,大抵宫庐服舆食饮之华,封君不如也。其出也,或召焉,问之,某人也,朝贵人也;其归也,或赐焉,问之,某人也,朝贵人也。坐其庐旁,历其人之往来,肩相切,踵相籍,穷一朝暮,则已错不可计。窃异之,且窃叹曰:吾侪治先圣人之言而修其术,张之能为天子营太平,敛之犹足以禔身正家,顾未尝有公卿彻官若是其即之勤也。或曰:'子知乎?渴者期于浆,疾者期于医,治然也。子诚能为天子营太平,禔身正家。彼所存势与位尔。势不盈,位不充,则热中,热中则惑。势盈位充矣,则病失之,病失之则忧。惑且忧,则思决。以彼为能决,子亦能乎?不能,则无异其即彼疏此也。'因瘖不复异。"②

王安石不信方术、道教,但是,对于那些有才华的道士还是很尊敬的。在《抚州招仙观记》中,他写道:"而道士全自明以医游其邑,邑之疾病者赖以治,而皆忧其去。人相与言州,出材力,因废基筑宫而留之。……夫宫室器械衣裳饮食凡所以生之具,须人而后具,而人不须吾以足,惟浮图道士为然。然全之为道士,人须之而不可以已也,其所以养于人也,视其党可以无愧矣。"③ 对于道士全自明能够行医救人,王安石是十分赞赏的。对于道教中人淡泊名利、潜心修炼的品行,王安石也是颇为向往的,他曾游览过道教的名胜大、中、小三茅山,并都作诗纪念。在《登小茅峰》一诗中,他写道:"回首三君谁更似,子房家世有高风。"④ 王安石把道教传说中的茅山三君和张良相比,认为他们在超脱世俗名利方面是相同的,而王安石对张良的评价很高,由此可以看出,王安石对道教中人所代表的那种与自然为伍的隐逸生活方式还是颇为欣赏的。

---

① 王安石:《临川先生文集》卷83,中华书局1959年版,第877页。此文《王文公文集》未收。
② 王安石:《王文公文集》(上册)卷32,上海人民出版社1974年版,第386—387页。
③ 王安石:《王文公文集》(上册)卷35,上海人民出版社1974年版,第423—424页。
④ 王安石:《王文公文集》(下册)卷67,上海人民出版社1974年版,第712页。

王安石对道教的态度还可以从他与李士宁的交往中看出来。李士宁是与王安石同时的一个著名的道士，在当时的士大夫圈子里很有名声，连文坛领袖欧阳修都曾写诗送给他。李士宁与王安石交往几十年，关系密切，彼此间在学术上也作过探讨。

王安石与李士宁早年即相识，[①] 曾多次写诗赞扬其人品、风范。在《寄李士宁先生》一诗中，王安石写道："楼台高耸间晴霞，松桧阴森夹柳斜。渴愁如箭去年华，陶情满满倾榴花。自嗟不及门前水，流到先生云外家。"[②] 在《赠李士宁道人》一诗中，王安石又写道："季主逡巡居卜肆，弥明邂逅作诗翁。曾令宋贾叹车上，更使刘侯惊座中。杳杳人传多异事，冥冥谁识此高风。行歌过我非无谓，惟恨贫家酒盏空。"[③] 这是把李士宁和西汉的著名隐士司马季主、唐代的著名道士轩辕弥明相比。由于李士宁和王安石关系密切，后来吕惠卿与王安石不和时，还曾想用李士宁涉嫌谋逆之罪来牵连王安石，只是由于王安石复相，李士宁不但没有受到牵连，反而因祸得福，得以减罪。[④]

李士宁也是一个很有识见的人，据邵博记载："初，士宁赠荆公诗，多全用古人句，荆公问之，则曰：'意到即可用，不必皆自己出。'又问：'古有此律否？'士宁笑曰：'《孝经》，孔子作也。每章必引古诗，孔子岂不能自作诗者，亦所谓意到即可用，不必皆自己出也。'荆公大然之。至辞位迁观音院，题薛能、陆龟蒙二诗于壁云：'江上悠悠不见人，十年一觉梦中身。殷勤为解丁香结，放出枝头自在春。蜡屐寻苔认旧踪，隔溪遥见夕阳红。当年诸葛成何事？只合终身作卧龙。'用士宁体也。"[⑤] 李士宁诗歌创作中的这种"拿来主义"精神为王安石所激赏，实际上，在学术思想上，王安石对于前人的思想成果就是采取了"拿来主义"的方法，

[①] 据蔡絛记载："盖士宁出入介甫家，识介甫之初诞生，故竟呼小字曰'獾儿'也。"蔡絛：《铁围山丛谈》卷4，中华书局1983年版，第72页。

[②] 王安石：《王文公文集》（下册）卷43，上海人民出版社1974年版，第497—498页。

[③] 王安石：《临川先生文集》卷25，中华书局1959年版，第290页。

[④] 据邵伯温记载："惠卿又起李逢狱，事连李士宁，士宁者，蓬州人，有道术，荆公居丧金陵，与之同处数年，意欲并中荆公也，……惠卿求害荆公者无所不至，神宗悟，急召荆公。公不辞，自金陵沂流七日至阙，复拜昭文相，惠卿以本官出知陈州。李逢之狱遂解，其党数人皆诛死，李士宁止于编配。"邵伯温：《邵氏闻见录》卷9，中华书局1983年版，第92页。

[⑤] 邵博：《邵氏闻见后录》卷17，中华书局1983年版，第134页。

创造出适合时代需要的"荆公新学",应该说道教文化对于王安石学术思想也起到了促进作用。

第二节　王安石的老子思想研究

一部《老子》,不过五千来字,却蕴涵有一个博大精深的理论体系。老子的思想被历代学者所继承发展,黄老道家、魏晋玄学、道教、理学等都从老子的思想中吸取养料来构建自己的理论体系。王安石对于《老子》一书也颇为欣赏,晁公武《郡斋读书志》卷三上记载:"介甫平生最喜《老子》,故解释最所致意。"[①] 司马光在《与王介甫书》中也说:"光昔从介甫游,介甫于诸书无不观,而特好孟子与老子之言。"[②]

对于老子的学术,王安石既有批评又有肯定,并曾对老子的思想作过详细的阐释。王安石撰有《老子注》一书,此书今已亡佚,只有一些片段内容散见于后人的《老子》集注之中,近人容肇祖在前人集注的基础上,汇编成《王安石老子注辑本》。另外,在现存的《王文公文集》和《临川先生文集》中还保存有一些阐发老子思想的文章和诗歌,文章主要有《老子》、《答王深甫书》、《送孙正之序》、《礼乐论》、《答陈柅书》等,诗歌主要有《雄雊》等。另外,在《续资治通鉴长编》、《宋史》以及宋人的文集、笔记中也记载有一些关于王安石老子思想研究的材料。现在,我们就根据这些资料来分析王安石的观点。

一　对于老子宇宙论的解释和修正

宇指空间,宙指时间,古代思想家的宇宙论就是对包含在无限时空中的整个世界的看法。在老子之前,中国古代对于宇宙的总体理解以五行论和天命论为主,五行论以金、木、水、火、土作为构成宇宙的基本元素,尚未达到一元论的抽象思维水平;天命论把天作为人和万物的主宰,神学的气味浓厚。老子把道作为宇宙的最高本原,道比五行抽象程度高,更具有普遍一般性,又否定了天的主宰权威而具有自然主义特征,老子以道为

[①] 转引自高克勤《王安石著述考》,《复旦学报》1988年第1期。
[②] 司马光:《司马公文集》卷60,《全宋文》,巴蜀书社1992年版,第28册第373页。

本原的宇宙论将中国传统哲学推进到了一个新的水平。

王安石接受了老子道本原的宇宙论，在具体的阐释中又提出了自己的一些见解。在《老子·一章》的注解中，王安石写道："无者，形之上者也。自太初至于太始，自太始至于太极。太始生天地，此名天地之始。有，形之下者也。有天地然后生万物，此名万物之母，母者，生之谓也。无名者，太始也，故为天地之父。有名者，太极也，故为万物之母。天地，万物之合。万物，天地之离。于父言天地，则万物可知矣。于母言万物，则天地亦可知矣。"① 在《老子·四章》的注解中，王安石写道："道有体有用。体者，元气之不动。用者，冲气运行于天地之间。"② 王安石的宇宙生成论在老子的基础上内容更加丰富，他认为宇宙本原之道的本体是元气，当元气运行变化时就叫做冲气，由冲气形成天地万物。他还将《淮南子》、《易纬·乾凿度》中的太初、太始概念和《易传》中的太极概念结合在一起，作为从道到万物之间的中介。和《老子》相比较，王安石的宇宙生成论虽仍然保存着老子从无中生有的生成形式，但他以元气作为道之体，大大增强了本原之道的实存性质，避免了道的虚无性。

道是老子宇宙生成论中的本原，《老子·一章》中说："道可道，非常'道'。"③《老子·二十五章》中说："有物混成，先天地生。寂兮寥兮，独立而不改，周行而不殆，可以为天地母。吾不知其名，强字之曰'道'。"④ 老子认为，作为宇宙本原的道是人类无法把握的超越的存在，是一种非现实的存在，但这个超越的存在又可以化生出现实的一切存在，这样，老子的道论就把超越存在和现实存在分成了两块，所以在宇宙生成论上老子不得不承认从无到有、无在有先的结论。

王安石对于宇宙本原的道作过很多论述，在《老子·四十一章》的注解中，王安石写道："此章言道深微妙，隐奥难见。……道之妙，不可以智索，不可以形求，可谓隐矣。"⑤ 这是说明道超越于人的感觉和思维之上，难以理解。在《老子·二十五章》的注解中，王安石写道："此章

---

① 容肇祖：《王安石老子注辑本》，中华书局1979年版，第1—2页。
② 同上书，第8页。
③ 陈鼓应：《老子注译及评介》，中华书局1984年版，第53页。
④ 同上书，第163页。
⑤ 容肇祖：《王安石老子注辑本》，中华书局1979年版，第40页。

言混成之道，其体则卓然独立，其用则周流六虚，不可称道，强以大名。虽二仪之高厚，王者之至尊，咸法于道。夫道者，自本自根，无所因而自然也。"① 这是强调道的独立性。在《老子·五十五章》的注解中，王安石写道："惟道则先于天地而不为壮，长于上古而不为老。"② 这是强调道在时间上的永恒性。在《老子·二十章》的注解中，王安石写道："道之荒大莫知畔岸。"③ 这是描述道在空间上的无限性。在《老子·二十一章》的注解中，王安石写道："道非物也。然谓之道，则有物矣，恍惚是也。"④ 这是肯定道的实存性。王安石的上述观点基本上都是承袭老子的，但是，王安石还分别从体用、本末、有无等角度对道作过分析，是在批判继承老子思想基础上的再创造。

关于道的体用问题。在《老子·四章》的注解中，王安石写道："道有体有用。体者，元气之不动。用者，冲气运行于天地之间。其冲气至虚而一，在天则为天五，在地则为地六。盖冲气为元气之所生，既至虚而一，则或如不盈。"⑤ 在《老子·五十二章》的注解中，王安石又写道："一阴一阳之谓道，而阴阳之中有冲气。冲气生于道。"⑥ 王安石认为道的本体是元气、是一阴一阳，当它运行变化时就成为冲气。道以元气为体，冲气为用。王安石虽然以元气为道之体，但他在《老子·五章》的注解中又说："道，无体也，无方也，以冲和之气鼓动于天地之间，而生养万物，如橐龠虚而不屈，动而愈出。"⑦ 在这里，王安石又指出道无体，这是否和道以元气为体相矛盾呢？实际上，王安石的意思是说道没有一定的、特称的形体，它是能够生成其他万物的基础材料，而元气正是用来指称这种不定形的万物本原的，作为道之体的元气实际是没有特定形体的万物本体，是无特定之体的体，因为有体所以它是实存的，因为无特定之体它才能成为万物之体。而从作为本原材料的元气到形成天地万物靠的就是

---

① 容肇祖：《王安石老子注辑本》，中华书局1979年版，第29页。
② 同上书，第49页。
③ 同上书，第25页。
④ 同上书，第26页。
⑤ 同上书，第8页。
⑥ 同上书，第45页。
⑦ 同上书，第10页。

冲气的作用。道作为元气、冲气的体用合一体，它是即动即静、一多兼容的。

我认为，王安石关于道有体有用的论述，是合体用、动静于一体来标志宇宙本原之道的，体与用都只是道的一个方面，只有体用合一才是道；动与静也只是道的一个方面，只有动静结合才是道。现代的一些学者，常常从物质本原、动是绝对的静是相对的立场出发，批评王安石分离体、用，主静轻动。如果就他们的评价标准来说，他们的说法也是言之有理的，但在王安石的宇宙论中，宇宙的本原是道，用不是宇宙本原，体也不是宇宙本原，合一体、用的道才是宇宙的本原。① 近来，李之鉴先生同样站在物质本原、运动是绝对的立场，但他从维护王安石的角度对道有体有用、元气不动等命题作了新解释，他认为元气不动中的不动不是静止的意思而是不改变的意思，元气不动说的是作为宇宙本原的元气"它不仅是自本自根，自身固有矛盾，而且绝对存在，永不改变。这是物质可以转化，但不会消灭的可贵思想。毫不夸张地说，王安石的确是有理论有论证、真正唯物地改造老子'道'的第一个哲学家，他建立起了朴素唯物主义与辩证法结合的哲学体系"②。李先生的观点别出心裁，也能自成一说。但实际上，以现代理论模式批评王安石与赞扬王安石都容易产生偏差。

关于道的本末问题。在《老子》一文中，王安石写道："道有本有末。本者，万物之所以生也；末者，万物之所以成也。本者，出之自然，故不假乎人之力而万物以生也；末者，涉乎形器，故待人力而后万物以成也。"③ 按王安石这里的意思，道之末指的是有特定形体的万物，道之本则是指道的本体和道化生万物的过程。本体和过程因为没有定形，所以人们无法把握。这里的道之本相当于王安石讲道有体有用时的体、用的综合，即元气、冲气都是道之本，至于道之末则是指作为道体的元气经过冲

---

① 参见侯外庐主编《中国思想通史》第四卷（上）第九章第四节，人民出版社1959年版，第461—462页；肖萐父、李锦全主编：《中国哲学史》（下卷）第二章第一节，人民出版社1983年版，第37页；陈正夫：《王安石哲学思想研究》，《江西大学学报》1963年第1期。

② 参见李之鉴《王安石的"元气不动"与"道立于两"思想浅议》，《平原大学学报》1991年第2期。

③ 王安石：《王文公文集》（上册）卷27，上海人民出版社1974年版，第310页。

气的运行变化后所最终化生出来的天地万物。按照这段话的意思，道不仅是宇宙生成论中的宇宙本原，它也是包含元气、冲气和天地万物的宇宙大全。王安石的这个观点是很有意义的，道既是宇宙本原又是宇宙全体，这就打破了老子把本原之道和宇宙万物分为两截的弊病，避免了重道轻物、重无轻有、重无形轻有形、重化生过程而轻化生结果等一系列结论。这是王安石对老子宇宙论的重大修正。现代人讲世界观，往往接受西方人分离现象与本质、主体与客体的思维模式，总是想提出一个本原或本体来，而古人包括王安石在内，他们的宇宙论中的道往往不仅是本原、本体还是整体、大全。

关于道的有无问题。在《老子·一章》的注解中，王安石写道："无，所以名天地之始；有，所以名其终，故曰万物之母。无者，形之上者也。自太初至于太始，自太始至于太极。太始生天地，此名天地之始。有，形之下者也。有天地然后生万物，此名万物之母，母者，生之谓也。无名者，太始也，故为天地之父。有名者，太极也，故为万物之母。天地，万物之合。万物，天地之离。于父言天地，则万物可知矣。于母言万物，则天地亦可知矣。"[①] 这里讲的是宇宙生成顺序，无形的无在先，有形的有在后，两者以天地为界，天地产生以前是无的阶段，天地产生以后是有的阶段。在《老子·一章》的注解中，王安石又写道："道，一也，而为说有二。所谓二者何也？有、无是也。无则道之本，而所谓妙者也。有则道之末，所谓徼者也。故道之本，出于冲虚杳渺之际；而其末也，散于形名度数之间。是二者其为道一也。而世之蔽者常以为异，何也？盖冲虚杳渺者，常存于无；而形名度数者，常存乎有。有无不能以并存，此所以蔽而不能自全也。夫无者，名天地之始，而有者，名万物之母，此为名则异，而未尝不相为用也。盖有无者，若东西之相反而不可以相无。故非有则无以见无，而无无则无以出有。有无之变，更出迭入，而未离乎道，此则圣人之所谓神者矣。……两者，有无之道，而同出于道也。言有无之体用皆出于道。世之学者，常以无为精，有为粗，不知二者皆出于道，故云'同谓之玄'。"[②] 在这段注解里，王安石讨论了有和无二者之间的关

---

① 容肇祖：《王安石老子注辑本》，中华书局1979年版，第1—2页。
② 同上书，第2—3页。

系，他认为无和有二者都从道中化生出来，无是道的本的阶段，这个时候作为道体的元气处于运行变化的冲气阶段尚未成形，有则是道的末的阶段，这个时候道已经化生出了有形有象的具体事物，无和有只是宇宙生成时先与后、幽与明的不同，并没有轻重、贵贱之别。同时，他又指出无和有作为道统领下的两种存在现象，又是互相依存的，缺一不可。在这里，王安石对那种重无轻有的观点提出了批评，实际上也是对老子思想的一种修正。

二 对老子生存智慧的继承和发展

老子论述人的生活方式时是主张自然无为、虚静、柔弱不争的，更多地强调顺应外在环境来保存自我，王安石在注解《老子》时，一方面继承了其中的生存智慧，另一方面也对老子的观点有很大的突破，追求一种超越动与静、有为与无为等对待之上的生活方式。

关于有为与无为问题。老子十分重视人的行为对自然的顺应，而反对有意识的造作，这种思想有尊重客观规律、事物本性的合理之处，但容易流于因循放任、无所作为。王安石是主张改革现实的政治家，在论述无为与有为的关系时自然不会同意老子的观点。在《老子》一文中，王安石写道："道有本有末。本者，万物之所以生也；末者，万物之所以成也。本者，出之自然，故不假乎人之力而万物以生也；末者，涉乎形器，故待人力而后万物以成也。夫其不假人之力而万物以生，则是圣人可以无言也、无为也；至于有待于人力而万物以成，则是圣人之所以不能无言也、无为也。"① 在王安石的宇宙论中，道之本是指由本原之道化生万物的过程，它是没有形迹可寻的，不是人力可以改变的，所以对此人们应该无为；而道之末指的是已经形成的万物，它是有形有象的，是人力可以改变的，并且它还有待于人的努力去加以完善，所以对此人们应该有为。

关于动与静、强与弱、刚与柔的问题。老子比较强调以静制动、以弱胜强，对于这种见解王安石也是同意的，并在注解中给予了详细的阐释。在《老子·十章》的注解中，王安石写道："有开阖则有动静，有动静则

---

① 王安石：《王文公文集》（上册）卷27，上海人民出版社1974年版，第310页。

有雌雄。惟其守雌以胜雄，守静以胜动，故曰'天门开阖，能为雌乎？'"① 在《老子·二十六章》的注解中，王安石写道："轻者必以重为依，躁者必以静为主。"② 在《老子·三十六章》的注解中，王安石写道："天下之人常为阴阳转徙而不知反，故欲张者必歙，欲强者必弱，知雄之为动而当守其雌，知白之为明而当守其黑。"③ 在《老子·四十二章》的注解中，王安石写道："物之强者莫如梁。所谓强梁者，如梁之强。人之强者，死之徒也。子路好勇，'不得其死'。'羿善射，奡荡舟，俱不得其死然。'是皆失柔弱之义也。"④

　　王安石继承了老子柔弱自守的人生智慧，但他又认为，守静、守弱固然是很好的行为方式，但不能一味静、弱，而要根据时势做到动与静、强与弱兼用。《宋史》记载有王安石与宋神宗、文彦博等人讨论用兵问题："文彦博曰：'以道佐人主者不以兵强天下。'安石曰：'以兵强天下者非道也，然有道者固能柔能刚，能弱能强。方其能刚强，必不至柔弱。张皇六师，固先王之所尚也，但不当专务兵强尔。'帝卒从安石议。"⑤《续资治通鉴长编拾补》记载有王安石与宋神宗谈论苏轼："上曰：'轼又言兵先动者为客，后动者为主，主常胜客，客常不胜，治天下亦然，人主不欲先动，当以静应之于后，乃胜天下之事，此说何如？'安石曰：'轼言亦是，然此道之经也，非所谓道之变。圣人之于天下感而后应，则轼之言有合于此理，然事变无常，固有举事不知出此，而圣人为之倡发者，譬之用兵岂尽须后动然后能胜敌，顾其时与势之所宜而已。'上曰：'卿言如此，极精。'"⑥ 文彦博、苏轼等人的议论是依据老子贵柔弱、主安静的观点的，而王安石的议论的确更高一筹，是在老子思想基础上的进一步创造。

　　王安石论述有为与无为、动与静关系问题时，大多是从功利性的有用角度着眼的，只要对人有用，采取哪一种生活方式都是可以的。而当论述

---

① 容肇祖：《王安石老子注辑本》，中华书局1979年版，第18页。
② 同上书，第30页。
③ 同上书，第36页。
④ 同上书，第41页。
⑤ 《宋史》卷192，中华书局1977年版，第14册第4778页。
⑥ 《续资治通鉴长编拾补》卷4，李焘：《续资治通鉴长编》（附拾补），上海古籍出版社1986年版，第5册第62页。

人生的修养和境界时他基本上赞同老子超越现实差别、回归人的自然本性的观点。

  王安石认为，对于现实中存在的互相对立的各种现象，人们应该采取超越的态度，在《老子·二章》的注解中，他写道："夫美者，恶之对，善者，不善之反，此物理之常。惟圣人乃无对于万物。自非圣人之所为，皆有对矣。有之与无，难之与易，高之与下，音之与声，前之与后，是皆不免有所对。唯能兼忘此六者，则可以入神。可以入神，则无对于天地之间矣。"① 人们要想达到无对的境界，既要摆脱外在事物的干扰，又需要提高内在心灵的认识水平。在《老子·七章》的注解中，王安石写道："万物莫不累我也，吾不与之累，故外之也。"② 这是要求摆脱外物的干扰。在《老子·十三章》的注解中，王安石写道："宠之所以为辱者，以其若惊也。得失若惊，此宠之所以为辱也。"③ 这是要求保持心灵的平静。不要计较外在的荣辱。在《老子·五十八章》的注解中，王安石又写道："种种分别，遂生妄想。"④ 这也是要求保持心灵平静，做到不动心，只是这里王安石借用了佛教的语言来说明。

  王安石人生哲学的最终目的是要穷理尽性以至于复命，在《老子·十九章》的注解中，他写道："见素，则见性之质而物不能杂。抱朴，则抱性之全而物不能亏。"⑤ 这是要求保护人的本真之性，使它不受外物的损害。在《老子·四十八章》的注解中，王安石写道："为学者，穷理也。为道者，尽性也。性在物谓之理，则天下之理无不得，故曰'日益'。天下之理，宜存之于无，故曰'日损'。穷理尽性必至于复命，故'损之又损之，以至于无为'者，复命也。"⑥ 为学是为了穷理，穷理是对外在事物的把握，所以是愈多愈好；而为道是为了尽性，尽性就是保养自己的生命，当然是愈少受损失愈好，最好是完全保存得像天生时一样。所以说为学日益、为道日损。在《老子·五十九章》的注解中，王安石写

---

① 容肇祖：《王安石老子注辑本》，中华书局1979年版，第4页。
② 同上书，第13页。
③ 同上书，第20—21页。
④ 同上书，第50页。
⑤ 同上书，第25页。
⑥ 同上书，第43页。

道："夫人莫不有视、听、思。目之能视，耳之能听，心之能思，皆天也。然视而使之明，听而使之聪，思而使之正，皆人也。然形不可太劳，精不可太用。太劳则竭，太用则瘦。惟能啬之而不使至于太劳、太用，则能尽性。尽性则至于命。"① 按照王安石的意思，所谓尽性就是发挥人的主体能动性，使人的天赋生命力不受损害、得到最完善的发展，而能够使天赋生命力得到完善发展的就是复命。王安石讲人生目的时用的穷理、尽性、复命等命题大多出于《易传》，但王安石阐发的思想却不同于追求人伦道德价值的儒学，而和老子大致相同，强调对作为实体存在的个人生命力的保存和发展，追求个体的生命价值。

三 对老子治国之道的批评和深化

《老子》的治国之道以自然无为为主导思想，主张统治者应该让百姓按自己的方式生活而不要多加干涉。《老子·六十章》中说："治大国，若烹小鲜。"② 这是用煎小鱼来比喻治理国家，煎小鱼不能动来动去，否则鱼就会碰烂了，治理国家也是这样，要以清净无为为原则。《老子》中还对儒家所宣扬的仁义礼智的治国之道加以批评，认为它是衰世的产物，《老子·十八章》中说："大道废，有仁义；智慧出，有大伪；六亲不和，有孝慈；国家昏乱，有忠臣。"③《老子·三十八章》中说："故失'道'而后'德'，失'德'而后仁，失仁而后义，失义而后礼。夫礼者，忠信之薄，而乱之首。"④

王安石是政治改革家，他要通过变法来实现北宋王朝的强盛，所以他不能同意老子的无为政治观，王安石又是一个以儒者自命的学者，所以他也不能同意老子对仁义礼智等治国之道的批评。在《老子》一文中，王安石详细论述了自己对无为与有为的态度，他写道："道有本有末。本者，万物之所以生也；末者，万物之所以成也。本者，出之自然，故不假乎人之力而万物以生也；末者，涉乎形器，故待人力而后万物以成也。夫其不假人之力而万物以生，则是圣人可以无言也、无为也；至于有待于人

---

① 容肇祖：《王安石老子注辑本》，中华书局1979年版，第51页。
② 陈鼓应：《老子注译及评介》，中华书局1984年版，第298页。
③ 同上书，第134页。
④ 同上书，第212页。

力而万物以成,则是圣人之所以不能无言也、无为也。故昔圣人之在上而以万物为己任者,必制四术焉。四术者,礼、乐、刑、政事也,所以成万物者也。故圣人唯务修其成万物者,不言其生万物者,盖生者尸之于自然,非人力所得与矣。老子者,独不然,以为涉乎形器者皆不足言也、不足为也,故抵去礼乐刑政而唯道之称焉。是不察于理而务高之过矣。夫道之自然者,又何预乎?唯其涉乎形器,是以必待于人之言也、人之为也。其书曰:'三十辐共一毂,当其无,有车之用。'夫毂辐之用,固在于车之无用,然工之琢削未尝及于无者,盖无出于自然之力,可以无与也。今之治车者知治其毂辐,而未尝及于无也,然而车以成者,盖毂辐具,则无必为用矣。如其知无为用而不治毂辐,则为车之术固已疏矣。今知无之为车用,无之为天下用,然不知所以为用也。故无之所以为车用者,以有毂辐也;无之所以为天下用者,以有礼乐刑政也。如其废毂辐于车,废礼乐刑政于天下,而坐求其无之为用也,则亦近于愚矣。"[1]

在这篇文章里,王安石用宇宙论来为他的政治哲学作论证。他认为,作为宇宙全体的道有本有末,本是指宇宙生成时尚未定形的阶段,末是指已经生成了的万物,万物是自然生成的,人力不能改变,但万物生成以后,变成了有形有象的定在,人力就可以对它加以改造了。落实到社会的政治生活上,王安石认为这是属于可以有为的道之末,圣人所制定的礼乐刑政这些治国之道都是必需的。人类社会是一个自然的历史过程,人力无法决定它为什么是现在这样的,对此只能无为,但却可以决定它现在应该怎么样,这是可以有为的,也是必须有为的。王安石把世界分成无为与有为两大块,为儒学礼乐刑政的治国之道找到了依据,从而批评了老子的观点。王安石还以《老子》中讲的车辐与车毂的例子来说明有为与无为的相互依存关系,车辐是车轮上的车条,车毂是车轮中心的孔洞,老子认为车轮转动靠的是中间哪个空的车毂,王安石则以为,如果工人不做出车辐又怎么可能形成车毂呢?无的车毂之所以能有用就是因为有车辐存在的缘故。人类社会也是这样,礼乐刑政的有为正是为了使社会正常发展,如果放弃礼乐刑政而完全无为,那只能是使社会无法生存下去。

王安石肯定了儒家学派所主张的礼乐刑政的治国之道的合理性,批评

---

[1] 王安石:《王文公文集》(上册)卷27,上海人民出版社1974年版,第310—311页。

了老子的无为政治论，但是，王安石对于老子并非全盘否定，而是认真吸收了老子的政治智慧来丰富、发展传统儒学。中国古代的政体大都是君主专制制度，所谓治国之道往往就是讨论君主的统治术，王安石认为理想的政治应该是，君主将无为与有为结合起来，使上下之间都各安其分，做到无为而无不为。在《答王深甫书三》之一中，王安石写道："深甫曰：'惟其正己而不期于正物，是以使万物之正焉。'某以谓期于正己而不期于正物，而使万物自正焉，是无治人之道者，是老、庄之为也。所谓大人者，岂老、庄之为哉？正己不期于正物者，非也；正己而期于正物者，亦非也。正己而不期于正物者，是无义也；正己而期于正物，是无命也。是谓大人者，岂顾无义命哉？杨子曰：'先自治而后治人之谓大器。'杨子所谓大器者，盖孟子之谓大人也。物正焉者，使物取正乎我而后能正，非使之自正也。武王曰：'四方有罪无罪，惟我在，天下曷敢有越厥志！'一人横行于天下，武王耻之。孟子所谓'武王一怒而安天下之民'。不期于正物而之物自正，则一人横行于天下，武王无为怒也。"[①] 按照王安石这里的意思，作为君主，既不能像老子、庄子那样主张无为，一切随其自然，放任百姓的行为；也不能过分有为，让天下人都顺从自己。正确的统治方法应该是在无为与有为之间，统治者要用自己的行为来为天下人树立榜样，而当他们违反正常的行为准则时就给予制裁。王安石论述君主的统治方式时，追求无为与有为的中间状态，实际上是要将老子的顺应自然与儒学的礼乐刑政结合起来，和魏晋玄学寻求自然与名教一致的思路是一样的，是一种儒、道兼综的政治哲学。因为礼乐刑政之类的统治方式是自然的，所以君主的统治就是有为而无为，是超越有为、无为之上的。

王安石还吸收老子自然无为的观点，对传统的爱民思想作出了新的解释。在《老子·五章》的注解中，王安石写道："天地之于万物，圣人之于百姓，有爱也，有所不爱也。爱者，仁也。不爱者，亦非不仁也。惟其爱，则不留于爱。有如刍狗，当祭祀之用也，盛之以箧衍，巾之以文绣，尸祝斋戒，然后用之。及其既祭之后，行者践其首脊，樵者焚其支体。其天地之于万物，当春生夏长之时，如其有仁爱以及之；至秋冬万物凋落，非天地之不爱也，物理之常也。且仁人之于百姓，以仁义及天下，如其仁

---

① 王安石：《王文公文集》（上册）卷7，上海人民出版社1974年版，第83页。

爱。及乎人事有终始之序，有死生之变，此物理之常也。此亦物理之常，非圣人之所固为也。此非前爱而后忍，盖理之适焉耳。故曰不仁乃仁之至。庄子曰'至仁无亲'、'大仁不仁'，与此合矣。"① 王安石认为，作为统治者，不能说对百姓愈仁慈愈好，而应该顺应事理，像天地那样无所偏私，该爱则爱，该不爱则不爱。真正的爱民应该是与百姓完全融为一体，同甘共苦，而不是站在外面向百姓施恩，在《老子·四十九章》的注解中，王安石写道："圣人无心，故无思无为。虽然，无思也未尝无思，无为也未尝无为，以'吉凶与民同患'故也。"②

王安石还批评了老子反对尚贤的观点，但他自己在论述尚贤时又借鉴了老子自然无为的思想，对尚贤作出了新的解释。在《老子·三章》的注解中，王安石写道："论所谓不尚贤者，圣人之心未尝欲以贤服天下，而所以天下服者，未尝不以贤也。群天下之民，役天下之物，而贤之不尚，则何恃而治哉？夫民于襁褓之中而有善之性，不得贤而与之教，则不足以明天下之善。善既明于己，则岂有贤而不服哉？故贤之法度存，犹足以维后世之乱，使之尚于天下，则民其有争乎？求彼之意，是欲天下之人尽明于善，而不知贤之可尚。虽然，天之民不如是之齐也。而况尚贤之法废，则人不必能明天下之善也。噫！彼贤不能养不贤之弊。孰知夫能使天下中心悦而诚服之贤哉！齐桓公问于管仲曰：'仲不幸而至于不可讳，则恶乎属国？'桓公贤鲍叔牙，而仲以为'鲍叔牙于己不若者，不比数之。无若隰朋者，上忘而下不畔，愧不若黄帝而哀不己若。'夫使其得上忘下不畔之人而尊之于上，则孰有尚贤之弊哉？或曰：彼岂不谓是耶？特以弊而论之尔。"③ 王安石首先承认贤能之人对于治理国家的重要作用，但他也指出尚贤也会带来弊病，不过不能就此而完全否定尚贤，而应该尊尚真正的贤人。王安石认为真正的贤人是像隰朋那样的人，虽然贤明，却不会因为自己的贤能而贬低别人，而是顺应事理，使人人各安其位，各适其性。王安石还推测老子也只是批评尚贤给社会带来的弊病，并非真的反对那种贤能而不自以为是、能使人中心悦服的贤人来执政。

---

① 容肇祖：《王安石老子注辑本》，中华书局1979年版，第9—10页。
② 同上书，第44页。
③ 同上书，第5—6页。

在《老子·三章》的注解中，王安石对尚贤问题又作了深入的探讨，他写道："尚贤则争兴，货难得则民为盗。此二者皆起于心之所欲也。故圣人在上，使人不尚贤、不贵难得之货，不见此二者，则能使心不乱而已矣。尚贤，则善也；贵难得之货，为盗，恶也。二者皆不欲，何也？盖善者，恶之对也，有善则必有其恶，皆使善恶俱忘也。世之言欲有二焉：有可欲之欲，有不可欲之欲。……《老子》曰：'不尚贤，使民不争，不贵难得之货，使民不为盗，不见可欲，使民心不乱。'此老子不该、不遍，一曲之言也。盖先王不尚贤，亦非不尚贤；不贵难得之货，亦非不贵难得之货；不见可欲，亦非不见可欲。虽然，老子之所言，形而上者也。不尚贤，则不累于为善；不贵难得之货，则不累于为利。惟其如此，故能不见可欲。孟子曰：'可欲之谓善。'夫善，积而充之至于神，至于神，则不见可欲矣。夫虚其心，所以明不尚贤；实其腹，所以不贵难得之货；强其骨，所以明不见可欲。夫人之心，皆有贤不肖之别。尚贤，不肖则有所争矣。故虚其心，则无贤不肖之辨，而所以不尚贤也。腹者，能纳物者也。能纳物，则贵难得之货矣。贵难得之货，则民为盗矣。腹既实，则虽有难得之货，亦财、声、色而已。凡所可欲者皆为欲。弱其志，所以无求。强其骨，所以有立。惟其无求也，故不见可欲而有立矣。无所求而有所立，君子之所贵也。惟其能贵于此，则无不治矣。虚其心，弱其志，使民无知也。实其腹，强其骨，使民无欲也。民贪其莫皆无知无欲。虽有知者，亦不敢为也。有为无所为，无为无不为。圣人为无为，则无不治矣。"[1] 在这段话里，王安石认为，现实世界中善恶等都是相对待存在的，任何一件善事都会带来弊端，如果君主尚贤，那么那些不肖之人也会去争着做贤人，就会引起社会混乱。人都是有欲望的，有些是好的可欲之欲，有些是坏的不可欲之欲，但是，不管是可欲之欲还是不可欲之欲，都是欲望，都会引起纷争，明智的统治者应当在安定百姓的心上下功夫，让他们吃饱喝足什么过分的欲望都没有，社会自然就会安定。王安石还将孟子"可欲之谓善"的观点曲加解释，认为达到至善阶段的可欲之欲也就不见可欲了，他这是掩饰他自己否定一切欲望和孟子赞同善的欲望之间的矛盾而不得不作出的解释，是以老子的思想来含蕴儒学。

---

[1] 容肇祖：《王安石老子注辑本》，中华书局1979年版，第6—7页。

王安石通过对老子不尚贤、不贵难得之货、不见可欲等观点的继承和修正，系统地阐发了他自己的政治哲学。传统儒学倡导贤人政治，强调要以德服人，而法家学派强调以力服人，《韩非子·五蠹》中说："上古竞于道德，中世逐于智谋，当今争于气力。"[1] 在王安石看来，不管是尚贤、尚智还是尚力气，都会引发百姓的欲望，而不管是好的欲望还是坏的欲望都会引起纷争，导致社会混乱，有鉴于此，他认为理想的政治应该超越尚贤与不尚贤等的差别对待之上。王安石否定了儒、法等学派的事事有为的政治，但他也不同意老子的无为政治，他的观点是君主要超越有为与无为之上，既要避免有为带来的使百姓产生竞争心的弊病，又要避免无为带来的废弃礼乐刑政等正常的人类社会生活的弊病。王安石十分推崇隰朋那种"上忘下不畔之人而尊之于上"的统治者，按照他的思路，理想的政治就是要君、臣、民各阶层上下安于自己的社会地位，并且在内心里也真正是无知无欲不想争夺高的、好的社会地位，天下自然太平。

王安石的政治思想实在是道家的无为与法家的专制的结合物，他要建立的是一切遵循法度的社会，因为有完善的法度，所以人们只要循法而行就可以了，这可以说是无为，但这又是一个法度森严的社会而不是自然状态的太古时代，这又可以说是有为。后来的理学政治观强调一切遵循理而行动，同样是对传统各派学说的修正，是儒、道、法的结合物，但是，理学的理侧重的是三纲五常的宗法伦常关系，而王安石的法侧重的是君臣上下的社会阶层差别，这都是在更高层次上对儒家、法家和道家政治学说的融合。

第三节 王安石的庄子思想研究

《庄子》与《老子》一样是道家学派的主要经典，二者在基本的思维方式和价值取向上是一致的，但也存在着侧重点的不同。在人生观方面，老子非常重视保全个体的生命存在，而庄子主要谈如何达到精神上的自由；在政治哲学方面，老子虽然批评现存的各种政治制度和政治思想，但并非完全否定政治，而是要实行一种君主和政府少加控制让百姓自己发展

---

[1] 《韩非子》校注组：《韩非子校注》，江苏人民出版社1982年版，第665页。

的无为政治,实际上是追求一种更加高明的统治术,而庄子则从个人自由的角度出发,认为一切政治都是对人性的压抑和束缚,所以他激烈抨击社会文明,希望回到人禽不分的自然状态中去。庄子的思想因其无政府主义而不可能为秦汉以降的大一统政权所认可,但是,由于他在思想上追求个性的自由发展,而且文采绝妙,所以受到历代文人士大夫的激赏。还有一些思想家,如西晋的向秀、郭象等人则力图将庄子的个性自由思想解释为在名教之中安于命运、自得其乐,淡化其与现实政治的矛盾。其实《庄子》一书本身内容混杂,各篇之间的观点往往差别很大,这就给后人主观性的解释提供了可能。

对于庄子的学说,王安石认为他在总体上不符合圣王之道,但在一些具体问题的论述上却有合理之处。王安石对《庄子》一书颇为重视,晁公武《郡斋读书志》卷五上记载王安石著有《庄子解》四卷,可惜此书今已亡佚。但在现存的《王文公文集》、《临川先生文集》中还保存有一些王安石论述庄子思想的文章和诗歌,其中文章主要有《庄周》上、下篇、《答陈柅书》、《答王深甫书》、《九变而赏罚可言》等,诗歌主要有《陶缜菜示德逢》、《杂咏八首》、《无营》、《绝句》之五、《绝句》之八、《圣贤何常施》等。下面,我们就依据这些材料来分析王安石的观点。

一 对庄子人生哲学的继承和批评

《庄子》一书谈得最多的是人如何摆脱生死祸福而获得精神自由的问题,用庄子的话说就是怎样才能逍遥。在《庄子》一书中对于自由、逍遥实际上存在有两种说明,一种是超越一切现实的差别、对待之上的绝对自由,一种是顺应现实、安于本分和命运的相对自由。① 《庄子·内篇·逍遥游》中说:"若夫乘天地之正,而御六气之辩,以游无穷者,彼且恶乎待哉?……之人也,之德也,将旁礴万物以为一,世蕲乎乱,孰弊弊焉以天下为事!之人也,物莫之伤,大浸稽天而不溺,大旱金石流、土山焦而不热。是其尘垢秕糠,将犹陶铸尧舜者也。孰肯分分然以物为事。"② 这是对

---

① 有些学者把庄子的自由分为超世、顺世、遁世三种,也有人把遁世称为游世,实际上,遁世和游世在对待外在环境的态度上和顺世没有根本区别,不必单列为一种。

② 陈鼓应:《庄子今注今译》,中华书局 1983 年版,第 14、21 页。

绝对自由的描述。《庄子·内篇·德充符》中说："知不可奈何，而安之若命，唯有德者能之。"① 这是对相对自由的描述。《庄子》的绝对自由论往往对现实持批评态度，而相对自由论却要求人们做安分守己的良民，所以后代维护现实社会秩序的解释者大多有意识地宣扬庄子的相对自由论，而淡化他的绝对自由论，甚至把庄子的绝对自由论曲解为相对自由论。

王安石认为庄子对于人生问题是确有所见的，和谈神论鬼的迷信不同，但也不符合真正的道，在《答陈柅书》中，他写道："庄生之书，其通性命之分，而不以死生祸福累其心，此其近圣人也。自非明智不能及此。明智矣，读圣人之说，亦足以及此，而陷溺于周之说，则其为乱大矣。……老、庄之书具在，其说未尝及神仙。唯葛洪为二人作传以为仙。而足下谓老、庄潜心于神仙，疑非老、庄之实，故尝为足下道此。老、庄虽不及神仙，而其说亦不皆合于经，盖有志于道者。"② 王安石认为庄子"通性命之分，而不以死生祸福累其心"，这实际上是肯定了庄子追求精神自由的思想。对于庄子的绝对自由论和相对自由论，王安石都是颇感兴趣的。在《杂咏八首》之一中，王安石写道："万物余一体，九州余一家。秋毫不为小，徼外不为遐。不识寿与夭，不知贫与奢。忘心乃得道，道不去纷华。近迹以观之，尧舜亦泥沙。庄周谓如此，而世以为夸。"③ 这是一种至大无外、至小无内、天地与我并生、万物与我为一的绝对超越精神。在《绝句九首》之五中，王安石写道："万事黄粱欲熟时，世间谈笑谩追随。鸡虫得失何须算，鹏鷃逍遥各自知。"④《庄子·内篇·逍遥游》原本中是用大鹏和斥鷃的例子来说明现实中的事物都是依赖他物而无法达到绝对自由的道理，西晋的郭象从维护现实社会秩序的角度用相对自由论来曲解庄子的绝对自由论，他认为事物不分大小，只要各安其天性就是逍遥，逍遥不需要超越现实，逍遥就在日常的人伦日用、纲常名教之中，郭象的解释违背了庄子这段话的本意，但却阐发了一种圆融自足的人生哲学。王安石在这首诗里，接受了郭象曲解了的庄子的相对自由的逍遥理论。

王安石在人生观上赞同庄子的逍遥理论，而庄子的逍遥论是以他的宇

---

① 陈鼓应：《庄子今注今译》，中华书局1983年版，第150页。
② 王安石：《王文公文集》（上册）卷8，上海人民出版社1974年版，第93页。
③ 王安石：《王文公文集》（下册）卷50，上海人民出版社1974年版，第564页。
④ 王安石：《王文公文集》（下册）卷75，上海人民出版社1974年版，第806页。

宙论和价值论为基础的,庄子认为宇宙间的万物都是相对的,没有定性,无法把握,而人生最重要的就是保持心灵的平静不受外物和欲望的困扰。王安石赞同庄子这种人生价值观,实际上,不受外物干扰和达到心灵平静是一件事情的两个方面,避免了外物干扰心灵自然就会平静,而心灵平静后自然就会不受外物的干扰。在《陶缜菜示德逢》一诗中,王安石写道:"江南种菜漫阡陌,紫芥绿菘何所直。陶生画此共言好,一幅往往黄金百。北山老圃不慕此,但守荒畦斸荆棘。陶生养目渠养腹,各以所长为物役。"① 在这里,王安石认为不管是名还是利,都是使人受到约束的东西,要想达到真正的自由就要摆脱这些外物和欲望。而在《周礼·天官·膳夫》"王齐日三举"一段的注解中,王安石写道:"孔子齐必变食者,致养其体气也,王齐日三举则与变食同意。孔子之齐不御于内,不听乐,不饮酒,不膳荤,丧者则弗见也,不蠲则弗见也,盖不以哀乐欲恶贰其心,又去物之可以昏愤其志意者而致养起气体焉,则所以致精明之至也。夫然后可以交神明矣。然此特祭祀之齐,尚未及夫心齐也,所谓心齐则圣人以神明其德者是也,故其哀乐欲恶将简之弗得,尚何物之能累哉!虽然,知致一于祭祀之齐,则其于心齐也亦庶几焉。"② 在这段话里,王安石解释了所谓心斋的意思,就是通过屏弃外在干扰和内在欲望,加以养气的功夫,使心灵得到彻底平静。王安石在这段话里把《庄子》中的"心斋"置于孔子的修养方法之上,这是对庄子追求心灵平静的极高推崇。

庄子讲逍遥,要求摆脱内外束缚达到心灵的自然、平静状态,所以在有为与无为的问题上倾向于无为。王安石对于这个问题的观点是有矛盾的,一方面,他希望通过无为来避免可能带来的外在伤害和烦恼,在《无营》一诗中,他写道:"无营固无尤,多与亦多悔。物随扰扰集,道与翛然会。墨翟真自苦,庄周吾所爱。万物莫足归,此言犹有在。"③ 另一方面,作为一个怀抱济世救民理想的政治改革家,王安石不可能像隐士那样无为自足,在《绝句九首》之八中,他又写道:"赐也能言未识真,误将心许汉阴人。桔槔俯仰何妨事,抱瓮区区老此身。"④《庄子·外篇·

---

① 王安石:《王文公文集》(下册)卷50,上海人民出版社1974年版,第563页。
② 程元敏:《三经新义辑考汇评(三)——周礼(上)》,"国立"编译馆1987年版,第88页。
③ 王安石:《王文公文集》(下册)卷51,上海人民出版社1974年版,第574页。
④ 王安石:《王文公文集》(下册)卷75,上海人民出版社1974年版,第806页。

天地》中举了汉阴丈人抱瓮灌畦的例子,认为"有机械者必有机事,有机事者必有机心……吾非不知,羞不为也"。① 王安石在这首诗里则批评了汉阴丈人的无为思想,嘲笑这种隐逸之士只不过是在碌碌无为地混日子罢了。王安石对于无为的这两种不同评价,实在是反映了他本人在仕与隐、济世与逍遥之间的矛盾心态。《孟子·尽心上》中说:"故士穷不失义,达不离道。……穷则独善其身,达则兼善天下。"② 王安石是十分推尊孟子的,他在无为与有为之间的徘徊也是要效仿孟子的独善与兼善,但是孟子的独善与兼善是一切依道义行动而没有个人价值的取舍、谋划存在其中,而王安石通过对庄子的解释、评价却是要寻求如何达到个人的自由,这和孟子截然不同,是寻求一种生存智慧而不是像孟子那样要达到一种德性境界,在人生观的这一核心点上,王安石和庄子相同而和追求道德理想主义的儒学拉开了距离。

二 对庄子政治思想的发微

按照今人的研究,《庄子》一书应该是道家学派的论文集,其中内容并不统一,其主体思想是主张无为政治的,但在外、杂篇中也有一些探讨治国之道的文章。王安石批评了庄子放弃政治的无为思想,在《答王深甫书三》之一中,他写道:"某以谓期于正己而不期于正物,而使万物自正焉,是无治人之道者,是老、庄之为也。"③ 但是对于《庄子》中有关治国之道的论述,王安石却认真吸取,着意加以发挥。

王安石写有《九变而赏罚可言》一文,是对《庄子·外篇·天道》中一段话的注解,着力阐发了其中的治国之道。④ 王安石从《庄子》中充斥的抨击社会文明和政治管理的大量篇幅中特地找出这一段来解释,反映

---

① 陈鼓应:《庄子今注今译》,中华书局1983年版,第318页。
② 杨伯峻:《孟子译注》,中华书局1960年版,第304页。
③ 王安石:《王文公文集》(上册)卷7,上海人民出版社1974年版,第83页。
④ 《天道》中的这段话历代有很多学者都指出它和《庄子》主体思想不一致,自清代王夫之以来的一些学者认为是后学者的作品,今人陈鼓应先生在其《庄子今注今译》一书中就把这段话从正文中删除了。笔者认为这种做法不妥,内容不一致是《庄子》中本来就存在的现象,后人不能根据自己的理解把某些内容定为真《庄子》而把另外一些内容删除,实际上,我们只能以《庄子》原文本为依据,梳理出它的思想脉络,区分出核心成分和非核心成分、基本精神和外围学说。

了他作为实际政治家的独具只眼。在文中，王安石写道："万物待是而后存者，天也；莫不由是而之焉者，道也；道之在我者，德也；以德爱者，仁也；爱而宜者，义也；仁有先后，义有上下，谓之分；先不擅后，下不侵上，谓之守。形者，物此者也；名者，命此者也。所谓物此者，何也？贵贱亲疏，所以表饰之其物不同者是也。所谓命此者，何也？贵贱亲疏，所以称号之其命不同者是也。物此者，贵贱各有容矣，命此者，亲疏各有号矣，因亲疏贵贱任之以其所宜为，此之谓因任。因任之以其所宜为矣，放而不察乎则又将大弛，必原其情，必省其事，此之谓原省。原省明而后可以辨是非，是非明而后可以施赏罚。故庄周曰：'先明天而道德次之，道德已明而仁义次之，仁义已明而分守次之，分守已明而形名次之，形名已明而因任次之，因任已明而原省次之，原省已明而是非次之，是非已明而赏罚次之。'是说虽微庄周，古之人孰不然？古之言道德所自出而不属之天者，未尝有也。……庄周曰：'五变而刑名可举，九变而赏罚可言'、'语道而非其序，安取道？'善乎，其言之也！庄周，古之荒唐人也，其于道也荡而不尽善，圣人者与之遇，必有以约之，约之而不能听，殆将摈四海之外而不使之疑中国。虽然，其言之若此者，圣人亦不能废。"①

《庄子》原文中的这段话从宇宙论的天地万物讲到个人的道德修养，再讲到社会的伦常关系和政治关系，最后讲到治国中的是非赏罚，是一套系统的政治哲学，王安石对这段话作了详细的解说，并且认为这是圣人也不能违背的至理名言。实际上，《庄子》的这种政治哲学是融合先秦道、儒、法、名各家思想而形成的，它以天和道为首，而容纳儒家的仁义、礼制和法家、名家的刑名法术，追求的是一种上下等级各安其位、无为而无不为的社会。在王安石所引的那一段之后，《庄子·外篇·天道》中接着写道："赏罚已明而愚知处宜，贵贱履位，仁贤不肖袭情，必分其能，必由其名。以此事上，以此畜下，以此治物，以此修身，知谋不用，必归其天，此之谓大平，治之至也。"② 王安石的注解和庄子原意是一致的。

---

① 王安石：《王文公文集》（上册）卷 28，上海人民出版社 1974 年版，第 324—325 页。
② 陈鼓应：《庄子今注今译》，中华书局 1983 年版，第 342—343 页。

王安石在《九变而赏罚可言》一文中，还特别提到了"语道而非其序，安取道"，这个序就是政治上先是天和道德、次是仁义礼制、最后才是辨是非和行赏罚，它把儒、法等家的思想都融会在天道的大旗之下，不过这个天道已经不是先秦道家学派所说的自然无为的天道了，而是整个自然界和社会都必须遵循的秩序。王安石通过注解《庄子》阐发出来的是一种推崇极度法度化的政治思想，他已经不再纠缠于是以德服人还是以力服人之类的旧的统治方法，而是认为维护社会本身的秩序才是政治的头等大事，这是从关系的角度来谈理想政治的实现，而突破了传统的从实体角度谈实现理想政治的局限，维护社会的稳定主要不是用某种实体的力量去打击、压制另一种实体的力量，而是让社会上存在的各种实体力量都服从于统一的社会秩序、状态之中。这种思想表面上和法家学说相似，但在实质上差别是很大的。后来的理学家讲天理，也是从关系的角度来谈如何维护社会的秩序，和王安石的思路是一致的，他们的区别只在于维护什么样的社会秩序。

在《九变而赏罚可言》一文中，王安石还将庄子的思想与《尚书》中记载的尧的政治实践作了比较，他写道："尧者，圣人之盛也，孔子称之曰'惟天为大，惟尧则之'，此之谓明天；'聪明文思，安安'，此之谓明道德；'允恭克让'，此之谓明仁义；次九族，列百姓，序万邦，此之谓明分守；修五礼，同律度量衡，以一天下，此之谓明刑名；弃后稷，契司徒，皋陶士，垂共工，此之谓明因任；三载考绩，五载一巡狩，此之谓明原省；命舜曰'乃言底可绩'，谓禹曰'万世永赖，时乃功'、'蠢兹有苗，昏迷不恭'，此之谓明是非；'皋陶方祇厥叙，方施象刑，惟明'，此之谓明赏罚。"① 按照王安石这里的解释，则《庄子》中记载的治国之道与圣王之道完全一致。

在《九变而赏罚可言》一文中，王安石还对后世的各种错误的政治思想作了批评，他写道："至后世则不然，仰而视之曰：'彼苍苍而大者何也？其去吾不知其几千万里，是岂能知我何哉？吾为吾之所为而已，安取彼？'于是遂弃道德，离仁义，略分守，慢刑名，忽因任，而忘原省，直信吾之是非，而加人以其赏罚。于是天下始大乱，而寡弱者号无告。圣

---

① 王安石：《王文公文集》（上册）卷28，上海人民出版社1974年版，第325页。

人不作，诸子者伺其间而出，于是言道德者至于窈冥而不可考，以至世之有为者皆不足以为，言刑名者守物诵数，罢苦以至于老而疑道德，彼皆忘其智力之不瞻，魁然自以为圣人者此矣，悲夫！"① 在这里，王安石以理想的贯通天人又融会道、儒、法、名各家思想精华的政治哲学为标准，对后世那种以赏罚贯彻君主个人意志的无道政治给予了严厉批评，同时，他又指出诸子的政治观往往割裂圣人的治国大道，要么陷入空谈道德的无所作为，要么陷入记诵教条的烦琐事务，都是一偏之见。

三 对庄子回归远古观点的批评

《庄子》一书主要探讨的是人如何获得自由的问题，庄子认为包括现实政治制度在内的一切社会文明都是人性自由的束缚，为了获得自由，就必须摆脱这些束缚，理想的社会是人禽不分的太古时代，《庄子·外篇·马蹄》中说："夫至德之世，同与禽兽居，族与万物并，恶时乎君子小人哉！……道德不废，安取仁义！性情不离，安用礼乐！五色不乱，孰为文采！五声不乱，孰应六律！夫残朴以为器，工匠之罪也；毁道德以为仁义，圣人之过也。"② 因为理想的社会是出于自然状态下的，因此，庄子对于后世的政治制度和政治思想特别是儒家学派所宣扬的仁义礼乐之类就持激烈的批评态度。

庄子认为人类曾经有过一个处于自然状态下的远古时代，这一点王安石是承认的，不过他认为这个自然状态下的远古时代并不理想，人们为了衣食等生存需求而进行野蛮的争斗，过着禽兽一样的生活。王安石不同意庄子回归远古的思想，他认为人类社会的发展是必然的趋势，圣人的制礼作乐是不得已的也是应该的。在《太古》一文中，他写道："太古之人不与禽兽朋也几何，圣人恶之也，制作焉以别之。"③ 在《彼狂》一诗中，王安石又写道："上古杳默无人声，日月不忒山川平，人与鸟兽相随行，祖孙一死十百生。万物不给乃相兵，伏牺画法作后程。渔虫猎兽宽群争，势不得已当经营，非以示世为聪明。"④

---

① 王安石：《王文公文集》（上册）卷28，上海人民出版社1974年版，第325页。
② 陈鼓应：《庄子今注今译》，中华书局1983年版，第246—247页。
③ 王安石：《王文公文集》（上册）卷28，上海人民出版社1974年版，第332页。
④ 王安石：《王文公文集》（下册）卷51，上海人民出版社1974年版，第576页。

王安石肯定了礼乐刑政等现实政治制度、统治方式的合理性，但是，他也承认后代的政治中的确存在着很大的弊病，只是在王安石看来，解决这些现实政治弊病的方法应该是顺应时势制定出更加完善的新法，而不能像庄子那样复古倒退、放弃仁义礼乐。在《彼狂》一诗中，王安石写道："方分类别物有名，夸贤尚功列耻荣。蛊伪日巧雕元精，至言一出众辄惊，上智闭匿不敢成，因时就俗救刖黥。惜哉彼狂以文鸣，强取色乐要聋盲，震荡沈浊终无清。詼诡徒乱圣人氓，岂若泯默死蠢耕。"① 这是对那种因为对现实不满就鼓吹复古倒退观点的批评。在《太古》一文中，王安石又写道："下而戾于后世，侈裳衣，壮宫室，隆耳目之观，以嚣天下，君臣、父子、兄弟、夫妇皆不得其所当然，仁义不足泽其性，礼乐不足锢其情，刑政不足纲其恶，荡然复与禽兽朋矣。圣人不作，昧者不识所以化之之术，顾引而归之太古。太古之道果可行之万世，圣人恶用制作于其间？必制作于其间，为太古之不可行也。顾欲引而归之，是去禽兽而之禽兽也，奚补于化哉？吾以为识治乱者当言所以化之之术，曰归之太古，非愚即诬。"② 在这篇文章里，王安石认为太古是人类的野蛮时代，圣人正是为了把人类从这种禽兽状态中解脱出来才制定了礼乐刑政之类文明制度，因为看到现实的腐败就完全否定礼乐刑政的价值，要求回到太古时代，这实在是一种愚蠢的想法。对于现实的弊病，不应该抱否定一切的虚无主义态度，重要的是要寻求解决现实弊病的方法。

王安石不同意庄子复古倒退的历史观，但承认庄子对现实政治的批评有其合理之处，只是认为庄子的毛病在于矫枉过正，因为对现实不满就完全否定社会的发展和仁义礼乐的价值，偏离了圣人之道。在《庄周上》一文中，王安石写道："昔先王之泽，至庄子之时竭矣，天下之俗，谲诈大作，质朴并散，虽世之学士大夫，未有知贵己贱物者也。于是弃绝乎礼义之绪，夺攘乎利害之际，趋利而不以为辱，殒身而不以为怨，渐渍陷溺，以至乎不可救已。庄子病之，思其说以矫天下之弊而归之于正也。其心过虑，以为仁义礼乐皆不足以正之，故同是非，齐彼

---

① 王安石：《王文公文集》（下册）卷51，上海人民出版社1974年版，第576页。
② 王安石：《王文公文集》（上册）卷28，上海人民出版社1974年版，第332页。

我，一利害，而以足乎心为得，此其所以矫天下之弊者也。既以其说矫弊矣，又惧来世之遂实吾说而不见天地之纯、古人之大体也，于是又伤其心于卒篇以自解。故其篇曰：'《诗》以道志，《书》以道事，《礼》以道行，《乐》以道和，《易》以道阴阳，《春秋》以道名分。'由此而观之，庄子岂不知圣人者哉？又曰：'譬如耳目鼻口，皆有所明，不能相通，犹百家众技，皆有所长，时有所用。'用是以明圣人之道其全在彼而不在此，而亦自列其书于宋钘、慎到、墨翟、老聃之徒，俱为不该不遍一曲之士，盖欲明吾之言有为而作，非大道之全云耳。"① 王安石认为，庄子的本意也是要救世的，只是其学说是针对一时的现象而发，所以不可避免地会有局限性，并且庄子本人也意识到了这一点，在其书中十分推崇记载圣王之道的《诗》、《书》等六经。六经是适合古今的大道，但庄子也是适应一时之需而产生的，也有一定的价值，王安石对于庄子的评价还是相当高的。

第四节　王安石论杨朱、墨翟、商鞅等人的思想

王安石的学术思想应该说是以经学为本，以儒学为宗，以子学、佛学、道教为辅。在王安石的子学思想研究中，道家学派的老子、庄子分量最重，但他并不局限于此，对于先秦时期影响较大的墨家、法家以及杨朱等人的思想也都作过论述，其中不乏真知灼见，是王安石学术思想的重要组成部分。

一　对杨朱、墨翟思想的比较研究

先秦诸子中除了道家的老子、庄子以外，王安石论述最多的就要算杨朱和墨翟了。他常常将二者进行比较论述，认为杨朱的思想比墨翟的思想更正确一些、更接近圣人之道。晁公武《郡斋读书志》卷五上记载王安石著有《杨子解》一卷，此书今已亡佚。现存的《王文公文集》和《临川先生文集》中还保存有王安石论述杨朱、墨翟思想的文章和诗歌，其中文章主要有《杨墨》、《送孙正之序》、《答陈柅书》、《虔州学记》，诗

---

① 王安石：《王文公文集》（上册）卷27，上海人民出版社1974年版，第311—312页。

歌主要有《无营》、《寓言十五首》之十三等。①

对于杨朱、墨翟的学说,王安石认为二者都偏离了圣人之道,应该加以批评。在《送孙正之序》中,王安石写道:"时乎杨、墨,已不然者,孟轲氏而已。时乎释、老,已不然者,韩愈氏而已。"② 在《杨墨》一文中,王安石则将杨朱、墨翟加以比较分析,具体指出他们的学说和圣人之道的区别所在,他写道:"杨墨之道,得圣人之一而废其百者是也。圣人之道,兼杨墨而无可无不可者是也。墨子之道,摩顶放踵以利天下,而杨子之道,利天下拔一毛而不为也。夫禹之于天下,九年之间三过其门,闻呱呱之泣而不一省其子,此亦可谓为人矣。颜回之于身,箪食瓢饮以独乐于陋巷之间,视天下之乱若无见者,此亦可谓为己矣。杨墨之道独以为人、为己得罪于圣人者,何哉?此盖所谓得圣人之一而废其百者也。是故由杨子之道则不义,由墨子之道则不仁,于仁义之道无所遗而用之不失其所者,其唯圣人之徒欤?"③ 在这篇文章里,王安石认为杨朱提倡为己的学说,而墨翟提倡为人的学说,为己是仁,为人是义,仁与义结合起来才是全面完整的人伦之道,杨朱、墨翟的学说都是一偏之见。贤人颜回专意为己,圣王大禹一心为人,但他们只是依据时势而作出的选择,并不固执一端,颜回如果处在大禹的时势下也会选择为人,大禹如果处在颜回的时势下也会选择为己,而杨朱、墨翟二人却各执一端、不知变通,都偏离了圣人之道。

王安石认为杨朱、墨翟的学说都偏离了圣人之道,但在杨朱和墨翟二者之间,王安石对于杨朱的学说更为欣赏,认为他更接近于圣人之道。在《杨墨》一文中,王安石又写道:"二子之失于仁义而不见天地之全,则同矣,及其所以得罪,则又有可论者也。杨子之所执者为己,为己,学者之本也。墨子之所学者为人,为人,学者之末也。是以学者之事必先为

---

① 今人高克勤先生在发表于《复旦学报》1988年第1期的《王安石著述考》一文中说:"王安石有《杨孟》、《杨墨》、《对难》等文论及杨朱及其著作。"这个说法是错误的,王安石在《杨孟》、《对难》两文中所论述的杨子指的是汉代的儒者扬雄,只有《杨墨》一文中所论述的杨子指的是先秦的杨朱。王安石文中扬雄的扬普遍写作杨,也许这是使高先生产生误解的原因。晁公武《郡斋读书志》卷五上记载的王安石《杨子解》一卷高先生列为论述杨朱的作品,因为该书已经亡佚,无从判断,姑且列于此。

② 王安石:《王文公文集》(上册)卷36,上海人民出版社1974年版,第433页。

③ 王安石:《王文公文集》(上册)卷26,上海人民出版社1974年版,第308页。

己，其为己有余而天下之势可以为人矣，则不可以不为人。故学者之学也，始不在于为人，而卒所以能为人也。今夫始学之时，其道未足以为己，而其志则已在于为人也，则亦可谓谬用其心矣。谬用其心者，虽有志于为人，其能乎哉？由是言之，杨子之道虽不足以为人，固知为己矣。墨子之志虽在于为人，吾知其不能也。呜呼，杨子知为己之为务，而不能达于大禹之道也，则亦可谓惑矣。墨子者，废人物亲疏之别，方以天下为己任，是其所欲以利人者，适所以为天下害患也，岂不过甚哉？故杨子近于儒，而墨子远于道，其异于圣人则同，而其得罪则宜有间也。"① 王安石认为杨朱和墨翟相比较，杨朱的观点更接近于儒学的圣人之道，因为他提倡为己之学，抓住了本；而墨子提倡为人之学，只抓住了末。在《无营》一诗中，王安石也写道："无营固无尤，多与亦多悔。物随扰扰集，道与翛然会。墨翟真自苦，庄周吾所爱。万物莫足归，此言犹有在。"② 这首诗里虽然说的是庄子和墨子的不同，但在推崇为己贬低为人这一点上和《杨墨》一文中比较杨朱、墨翟的差别是一样的。王安石本人认为，正确的为学、为人之道应该是以杨朱为己为基础，然后依据人物亲疏之别，按照爱有差等的原则向外推衍，最终达到为人的境界，王安石实际上是借对杨朱、墨翟学说的评价，阐述了他自己的以个人实体存在为中心、以济世救民为人生最高价值的人生哲学。

王安石除了讨论杨朱、墨翟在人生哲学上为己与为人的差别外，还特别对墨翟政治上的尚同思想提出批评。在《杨墨》一文中，王安石写道："墨子者，废人物亲疏之别，方以天下为己任，是其所欲以利人者，适所以为天下害患也，岂不过甚哉？"③ 意思是说，墨翟将他的为人之学推广到政治上去，就会与他使百姓受益的本意相反，而只会给社会带来祸害。王安石认为治天下有道，这个道就是圣王之道，圣王之道出于人心中固有的性命之理，而墨翟的学说违背了性命之理，对于圣人之道的危害和秦始皇的"焚书坑儒"一样严重。在《虔州学记》中，王安石写道："周道微，不幸而有秦，君臣莫知屈己以学，而乐于自用，其所建立悖矣，而恶

---

① 王安石：《王文公文集》（上册）卷26，上海人民出版社1974年版，第308—309页。
② 王安石：《王文公文集》（下册）卷51，上海人民出版社1974年版，第574页。
③ 王安石：《王文公文集》（上册）卷26，上海人民出版社1974年版，第309页。

夫非之者。乃烧《诗》、《书》，杀学士，扫除天下之庠序，然后非之者愈多，而终于不胜。何哉？先王之道德，出于性命之理，而性命之理出于人心。……当孔子时，既有欲毁乡校者矣。盖上失其政，人自为义，不务出至善以胜之，而患乎有为之难，则是心非特秦也。墨子区区，不知失者在此，而发尚同之论，彼其为愚，亦独何异于秦。"① 在《寓言十五首》之十三中，王安石也写道："好乐世所共，欲禁安能舍。孰将开其淫，要在习以雅。欧人必如己，墨子见何寡。惜哉后世音，至美不如野。"② 在这些论述中，王安石指出，墨翟的学说不符合圣王之道、性命之理，但却偏偏要用他的学说来统一天下人的思想，实在是武断而愚蠢的做法。

二 对商鞅等法家学说的评价

法家是先秦诸子之学的终结者，它实现了诸子之学统一全社会思想的理论目的和建立大一统帝国的政治实践目的，它在儒学之前就已经成为官方法定的意识形态。法家学说中可以分为特殊性和普遍性两部分内容，前者主要包括韩非等人所主张的唯暴力论和极端君主专制等，后者则指崇尚法治、制定基本的政权组织形式和具体的政治运行方式等。其中的特殊性内容随着秦王朝的迅速灭亡而受到后代学者和政治家们的批评，而其中的普遍性内容则构成中国古代政治思想的主干，是任何执政者都不能不加以吸取的。王安石作为实际的政治家，他对于法家的学术无论是在思想上还是在政治实践上都是有所借鉴的。据记载，宋神宗在做皇储期间，就曾对《韩非子》的思想作过研究，而王安石在与宋神宗的谈话中，也曾劝说宋神宗效仿商鞅的富国强兵之法，据陈瓘《四明尊尧集》卷三《论道门》记载王安石的话说："陛下看商鞅所以精耕战之法，只司马迁所记数行具足。若法令简而要，则在下易遵行；烦而不要，则在下既难遵行，在上亦难考察。"③ 由此可见，法家学说在熙宁、元丰时期的变法活动中是起到促进作用的。

---

① 王安石：《王文公文集》（上册）卷34，上海人民出版社1974年版，第402页。
② 王安石：《王文公文集》（下册）卷50，上海人民出版社1974年版，第570页。
③ 转引自邓广铭《北宋政治改革家王安石》第二章第二节之一，人民出版社1997年版，第71页。

王安石对于法家学说中强调暴力等特殊性内容是持批评态度的,在《秦始皇》一诗中,他写道:"……举世不读《易》,但以刑名称。蚩蚩彼少子,何用辨坚冰。"① 但是,对于法家学说中关于行政事务方面的普遍性内容,王安石却是颇为赞同的。在《商鞅》一诗中,他写道:"自古驱民在信诚,一言为重百金轻。今人未可非商鞅,商鞅能令政必行。"② 在《谢安》一诗中,他又写道:"谢公才业自超群,误长清谈助世纷。秦晋区区等亡国,可能王衍胜商君。"③ 在这两首诗里,王安石肯定了商鞅有法必依、有令必行的政治家风范,并将商鞅与西晋时期清谈误国的王衍相比较,含蓄地表达了对懒散无为政治的批评和对法家政治思想的赞赏。

王安石对于法家的政治作风在一定程度上表示赞同,但这只是就法家学说本身来说的,如果儒、法相比的话,那么,王安石还是扬儒抑法的。王安石理想的政治是尧、舜、三代的圣王之政,是合道德、仁义、法术、形名于一体的,三代以降,圣王之政已经不复存在,但它的道理仍然保存在经书中,诸子百家都是要传承圣王之道的,但只有儒学最能够忠实、准确地传承这个道。从这个角度上讲,只有儒学的政治观才是完全正确的,法家的学说虽有一定的合理性,但还是不能和儒学相提并论,只能作为圣王之政的辅助而已。

第五节　王安石的佛学思想

王安石生活在佛学盛行的时代,他本人对于佛学有深入的研究,撰写有大量的关于佛学的著述,其中有系统的佛经注解,也有讨论佛学问题的论文、书信、诗词等,在许多问题上都有自己的独立见解。④

---

① 王安石:《王文公文集》(下册)卷38,上海人民出版社1974年版,第444页。
② 王安石:《王文公文集》(下册)卷73,上海人民出版社1974年版,第777页。
③ 同上书,第780页。
④ 朱熹曾讽刺王安石连基本的佛学常识都不懂,在论王安石学术时说:"渠少年亦不喜释、老。晚年大喜,不惟错说了经书,和佛经亦错解了。'揭谛揭谛,波罗僧揭谛',此胡语也。渠注云:'揭真谛之道以示人。'大可笑。""介甫解佛经亦不是,解'揭帝揭帝'云:'揭其所以为帝者而示之。'不知此是胡语!"如果不是传讹,就王安石的佛学造诣来说,朱熹的评价是极可疑的。见《朱子语类》卷45、卷130,中华书局1986年版,第3册1155页、第8册3100页。

王安石对于《维摩诘经》十分欣赏，作有《维摩诘经注》三卷，《宋史·艺文志》著录有此书。王安石在《进二经札子》中也写道："臣蒙恩免于事累，因得以疾病之余日，覃思内典。切观《金刚般若》、《维摩诘所说经》，谢灵运、僧肇等注多失其旨；又疑世所传天亲菩萨、鸠摩罗什、惠能等所解，特妄人窃借其名，辄以己见，为之训释。不图上彻天听，许以投进。……方大圣以神道设教、觉悟群生之时，羽毛皮骼之物，尚能助发实相。况臣区区尝备顾问，又承制旨，安敢蔽匿，谨缮录上进，干浼天威。"① 在这里，王安石对以前的《维摩诘经》注解均表示不满意，同时他又指出佛教可以作为统治者以神道设教维护社会政治稳定的工具。王安石所作的《维摩诘经注》现已亡佚，只是在现存的《王文公文集》中尚保存有《维摩像赞》、《读维摩经有感》两首诗。

王安石作有《金刚经注》，尤袤《遂初堂书目》著录有此书，根据上引《进二经札子》，可以知道此书与《维摩诘经注》同作于王安石晚年退隐时期。此书今已亡佚。现存的《临川先生文集》中有《书金刚经义赠吴珪》一文，王安石在其中把《金刚经》的宗旨归纳为"理穷于不可得，性尽于无所住"。②

王安石还作有《楞严经解》十卷，晁公武《郡斋读书志》卷五上曾加著录。此书今已亡佚。《艺苑掇英》第十五期刊有王安石手书《楞严经旨要》墨迹，其卷末题记写道："余归钟山，道原假《楞严》本，手自校正，列之寺中，时元丰八年四月十一日临川王安石稽首敬书。"③ 王安石还写信劝导其女儿阅读《楞严经》，认为从中可以领悟到世道、人生的真谛，帮助人解脱烦恼，在《次吴氏女子韵二首》之二中，他写道："秋灯一点映笼纱，好读《楞严》莫念家。能了诸缘如梦事，世间唯有妙莲花。"④

另外，据苏轼《跋王氏华严经解》记载："予过济南龙山镇，监税宋

---

① 王安石：《王文公文集》（上册）卷20，上海人民出版社1974年版，第242页。
② 王安石：《临川先生文集》卷71，中华书局1959年版，第760页。此文《王文公文集》未收。
③ 转引自高克勤《王安石著述考》，《复旦学报》1988年第1期。
④ 王安石：《王文公文集》（下册）卷54，上海人民出版社1974年版，第618页。

宝国出其所集王荆公《华严经解》相示，曰：'公之于道，可谓至矣。'"①《王文公文集》卷6中也有一篇《答宋保国书》，虽然从中看不出与佛经注解的关系，但可以证实王安石与宋保国确实有过来往。由此可知，王安石对于《华严经》也有著述，可惜今已亡佚。

王安石所作的几部佛经注解，现在均已亡佚，但现存的《王文公文集》、《临川先生文集》中还保存有大量的论述佛学问题的诗文，给我们研究王安石的佛学思想提供了可靠的材料。其中重要的诗歌有《拟寒山拾得》十九首、《寓言》三首、《诉衷情五首》和《答俞秀老》等，重要的文章有《答蒋颖叔书》、《书金刚经义赠吴玠》、《答蔡天启》等。此外，在《续资治通鉴长编》和宋人的一些文集、笔记中也保存有一些王安石与佛教、佛学关系的资料，可以作为研究王安石佛学思想的辅助材料。

一　对佛学世界观的理解

佛教各派的世界观是有区别的，但在总体上又是一致的，佛教一般对现实世界的存在持否定态度。佛教认为，从事实判断上讲，世界上的一切事物皆是由地、水、火、风四大元素因缘和合而成，他们都是有条件的、依赖他物的，都没有自己的独立的本质，因而都是虚幻的存在，因为他们存在，所以是有，但因为他们是虚幻的存在，所以他们只是假有，而现象界万物的本质实际上是真空的；从价值判断上讲，因为世界只是一种假有的存在，作为价值判断主体的人本身也是没有常住不变的本性的，所以，现实世界的一切事物和人的各种行为都是没有意义的。佛教蔑弃现实世界，他们所追求的是永恒不变的超越现实之上的绝对存在，而这个理想中的彼岸世界却是不可思议的，只能信仰、无法理解。

---

① 苏轼：《苏轼文集》卷66，中华书局1986年版，第5册第2060页。苏轼还对王安石的佛学造诣持怀疑态度并给予了辛辣的讽刺，在这段引文的下面他还写道："予问宝国：'《华严》有八十卷，今独解其一，何也？'宝国曰：'公谓我此佛语深妙，其余即菩萨语耳。'予曰：'予于藏经取佛语数句置菩萨语中，复取菩萨语置佛语中，子能识其是非乎？'曰：'不能也。''非独子不能，荆公亦不能。予昔在岐下，闻汧阳猪肉至美，遣人置之。使者醉，猪夜逸，置他猪以偿，吾不知也。而与客皆大诧，以为非他产所及。已而事败，客皆大惭。今荆公之猪未败尔。屠者买肉，娼者唱歌，或因以悟。若一念清净，墙壁瓦砾皆说无上法，而云佛语深妙，菩萨不及，岂非梦中语乎？'宝国曰：'唯唯。'"

第三章 王安石的子学、佛学、道教思想

王安石接受了佛学以现实世界为假有真空的观点。在《读维摩经有感》一诗中,王安石写道:"身如泡沫亦如风,刀割香涂共一空。宴坐世间观此理,维摩虽病有神通。"① 在《次吴氏女子韵二首》之二中,他写道:"能了诸缘如梦事,世间唯有妙莲花。"② 在《再答吕吉甫书》中,他又写道:"观身与世,如泡梦幻。"③ 这些地方都是肯定现实世界和人自身的虚幻性。

对于佛教所追求的真实境界,王安石认为是超越现实的对待之上的绝对存在,非人所能理解。在《答俞秀老》一诗中,王安石写道:"诸偶缘安有,实相非相偶。虽神如季咸,终亦失而走。"④ 就是说现实中那些有对待的事物即"诸偶缘"并非真正的存在,真正的存在即"实相"是超越对待之上的绝对,即使是季咸那样的神巫也是无法理解的。佛教论述的这种超越的绝对存在也就是佛性,是世界的本体也是人生的本体,王安石认为佛性是不可描述的,它既是有也是无,是人的语言和思维都无法把握的,只能靠神秘的"冥会"来体验。在《答蒋颖叔书》中,王安石写道:"佛说有性,无非第一义谛,若第一义谛,有即是无,无即是有,以无有象计度言语起,而佛不二法离一切计度言说。谓之不二法,亦是方便说耳。此可冥会,难以言了也。"⑤ 王安石还论述了佛性与万物的关系,在《答蒋颖叔书》中,他写道:"所谓性者,若七大是也。所谓无性者,若如来藏是也。虽无性而非断绝,故曰一性所谓无性,曰一性所谓无性,则其实非有非无,此可以意通,难以言了也。惟无性,故能变。若有性,则火不可以为水,水不可以为地,地不可以为风矣。"⑥ 王安石认为世界的本体如来藏,既是有又是无,它可以生化万物,但却不同于万物中的任何一物。这里,王安石自觉不自觉地是用老子的道来解释如来藏的。

王安石认为现实世界是虚妄的,但他并不由此而主张放弃现实,而是主张在觉悟真理之后,仍然不离世间,只是要自然随缘,不要造作,在

---

① 王安石:《王文公文集》(下册)卷74,上海人民出版社1974年版,第786页。
② 王安石:《王文公文集》(下册)卷54,上海人民出版社1974年版,第618页。
③ 王安石:《王文公文集》(上册)卷6,上海人民出版社1974年版,第70页。
④ 王安石:《王文公文集》(下册)卷41,上海人民出版社1974年版,第480页。
⑤ 王安石:《王文公文集》(上册)卷7,上海人民出版社1974年版,第76—77页。
⑥ 同上书,第76页。

《维摩像赞》中,他写道:"是身是像,无有二相。三世诸佛,亦如是像。若取真实,还成虚妄。应持养花,如是供养。"① 如果你把现实中的佛像当作真实存在就错了,但这并不妨碍你仍然烧香礼佛。在《空觉义示周彦真》中,王安石批评了滞着于空的毛病,他写道:"空本无顽,以色故顽。觉本无迷,以见故迷。"② 王安石认为空只是对世界万物没有自己本性的一种描述,如果把这种描述当成一种实有,就会产生一种新的执着。同样,人的心灵本来是清明无暇的,如果心有成见,就会形成认识上最大的迷误。

在晚年所作的《字说》一书中,王安石通过对"空"字的解释,对佛学的世界观作了一定的修正,他写道:"无土以为穴则空无相;无工以空之则空无作;无相无作,则空名不立。"③ 就是说,从空字字形上看,它是离不开土的相和工人的劳作的,不存在一个超越现实之上的绝对的真空。王安石这里实际是将空理解为与现实的存在、有为相对应的不存在、无为,而不是佛学中所讲的非存在的真空了。佛学在关于世界观的论述中分为空、有两宗,空宗主张世界是虚幻的,有宗虽然不同意空宗的观点,但也不主张世界实有,而只是认为世界作为一种虚幻的存在也是一种假有,空、有两宗实际都是主张现实世界是非存在。后来的中国化佛教各宗如天台、华严、禅宗已经开始淡化现实世界与彼岸世界的差别,但作为佛教的一个派别,它们仍然不能彻底放弃这两者的差别,完全肯定现实世界的实有。王安石虽然借用了佛学的语言、借鉴了佛学的思维成果,但他的世界观却是肯定现实世界是实有的,空是和有、有为联系在一起的,而不是在现实之外的、不可思议的非存在。王安石这里对空和相、作关系的理解与他对老子无、有关系的理解如出一辙,都是肯定二者的联系,而不承认有在现实的存在、不存在之外或之上有超越的存在或非存在。

---

① 王安石:《王文公文集》(下册)卷37,上海人民出版社1974年版,第443页。
② 同上。
③ 转引自何耿镛《关于王安石的〈字说〉》,《厦门大学学报》1978年第4期。何先生在文中写道:"这条解释本自《维摩诘经》'空即无相,无相即无作;无相无作,即心意识。'和《法华经》'但念空无作'。这是以佛家思想去解释字义。"何先生认为,王安石吸收佛学思想把"空"解释为无相、无作,何先生这里完全错解了王安石对"空"字的解释。王安石的真实思想恰恰是认为"空"字离不开相和作,即所谓的"无相无作,则空名不立。"

二 对佛学人性论的体认

人是什么，按照佛学的解释，人是由色、受、想、行、识所谓五蕴和合而成，并没有自己固有的本性。在《答蔡天启》中，王安石论述了构成人的质料问题，他写道："得书说同生基以色立，诚如是也。所谓犹如野马、熠熠清扰者、日光入隙所见是也。众生以识精冰，合此而成身，众生为想所阴，不依日光，则不能见。想阴既尽，心光发宣，则不假日光，了了见此，此即所谓见同生基也。"① 王安石认为人就是由同生基与识和合而成的，这里的识就是佛学中所讲的阿赖耶识等，所谓同生基也就是地、水、火、风等构成世界万物的元素。在解释同生基时，王安石用《庄子》中比喻虚无缥缈的游气的野马之类来做印证。

佛教认为人是因缘和合而成，没有自己的本性，所以人应该破除有我的成见，皈依彼岸世界，但佛教在世俗教化上主张因果轮回报应说，它必须设定一个轮回报应的承受体。在学理论述上要求回归常乐我净的本性、自性，所以它也要承认有自我。需要提出的是，佛教所说的自我与一般所理解的自我是不同的，从佛教"缘起性空"观点出发，说没有自性是因为一切皆是缘，大化流行，无可执着；说有自性是因为缘也是一种在，只是它并不是一种实体性的存在，而是处于无限的因缘联系之中的与一切众生以至诸佛的共在。佛教对于人性有无的解决方法是提出了三谛说，肯定有我是俗谛，否定有我是真谛，即有即无、非有非无是中谛，并且这三谛是相互转换、容摄的。而从最高意义上讲，人性则是不可言说的超越存在。

在人有无本性、自性这个问题上，王安石曾作过详细探讨。他接受了佛学中关于人的本性的三谛说。首先，王安石从俗谛的角度出发，承认现实中的人都沉沦在生死轮回之中。王铚记载："元丰末，王荆公在蒋山野次，跨驴出入。时正盛暑，而提刑李茂直往候见，即于道左遇之。荆公舍骞相就，与茂直坐于路次。荆公以兀子，而茂直坐胡床也。语甚久，日转西矣，茂直令张伞而日光正漏在荆公身上。茂直语左右，令移伞就相公。

---

① 王安石：《临川先生文集》卷73，中华书局1959年版，第7页。此文《王文公文集》未收。

公曰：'不须。若使后世做牛，须着与他日里耕田。'"① 王安石晚年向佛寺施舍财物，甚至捐出居室作为僧寺，这也是他相信轮回报应的缘故。

其次，王安石又从万物本性虚空的真谛角度出发，认为处于轮回之中的自我并非真我，不可强执这种有我而陷于轮回之中，而应该抛弃在现实世界中追名逐利的假我，觉悟自己的超越本性。在《拟寒山拾得十九首》之二中，他写道："我曾为牛马，见草豆欢喜。又曾为女人，欢喜见男子。我若真是我，只合长如此。若好恶不定，应知为物使。堂堂大丈夫，莫认物为己。"② 在《雨霖铃》一词中，王安石又写道："孜孜矻矻，向无明里，强作窠窟。浮名浮利何济？堪留恋处，轮回仓卒。幸有明空妙觉，可弹指超出。缘底事抛了全潮，认一浮沤作瀛渤。本源自性天真佛，只些些幻想中埋没。贪他眼花阳艳，信道本来无物。一旦芒然，终被阎罗老子相屈。便纵有千种机筹，怎免伊唐突。"③

从俗谛的角度讲，世间之人皆在生生死死之中轮回，而从真谛角度讲，世间的一切皆是虚妄，人应该跳出自我的假有。但真、俗二谛都是一得之见，真正的人性实际上是超言绝象、不可思议的。在《拟寒山拾得十九首》之十三中，王安石写道："众生若有我，我何能度脱。众生若无我，已死应不活。众生不了此，便听佛与夺。我无我不二，四天王献钵。"④ 人有自性而不能与世界的本体合一，那就不能得到解脱；而人如果没有自性，那又不可能会有轮回。这是一个矛盾，王安石认为人是有和无的合一体，人的本性是不能把握的，正确的态度应该是不去分别有我与无我。在《拟寒山拾得十九首》之六中，王安石又写道："人人有这个，这个没量大。坐也坐不定，走亦逃不过，锯亦解不断，锤亦打不破，作马便搭鞍，作牛便推磨。若问无眼人，这个是什么，便遭伊缠绕，鬼窟里忍饿。"⑤ 王安石认为追问人的本性的做法本身就是苦恼的根源，人生在世只要顺应自然就行了，如果是匹该搭鞍驮物的马就搭鞍驮物好了，如果是条该推磨的牛就推磨好了，根本就不要去问本性的有或无。存在本身就是

---

① 王铚：《默记》卷中，《默记 燕翼诒谋录》，中华书局1981年版，第24页。
② 王安石：《王文公文集》（下册）卷50，上海人民出版社1974年版，第565页。
③ 王安石：《王文公文集》（下册）卷80，上海人民出版社1974年版，第868页。
④ 王安石：《王文公文集》（下册）卷50，上海人民出版社1974年版，第566页。
⑤ 同上书，第565—566页。

本性，自我就是真如，佛性就是不用找的当下之在，找到的则一定不是人性、佛性而只是烦恼。

三 对佛学人生生存方式的阐发

佛学在世界观、人性论上谈空说有，其目的不外乎破除人们对现实世界和现实人生的执着，从而去追求不可思议的佛的境界。早期佛学讲世界和人生的虚幻，从而追求非现实的境界，而随着大乘佛学的成熟和佛教的中国化，将出世与入世打成一片已成为佛教各派的共识。后起的禅宗以佛教各派学说为背景，进一步提出自然随缘、无执而无不执的生存方式，禅宗讲究"直向那边会了，却来这里行履"，认为真正的人生既非流于世俗，又非脱离世俗，而是真俗不二，众生即佛，关键只在觉与不觉而已。禅宗的观点对于唐宋以降士大夫阶层的影响极大。

王安石接受了佛学破除法执、我执追求超越自我的人生观。王安石认为世间的一切皆是虚幻不真的，人生就像一台傀儡戏，不可陷溺于其中，在《拟寒山拾得十九首》之十一中，他写道："傀儡只一机，种种没根栽。被我入棚中，昨日亲看来。方知棚外人，扰扰一场呆。终日受伊谩，更被索钱财。"[①] 对于那种执着有我、迷惑于生死名利的人，王安石嘲笑他们是梦中人，在《拟寒山拾得十九首》之三中，他写道："凡夫当梦时，眼见种种色。此非作故有，亦非求故获。不知今是梦，道我能畜积。贪求复守护，尝怕水火贼。既觉方自悟，本空无所得。死生如梦幻，此理甚明白。"[②] 在《南乡子二首》之一中，王安石又写道："嗟见世间人，但有纤毫即是尘。不住旧时无相貌，沉沦，只为从来认识神。怎么有疏亲？我自降魔转法轮。不是摄心除妄想，求真。幻化空身即法身。"[③] 人生的沉沦都是执着有我而带来的，要想得到解脱就必须破除种种妄想、回到真实的自我中来，真实的我就是不执着的我、无我之我。

认识到了世界和自我的虚妄不真，王安石主张人在面对世界和他人时应当无所分别、不加计较。在《拟寒山拾得十九首》之八中，王安石写

---

① 王安石：《王文公文集》（下册）卷50，上海人民出版社1974年版，第566页。
② 同上书，第565页。
③ 王安石：《王文公文集》（下册）卷80，上海人民出版社1974年版，第870页。

道："幸身无事时，种种妄思量。张三裤口窄，李四帽檐长。失脚落地狱，将身投镬汤。谁知受热恼，却不能思凉。"① 在《拟寒山拾得十九首》之十中，王安石写道："昨日见张三，嫌他不守己。归来自悔责，分别亦非理。今日见张三，分别心复起。若除此恶习，佛法无多子。"② 在《拟寒山拾得十九首》之十四中，王安石又写道："莫嫌张三恶，莫爱李四好。既往念即晚，未来思又早。见之亦何有，歘然如电扫。恶既是磨灭，好亦难长保。若令好与恶，可积如财宝，自始而至今，有几许烦恼？"③ 在《拟寒山拾得》之四中，王安石把宇宙万物和众生看作是一个自然而然的运化过程，表达了一种真正旷达超越的人生态度和悲天悯人的仁爱精神，他写道："风吹瓦堕屋，正打破我头。瓦亦自破碎，岂但我血流。我终不嗔渠，此瓦不自由。众生造众恶，亦有一机抽。渠不知此机，故自认愆尤。此但可哀怜，劝令真正修。岂可自迷闷，与渠作冤仇。"④

王安石虽然接受了佛学否定现实、追求超脱的生活态度，但他理想的生活方式是超越有与无、自然与人为、出世与入世、佛与众生对待的彻底的无执着的自由境界，这是大乘佛学和禅宗的真精神。从这种彻底的无执着精神出发，世间的一切，甚至佛与圣人都不能成为自由的束缚。在《无动》一诗中，王安石写道："无动行善行，无明流有流。种种生住灭，念念闻思修。终不与法缚，亦不著僧裘。"⑤ 在《和栖霞寂照庵僧云渺》一诗中，王安石写道："萧然一世外，所乐有谁同？宴坐能忘老，斋蔬不过中。无心为佛事，有客问家风。笑谓西来意，虽空亦不空。"⑥ 王安石在这些地方是接受了《金刚经》中"应无所住而生其心"的无执而无不执的精神来破除一切对自在人生的束缚，他最终倾心的是佛学中无所执着的自由自在的生存方式。

在经过跌宕起伏、风云变幻的生活经历后，在生命的最后时光里，王安石最终认识到包括佛学在内的一切圣贤言语、宗教形式都不过是方便假

---

① 王安石：《王文公文集》（下册）卷50，上海人民出版社1974年版，第566页。
② 同上。
③ 同上书，第566—567页。
④ 同上书，第565页。
⑤ 王安石：《王文公文集》（下册）卷51，上海人民出版社1974年版，第580页。
⑥ 王安石：《王文公文集》（下册）卷52，上海人民出版社1974年版，第594页。

设，只有朴素、充满艰辛的生活本身才是真正有意义的，无佛亦非空，只有痛苦而漫长的人生。在《与宝觉宿僧舍》一诗中，王安石写道："问义曹溪室，捐书阙里门。若知同二妄，目击道逾存。"① 在《莫疑》一诗中，王安石又写道："莫疑禅伯未知禅，莫笑仙翁不学仙。灵骨肯传黄檗烬，真心自放赤松烟。莲花世界何关汝，楮叶功夫浪费年。露鹤声中江月白，一灯岑寂拥书眠。"②

---

① 王安石：《王文公文集》（下册）卷65，上海人民出版社1974年版，第698页。
② 王安石：《临川先生文集》卷17，中华书局1959年版，第230页。此诗《王文公文集》未收。

结　语

一　王安石学术思想的基本精神

本书以学术思想的传承、流变为线索，以中国传统的经学、儒学、子学、佛学、道教的学术派别划分为基本框架，分析王安石对各派学术思想的评价及其对各派学术思想的解释和发展，进而描绘出王安石本人学术思想的总体面貌。从中可以看出，王安石以解释前人思想的方式来综合各派学术思想的精华，已经建立了自己独特的理论体系，对于自然、社会、人生等各个方面的问题都提出了一套解决方案。

在世界观上，王安石的思想兼采经书、道家、佛教的观点，但没有作出明确的比较、取舍，尚未形成一个严密的理论体系。在世界存在还是非存在问题上，王安石是通过阐述佛学的相关思想来表述自己的观点的，他认为，现实世界是实存的，所谓的空和有形象、有作为的现实世界是相互联系、不可分离的，没有绝对的非存在。肯定现实世界的实存而淡化对彼岸世界的信仰，这是走出佛学建立新哲学的根本基础，在这一点上，王安石和其后的张载、二程等道学奠基人是一致的。在肯定世界实存基础上，王安石通过阐述道家的相关思想，就世界的存在状态提出了自己的观点，他把道作为标志世界本原和本体的最高范畴，认为有与无、本与末、动与静、有为与无为等都是作为宇宙大全的道的存在方式，其中没有高低、贵贱之别，人类的生产、生活和政治活动作为道的有、有为的一面，它们的存在是符合道的。王安石对于世界存在状态的这种看法，为他的积极有为的政治改革提供了哲学上的依据。王安石还通过阐述经书的相关思想，认为五行是构成世界的基本元素，一阴一阳是世界的根本规律，天与人之间在本质上是一致的，相互之间存在着感应关系，但这种感应关系是从总体上说的，并非简单、浅薄的一一对应，人类事务的好坏主要还是要取决于人类自身的行为。

在人性论上，王安石把中国上古时代的创造精神和儒家、佛教的思想结合起来，认为人性是人的包括生理、心理能力在内的天赋的生命力，它超越伦理学的善恶评价之上。从人性是超越的天赋生命力出发，王安石对传统儒学的各种人性善恶、等级理论提出批评，认为人性只有智性上的差别而没有德性上的差别。王安石吸收了佛学人性不可定义的观点，但却不同意佛学的空无思想，而认同中国上古文化对生命力的崇拜，把人性看作是一种实存的潜在之能。王安石还通过对传统儒学相关思想的阐述，对人性的基础、表现形式、实践过程以及与作为社会规范的礼的关系作了详细的论述，他认为形气是人性的基础，尽性必须养气；性情一致，不存在性善情恶；人性不是天生不变的，而是在人一生的生活历程中日生日成的，一个人人性的善恶最终要由其一生的所作所为来决定；人性和礼的关系既不是一致关系也不是分离关系，而是一个材质与成品、可能与现实的关系。

在人生观和人伦关系上，王安石广泛吸收了儒家、道家、佛教和先秦诸子中杨朱、墨翟等的思想营养，就群己关系、人生准则、理想人格等问题作出了自己的解答。和传统儒学重视伦常关系、群体价值不同，王安石重视个人的存在价值，强调从爱己推衍到爱人，他这种以个人实体为中心的人生价值观、人伦践履模式和先秦诸子中的杨朱学说比较接近，而严重偏离了儒学的纲常名教。在有为与无为、济世与逍遥的不同生活方式之间，王安石吸收道家和佛教的生存智慧，寻求一种超越对待之上的无所执着的自由人生，但作为一个积极参与现实的政治改革家，他基本上还是认同儒学的仁义之道，要求遵循礼的生活准则，把追求内在的德性修养置于外在生存境遇的祸福穷达之上。在理想人格的追求上，王安石以古代圣王贤臣为标准，坚持内圣与外王的统一，把修身养性与建功立业结合起来，王安石的这种观点和经书所代表的上古、三代的贵族气质、自由精神是一致的，而和后世儒学所宣扬的内向修养的臣民意识大不相同。

在治国之道上，王安石将儒家的礼乐教化、法家的法治、道家的清净无为等思想结合起来，提出了融合各家思想、侧重维护社会秩序的新的政治哲学。作为实际的政治家，王安石对于儒家和法家所宣扬的礼乐刑政等政治统治方式是持赞成态度的，认为这是历史发展的必然和人类社会生活的必需，以此为据，他对道家学派的无政府主义提出批评，在他看来，现实政治中的确存在着弊病,但不能因此而否定一切,重要的是寻求解决现实弊病的方法,从人类社会不断发展变化的角度出发,王安石提出了顺应时势、改易更革的变法思想。在儒家所侧重的礼乐教化和法家所侧重的刑政强制统治方式之间,王安石主张并用,他还大量吸收法家的思想来解释经书,详细论述了自己对于君主权力、君臣关系和民众管理等方面的意见。王安石还吸收道家无为政治的思想营养,把儒家的礼乐、法家的刑政制度化,把礼乐刑政之类政治统治当作达到社会自然有序、无为而治的中介,追求一种无为而无不为的境界。王安石治国之道的核心是追求社会的有序状态,无论是儒家的仁政还是法家的法治都是有局限的统治方式,而维护社会本身的秩序才是政治的头等大事,王安石的理想国是,统治者自觉地遵循天道,各级官员恪尽职守,百姓则服从君主和官员的管理,整个社会秩序井然,上下各安其位,这样天下自然就会太平。

就王安石学术思想的内容来看,它是在综合诸子、三教基础上的一种新创造。不过,我们也应该看到,作为北宋时期最早占据思想界统治地位的一种学说,王安石的学术思想还是相对粗糙的,在理论上也有矛盾的地方。首先,王安石未能在诸子、三教的相关思想中作出明确的取舍,往往只是采取并列论述的方式,这就影响到他的思想体系的一致性。其次,在人生观和政治哲学之间,王安石的观点是有内在矛盾的,即在人生观上他追求以个人实体存在为中心的人生价值,而在政治哲学上却追求社会的有序状态,前者重视实体,后者重视关系,这两者的立脚点是根本不同的,这个不同导致王安石内圣外王之道中内圣与外王的断层,这个断层只有当主体是君主时才能达到统一,而对于一般士人、庶民则始终不能在修身与治国之间求得统一。再次,王安石的学术思想内容广泛,但在有些问题的论述上不彻底,比如在人性与道理、守常与权变等关系问题上都只是一般性涉及,而未能作出超越前人的新解说,这些都削弱了王安石思想的理论深度。

二 王安石学术思想的学派属性

王安石的学术思想处于唐宋以来"三教合一"的大背景之下,而且他本人对于儒、道、佛三教以及诸子百家的思想是采取了兼收并蓄的态度,那么他的学术思想中占主导倾向的是那一派的思想呢,从学派划分的角度讲究竟应该属于儒、道、佛三教中的哪一教呢?这是我们研究王安石的学术思想必须回答的一个问题。我认为，考察这个问题，应该从三个方面着手：1. 从王安石学术思想的基本精神中去考察其学派属性；2. 从王安石学术思想形成、发展的过程中去考察其学派属性；3. 从王安石对各派学术思想的评价中去考察其学派属性。

首先，我们来考察王安石学术思想的基本精神。通过上一段的总结，我们可以看出，王安石的学术思想呈现出"杂家"的特征，不管是探讨宇宙、人性，还是探讨伦理、政治，他都是广泛汲取前代各派学术思想精华，而不搞"独尊"、"攻乎异端"。在宇宙论上，王安石对原始经书的阴阳五行说采取正面继承，对佛、道二教的空、无本体论采取批判态度，但不管是正面继承还是反面批判，这些传统观点都对他的宇宙论产生了深刻影响。在人性论上，王安石则用佛学的观点来改造儒家思想。在人生观和人伦关系上，王安石则在评点儒、道、佛三教以及先秦诸子中杨朱、墨翟思想的基础上，提出了自己追求个人自由和建功立业的价值理想。在政治哲学上，王安石以解释原始经书思想为主，自觉地把儒家宣扬的礼乐刑政和道家追求的自然无为结合起来，谋求社会的有序状态。

其次，我们来考察王安石学术思想形成、发展的过程。在王安石漫长的学术生涯中，伴随着社会阅历的增长和价值观的变革，其思想也经历了一个发展过程，这个过程既表现了王安石学术思想上的不断丰富与成熟，也反映出王安石对各派学术思想的评价取舍。我们可以把王安石学术思想的发展历程划分为四个时期，即青少年时期，游宦时期，主持变法时期，晚年退隐时期。青少年时期，王安石留意的是诗词文章，追求的是功名利禄，对于义理之学并不在意，后始接受父母教诲，从师求学，转而推崇儒家学派的宗师孔子、孟子等人。游宦时期，王安石在中进士以后的几十年里先后担任过地方和中央的各级官员，身体力行着儒家学派的修身、齐家、治国、平天下理想，他阐发传统儒家"道德性命"之学的《淮南杂说》一书被誉为与孟子的著述相当，在这一时期，王安石还对上古的《周易》、《尚书》产生兴趣，写出了《易解》、《洪范传》等为时人传诵的注解之作。主持变法时期，王安石直接领导了对原始经书《周礼》、《诗经》、《尚书》的注解，并写出了解释道家学派经典的《老子注》。晚年退隐时期，王安石与佛教僧人交往密切，写出了《维摩诘经注》、《金刚经注》、《楞严经解》等佛学研究典籍，但这一时期王安石的主要经历花在撰写和修定《字说》一书上,《字说》表面看是一部文字学著作,实质却是通过解释字义的形式来表达王安石个人的思想,其中融儒、道、佛及诸子百家观点于一体而断以己意。[①] 从上面的分析可以看出,王安石一生转易多师,对于前代的各派学术思想都作过研究,从推崇儒学到研究经书,再到吸收道家、佛教思想,最后发展到自作圣人、自创新经——《字说》,在学术上表现出不断进取、综合创新的态势。

再次,我们来考察王安石对各派学术思想的评价。本书从体例上讲就是按照王安石对经学、儒学、子学、佛学、道教各派学术思想的评价、注解来分类的。对于原始经书,王安石推崇备至,他把经书看作是上古、三代圣王之政的记载,是道、学、政合一的产物,经书是其后包括儒家在内的各派学术思想的源头,在具体的经学注解中,则广泛吸收各家观点,形成了一种不同于汉唐儒家经学的新经学,以《三经新义》为代表的新经学是王安石学术思想的主体,是王安石在融合诸子百家和儒、道、佛三教思想基础上的创造,唐宋以来的三教合一思潮在王安石这里就体现为三教合一于经学。对于儒家学派,王安石是自觉认同的,他通过阐释传统儒学思想资料的形式,着意发挥了其中的道德性命之学,但其观点却和传统儒学有所不同,许多地方是在用诸子百家和佛、道二教的观点来修正儒学。对于诸子百家,王安石既承认他们的思想有一定的合理性,又认为他们和儒家学派比较起来都有片面性。对于佛、道二教,王安石虽然从推尊原始经书和维护儒学正统地位的角度加以批判,但他却终身和僧人、道士保持亲密联系,并花费大量精力注解佛、道二教的经典。

综上所述,王安石的学术思想以经学为主体,以儒学为正宗,以子学、

[①] 关于王安石《字说》一书的成书时间,各家看法不同。现代学者张宗祥先生曾作过《字说》的辑佚工作,他认为《字说》成书于王安石主持变法的熙宁年间,并把他所辑的王安石《字说》命名为《熙宁字说辑》。我不同意张宗祥先生的这个观点。我的看法是,王安石《字说》一书的写作经历了很长一个阶段,最早可能是从宋英宗治平年间就已经开始,王安石《进说文札子》中写道:"臣在先帝时,得许慎《说文》古字,妄尝覃思,究释其意,冀因自竭,得见崖略。"而最后修订则在晚年退隐时期,王安石《成字说后与曲江谭掞丹阳蔡肇同游齐安寺》中写道:"据梧杖策事如毛,久苦诸君共此劳。遥望南山堪散释,故寻西路一登高。"就此诗所写的优游情境而言,明显是王安石退隐后的事,从这首诗中还可以看到王安石的很多朋友也参与了《字说》一书的构思。参见王安石《王文公文集》(上册)卷20,上海人民出版社1974年版,第237页;《王文公文集》(下册)卷63,上海人民出版社1974年版,第682页。

佛学、道教思想为辅助，他虽然推崇经学、儒学，但并不以此为限，而是兼收并蓄，试图融合诸子、三教建立一种新经学来统一全社会的思想。[①] 因此，在学派归属上，我们认为不能简单地把王安石的学术思想等同于诸子百家、儒道佛三教中的某一家、某一教，而应该承认它是在融合前人思想基础上的新创造，属于学术思想由分到合过程中的一种综合学派。

三 王安石学术思想的历史地位

王安石的学术思想在总体上属于综合学派，综合学派往往出现于学术思想由分到合的转折阶段，它对以前的各派学说采取调和的态度，希望通过对前代思想的兼收并蓄来建立一种新的思想体系。作为汉唐儒家经学与宋明理学之间的一种重要的综合学派，王安石的学术思想在中国古代思想史上占有重要的地位。

首先，我们把中国古代思想的发展看作是代表不同地域、社团、思维方式以及价值观念的学说思潮之间不断冲突、融合的过程，以此为背景，就可以看出王安石学术思想在中国古代思想史上的重要地位。

在中国传统学术思想发展史上，经历了三次由分到合的大转折。第一次由分到合的大转折在秦汉之际，在此之前是世袭社会解体后儒、道、墨、法、名、阴阳等诸子之学互相竞争的时期，在此之后，打着经学旗帜的儒家学派就由先秦诸子学之一而跃居为官方法定的统治思想。第二次由分到合的大转折在北宋时期，在此之前，儒、道、佛三教鼎立，在此之后，以程朱为代表的宋明理学吸收佛、道等学派的理论思维成果来论证传统儒学的纲常名教，夺取了其后近千年的思想统治地位。第三次由分到合的大转折发生在近代，主要表现为中西文化之间的冲突融合。前两次由分到合的大转折都已成为历史，第三次却尚未完成，其能否完成以及以什么形式完成正是我们这个时代所面临的问题。

在先秦子学到汉唐经学的转换过程中，出现了以《吕氏春秋》为代表的综合学派，《吕氏春秋》写作的时代正是中国古代互相冲突的思想、文化之间交流、融合的阶段，它以"拿来主义"的态度来解决这个时代

---

① 王安石所写的《答曾子固书》可以作为王安石包容百家自创新经学的最好说明。参见王安石《临川先生文集》卷73，中华书局1959年版，第779页。

问题，推动了历史的发展和新兴文化的诞生。到了一百多年后的汉武帝时期，董仲舒以综合先秦各家思想的儒家经学统一了思想界，成为中国文化的主流，从而取代了盛行一时的综合学派，但这并不能说明《吕氏春秋》等书在历史上是多余的，因为没有"拿来主义"的调和、融合之劳，就不可能有后来者的后来居上之功。

王安石的"荆公新学"与《吕氏春秋》出现时代的学术发展状况、学术性质以至学术命运都有某些共同之处。"荆公新学"出现在儒、佛、道三教鼎立向宋明理学独尊的转换过程中，针对当时中印文化交流、儒佛道三教冲突融合的形势，王安石也是采取"拿来主义"的学术态度，希望通过对前代思想的兼收并蓄来建立一种新的思想体系。在北宋时期，融合三教建立新的适合社会、人生的思想体系是当时的重大社会课题，一时之间，王安石的"荆公新学"、苏轼兄弟的蜀学、张载的关学、二程的洛学等蜂起。在这些学派中，王安石的"荆公新学"最早被作为官方法定的意识形态占据了思想界的统治地位，但由于其思想体系存在内在矛盾、价值观上有背离纲常名教的地方，特别是由于王安石新党政治上的失败，王安石的学术思想最终被程朱倡导的理学思潮所取代。但从思想发展的前后关系看，王安石的学术思想对于宋明理学思潮的兴起有推进作用，并且对理学思潮中的心学一系有所渗透和影响。

其次，我们把王安石学术思想与经书、儒学、汉代经学、宋明理学这四种古代社会主流思想的关系作一番考察，就会更加清楚地看出王安石学术思想在中国古代思想发展史上的独特地位。

中国古代的学术在春秋末期有一个大的转折，这就是以《诗》、《书》、《礼》、《易》为中心的王官之学衰落，伴随而起的是学术的下移，在这个大转折中，孔子处于承先启后的地位，他继承了传统官学的思想而又有新的发挥，既开创了其后占据中国思想主流的儒家学派，又激发了战国诸子之学，而到了西汉，董仲舒等儒家学者则将前代儒学所继承发扬的《诗》、《书》、《礼》、《易》之学重新推尊为官学——经学。从原始经书思想经过孔子、孟子、荀子等先秦儒学再到以董仲舒为代表的汉代经学，中国上古学术思想经历了一个否定之否定的过程，经书、儒学、经学被合为一体，但汉代的儒家经学却和先秦儒学有所不同，和上古经书的思想差距更大，所谓的"罢黜百家，独尊儒术"，并不是真的完全回到先秦孔子、孟子、荀子等人的思想中去，而是说要独尊以儒家思想解释出来的上古经书思想，这里的"儒术"可以理解为儒家解释经书的方术。汉代独尊的经学应该说是汉代儒家学者以先秦儒学为基础、吸收前代各种思想后的再创造。

汉代以后，以《诗》、《书》、《礼》、《易》等经书为载体、以儒家思想为解释依据的儒家经学占据了思想界的统治地位。但儒家经学在汉末就因内部自我分裂和外部异端学派的批评而难以为继，特别是佛教东来以后，本土的道教又崛起，儒家经学失去了独尊的地位。王安石生活在儒、道、佛三教鼎立的时代，他试图重新统一思想，但他却不认同把经书、儒学融为一体的汉代儒家经学，而是另起炉灶、另搞一套，他所主持编写的《三经新义》仍然以上古的《诗》、《书》、《礼》为载体，但作为解释依据的却不仅是先秦儒学，而是广泛吸收儒、道、法、阴阳各家思想，而且王安石自己在学术传承上也公开宣扬兼容并包，而不搞独尊儒术。王安石要创立自己的新经学，要推翻汉代儒家经学重新进行一次学术综合，他的目的则是要回到上古纯正的经书思想中去，这就不仅否定了汉代的儒家经学，同时也降低了包括孔子在内的先秦儒学的地位。

王安石的"荆公新学"就是在三代官学衰微以后重新建立的新官学，如果王安石的学术思想能够为社会所认同，成为中国传统思想主流的话，那么他在学术上的地位就应该超越孔子、孟子、荀子等大儒之上，至于汉儒董仲舒以及先秦其他诸子就更是"自郐以下"了。王安石学术思想的地位在北宋后期是很高的，作为官方统治思想达六十年之久。王安石活着时位极人臣，身后又被封为"舒王"，在皇家宗庙中配享宋神宗，在文庙中则与颜渊、孟子地位相当，而直逼孔子的万世师表地位。[①] 处于秦汉以

[①] 关于王安石配享孔庙的位次，各家所记略有出入，《宋史·王安石本传》记载："列颜、孟之次。"王明清《挥麈前录》记载："崇宁中，以王安石配享宣圣，亚袞公而居邹公之上。"而黄震《黄氏日抄》则记载："初制颜、孟配享，左颜而右孟。熙、丰《新经》盛行，以王安石为圣人，没而跻之配享，位颜子下，故左则颜子及安石，右则孟子。未几，安石女婿蔡卞当国，谓安石不当在孟子下，迁安石于右与颜子对，而移孟子位第三，次颜子之下，遂左列颜、孟而右列安石。又未几，蔡卞再欲升安石压颜子，渐次而升为代先圣张本。优人有以艺谏于殿下者，设一大言之士，戏薄先圣，颜子出争之不胜，子贡出争之不胜，子路出而盛气争之又不胜；然后设为公冶长，有击其首而叱之曰：'汝何不出一争？汝且看他人家女婿！'盖蔡卞安石婿，而公冶长先圣婿也。蔡卞闻之，遂不敢进安石于颜子上。颜、孟左而安石右，遂为定制。"参见程元敏《王安石雱父子享祀庙庭考》，《三经新义辑考汇评（一）——尚书》，"国立"编译馆1986年版，第377—411页。

后的大一统政治格局下，作为一个既非皇亲国戚、又非开国元勋的普通士人，王安石能够死而封王，这实在是当时文教昌明、士大夫力量强大的突出表现。另外，处于汉代以降儒家经学独尊的学术氛围下，王安石能够自创新学统，与孔子、颜渊、孟子地位相颉颃，这也是当时学术界思想相对自由、新思潮势头强劲的表现，联系到后来宋明理学的最大代表朱熹在孔庙中的位次也不过列于十二哲之中，我们更可以看到王安石在当时思想界以及社会上的崇高地位。

王安石的学术思想包容各家，自我作古、自创新统，在北宋后期盛行了六十年，如果我们考察这种综合学派能够为社会所认可的原因，主要可以归结为三条：1. 南方文化的崛起；2. 佛、道文化对汉唐儒家经学的冲击；3. 王安石本人所代表的政治与学术两重派系力量。这最后一条原因尤为重要。王安石的学术思想与其政治上的变法紧密联系在一起，在王安石及其党派得势时，"荆公新学"盛极一时，但伴随着北宋王朝的灭亡，王安石及其新党在政治上失势，王安石综合百家、自创新统的学术思想也不断遭到政治上的打击和学术思想上的围攻，最终被排斥出正统思想之列。

北宋以后，取代王安石"荆公新学"而占据思想界统治地位的是打着排斥佛老异端、复兴传统儒学的宋明理学。宋明理学是既不同于王安石的"荆公新学"也不同于汉唐经学的另外一种新经学、新儒学。宋明理学和王安石的"荆公新学"几乎同时兴起，它虽然也吸收诸子和佛道二教的思想营养，但主要吸收的只是其中的理性智慧，而对于其中和纲常名教相违背的德性、价值判断则是坚决批判的，和原始经书、先秦儒学、汉代儒家经学思想比较起来，宋明理学主要是对先秦儒学的阐发，就此而言，它的确称得上是儒学正统。而王安石在吸收诸子和佛、道二教的思想时，却是智性和德性两方面都加以吸收的，这是王安石和先秦儒学大不相同的地方，也是他最终被逐出儒学道统的根源。相比于王安石的"荆公新学"和汉唐儒家经学，宋明理学在修身、齐家之类的内圣之学上取得了很大成就，但在治国、平天下的外王之学上却没有新进展。我们可以说，王安石的学术思想处于汉唐儒家经学与宋明理学之间的转折点上，在王安石之后，很难再找到像他那样在学术与政治之间、内圣与外王之间都有重大建树的人物。

四 王安石学术思想兴衰的现代启示

王安石的学术思想在北宋后期曾经占据思想界的统治地位达六十年之久，但南宋以后逐渐受到社会主流思想的排斥，被看作是异端邪说，在煊赫一时之后又迅速消歇，这种思想史上的现象值得我们深思。

从王安石学术思想及其前后相关思潮来看，它们在解决文化冲突时主要表现出两种模式：一种是企图综合各派思想的长处而建立新的思想体系，这可以称为调和派，王安石的"荆公新学"是其特出代表；另一种是以中国传统固有的某一学派的基本价值观为基础来吸收其他学派思想因素，这可以称为旧学维新派，后来取代王安石学术思想统治地位的宋明理学是其特出代表。在这两种模式中，王安石所代表的调和派的观点似乎更合理，但历史事实是旧学维新派取得了实际的成效。这种历史上的思想演变规律值得我们深思，从中似乎可以得出如下两点启示。

一点是经验教训，它告诉我们，在学术思想由分到合的过程中，所谓的综合创新看起来最合理，但效果却有限，历史上多种学术思想的冲突、融合最终必然是以一种思想的核心价值观为基点，然后在其上吸收多方面因素形成新体系，多元并进的综合折中只是走向一元为主多元为辅的新学术思想的过程、桥梁。这就是包括王安石的"荆公新学"在内的调和学派之所以失败的根本原因。一点是成功范式，这就是中国历史上的学术思想的冲突、融合，都是以本土的主流学术思想——即儒学的核心价值观为基点来消化、吸收外来思想从而形成新思想的。这点成功范式往往给偏爱历史、喜欢知古以鉴今的人们一种错觉，似乎这是一个通例，以至认为未来的中国学术思想的发展也只能走而且必然要走这条路。[①]

对于第一点启示，笔者是基本认同的，我们应当肯定综合学派在学术

---

① 现代著名历史学家陈寅恪就说："至道教对输入之思想，如佛教摩尼教等，无不尽量吸收，然仍不忘其本来民族之地位。既融成一家学说以后，则坚持夷夏之论，以排斥外来之教义。……窃疑中国自今日以后，即使能忠实输入北美或东欧之思想，其结局当亦等于玄奘唯识之学，在吾国思想史上，既不能居最高之地位，且亦终归于歇绝者。其真能于思想上自成系统，有所创获者，必须一方面吸收输入外来之学说，一方面不忘本来民族之地位。此二种相反而适相成之态度，乃道教之真精神，新儒家之旧途径，而二千年吾民族与他民族思想接触史之所昭示者也。"陈寅恪：《冯友兰中国哲学史下册审查报告》，《陈寅恪史学论文选集》，上海古籍出版社1992年版，第512页。

思想发展上承前启后的重要作用，但也应承认综合学派在思想发展史上的过渡性质，它自身体系的内在矛盾，导致它走向衰落而成为新的大一统学术思想形成的前奏。但是，对于第二点启示，在笔者看来还要作具体分析。学术思想的发展本来是一个不断冲突、融合的过程，就中国传统学术思想而言，由于中原民族文化的早熟和相对于周边民族文化的领先，其学术思想发展中就形成了一种以本土主流学术思想为主来吸收、消化其他文化的模式。这个模式在中国传统文化发展中的确表现得很充分，但在今天这样的中西文化冲突、融合并且是西学占据主导地位的时代过去行之有效的模式是否会再现就很难预料。近现代的情况与古代大不相同，一百年前，当时政界的头面人物李鸿章就慨叹："欧洲诸国百十年来，由印度而南洋，由南洋而东北，闯入中国边界腹地，……胥聚于中国，此三千余年一大变局也。"① 那种中国传统文化从未遇到真正敌手的局面结束了，一个非常强大甚至超越中国传统文化发展阶段的新文化——西方文化矗立在中国人面前，在这样的一种文化格局下，传统的消化、吸收而发展新文化的模式是否能够实现就成为一个大问题。

在笔者看来，中国传统文化、西方文化以及印度、伊斯兰等文化在现代的全球一体化状况下，必将走向更大的冲突和更大的融合，在这样的时代背景下，固守传统是无用的。我们应该抛弃过去那种天朝——老子天下第一的心态，实现中国传统文化的创造性转换。在这样的转换中，新的中国文化的内核可能渊源于中国固有文化的某一学派，也可能是来源于西方文化的因子，也可能是新时代、新社会中出现的新因子，但这都是次要的，重要的是我们中国人要创造出适合自己国情、能够为新中国服务的思想文化，而不必非要抱残守缺、非要到故纸堆里找线索、非要让新文化接上中国传统文化的旧道统。在现实面前，有出息的中国人应当大胆地以适合现在国情的文化内核为基点，吸收所有可能的有用的哲学文化为我所用，而不必计较什么其在传统中是否"无一字无出处"、是否有"根基"，真正的出处、根基就在现代中国人的社会实践、现实需要中。

归根结底，中国新文化的产生、发展的根本是在现代的中国人身上，从这个根本上看，西方、东方以至中国传统的思想文化都只是流，而不是

---

① 李鸿章：《筹议制造轮船未可裁撤折》，《李文忠公全书》卷39《奏稿》，第11—12页。

源，在古与今、中与西、天与人之间，只有今天的中国人才是中国新文化的根本。文化发展固然有其前后的传承，历史是不能割断的，但历史最终不过是人们自导自演的活剧，在历史发展大舞台上，人不仅是演员，也是导演，还和自然界一起构成舞台本身，人类改造自己、改造自然，就是在创造历史、创造文化，只有现实的人的生产、生活实践才是文化发展的永恒的根本。

以古为鉴可以知兴亡，以人为鉴可以辨得失，作为处于学术思想转型期的一种重要的综合性学说，王安石的学术思想在中国思想史上具有独特的地位，值得我们深入研究，其中的是非得失可以为我们今天的新文化建设提供借鉴。作为一种综合学派，王安石的学术思想具有过渡性质，未能长期占据思想界的主导地位，但正是由于王安石等思想家的努力，才使得中国传统的学术思想在北宋时期发生了巨大的变化，为更加完善、适合古代中国国情的思想体系的出现提供了借鉴。同时，王安石的学术思想中还有后世正统思想所包含不了的内容，而这些内容在今天看来却极具价值，是我们创造新文化的宝贵的思想资料。

附录　潘佑变法及其对李觏、王安石的影响

南唐时期的名臣潘佑，在宋室侵凌、国势衰弱之际，曾上书国主李煜，请求革新政治，自强图存，并且在短时期内依据《周礼》实施了复井田、抑兼并等变法举措。潘佑变法虽然因种种原因而失败，其本人也被迫自杀，但他的变法在当时引起了很大的社会震动，对北宋时期的学者李觏、王安石等人也产生了很大影响。本文意在客观描述潘佑生平与变法，并详细考察潘佑、李觏、王安石之间的学术渊源关系，梳理出当时学术发展过程中的一条内在线索。

一　潘佑的生平与变法

潘佑，生于后晋高祖天福三年（公元938年），卒于宋太祖开宝六年（公元973年）。[①] 潘佑祖上本是北方人，据陆游记载："潘佑，幽州人。祖贵，事刘仁恭为将。守光杀之，父处常脱身南奔，事烈祖为散骑常侍。"[②] 按刘守光囚父杀兄夺位一事发生在后梁开平元年（公元907年），而刘氏父子在后梁乾化二年（公元914年）即被后唐庄宗李存勖所杀，所以潘佑父亲投奔南唐应在公元907—914年之间。潘佑生于公元938年，则其祖籍虽在北方，而他本人却是在南方出生、长大的。

潘佑生性孤傲，少时不喜交际而闭门苦学，文章、议论为同时人所推赞，南唐中主李璟时经陈乔、韩熙载等推荐，被任命为秘书省正字。南唐后主李煜做太子时，开崇文馆招纳贤士，潘佑也预于其间。宋太祖建隆二

[①] 有关潘佑生平的记载，徐铉等著的《江南录》已不可见，较早的一些著录尚有陈彭年的《江南别录》、郑文宝的《江南余载》、马令的《南唐书》、陆游的《南唐书》等，现综合各家及各种文集、笔记中的相关记载加以折中。

[②] 陆游：《南唐书》卷13，《丛书集成初编》第3853册，商务印书馆1937年版，第284页。

年（公元961年），后主李煜登基后，即任命潘佑为虞部员外郎、史馆修撰。宋太祖开宝元年（公元968年），李煜后大周氏病卒，续纳大周后之妹小周氏为后，李煜命潘佑、中书舍人徐铉与礼官一起讨论纳后的礼仪，潘佑与徐铉的观点相左，后主赞赏并采纳了潘佑的意见，潘佑随后被提升为知制诰参与政事。开宝元年、开宝三年，潘佑两次代后主草谕与南汉国主刘鋹书，这两篇谕书文采斐然，得到后主李煜的赏识。

宋太祖开宝五年，潘佑迁官中书舍人，约在此前后，他得到后主信任，遂与李平共同建议后主复井田、抑兼并，以《周礼》为蓝图进行变法。据北宋僧人文莹记载："潘佑事江南，既获用，恃恩乱政，潜不附己者，颇为时患。以后主好古重农，因请稍复井田之法，深抑兼并，民间旧买之产，使即还之，夺田者纷于州县。"① 潘佑的变法要把富人之田还给贫民，这在当时必然要引起贫富阶层之间的激烈冲突，它大大损害了贵族、富人的利益，再加上改革过程中急于求成，给朝中反对派抓住了把柄，所以变法很快就失败了。历史事实证明，自唐中叶以来，随着井田制的衰落和两税法的实行，旧的由国家直接分配土地的政策已无法执行，宋代起实行不抑兼并的土地政策实在是顺应潮流之举。潘佑等人从维护国家长治久安的角度，力求使农民有田可耕，其用意是好的，但依靠国家行政手段来强制推行均田制度却是行不通的。

潘佑变法失败后，南唐国势更加衰弱。宋太祖开宝六年（公元973年），潘佑连续七次上书，指出国家危在旦夕的严酷事实，指责后主李煜听信奸佞，比之如亡国之君桀、纣、孙皓。后主闻之大怒，首先逮捕潘佑变法的同道李平，然后又准备逮捕潘佑，潘佑闻讯即自杀于家中，李平亦自缢于狱中，潘佑、李平的家属被徙居饶州。潘佑之死在当时引起了一些正直之士的同情，"处士刘洞赋诗吊之，国中人人传诵，为泣下。"② 后主李煜对杀潘佑一事也是耿耿于怀，难以释解，"后谓左右曰：吾诛佑、平，思之逾月不决。盖不获已也。"③ 据传说，李煜归降赵宋后，宋太宗曾派南唐降臣徐铉去窥探其心态，"李主纱帽道服而出，铉方拜，而遽下

---

① 文莹：《湘山野录》卷中，中华书局1984年版，第29页。
② 陆游：《南唐书》卷13，《丛书集成初编》第3853册，商务印书馆1937年版，第289页。
③ 陈彭年：《江南别录》，《丛书集成初编》第3850册，商务印书馆1937年版，第8页。

阶，引其手以上。铉辞宾主之礼，李主曰：'今日岂有是礼。'铉引椅少偏，后主相持大笑，乃坐。已，默不言，忽长叹曰：'当时悔杀了潘佑、李平。'铉既去，有旨召对，询后主何言，铉不敢隐，遂有秦王赐机药之事。"① 亡国之痛使李煜意识到杀潘佑等人实在是断送了南唐变法自救的机缘，而对故国忠臣的怀念却又成为其被赐死的直接诱因。

　　关于潘佑的著述，《宋史·艺文志》记载有潘佑《荥阳集》二十卷，但此集今已不传，现在我们只能从《全唐文》、《唐文拾遗》、《全唐诗》中看到他的一些零散作品。潘佑今存文五篇：《上后主疏》，此即潘佑开宝六年所上的最后一道疏文；《为李后主与南汉后主书》、《为李后主与南汉后主第二书》，此二书当为开宝元年、开宝三年潘佑所撰；《与南汉后主书》，此篇写作年代不详，据其内容考察，当为前两书中某一篇的结语；《赠别》，此篇写作年代不详，内容是抒写潘佑自己对天地人生的看法，基本上接受《庄子》的观点。潘佑诗今存整篇四首，散句两句。四首诗分别为《七岁吟》、《送许处士坚往茅山》、《送人往宣城》、《失题》。潘佑词现只保存下来已失去调名的半阕。潘佑诗、词的总体内容是抒写个人伤春、伤时的惆怅感情，其中《七岁吟》一篇颇多神异色彩，但可作为考证潘佑生卒情况的资料。

二　潘佑、李觏、王安石的学术渊源

　　潘佑变法失败了，但他的变法思路却产生了深远的影响，北宋中期赞同"庆历新政"的李觏和主持"熙宁变法"的王安石都对他的变法抱同情态度，并继承了他的变法思想。潘佑、李觏、王安石之间有着一脉相承的学术渊源。

　　首先，我们来探讨潘佑与李觏之间的渊源关系。

　　现存的李觏文集中，有一篇《寄上富枢密》，是他写给当时朝中重臣富弼的。在文章中，李觏讨论了宋王朝所处的内外形势，认为朝廷必须加强对江淮地区的管理，他说："觏，江南人，请言南方事。当今天下根本在于江淮，天下无江淮，不能以足用；江淮无天下，自可以为国。……世俗但见艺祖取之之易，而谓事势当然，殊不知以我宋应天之始，乘李氏失

---

① 毛先舒：《南唐拾遗记》，《丛书集成初编》第3854册，商务印书馆1937年版，第7页。

附录 潘佑变法及其对李觏、王安石的影响

政之余,残杀忠臣,荧惑群小,兵叩城下,犹未知之,而今而后,焉得此愚暗之贼,又焉得此神武之师乎?"[1] 李觏站在宋王朝立场上骂南唐后主为愚暗之贼,这且不论,我们关心的是,在这段话里,李觏所杀的"残杀忠臣"中的"忠臣"指的是谁呢?据陆游记载:"及王师南征,下诏数后主杀忠臣,盖谓佑也。"[2] 而王安石《读江南录》中也说:"闻金陵臣潘佑以直言见杀,当时京师因举兵来伐,数以杀忠臣之罪。"由此可见,李觏此文中所说的忠臣应该包括潘佑在内。李觏在其文中称自己是南方人,熟悉江南情况,从现存的李觏文集中可以读到多篇具有浓厚南国情结的文章,因此,我们可以说,李觏熟悉并且同情潘佑其人及其变法。

其次,我们来探讨潘佑与王安石之间的渊源关系。

王安石写过一篇《读江南录》,在这篇文章里,他评价了徐铉等人奉宋太宗之命所撰写的《江南录》一书。他说:"然吾闻国之将亡必有大恶,恶者无大于杀忠臣。国君无道,不杀忠臣,虽不至于治,亦不至于亡。纣为君,至暴矣,武王观兵于孟津,诸侯请伐纣,武王曰:'未可。'及闻其杀王子比干,然后知其将亡也,一举而胜焉。季梁在随,随人虽乱,楚人不敢加兵。虞以不用宫之奇之言,晋人始有纳璧假道之谋。然则忠臣国之与也,存与之存,亡与之亡。予自为儿童时,已闻金陵臣潘佑以直言见杀,当时京师因举兵来伐,数以杀忠臣之罪。及得佑所上谏李氏表观之,词意质直,忠臣之言。予诸父中旧多为江南官者,其言金陵事颇详,闻佑所以死则信。然则李氏之亡,不徒然也。今观徐氏录言佑死,颇以妖妄,与予旧所闻者甚不类。不止于佑,其它所诛者,皆以罪戾,何也?予甚怪焉。若以商纣及随、虞二君论之,则李氏亡国之君,必有滥诛,吾知佑之死信为无罪,是乃徐氏匿之耳。何以知其然?吾以情得之。大凡毁生于嫉,嫉生于不胜,此人之情也。吾闻铉与佑皆李氏臣,而俱称有文学,十余年争名于朝廷间。当李氏之危也,佑能切谏,铉独无一说,以佑见诛,铉又不能力争,卒使其君有杀忠臣之名,践亡国之祸,皆铉之由也。铉惧此过,而又耻其善及于佑,故匿其忠而污以它罪,此人情之

---

[1] 李觏:《李觏集》卷28,中华书局1981年版,第302页。
[2] 陆游:《南唐书》卷13,《丛书集成初编》第3853册,商务印书馆1937年版,第289页。

常也。"①

徐铉是南唐旧臣，与潘佑为同僚，国亡后降宋。王安石肯定徐铉在书中为尊者讳，不直书亡国之君李煜的过错是符合孔子《春秋》笔法的，但他对徐铉关于潘佑的记载却极为不满。王安石肯定潘佑是忠君爱国之臣，南唐杀潘佑是自毁长城，而徐铉等不过是嫉贤妒能、隐善扬恶的小人。值得注意的是，在这篇文章中，王安石提到自己从小就知道南唐旧事，长辈中也有人在南唐故地为官。这些情况说明，南唐以来的南方文化对于王安石学术思想的形成是极有影响的。王安石熟悉南唐时的政事、文化，又对潘佑如此推崇，我们完全有理由认为，王安石对于潘佑其人及其变法是十分熟悉的。

再次，我们来探讨李觏与王安石之间的渊源关系。

潘佑的变法思想对李觏、王安石都有影响，那么，李觏、王安石之间是否存在有承传关系呢？近代以来一直有一些学者，如胡适、侯外庐、姜国柱等人，都认为李觏、王安石之间有学术渊源。这些学者的主要依据有三条：1. 从人际关系上讲，李觏的朋友如余靖、祖无择等人均与王安石相识，而李觏的弟子邓润甫曾参与王安石变法，并且王安石在《答王景山书》中直接提到了李觏的名字，他写道："书称欧阳永叔、尹师鲁、蔡君谟诸君以见比。此数公今之所谓贤者，不可以某比。足下又以江南士大夫为无能文者，而李泰伯、曾子固豪士，某与纳焉。"② 因此李觏、王安石相交、相识是完全可信的；2. 从活动地域上讲，李觏、王安石都是江西人，在古代交通极不发达的情况下，同地域的士大夫之间交往的可能性更大一些；3. 从思想上讲，李觏、王安石都依据《周礼》提出变革现实的主张。③

台湾学者夏长朴先生曾比较过《王文公文集》和《临川先生文集》中《答王景山书》一文在字句上的歧异，他的结论是，如果依据《王文公文集》，则只能说明王安石知道李觏其人，而不能说明两人有过来往，

---

① 王安石：《王文公文集》（上册）卷33，上海人民出版社1974年版，第394—395页。
② 王安石：《王文公文集》（上册）卷8，上海人民出版社1974年版，第100页。
③ 相关论述参见胡适：《记李觏的学说》，《胡适文存》二集卷1，黄山书社1996年版，第21页；侯外庐主编：《中国思想通史》第四卷，人民出版社1959年版，第398页；姜国柱：《李觏思想研究》，中国社会科学出版社1984年版，第156页。

李觏与王安石之间有思想渊源的看法"仍然是一个证据不够充分的假设而非定论"。① 我认为，夏先生的考证虽细，但关于《王景山书》的字句解释却有深文周纳之嫌，不足以否定李觏、王安石之间存在的渊源关系。依据现存史料，我们完全可以认定李觏、王安石之间相识，王安石是熟悉李觏其人其学的。

三　潘佑、李觏、王安石的思想共识

我们将潘佑、李觏、王安石的思想加以比较，可以看出他们之间在许多问题上有着共同的观点，这可以进一步确证他们之间存在着渊源关系。

1. 变法强国

唐末五代是中国历史分裂、混乱的时代，外族入侵、军阀割据，使得整个国家四分五裂。潘佑生活的南唐后期，中原的后周王朝已经有混一宇内的举措，周显德三年（公元956年），周世宗亲自带兵攻伐南唐，占领了南唐江北十四州，从此南唐国势日衰，已无力与中原王朝对抗。宋王朝建立后，更是通过武力征伐，先后灭了荆湘、后蜀、南汉，兵锋直指南唐。在这种外强逼凌、国势式微的情况下，作为南唐的才臣和忠臣，潘佑力主改制图强，并在短时期内将自己的变法主张付诸实践。

李觏主要生活在北宋王朝最强盛的真宗、仁宗时期，但就在这样的盛世里，内有盗贼，外有辽、西夏的侵扰，对此李觏极为忧心，在《寄上孙安抚书》中写道："嗟乎！弱甚矣，忧至矣，非立大奇，不足以救。……管仲复生，商君不死，天下乃安矣。"② 李觏呼唤出现像管仲、商君那样的变法家来改变北宋王朝积贫积弱的现状，他与主持"庆历新政"的范仲淹等人有很深的交往，支持、同情"庆历新政"，从某种程度上可以说，他是"庆历新政"的理论家。

王安石变法则是在宋王朝面临辽、西夏的严重威胁以及内部积贫积弱的情形下提出来的。王安石在《上时政书》中说："自秦以下，享国日久者，有晋之武帝、梁之武帝、唐之明皇。此三帝者，皆聪明智略有功之主也。享国日久，内外无患，因循苟且，无至诚恻怛忧天下之心，趋过目

---

① 夏长朴：《近人有关李觏与王安石关系诸说之商榷》，《台大中文学报》1989年第3期。
② 李觏：《李觏集》卷28，中华书局1981年版，第313页。

前，而不为久远之计，自以祸灾可以无及其身，往往身遇祸灾，而悔无所及。"① 王安石指出宋王朝如果不打破因循苟且之风，就有可能亡国，他甚至用晋武帝、梁武帝、唐明皇三人来影射无所作为的宋仁宗。可以说，浓厚的忧患意识和强烈的爱国热情，是王安石以及潘佑、李觏等人主张变法的根本动力。

2. 重视解决经济问题，以抑兼并为目标

潘佑变法是从经济问题入手的，内容包括开垦荒地、清理民户财产、抑制土地兼并等。其中引起纠纷最大的是他的抑制土地兼并的做法，《湘山野录》记载："以后主好古重农，因请稍复井田之法，深抑兼并，民间旧买之产，使即还之，夺田者纷于州县。"潘佑变法的中心是抑制兼并，恢复古代耕者有其田的井田制度，使农民有田可耕，通过发展生产来增强国力。

李觏像潘佑一样，十分重视土地问题，他认为解决当时社会矛盾的根本就在于解决土地的不平均，在《平土书》中写道："土地，本也；耕获，末也。无地而责之耕，犹徒手而使战也。法制不立，土田不均，富者日长，贫者日削，虽有末耜，谷不可得而食也。食不足，心不常，虽有礼义，民不可得而教也。尧舜复起，末如之何矣！故平土之法，圣人先之。"② 李觏提出了自己的均田方案，他希望这样能够使民众富裕起来，从而达到国家强盛。

王安石早年也主张抑兼并，他在《兼并》一诗中说："三代子百姓，公私无异财。人主擅操柄，如天持斗魁。赋予皆自我，兼并乃奸回。奸回法有诛，势亦无自来。"③ 但王安石执政以后，放弃了由国家强制均田的抑兼并主张，而改由国家通过宏观的政策调控来打击农业、商业上的兼并势力，保护自耕农、中小地主、小商人的利益，他说："然世主诚能知天下利害，以其所谓害者制法而加于兼并之人，则人自不敢保过限之田，以其所谓利者制法而加于力耕之人，则人自劝于耕，而授田不敢过限。"④ 王安石变法中所制定的免役法、青苗法、市易法等，其根本意图即在于

---

① 王安石：《王文公文集》（上册）卷1，上海人民出版社1974年版，第17页。
② 李觏：《李觏集》卷19，中华书局1981年版，第183页。
③ 王安石：《王文公文集》（下册）卷51，上海人民出版社1974年版，第577页。
④ 李焘：《续资治通鉴长编》卷223，上海古籍出版社1986年版，第2册第2077页。

此。王安石抑兼并思想的这种转变应该说是他从实践经验中吸取教训而形成的，比起潘佑、李觏等人的做法来更实际一些。

3. 以《周礼》为变法依据

《周礼》一书，传为周公所作，但也有人贬之为战国阴谋家所作。就文本内容分析，《周礼》可以称得上是一幅理想国的画图，它在政治、经济、军事、文化等国家治理的各个方面都设计出了一套方案，这套方案以周公和远古三代政事为依托，曾经使历代希求变革社会的政治家、思想家们为之倾倒，且不断有人尝试将之付诸实践，两汉之际的王莽和西魏的苏绰就是其中最有影响的两个人物。

潘佑变法也是按照《周礼》的模式来规划的。南宋史家李焘记载："佑尝言于国主曰：'富国之本，本原农桑。'因请复井田之法，深抑兼并，有买贫者田，皆令归之。又依《周礼》造民籍，复造牛籍，使尽辟旷土以种桑，荐平判司农寺以督之。"[1] 潘佑依《周礼》造民籍、牛籍的具体做法今虽不可考，但他重视《周礼》，试图利用古代经典来服务现实的意图却是明显的。

李觏是范仲淹主持的"庆历新政"的积极赞同者，他受知于范仲淹，对于新政的实施也坦诚地提出自己的建议。在变法的依据上，李觏和潘佑一样，都抬出《周礼》古经作为样板。李觏著有《周礼致太平论》、《平土书》等，按照《周礼》的标准制定了详细的土地分配政策和管理方式，规划出理想的治国方略。李觏生活在南唐故地，又熟悉南唐掌故，我们可以推测，李觏的有关思想极有可能是受到了潘佑的影响。

比李觏稍后的王安石，则打着《周礼》的旗帜进行了声势浩大的"熙宁变法"。王安石在变法过程中组织编写了以《三经新义》为代表的新经学，其中《周礼义》为其亲笔所作。[2] 在《周礼义序》中，王安石

---

[1] 李焘：《续资治通鉴长编》卷14，上海古籍出版社1986年版，第1册第118—119页。

[2] 据蔡絛记载："王元泽奉诏修《三经新义》，时王丞相介甫为之提举，盖以相臣之重，所以假命于其子也。吾后见鲁公与文正公二人，相与谈往事，则每云：'《诗》、《书》盖多出元泽暨诸门弟子手，至若《周礼新义》，实丞相为笔削者。'及政和时，有司上言天府所籍吴氏资居检校库，而吴氏者王丞相之姻家也，且多有王丞相文书，于是朝廷悉命藏之秘阁。用是吾得见之，《周礼新义》笔迹，犹斜风细雨，诚介甫亲书，而后知二父之谈信。"蔡絛：《铁围山丛谈》卷3，中华书局1983年版，第58页。

写道:"惟道之在政事,贵贱有位,其先后有序,其多寡有数,其迟数有时。制而用之存乎法,推而行之存乎人。其人足以任官,其官足以行法,莫盛乎成周之时;其法可施于后世,其文见于载籍,莫具乎《周官》之书。"[①] 王安石在担任宰相期间,以《周礼》为依据,制定出了免役、青苗、市易、保甲、保马等一系列新法,在当时社会引起了巨大的震动,新法的兴废一直伴随到北宋的灭亡。

结　语

潘佑是南唐后期的一位名臣,其变法在当时社会上产生了很大反响,对后世的思想家、政治家也有很大影响。但是,过去学术界对潘佑其人及其变法的研究很少,并且多持否定态度。本文以前人记载为基础,客观描述其生平与变法实际,并着重揭示其思想史上的意义。

王安石变法是北宋历史以至中国历史上的一件大事。作为这次变法的主持者,王安石既是著名的政治家,同时又是著名的学者,变法就是以他的学术思想为指导的。后世学者在研究王安石变法这一历史事件时,往往会对其变法的思想渊源产生兴趣,为此作过很多探索。本文在前人研究的基础上,通过对相关文献的索引钩沉,确证南唐时期的名臣潘佑在变法思想上对王安石有直接影响,认定王安石变法是包括潘佑、李觏在内的南方文化的一个合理发展。[②]

[①] 王安石:《王文公文集》(上册)卷36,上海人民出版社1974年版,第426页。
[②] 钱穆先生对此也早有明察,他曾说:"王安石新政,似乎有些处是代表着当时南方智识分子一种开新与激进的气味,而司马光则似乎有些处是代表著当时北方智识分子一种传统与稳健的态度。除却人事偶然方面,似乎新旧党争,实在是中唐安史之乱以后,在中国南北经济文化之转动上,为一种应有之现象。"钱穆:《国史大纲》(下册)第六编第三十三章,商务印书馆1994年版,第586页。本文可以说是对钱穆先生观点所作的一点细化。

主要参考文献

一 王安石著作类

1. 程元敏著：《三经新义辑考汇评（一）——尚书》，"国立"编译馆1986年版。
2. 程元敏著：《三经新义辑考汇评（二）——诗经》，"国立"编译馆1986年版。
3. 程元敏著：《三经新义辑考汇评（三）——周礼（上）》，"国立"编译馆1987年版。
4. 程元敏著：《三经新义辑考汇评（三）——周礼（下）》，"国立"编译馆1987年版。
5. 李壁笺注：《王荆文公诗笺注》，中华书局1958年版。
6. 邱汉生辑校：《诗义钩沉》，中华书局1982年版。
7. 容肇祖辑：《王安石老子注辑本》，中华书局1979年版。
8. 沈钦韩注：《王荆公诗文沈氏注》，中华书局1959年版。
9. 王安石著：《临川先生文集》，中华书局1959年版。
10. 王安石著：《王文公文集》（上册），上海人民出版社1974年版。
11. 王安石著：《王文公文集》（下册），上海人民出版社1974年版。

二 经典、文集类

1. 北京钢铁学院冶金系工农兵学员：《盐铁论译注》，冶金工业出版社1975年版。
2. 蔡卞著：《毛诗名物解》，《通志堂经解》第175册。
3. 陈鼓应注译：《庄子今注今译》，中华书局1983年版。
4. 陈鼓应著：《老子注译及评介》，中华书局1984年版。

5. 陈澔注：《礼记集说》，中国书店1994年版。

6. 陈亮著：《陈亮集》，中华书局1987年版。

7. 程颢、程颐著：《二程集》，中华书局1981年版。

8. 《春秋三传》，中国书店1994年版。

9. 郭祥正撰：《郭祥正集》，黄山书社1995年版。

10. 《韩非子》校注组：《韩非子校注》，江苏人民出版社1982年版。

11. 胡宏著：《胡宏集》，中华书局1987年版。

12. 胡寅著：《崇正辩，斐然集》，中华书局1993年版。

13. 江灏、钱宗武译注：《今古文尚书全译》，贵州人民出版社1992年版。

14. 蒋南华、罗书勤、杨寒清注译：《荀子全译》，贵州人民出版社1995年版。

15. 李觏著：《李觏集》，中华书局1981年版。

16. 林尹注译：《周礼今注今译》，书目文献出版社1985年版。

17. 陆佃著：《陶山集》，《武英殿聚珍版》第591至594册。

18. 陆九渊著：《陆九渊集》，中华书局1980年版。

19. 欧阳修著：《欧阳修选集》，上海古籍出版社1986年版。

20. 普寂著：《五灯会元》，中华书局1984年版。

21. 《全宋诗》各册，北京大学出版社。

22. 《全宋文》各册，巴蜀书社。

23. 《诗经全译》，袁愈荌译诗，唐莫尧注释，贵州人民出版社1991年版。

24. 苏轼著：《苏轼诗集》，中华书局1982年版。

25. 苏轼著：《苏轼文集》，中华书局1986年版。

26. 苏洵著：《嘉祐集》，上海古籍出版社1993年版。

27. 苏辙著：《苏辙集》，中华书局1990年版。

28. 汪荣宝著：《法言义疏》，中华书局1987年版。

29. 王焕镳校释：《墨子校释》，浙江文艺出版社1984年版。

30. 王令著：《王令集》，上海古籍出版社1980年版。

31. 王雱著：《道德真经集注》，《道藏》第395至398册。

32. 王雱著：《南华真经新传》，《道藏》第503至506册。

33. 杨伯峻译注：《论语译注》，中华书局 1980 年版。

34. 杨伯峻译注：《孟子译注》，中华书局 1960 年版。

35. 杨伯峻撰：《列子集释》，中华书局 1979 年版。

36. 叶适著：《习学记言序目》，中华书局 1977 年版。

37. 叶适著：《叶适集》，中华书局 1961 年版。

38. 赜藏主编集：《古尊宿语录》，中华书局 1994 年版。

39. 曾巩著：《曾巩集》，中华书局 1984 年版。

40. 张觉译注：《商君书全译》，贵州人民出版社 1993 年版。

41. 张耒著：《张耒集》，中华书局 1996 年版。

42. 张双棣等译注：《吕氏春秋译注》，吉林文史出版社 1986 年版。

43. 张载著：《张载集》，中华书局 1978 年版。

44. 赵守正撰：《管子注译》，广西人民出版社 1982 年版。

45. 钟肇鹏主编：《春秋繁露校释》，山东友谊出版社 1994 年版。

46. 周振甫译注：《周易译注》，中华书局 1991 年版。

47. 朱熹注：《四书集注》，中国书店 1994 年版。

48. 朱熹著：《朱熹集》，四川教育出版社 1996 年版。

49. 朱熹著：《朱子语类》，中华书局 1986 年版。

三　史传、笔记类

1. 《笔记小说大观》，江苏广陵古籍刻印社 1983 年版。

2. 蔡絛著：《铁围山丛谈》，中华书局 1983 年版。

3. 陈邦瞻编：《宋史纪事本末》，中华书局 1977 年版。

4. 丁传靖辑：《宋人轶事汇编》，中华书局 1981 年版。

5. 范镇、宋敏求著：《东斋记事，春明退朝录》，中华书局 1980 年版。

6. 方勺著：《泊宅编》，中华书局 1983 年版。

7. 费衮著：《梁谿漫志》，山西人民出版社 1986 年版。

8. 何薳著：《春渚纪闻》，中华书局 1983 年版。

9. 洪迈著：《容斋随笔五集》，商务印书馆 1959 年版。

10. 黄宗羲著：《黄宗羲全集》（宋元学案部分），浙江古籍出版社 1992 年版。

11. 江少虞编：《宋朝事实类苑》，上海古籍出版社 1981 年版。

12. 李焘编：《续资治通鉴长编》（附拾补），上海古籍出版社 1986 年版。

13. 厉鹗辑撰：《宋诗纪事》，上海古籍出版社 1983 年版。

14. 刘昌诗著：《芦蒲笔记》，中华书局 1986 年版。

15. 陆游著：《老学庵笔记》，中华书局 1979 年版。

16. 罗大经著：《鹤林玉露》，中华书局 1983 年版。

17. 邵伯温著：《邵氏闻见录》，中华书局 1983 年版。

18. 邵博著：《邵氏闻见后录》，中华书局 1983 年版。

19. 《司马光日记校注》，李裕民校注，中国社会科学出版社 1994 年版。

20. 司马光著：《涑水记闻》，中华书局 1989 年版。

21. 《宋稗类抄》，书目文献出版社 1985 年版。

22. 苏轼著：《东坡志林》，中华书局 1981 年版。

23. 苏辙著：《龙川略志，龙川别志》，中华书局 1982 年版。

24. 脱脱等编：《宋史》，中华书局 1977 年版。

25. 王辟之、欧阳修著：《渑水燕谈录，归田录》，中华书局 1981 年版。

26. 王得臣著：《麈史》，上海古籍出版社 1986 年版。

27. 王夫之著：《读通鉴论》，中华书局 1975 年版。

28. 王夫之著：《宋论》，中华书局 1964 年版。

29. 王明清著：《投辖录，玉照新志》，上海古籍出版社 1991 年版。

30. 王铚、王栐著：《默记，燕翼诒谋录》，中华书局 1981 年版。

31. 魏泰著：《东轩笔录》，中华书局 1983 年版。

32. 文莹著：《湘山野录，续录，玉壶清话》，中华书局 1984 年版。

33. 吴处厚：《青箱杂记》，中华书局 1985 年版。

34. 叶梦得著：《石林燕语》，中华书局 1984 年版。

35. 岳珂著：《桯史》，中华书局 1981 年版。

36. 张世南、李心传著：《游宦纪闻，旧闻证误》，中华书局 1981 年版。

37. 赵与时著：《宾退录》，上海古籍出版社 1983 年版。

38. 周密著：《齐东野语》，中华书局 1983 年版。

39. 庄绰著：《鸡肋编》，中华书局 1983 年版。

四　王安石研究著作类

1. 邓广铭著：《北宋政治改革家王安石》，人民出版社 1997 年版。

2. 邓广铭著：《王安石》，三联书店 1953 年版。

3. 邓广铭著：《王安石——中国十一世纪时的改革家》，人民出版社 1975 年版。

4. 冯小林著：《儒学的变古——王安石"荆公新学"的教育哲学研究》，北京师范大学教育系中国古代教育史专业 90 级博士研究生学位论文。

5. 龚延明著：《王安石》，中华书局 1986 年版。

6. 蒋义斌撰：《宋代儒释调和论及排佛论之演进——王安石之融通儒释及程朱学派之排佛反王》，台湾商务印书馆 1988 年版。

7. 柯昌颐著：《王安石评传》，商务印书馆 1923 年版。

8. 李德身著：《王安石诗文系年》，陕西人民教育出版社 1987 年版。

9. 梁启超著：《饮冰室合集》第七册《王荆公》，中华书局 1989 年版。

10. 罗传奇、吴云生著：《王安石教育思想研究》，江西教育出版社 1991 年版。

11. 马振铎著：《政治改革家王安石的哲学思想》，湖北人民出版社 1984 年版。

12. 漆侠著：《王安石变法》，上海人民出版社 1979 年版。

13. 漆侠著：《王安石变法》，上海人民出版社 1959 年版。

14. 帅鸿勋著：《王安石新法研述》，正中书局 1973 年版。

15. 《王安石》，安徽人民出版社 1974 年版。

16. 《王安石资料选编》，赣南师专中文科编，1975 年 5 月。

17. 王晋光著：《王安石诗技巧论》，陕西人民出版社 1992 年版。

18. 夏长朴著：《李觏与王安石研究》，大安出版社 1989 年版。

19. 熊公哲著：《王安石政略》，商务印书馆 1937 年版。

20. 詹大和等撰：《王安石年谱三种》，中华书局 1994 年版。

21. 张白山著：《王安石》，上海古籍出版社 1986 年版。

22. 张祥浩著：《王安石评传——中国十一世纪改革家的悲欢和是非》，广西教育出版社 1997 年版。

23. 朱传誉主编：《王安石传记资料》，天一出版社 1982 年版。

五 王安石研究相关著作类

1. 艾尔曼著：《经学、政治和宗族》，江苏人民出版社 1998 年版。

2. 陈俊民著：《张载哲学思想及关学学派》，人民出版社 1986 年版。

3. 陈克明著：《群经要义》，东方出版社 1996 年版。

4. 陈来著：《古代宗教与伦理》，生活·读书·新知三联书店 1996 年版。

5. 陈来著：《宋明理学》，辽宁教育出版社 1991 年版。

6. 陈植锷著：《北宋文化史述论》，中国社会科学出版社 1992 年版。

7. 陈钟凡著：《两宋思想史》，东方出版社 1996 年版。

8. 程千帆、吴新雷著：《两宋文学史》，上海古籍出版社 1991 年版。

9. 邓广铭、郦家驹等主编：《宋史研究论文集》，河南人民出版社 1984 年版。

10. 邓广铭、漆侠等主编：《宋史研究论文集》，河北教育出版社 1989 年版。

11. 邓广铭、漆侠主编：《国际宋史研讨会论文选集》，河北大学出版社 1992 年版。

12. 邓广铭、漆侠主编：《中日宋史研讨会中方论文选编》，河北大学出版社 1991 年版。

13. 邓广铭著：《邓广铭治史丛稿》，北京大学出版社 1997 年版。

14. 董根洪著：《司马光哲学思想述评》，山西人民出版社 1993 年版。

15. 冯天瑜、彭池、邓建华编：《中国学术流变》，湖北人民出版社 1991 年版。

16. 冯天瑜著：《中华元典精神》，上海人民出版社 1994 年版。

17. 冯友兰著：《中国哲学史新编》第五册，人民出版社 1988 年版。

18. 复旦大学历史系编：《中国传统文化的再估计》，上海人民出版社 1987 年版。

19. 高觉敷主编：《中国心理思想史》，人民教育出版社 1985 年版。

20. 顾吉辰著：《宋代佛教史稿》，中州古籍出版社 1993 年版。

21. 关履权著：《两宋史论》，中州书画社 1983 年版。

22. 杭州大学历史系宋史研究室编：《宋史研究集刊》，浙江古籍出版社 1986 年版。

23. 贺麟著：《文化与人生》，商务印书馆 1988 年版。

24. 侯外庐等主编：《宋明理学史》上卷，人民出版社 1984 年版。

25. 侯外庐等主编：《宋明理学史》下卷，人民出版社 1987 年版。

26. 侯外庐主编：《中国思想通史》第四卷（上册），人民出版社 1959 年版。

27. 胡适著：《胡适文存》，黄山书社 1996 年版。

28. 黄进兴著：《优入圣域》，陕西师范大学出版社 1998 年版。

29. 姜广辉著：《理学与中国文化》，上海人民出版社 1994 年版。

30. 姜国柱著：《李觏思想研究》，中国社会科学出版社 1984 年版。

31. 刘起釪著：《尚书学史》，中华书局 1989 年版。

32. 刘泽华主编：《中国政治思想史》（隋唐宋元明清卷），浙江人民出版社 1996 年版。

33. 吕振羽著：《中国政治思想史》，人民出版社 1949 年版。

34. 罗根泽著：《中国文学批评史》三，上海古籍出版社 1984 年版。

35. 皮锡瑞著：《经学历史》，中华书局 1959 年版。

36. 皮锡瑞著：《经学通论》，中华书局 1954 年版。

37. 漆侠主编：《宋史研究论丛》第二辑，河北大学出版社 1993 年版。

38. 漆侠主编：《宋史研究论丛》，河北大学出版社 1990 年版。

39. 漆侠著：《求是集》，天津人民出版社 1982 年版。

40. 漆侠著：《宋代经济史》，上海人民出版社 1988 年版。

41. 漆侠著：《探知集》，河北大学出版社 1999 年版。

42. 钱穆著：《国史大纲》，商务印书馆 1994 年版。

43. 任继愈主编：《中国哲学史》第三册，人民出版社 1964 年版。

44. 《日本学者研究中国史论著选译》第五卷，中华书局 1993 年版。

45. 《日本中青年学者论中国史》（宋元明清卷），上海古籍出版社

1995年版。

46. 石训等著：《中国宋代哲学》，河南人民出版社1992年版。

47. 《宋史论集》，中州书画社1983年版。

48. 孙钦善、曾枣庄、安平秋、倪其心、刘琳主编：《国际宋代文化研讨会论文集》，四川大学出版社1991年版。

49. 汤志钧、华友根、承载、钱杭著：《西汉经学与政治》，上海古籍出版社1994年版。

50. 汪汉卿主编：《中国法律思想史》，中国科学技术大学出版社1993年版。

51. 汪圣铎著：《两宋财政史》，中华书局1995年版。

52. 王葆玹著：《今古文经学新论》，中国社会科学出版社1997年版。

53. 王明著：《道家与传统文化研究》，中国社会科学出版社1995年版。

54. 王曾瑜著：《宋朝阶级结构》，河北教育出版社1996年版。

55. 魏道儒著：《宋代禅宗文化》，中州古籍出版社1993年版。

56. 吴怀祺著：《宋代史学思想史》，黄山书社1992年版。

57. 夏传才著：《十三经概论》，天津人民出版社1998年版。

58. 肖萐父、李锦全主编：《中国哲学史》，人民出版社1983年版。

59. 谢善元著：《李觏之生平及思想》，中华书局1988年版。

60. 熊铁基等著：《中国老学史》，福建人民出版社1995年版。

61. 徐洪兴著：《思想的转型——理学发生过程研究》，上海人民出版社1996年版。

62. 叶坦著：《大变法》，三联书店1996年版。

63. 余敦康著：《内圣外王的贯通——北宋易学的现代阐释》，学林出版社1997年版。

64. 张立伟著：《归去来兮——隐逸的文化透视》，三联书店1995年版。

65. 张其凡著：《宋初政治探研》，暨南大学出版社1995年版。

66. 张毅著：《宋代文学思想史》，中华书局1995年版。

67. 赵吉惠等主编：《中国儒学史》，中州古籍出版社1991年版。

68. 赵靖主编：《中国经济思想通史》第3卷，北京大学出版社1997

69. 中华孔子学会编辑委员会组编：《国学通览》，群众出版社 1996 年版。

70. 周宝珠、陈振主编：《简明宋史》，人民出版社 1985 年版。

71. 周桂钿著：《董仲舒评传》，广西教育出版社 1995 年版。

72. 周桂钿著：《王莽评传》，广西教育出版社 1996 年版。

73. 周桂钿著：《中国传统哲学》，北京师范大学出版社 1990 年版。

74. 周予同著：《周予同经学史论著选集》，上海人民出版社 1996 年版。

75. 朱伯崑著：《易学哲学史》，华夏出版社 1995 年版。

76. 朱瑞熙著：《宋代社会研究》，中州书画社 1983 年版。

77. 朱贻庭主编：《中国伦理思想史》，华东师范大学出版社 1989 年版。

78. 祝瑞开主编：《宋明思想和中华文明》，学林出版社 1995 年版。

六 王安石研究论文类

1. 白敦仁撰：《略论王安石〈洪范传〉及其熙宁"新学"的历史地位》，《成都大学学报》1992 年第 2 期。

2. 曹锦炎撰：《王安石及其〈字说〉——介绍张宗祥辑本〈熙宁字说辑〉》，《浙江学刊》1992 年第 6 期。

3. 陈正夫撰：《王安石哲学思想研究》，《江西大学学报》1963 年第 1 期。

4. 陈治刚撰：《王安石、司马光的个性心理与熙丰变法》，《淮北煤师院学报》1994 年第 2 期。

5. 邓广铭撰：《从一篇黑文看罗思鼎们对宋史和王安石变法的懵懂无知——对〈从王安石变法看儒法论战的演变——读《王荆公年谱考略》〉一文的批判》，《社会科学战线》1979 年第 1 期。

6. 邓广铭撰：《关于王安石的居里茔墓及其他诸问题》，《北京大学学报》1993 年第 2 期。

7. 邓广铭撰：《王安石统一中国的战略设想及其个人行藏》，《传统文化与现代化》1997 年第 2 期。

8. 邓广铭撰：《王安石在北宋儒家学派中的地位——附说理学家的开山祖问题》，《北京大学学报》1991年第2期。

9. 东一夫撰：《各国对王安石的评价》，《中国史研究动态》1982年第2期。

10. 高纪春撰：《关于吕惠卿与王安石关系的几点考辨》，《河北大学学报》1997年第3期。

11. 高纪春撰：《论朱熹对王安石的批判》，《晋阳学刊》1994年第5期。

12. 高纪春撰：《宋高宗朝初年的王安石批判与洛学之兴》，《中州学刊》1996年第1期。

13. 高克勤撰：《王安石著述考》，《复旦学报》1988年第1期。

14. 高文、高启明撰：《新编王安石年谱》，《河南大学学报》1992年第5期。

15. 耿亮之撰：《王安石易学与其新学及洛学》，《周易研究》1997年第4期。

16. 谷霁光撰：《试论王安石的历史观及其经济改革》（上、下），《争鸣》1987年第1、2期。

17. 谷霁光撰：《王安石法学观点探赜》，《争鸣》1981年第1期。

18. 谷霁光撰：《王安石经济思想若干问题试析》，《中国史研究》1980年第1期。

19. 顾吉辰撰：《王安石"三不足"说质疑》，《青海社会科学》1986年第2期。

20. 顾全芳撰：《评王安石变法》，《晋阳学刊》1985年第1期。

21. 顾全芳撰：《庆历新政与熙丰变法》，《西南师范大学学报》1987年第2期。

22. 顾全芳撰：《司马光与王安石变法》，《晋阳学刊》1984年第2期。

23. 顾全芳撰：《王安石的〈言事书〉和司马光的〈论财利疏〉》，《河南大学学报》1986年第4期。

24. 顾全芳撰：《曾巩与王安石变法》，《江西社会科学》1988年第5期。

25. 顾全芳撰：《重评司马光与王安石变法》，《学术月刊》1990年第

9 期。

26. 关履权撰：《王安石的义利观与儒家思想传统》，《晋阳学刊》1986 年第 4 期。

27. 何耿镛撰：《关于王安石的〈字说〉》，《厦门大学学报》1978 年第 4 期。

28. 黄长椿撰：《王安石与柘冈吴氏》，《江西师院学报》1979 年第 3 期。

29. 季平撰：《王安石和司马光的政治思想探源》，《四川师院学报》1985 年第 3 期。

30. 贾玉英撰：《试论王安石变法时期的仓法》，《河南大学学报》1990 年第 1 期。

31. 李军撰：《江西纪念王安石逝世九百周年学术讨论会综述》，《争鸣》1987 年第 1 期。

32. 李克武撰：《王安石与司马光法律思想比较分析》，《华中师范大学学报》1989 年第 5 期。

33. 李瑞良撰：《王安石变法与"福建子"》，《福建论坛》1985 年第 4 期。

34. 李世宇撰：《皇权与王安石变法》，《贵州大学学报》1987 年第 1 期。

35. 李之鉴撰：《从二程对王安石的批判看理学的政治倾向》，《中州学刊》1987 年第 4 期。

36. 李之鉴撰：《关于王安石新学影响后世之管见》，《河南师范大学学报》1987 年第 1 期。

37. 李之鉴撰：《论王安石新学新法同神宗求治的关系》，《平原大学学报》1990 年第 1 期。

38. 李之鉴撰：《试析王安石的社会历史观》，《新乡师范学院学报》1983 年第 1 期。

39. 李之鉴撰：《王安石程颐〈易·乾〉异说浅论》，《河南师范大学学报》1996 年第 3 期。

40. 李之鉴撰：《王安石"道有体有用"思想评论》，《平原大学学报》1989 年第 3 期。

41. 李之鉴撰：《王安石的"元气不动"与"道立于两"思想浅议》，《平原大学学报》1991年第2期。

42. 李之鉴撰：《王安石"情者性用"思想简评》，《河南师范大学学报》1988年第2期。

43. 李之鉴撰：《王安石人才观浅析》，《黄淮学刊》1994年第3期。

44. 刘焕曾、任仲书撰：《王安石变法和北宋商品经济发展的矛盾》，《西南师范大学学报》1990年第1期。

45. 刘坤太撰：《王安石建设新型官僚队伍的尝试》，《史学月刊》1986年第5期。

46. 刘坤太撰：《王安石〈周官新义〉浅识》，《河南大学学报》1985年第4期。

47. 罗传奇撰：《王安石研究在国外》，《江西日报》1986年5月9日。

48. 骆啸声撰：《温公与荆公变法思想之比较》，《湖北大学学报》1987年第6期。

49. 漆侠、郭东旭撰：《关于王安石变法研究中的几个问题》，《中国史研究》1989年第4期。

50. 邱汉生撰：《王安石〈诗义〉的法家思想》，《天津师院学报》1974年第1期。

51. 《如何评价王安石的历史作用》（报刊论文综述），《学习与批判》1974年第11期。

52. 谭否模撰：《李王的政治哲学》，《师大月刊》第十八期，1935年版。

53. 田宜弘撰：《一桩历史公案的思考——从〈祭欧阳文忠公文〉看王安石与欧阳修的关系》，《中州学刊》1986年第5期。

54. 汪圣铎撰：《王安石是经济改革家吗》，《学术月刊》1989年第6期。

55. 王步贵撰：《王安石的唯物论思想》，《兰州学刊》1994年第3期。

56. 王兴业撰：《王安石和二程的激烈论战》，《郑州大学学报》1974年第2期。

57. 王毓铨：《王安石的改革政策》，《政治经济学报》第五卷第一期、第二期，1936、1937年版。

58. 王曾瑜撰：《王安石变法简论》，《中国社会科学》1980 年第 3 期。

59. 吴志达撰：《王安石诗初探》，《文史哲》1957 年第 12 期。

60. 夏长朴撰：《近人有关李觏与王安石关系诸说之商榷》，《台大中文学报》1989 年第 3 期。

61. 夏露撰：《苏轼与王安石变法》，《华中师院学报》1984 年第 2 期。

62. 肖钢撰：《论朱熹对王安石新法新学的批判继承》，《河北学刊》1990 年第 3 期。

63. 熊宪光撰：《王安石的文学观及其实践》，《西南师院学报》1981 年第 1 期。

64. 许怀林、吴小红撰：《荆公晚年耽于浮屠辨》，《江西师范大学学报》1995 年第 3 期。

65. 杨志玖撰：《王安石与孟子》，《社会科学战线》1979 年第 3 期。

66. 张全明撰：《论朱熹对王安石及其变法的评价》，《晋阳学刊》1993 年第 3 期。

67. 张腾发撰：《王安石变法之史的评价》，《现代史学》第三卷第二期，1936 年 4 月。

68. 张文涤、胡炎祜撰：《论字说和字说辨的斗争》，《安徽师大学报》1976 年第 1 期。

69. 郑达炘、翁国珍撰：《章惇与王安石变法》，《福建师大学报》1984 年第 1 期。

再版后记

　　本书是在我的博士论文基础上修改出版的。1993—1996年,我在北京师范大学哲学系跟随周桂钿老师攻读中国哲学专业的硕士学位,毕业后希望继续攻读博士学位,但当时哲学系中国哲学专业没有博士点,周老师在历史系中国古代史专业招收博士研究生,我于1996—1999年又跟随周老师攻读中国古代史专业的博士学位。从哲学系到历史系,学科不同,相应的学位论文要求等也不同,经与周老师商量,最后选择以王安石学术思想研究作为自己的学位论文题目,在周老师的指导下,最终顺利完成学业并获得历史学博士学位。

　　1999年博士毕业后,我留在北京师范大学哲学系工作,随即以博士论文的修改稿申请了北京市社会科学理论著作出版基金,顺利地获得了资助,2000年以《王安石学术思想研究》的书名由北京师范大学出版社出版,2004年又重新加印了一次,我在重印时对书中的六七处错误作了删改。本书出版后反映较好,2002年5月获得北京师范大学人文社会科学研究优秀成果奖,2002年8月获得邓广铭学术奖励基金优秀奖,2002年10月获得北京市第七届哲学社会科学优秀成果奖二等奖。

　　我博士毕业后在哲学系工作,历史学科的研究对象和研究方法始终给我以巨大影响,但自己的学术研究方向一直在变化、调整,从王安石学术思想研究扩展到北宋学术思潮研究,又从北宋学术思想研究回到硕士学位论文关注的秦汉思想研究,再从汉、宋学术思想研究转到现代新儒家思想研究,近年又侧重贯通性的儒家价值观念研究等。这次,学院组织再版我的这本旧作,过了20年再来看自己的博士论文,虽然有一些新的想法,但却很难从整体上突破过去的研究,只能作一次通读审定,修改其中的十余处字词、标点,并增加了一个相关的附录文章。在此,谨对学院相关领导、负责老师表示衷心感谢,对本书初版的编辑李音柞老师表示衷心感谢,同时还要特别感谢中国社会科学出版社的冯春凤老师近十年来的关照支持。

李祥俊
2019 年 10 月 8 日